Pentecostalismo y POSMODERNIDAD

Cuando la experiencia se superpone a la Teología

CÉSAR MOISÉS CARVALHO

PATMOS

Pentecostalismo y posmodernidad

Publicado por Editorial Patmos,
Miami, FL. 33169

Publicado originalmente en portugués con el título *Pentecostalismo e Pós-modernidade* por la Casa Publicadora das Assembleias de Deus,
Av. Brasil, 34.401, Bangu, Rio de Janeiro
RJ CEP 21.852-002 – BRASIL

Traducido por David Gómez

Diseño de portada por Marlon Soares
Diseño interior por Elisangela Santos
Adaptación de portada e interior en español por Adrián Romano

ISBN: 978-1-58802-851-8

Categoría: Teología

Impreso en Brasil | *Printed in Brazil*

A los pentecostales más formidables que he conocido, cuyas vidas me inspiran hasta hoy —José Bueno (en memoria), *mi "padre en la fe"; Etermilça Fernandes ("Hermana Mara"), mi madre; Gilberto Eler, el primer pastor pentecostal que conocí; Lídia Urbano da Souza Bogagio, coordinadora de jóvenes que me enseñó; mi abuela materna, Honorina Alves Fernandes ("Vocesita") y mi tía-abuela, Alzira Alves Fernandes ("Tía Querida"), en esa fecha, ambas con casi ochenta años, se convirtieron a la fe pentecostal y se reinventaron por causa de la novedad de la experiencia del Espíritu, incluso ya fallecidas la fe de ellas, así como la de Abel, todavía habla; el matrimonio Manoel Ulbano y Geni de Souza, abuelos maternos de mi esposa, por el ejemplo de abnegación, cariño con nosotros y confianza en Dios; Pedro de Santana, mi último pastor en Paraná, hombre de un gran corazón, aprendí mucho de él; José Pereira Lulu, en mi tiempo de juventud, él fue pastor en la congregación de la Vila Guaíra y compañero de las oraciones matutinas, nunca me olvidé de su himno preferido para cantar al final de la oración (185 del himnario* Harpa Cristã*); Antonio Nunes Sobrino* (en memoria), *un experimentado pastor que, aunque ya anciano y jubilado, incluso en mi adolescencia y juventud, me veía con buenos ojos y me aconsejó mucho; Luís Carlos de Macedo, un veterano presbítero de la congregación en Vila Santo Antonio, de la AD en Curitiba, hombre de oración y amigo.*

Contenido

PARTE II

LO QUE VENGO ESCRIBIENDO DESPUÉS DE APRENDER LO QUE ES POSMODERNIDAD

Presentación

Soy pentecostal. Tal vez el lector esté pensando: "Obviamente, él es pastor asambleísta, ¿cómo no lo sería?". No, no se trata de ser pastor pentecostal, soy un pentecostal que supo que un día sería pastor, incluso antes de llegar a ser "creyente". Eso, incluso antes de "aceptar a Jesús", después de mucha insistencia de mis padres fui a la iglesia a la que ellos pertenecían en esa época y, después de un mensaje que sacudió el templo, un predicador de cuyo nombre todavía recuerdo —Joel María Cavalheiro—, "me reveló" que predicaría en todo el Brasil y en algunos países del mundo. Atribuya usted al Espíritu Santo, o no, ya viajé por todo nuestro país (más de una vez) y ya pisé en algunos de los países citados por él; entre los citados destaco sólo Alemania y Mozambique, para dar unos ejemplos. Cómo podría él saber todo eso sin una explicación sobrenatural, no lo sé.

Ante el absurdo que todos oyeron, yo sólo me quedé mirándolo sin entender prácticamente nada. El predicador dijo lo siguiente: "Los padres de este muchacho no necesitan insistir en que él venga a la iglesia ni forzarlo para nada; Dios lo traerá en el momento oportuno. Mi padre, más "racional" que mi emotiva y carismática madre, obviamente dudó. Poco tiempo después, estaba en una matiné de calle, eran alrededor de las 21:30 horas del día 1º de junio de 1991, un sábado, cuando, de repente, "oí" una voz interior que me dijo: "Este no es más tu lugar". Fue como si la música electrónica que tanto me gustaba perdiera el ritmo. Ya no tenía sentido estar allí. Dejé el grupo de amigos y salí caminando rumbo a la Iglesia Pentecostal Brasil para Cristo, denominación donde mis padres se congregaban en aquel tiempo. Allí encontré un pequeño grupo de personas en la acera. La reunión había terminado y yo apenas había llegado, les dije: "A partir de hoy también quiero ser creyente". Ante la mirada atónita de todos, atendí la solicitud del pastor y me arrodillé allí mismo. En aquella noche fría mi vida se escindió y yo nunca más sería lo mismo. Al día siguiente, al venir al templo con mis padres y mis dos hermanas, me arrodillé, como hacían todos en aquella época antes de comenzar el culto, y menos de dos minutos después de balbucear algunas palabras desconcertadas, comencé a hablar en lenguas extrañas. Vale decir que no había prácticamente nadie más de mi familia y unas cinco o seis personas más que entraron al recinto con nosotros. Por lo tanto, no hubo sugestión, imitación o ninguna otra cosa que podría justificar el fenómeno.[1]

Por lo tanto, antes de tener concepto alguno o de saber cualquier cosa —teóricamente hablando— acerca del pentecostalismo, pasé por la experiencia pentecostal, por eso, me gusta decir que no soy pentecostal eclesiológicamente, sino *ontológicamente*. El hecho de haber ido a la Asamblea de Dios poco más de dos meses después de haberme convertido no es lo que me hizo pentecostal, sino justamente lo contrario. Como pentecostal, me identifiqué con la "práctica pentecostal asambleísta". Eso, sin embargo, es otra historia.

Esta presentación inicial tiene un solo objetivo: Decir cuánto respeto los innumerables trabajos valiosos de carácter sociológico, histórico e incluso teológico (a pesar de que estos son en número infinitamente menor), acerca del Movimiento Pentecostal, realizado por teólogos y científicos de la religión que no son pentecostales, me alineo con el teólogo alemán Rudolf Otto en su tesis de que, para hacer "ciencia de la religión", es necesario "evocar un momento de fuerte excitación religiosa, caracterizada lo menos posible por elementos no religiosos" y que, el que no

[1] No desconozco, por ejemplo, que la conversión en la adolescencia está entre las varias "teorías del surgimiento de la religiosidad", como registra Hans-Jürgen Fraas, al decir que la "conversión es considerada, en primer lugar, como un fenómeno típico de la juventud. Al ser cuestionadas las normas que determinaban la infancia incuestionablemente, el adolescente se vuelve inseguro. Eso puede desencadenar una cambio súbito de papeles, una reorientación dramática, pero en gran parte inestable. Esta reorientación permanece inestable en muchos casos en la medida en que los motivos son superficiales o pasajeros y porque frecuentemente están en juego procesos grupales, es decir, imitación y adaptación" (*A religiosidade humana: compêndio de psicologia da religião* [La religiosidad humana: compendio de psicología de la religión]. 1ª ed. San Leopoldo, RS: Sinodal, 1997, p. 34, 35). Como se puede ver, lo que me aconteció no fue algo pasajero, pues ser creyente, en el interior de Paraná, en aquella época, significaba renunciar no sólo los placeres típicos de la juventud, sino privarse hasta del aparato de televisión y de una simple serie que se realizaba en el período de la tarde, pero que fui aconsejado a no hacerlo más, pues podría "escandalizar".

posee esta experiencia, tiene dificultad en entender el fenómeno estudiado.[2]

Así, hablo del pentecostalismo a partir de mi *propia* historia de vida, y no sólo de *dentro* del Movimiento Pentecostal.

Un ejemplo ilustra el punto presentado por Otto. Alguien de fuera del Movimiento ve como blasfemia la primera frase del teólogo pentecostal alemán Wilf Hildebrandt en la parte de los agradecimientos de su obra: "Durante la investigación y redacción de este libro yo experimenté la inspiración, motivación, dirección y enseñanza del Espíritu de Dios, por lo que soy agradecido".[3] Así, no es sin razón que abro este libro con mi primer artículo, que fue escrito para la extinta revista *Pentecostés*, en 1999. No es casualidad que mi primer tema haya sido el recibimiento de la promesa por los discípulos en el aposento alto. El material que se publica aquí con algunas correcciones ortográficas y gramaticales, sin ninguna elaboración teológica, porque la idea es justamente demostrar al lector lo que pensaba en la época en que produje el artículo. Puedo afirmar sin recelo que, cuando escribí ese texto, residía en el interior de Paraná, no había tomado ningún curso superior y sólo escribí el artículo por sentirme impulsado por el Espíritu Santo. La historia de la publicación de este texto habla por sí misma. Me doy el lujo de contarla porque los testimonios, tan apreciados en el Movimiento Pentecostal, fueron suplantados con nuestra creciente institucionalización.

Corría el año 1998, yo era un joven casado de apenas 21 años, padre de una hermosa niña recién nacida, hoy académica de biología de la UFRJ. Entusiasmado por haber sido invitado por el

---

[2] OTTO, Rudolf. *O Sagrado [Lo sagrado]*. San Leopoldo: Sinodal/EST; Petrópolis, RJ: Vozes, 2007, p. 40. "Se solicita que quien no pueda hacerlo o no experimente tales momentos no continúe leyendo. Porque quien puede acordarse de sus sensaciones que experimentó en la pubertad, de prisión en el vientre o de sentimientos sociales, pero no de sentimientos específicamente religiosos, con tal persona es difícil hacer ciencia de la religión. Hasta la disculparemos, si aplicamos cuanto pueda los principios explicativos que conoce, interpretando, por ejemplo, 'estética' como placer de los sentidos y 'religión' como función de impulsos gregarios, de patrones sociales o como algo aún más primitivo." (Ibid.).

[3] HILDEBRANDT, Wilf. *Teologia do Espírito de Deus no Antigo Testamento* [Teología del Espíritu de Dios en el Antiguo Testamento] San Andrés, SP: Academia Cristiana, 2004, p. 5.

pastor Neri Dama (*in memoriam*) a ser uno de los dirigentes de la juventud de la iglesia, por ocasión de la fiesta que se llevaría a cabo el siguiente año, resolví contar la historia de la fundación de la Asamblea de Dios en mi pequeña ciudad, Goioeré, noroeste de Paraná. Casado con la nieta y sobrina-nieta de los fundadores de la iglesia, tuve la oportunidad de oír, por diversas fuentes, el relato de cómo se inició, en 1956, la obra pentecostal en la localidad. Inicialmente, pensé sólo en un mural con fotos y los textos, pero luego me di cuenta de que el volumen del material sería inapropiado para un mural y la aglomeración en la recepción de la iglesia causaría un efecto contrario de lo que realmente queríamos que hubiera. Posteriormente, imaginé entonces un periódico, pero el volumen del material hizo que el precio fuera casi el de un folleto. Fue entonces que nació la idea de mi primer libro, *Historia de la Asamblea de Dios en Goioeré – PR*, publicado el día 11 de julio de 1999.

Faltaban pocos días para que el material se entregara a la imprenta para ser diagramado e impreso. Me despertaba en la madrugada para escribir y no retrasarme. Era un trabajo interminable, porque no contaba con un computador y escribía todo a mano, después pasaba algo a un digitador que, después de digitarlo, lo grababa en un disco. La cuestión no era sólo digitar; yo llevaba las fotos a la misma persona que, con un escáner, copiaba las fotos de las décadas del 50 hasta el 90 y las subtitulaba para entregar juntamente con el texto donde el libro sería impreso. Era el mes de marzo, en una de las madrugadas, después de algunas horas de producción, tomé el *Mensajero de la Paz* que había adquirido en el culto de la noche del día anterior y, al abrirlo, me encontré con un artículo que decía: "1° Seminario de Escritores Evangélicos".[4] Mi corazón latió más fuerte y pensé que debería ir. ¿Pero cómo? Trabajaba como electricista autónomo y nunca había ido más lejos de Curitiba. Desde el punto de vista estrictamente humano, todo parecía muy difícil. Sin embargo, conseguí un pasaje aéreo de ida y uno de ómnibus para el regreso. En la tarde del día 29 de junio llegué a la Ciudad Maravillosa. Solo, sin conocer a nadie, algunos hermanos, por providencia divina, me

[4] 1er Seminario de Escritores Evangélicos. *Mensageiro da Paz* [Mensajero de la Paz] Año LXIX, n. 1344, Rio de Janeiro: CPAD, marzo de 1999, p. 18.

encontraron en el Aeropuerto Tom Jobim, Galeano, y me llevaron a la sede de la Convención General de las Asambleas de Dios en Brasil, en Vicente de Carvalho. Me hospedaron en el alojamiento donde actualmente funciona la Faecad (mi primer día de clase como profesor de la referida institución fue justamente en la sala que, antes, fue el cuarto donde me hospedé en aquellos días). El almuerzo estaba incluido en la inscripción del Seminario, pero las comidas nocturnas deberían hacerse en las inmediaciones en alguna cafetería o restaurante. La CPAD otorgó un descuento especial en libros para los participantes, y fue entonces que tuve una idea. En vez de cenar, yo podría "ayunar" y usar el dinero para comprar libros. fueron mis primeras adquisiciones la *Teología Sistemática*, de Stanley Horton, el *Diccionario Teológico* y *Geografía* Bíblica, ambos del pastor Claudionor de Andrade, el *Manual de Escuela Dominical* y *La Biblia a través de los siglos*, ambos del pastor Antonio Gilberto, además de *Nociones del Hebreo Bíblico*, de Paulo Mendes.

Además de que los libros de la CPAD fueron dedicados por los autores, fui a la sede de la editora en Bangu y ahí, deslumbrado, conocí todo el lugar, así como sus departamentos, y tuve el gusto de ver de cerca todo el proceso editorial en el periodismo y en el Departamento de Publicaciones. Fueron días de mucha felicidad y contentamiento. Por haber obsequiado a los periodistas ejemplares de mi libreto que sería publicado nueve días después, en el mes de agosto, el "Cuaderno Sur" del *Mensajero de la Paz* trajo un artículo de una página entera sobre la Asamblea de Dios en Goioeré.[5] Los hermanos estuvieron muy felices al ver el nombre de la iglesia en el "Órgano Oficial de las Asambleas de Dios en Brasil" y venían a agradecerme, pero, a decir verdad, yo no había hecho nada, porque el artículo fue elaborado por los periodistas y no por mí. Pero la sencillez de los pioneros era tan grande que ellos hasta se emocionaban con el hecho. La esposa de uno de ellos, dijo que había hecho un voto de enviar a la CPAD el testimonio de sanidad de su hijo, pero nunca pudo hacerlo. Grande fue su sorpresa cuando, al abrir el documento, se encontró que ahí estaba el testimonio en el artículo, porque los

[5] Historia de fe y Milagros. *Mensageiro da Paz*. Año LXIX, n. 1349. Río de Janeiro: CPAD, agosto de 1999, Cuaderno Sur, p. 3.

redactores al leer el folleto sacaron tres testimonios del material. Este fue mi primer contacto con la CPAD.

A pesar de saber de mi sencillez y falta de condición, el último párrafo del artículo, que incluso está en itálicas, no salía de mi mente: "A partir de este seminario, la CPAD tendrá las condiciones de evaluar la situación del autor evangélico nacional, a fin de incorporarlos en su proyecto editorial".[6] Este punto persistía en mi corazón, porque el objetivo del seminario era justamente encontrar talentos literarios en Brasil. Yo no me veo, aún hoy, en condiciones, pero en aquel tiempo eso era todavía más perceptible. Aun así, al final del mes de julio, tuve una "inspiración" para escribir un artículo para la revista *Pentecostés*. Tengo este texto hasta hoy escrito a mano. En esa época busqué a una persona que lo digitó, pero no "guardó" el archivo, porque el computador tenía poco espacio en la memoria. En posesión del material impreso, fui al Foro y hablé con mi amigo y hermano carioca Inácio de Carvalho Neto, que era el promotor de justicia de la ciudad, si él podría enviar el material, vía fax, a la redacción de la CPAD. Una vez enviado el texto, agradecí a mi amigo y me fui. Sinceramente, ya me había olvidado de ello cuando cierto día, en agosto, estábamos ayudando en la construcción del pavimento del patio de la iglesia cuando el pastor Neri me dijo: "César, acabo de recordar que hace unos veinte días llamó alguien de la CPAD preguntando por ti. Dijeron que era sobre un artículo que les habías enviado".

Que sorpresa tan agradable. El trabajo que la periodista Andréia Di Mare tuvo que hacer para conseguir el teléfono de la iglesia es un testimonio aparte. Tuvo que buscar a otra persona para digitar de nuevo el artículo, y apenas podía creer que aquello estaba realmente sucediendo conmigo. Finalmente, en octubre de 1999 fue publicado mi primer artículo cuyo título fue cambiado a "Id con poder y autoridad".[7] Recuerdo que algunas personas me preguntaron acerca de cómo había "conseguido" entrar a la CPAD, cuál era mi curso superior y que había hecho. Simplemente respondía que la misericordia divina era la responsable de eso, pues yo mismo no creía que pudiera ser publicado

[6] *Mensageiro da Paz*. Año LXIX, n. 1344, Río de Janeiro: CPAD, marzo de 1999, p. 18.

[7] *Pentecostes*. Año 1, n. 4, Río de Janeiro: CPAD, octubre de 1999, p. 12, 13.

o que alguien se interesara en mis escritos. Desde entonces ya han sido más de cincuenta artículos publicados en los periódicos de la *Casa*, además de cuatro libros, dos de ellos premiados, algunos comentarios de la revista de Escuela Dominical y mucha, mucha experiencia acumulada durante estos años en términos de producción literaria. Lo que puedo seguramente decir es que el trabajo que pasé a desarrollar después de haber ingresado en esta área me llevó a muchos lugares y eso es parte del cumplimiento de lo que el predicador dijo acerca de mi vida, antes incluso de convertirme.

Así, al iniciar la preparación del material para componer este libro, percibí cuánto escribí, bajo la completa influencia de la forma pentecostal de ser y ver el mundo, a lo largo de los años que sucedieron a esa sencilla primera producción. Por eso, es con el corazón pentecostal que presento al público algunas reflexiones acerca del pentecostalismo. No obstante, la primera parte, compuesta de material producido entre 1999 y 2010, como se podrá ver, tiene una influencia sustancial de la teología reformada. Los textos de la segunda parte, fueron producidos de 2011 para acá, y no se subordinan al pensamiento reformado, sino que busca resonancia con las doctrinas maestras del cristianismo, sin necesariamente preocuparse por la "aprobación" epistemológica del referido grupo.[8] Esto no significa que no esté de acuerdo con todo lo que escribí en la primera parte, pero debo decir que escribí bajo el condicionamiento reformado, sin siquiera darme cuenta de ello, y antagonicé con la posmodernidad antes incluso de entender lo que significa. Por lo tanto, al saber de la forma que el material fue compuesto, es más fácil para el lector entender lo que este trabajo pretende: proponer que hagamos teología pentecostal partiendo de un punto de vista igualmente pentecostal y no reformado.

[8] En este particular estoy en buena compañía, porque muchos autores escriben textos, disculpándose, o que intencionalmente contradicen sus posiciones anteriores. Sólo para dar un ejemplo, vea MENZIES, Robert P. *Pentecostes: essa história é a nossa história [Pentecostés: esta historia es nuestra historia]*. 1ª ed. Río de Janeiro: CPAD, 2016, p. 70 y COX, Harvey. *A cidade secular: a secularização e a urbanização na perspectiva teológica* [La ciudad secular: la secularización y la urbanización en la perspectiva teológica]. 1ª ed. San Andrés, SP: Academia Cristiana, 2015, p. 17-31.

Sí, esta es la idea. Mucha gente, sin entender bien lo que está diciendo, repite que eso no es posible, porque la teología ya está lista y sólo debemos subscribirla. Discrepo completamente de este pensamiento, porque la ruptura con el catolicismo hizo que el protestantismo, en sus diversas variantes (luterana, anglicana, calvinista, bautista, wesleyana y arminiana, sólo para citar algunas), produjera su teología. Sin embargo, no me consta que los teólogos de los siglos XVII y XVIII, por ejemplo, eran personas perfectas que hayan producido algo incuestionable.[9] En el siglo XIX, el evangelista norteamericano Charles Finney denunciaba exactamente esta situación en los círculos protestantes (de los cuales formaba parte), y ya decía que todo "intento no inspirado de esbozar para la Iglesia un patrón de opinión que pueda considerarse una exposición incuestionable de la Palabra de Dios no sólo es impía en sí, como también una admisión tácita del dogma fundamental del papado".[10] De esta forma, la propuesta es reafirmar las doctrinas maestras de la tradición cristiana, que son de propiedad del cristianismo como un todo y, por lo tanto, muy anterior al protestantismo, mas desarrollar algo que sea compatible con la perspectiva pentecostal, es decir, de la fe en lo sobrenatural, en la ocurrencia de milagros y, principalmente, de la experiencia del Espíritu Santo.

Sólo me resta agradecer a Dios por este trabajo. A la gran cantidad de hermanos y hermanas pentecostales que, a lo largo de los años de mi fe, me enseñaron el camino de la oración, de la lectura bíblica y de la confianza en Dios. Este año es especial, porque lo inicié con un serio problema de salud, pero nuevamente Dios intervino, restableciendo mi integridad física. En este proceso fueron decisivos, además de todos los que intercedieron por mi vida, el apoyo irrestricto de mi esposa, Regiane, y de mi hija Céfora (que, además, puso en orden alfabético toda la bibliografía de esta obra), a mi madre que oró mucho, a los tíos Josué Urbano y Aparecida Pinheiro, que me acompañaron,

---

[9] Quienes tengan interés en profundizar en esta área pueden leer el capítulo 12 de nuestra obra *Uma Pedagogia para a Educação Cristã* [Una Pedagogía para la Educación Cristiana] (CPAD).

[10] FINNEY, C. *Teologia sistemática [Teologia sistemática]*. 1ª ed. Río de Janeiro: CPAD, 2001, p. 24.

desde la distancia, y a toda la familia en Maringá, mis suegros, Euclides Neves y Marta Ulbano, a los cuñados Cristiane y José Carlos, Anne y André (incluyo el pequeño sobrino, Samuel) y a mi pequeño cuñado de corazón, Júnior Neves, a todos ustedes mi cariño por el cuidado hacia mí y mi familia durante los veintidós días pasados en Maringá.

Va un agradecimiento especial a la CPAD, en la persona de su Director Ejecutivo, hermano Ronaldo Rodrigues de Souza, por el apoyo incondicional prestado en este período de convalecencia. Al gerente de Publicaciones, pastor Alexandre Coelho, por la indicación del doctor Mauricio Pereira, médico oftalmólogo que me atendió en la situación difícil con mi problema de vista. Agradezco también a las doctoras Rosángela Telles, Elizabet Posidente y Vera García, que han sido importantes en mi recuperación. Al maestro, pastor Antonio Gilberto y su muy digna esposa, Lolanda Valente, porque al menos una vez por semana se acercaban para saber de mi estado de salud en el período en que estuve con licencia médica. Agradezco igualmente a mi amigo, pastor David Mesquiati de Oliveira, por escribir el prólogo de esta obra. En fin, en este día en que completo exactos diez años que salí del interior de Paraná, sólo tengo que glorificar al Señor por todo lo que Él ha hecho en esta década.

Río, 9 de agosto de 2016

Prólogo

Estimado lector, tiene en sus manos una obra rica. El pastor César Moisés nos ha brindado un texto que fue generado a lo largo de las últimas décadas y que suscitó en el propio autor, a través de la investigación y un proceso autocrítico, una madurez de ideas y propuestas singulares. Al comenzar la presentación de la obra, en que el autor relata su testimonio y deja en claro su perspectiva, es posible vislumbrar la riqueza del contenido a partir del *ethos* pentecostal, que se concreta a medida que avanzamos en la lectura de los capítulos. En la segunda parte, la reflexión está inserta en una nueva fase como el propio autor indicó en la aguda introducción. Somos conducidos a un clímax en esta reflexión más amplia, que se mostró un hilo conductor a lo largo de la obra, como a guiar el lector a pasos más atrevidos.

La teología pentecostal brasileña está dando claras señales de una vitalidad y versatilidad increíbles. Durante muchas décadas, escuchamos que los pentecostales no tenían teología o que su lectura bíblica era meramente literalista y demasiado simplista. El modo pentecostal estaba fuera de los cánones del típico protestantismo. Pero eso no quiere decir que no hicimos teología antes. Al contrario, era la forma de teologizar pentecostalmente que era negada por una mentalidad exclusivista de la labor teológica. Con el advenimiento de la posmodernidad, otras formas religiosas tuvieron voz y adquirieron espacio en el escenario religioso nacional. A decir verdad, la hegemonía de una forma de hacer teología fue definitivamente rota.

Ante este nuevo escenario, había dos opciones para los pentecostales. Una era asimilar el modo tradicional de hacer teología basado en la tradición o en la ortodoxia reformada. Tal expediente estaba demasiado dependiente de la cognición y de una racionalidad cartesiana típica del occidente. Con eso, los pentecostales que tuvieron contacto con el mundo de la reflexión teológica se inclinaron a recuperar los clásicos como una forma de identidad protestante. En este afán, redescubrieron a Calvino, Arminio y tantos otros, reabriendo debates antiguos de la teología. Tales controversias estaban en el pasado, mas para algunos todavía hoy es tema actual, como si eso fuese hacer teología substancial. Caer en esta trampa es perder la oportunidad de hacer teología relevante para nuestro tiempo. Además, esta manera de hacer teología no ayuda en nada el modo pentecostal de ser, porque no reconoce las categorías valiosas de los grupos pentecostales. En este sentido, los pioneros pentecostales en Brasil tenían razón al enfrentar una educación teológica formalista que no contribuía al ejercicio de un pentecostalismo sano.

La otra opción para los pentecostales es mirar a nuestro tiempo, si nos gusta o no, y aprender a vivir en este mundo. En vez de encerrarse en un gueto y estar arrojando piedras en todo lo que se refiere al mundo posmoderno, que pueda discernir nuevos caminos o nuevas formas de ser en el mundo. Ni voltear a un racionalismo reduccionista ni asumir acríticamente los postulados de la posmodernidad. Se trata de una opción que exigirá discernimiento. Por ejemplo, la posmodernidad dio valor a la experiencia como categoría, como criterio de verdad. Lógicamente las formas tradicionales de hacer teología negarán la posmodernidad en este aspecto. Pero, ¿y los pentecostales? No necesitan negarlo. Es justamente aquí, en la experiencia, en el afecto, en el sentimiento, que el pentecostalismo se expresa mejor. Por lo tanto, el pentecostal que niega la posmodernidad sin más, no estará haciendo teología pentecostal, sino una forma clásica de teología. No es por el hecho de ser un pentecostal que escribe que estamos delante de una teología pentecostal. Vemos muchos de estos discursos hoy en los medios de comunicación. Pentecostales deslumbrados con teologías datadas en la historia (relevantes en su tiempo, pero tal vez rebasadas para hoy) se dedican a repetir los manuales de teología. Hacer teología exige pensamiento crítico y creatividad. Como teólogos, tenemos responsabilidades con nuestro tiempo.

Este libro del pastor César Moisés es una clara demostración de esta segunda vía. Profundo conocedor de la literatura sobre el tema —basta mirar las notas de pie de página y las muchas obras listadas en la bibliografía—, describe, critica y propone, avanzando de una mera repetición de contenidos a la fundamentación de una clara posición. Esperamos que la lectura de esta obra ayude a los diferentes lectores a percibir esta mayoría de edad teológica pentecostal. Estamos avanzando mucho y rápido. Oramos para que nuevos autores se levanten en el medio pentecostal y que sean voces creativas y bien fundamentadas, además de contribuir al fortalecimiento de la perspectiva pentecostal, no sólo para los pentecostales, sino también para los demás cristianos. El pentecostalismo ya fue el "hermano menor" y dependió mucho de otras tradiciones cristianas. Pero ahora el pentecostalismo maduró y también tiene algo que enseñar a los demás hermanos. Finalmente, todos somos instrumentos en las manos del Espíritu Santo. Que el Espíritu hable por medio de nosotros en este nuevo mundo posmoderno.

Pr. David Mesquiati de Oliveira
Doctor en Teología (PUC-Rio), posdoctor en Teología (EST y PUC-Río), docente de la graduación y del Programa de Maestría de la Facultad Unida en Victoria (ES), presidente y coordinador, en Brasil, de la Fraternidad Teológica Latino-Americana (FTL), de la Red Latino-Americana de Estudios Pentecostales (RELEP), del Foro Pentecostal Latino-Americano y Caribeño (FPLC), además de ser miembro del Comité Directivo en la FTL Continental, vice-coordinador continental de la RELEP, miembro del Comité General de FPLC, líder de la Asamblea de Dios, "Comunidad Gloria", en Villa Vela y secretario de Misiones de la Convención Evangélica de Ministros de las Asambleas de Dios del Estado del Espíritu Santo (CEMADES).

¿Quién tiene miedo de la posmodernidad?

¿Quién nunca ha pasado por la experiencia de tener un amigo, o amiga, que transmitió una impresión muy mala de alguien antes de que usted conociera a la persona más de cerca? A pesar de que no es nada cristiano, dependiendo del nivel de confianza y amistad, es posible que uno se quede resentido con la persona en cuestión sin que ella le haya dirigido la mirada. Sin embargo, un buen día, inadvertidamente usted es presentado con la persona. Ella se muestra simpática y lo trata con tanta cordialidad que usted se queda incluso constreñido por haber tenido tantas ideas equivocadas sobre ella. Cada vez que eso sucede, se nos enseña que, por más amistad que podamos tener, nunca debemos formar ningún juicio de valor acerca de alguien antes de conocerlo personalmente, sobre todo, porque una tercera persona habló cosas acerca de él o de ella que ni siquiera sabemos con certeza si corresponden a los hechos. Pues bien, esta es la mejor ilustración que encontré para hablar sobre la "posmodernidad".[11]

---

[11] A pesar de parecer una discusión superada, abordo el tema de la posmodernidad de una forma que, por primera vez, realmente tengo seguridad para hacerlo. El proceso histórico no funciona de manera homogénea, aunque las redes sociales hoy den esta falsa impresión, por lo tanto, si por un lado el tema es demasiado "gastado", por otro, el desconocimiento es proporcional a cuanto se habla de él. No obstante, según João Duque, el "desafío de la posmodernidad, en sus diversas configuraciones, es sin duda el gran desafío de nuestro tiempo. Lo es en formas e intensidades diferentes, según los contextos culturales, sin duda. Y alcanza de forma especial lo que convengamos denominar 'Occidente'. Pero, en grados diversos, es un desafío transversal a la humanidad" (DUQUE, J. M. *Para o diálogo com a pós-modernidade* [Para el diálogo con la posmodernidad]. 1ª ed. São Paulo: Paulus, 2016, p. 307). Duque afirma que "El desafío a la humanidad, es inevitablemente un desafío para la Iglesia, porque la humanidad es su ocupación y preocupación. Como cualquier desafío, no se trata simplemente de adecuar criterios a nuevas visiones del mundo. Se trata de comprender lo más profundamente posible estas visiones, para elaborar un juicio crítico adecuado (positivo o negativo, coherente). Este juicio crítico no puede, por un lado, ser elaborado desde fuera, como choque entre dos mundos

Primeramente, destaco un problema serio que ocurre entre los evangélicos que es utilizar una expresión sólo por encontrarla bonita, pero sin conocer no sólo lo que la palabra significa en sí, sino, lo que es peor, sin comprender el concepto y el contexto en que ella surgió.[12]

—porque no hay dos mundos, sino uno solo, en irreductible complejidad de hermenéuticas. Por otro lado, tampoco puede ser elaborado sólo para averiguar la adecuación a una posición predeterminada, conducido a una afirmación taxativa de verdad o de falsedad. La cuestión es más profunda y determina las razones de la posición del creyente. Su misión es el servicio a la humanización de los humanos, sin excepción, en las circunstancias históricas de cada tiempo. Este servicio es el criterio fundamental de la crítica cristiana, sea en la que circunstancia que sea. Por eso, las posiciones en relación a la posmodernidad no son propiamente dogmáticas, en el sentido peyorativo del término, pero están relacionadas con la convicción de que pueda ser un proceso de humanización o deshumanización" (Ibid.). A pesar de su posición contraria a la posmodernidad, Duque reconoce que "la crítica de la modernidad, emprendida en parte por la propia posmodernidad, para ser teológicamente válida, tendrá que asentar en este criterio. En este sentido, son bienvenidas las críticas que cierta lucidez de la modernidad tardía dirige a una modernidad que, progresivamente, se volvió deshumanizadora, por causa de su dialéctica interna, con desenlaces instrumentalistas o ideológicos. La ingenuidad de una razón universal segura y absoluta demostró, en muchas circunstancias, en qué medida puede ser destructiva para la humanidad. La consciencia de la vulnerabilidad del humano, especialmente delante de sistemas totalizadores, nos vuelve a conducir a la humanidad real de cada persona, base de cualquier proceso de humanización" (Ibid., p. 308, 309). En relación a "ciertas derivaciones de la posmodernidad, que radicalizan la crítica de la universalización como totalización, hasta la afirmación (absoluta) del no universal, del puro fragmento, construido y vivido al sabor del momento, revelan de nuevo cierto potencial deshumanizador. La crítica —en algunos casos asumida como desconstrucción radical— deberá por eso ser sujeta a una meta crítica, de nuevo en nombre de la humanización. Así, la dialéctica entre modernidad y posmodernidad no termina, porque la relación entre humanización y deshumanización tampoco ha terminado todavía" (Ibid., p. 308). La propuesta de trabajo que el lector tiene en sus manos camina en este sentido, viendo el problema de la relación de la fe con con la realidad a su alrededor en cada época, así como la perspectiva filosófica de forma crítica y sin pasión, teniendo en cuenta la existencia en cada contexto. No hay aquí una defensa acrítica de la posmodernidad como tampoco una crítica apasionada y unilateral de la modernidad.

[12]Tengo en mente la importante distinción de Milton Santos acerca de vocabulario y concepto: "El concepto también contribuye al vocabulario, pero va más allá de él, pues no es sólo la forma de nombrar un hecho que puede ser aislado, la forma de designar de manera más precisa una formulación o incluso una metáfora" (*Testamento intelectual.* 1ª ed. São Paulo: Unesp, 2004, p. 37). Santos

Así, a pesar de haber oído la expresión por primera vez en 1996, solamente en el año 2000 tuve un contacto directo con algún texto que mencionaba, solo negativa y combativamente, la posmodernidad. Me refiero a la obra *Y ahora... ¿cómo viviremos?*, de Charles Colson y Nancy Pearcey, que fue publicada en aquel año.

En mi cabeza de joven idealista, acostumbrado al evangelismo tradicional, leer la crítica de Colson, al principio del libro, acerca de ese estilo de enfoque y, en cierto modo, a la manera como hasta entonces había aprendido a vivir la vida cristiana —"prepararse para el retorno de Jesús a través de la oración, estudio de la Biblia, adoración, comunión y testimonio"—, seguido de la observación de que "necesitamos de la oración, estudio de la Biblia, adoración, comunión y testimonio" (¿y "el retorno de Jesús"?), Pero que si "nos enfocamos exclusivamente en esas disciplinas - y si en el proceso ignoramos nuestra responsabilidad de redimir la cultura que nos rodea - nuestro cristianismo va a permanecer privado y marginado",[13] me llamó la atención. Sin entendimiento alguno de las implicaciones de lo que significaba ver el "cristianismo" como una *visión del mundo* o, en la acepción preferida del libro, como una "cosmovisión" que debe redimir la cultura, me embarqué en la tarea y me fui volviendo adepto de una práctica en que la transformación del mundo prescinde de cualquier intervención milagrosa y sobrenatural.

A pesar de oponerse fervientemente al llamado "naturalismo", es decir, "la creencia de que las causas naturales solas son suficientes para explicar todo lo que existe",[14] o sea, que la "naturaleza es todo lo que existe, que la vida surgió de una colisión de átomos, al azar, evolucionando más tarde a la vida humana como la conocemos hoy",[15] el libro no habla de "sobrenaturalismo",

insistía en la idea de que "hay que distinguir el vocabulario que tiene un listado, que forma un glosario, y que tanto puede ser presentado de forma autónoma como dentro de un sistema" (Ibid.). Para explicar con claridad, hay que saber de qué se está hablando al utilizar una expresión.

[13] COLSON, Charles; PEARCEY, Nancy. *E agora, como viveremos? [Y ahora... ¿cómo viviremos?]*. 2ª ed. Río de Janeiro: CPAD, 2000, p. 10.

[14] Ibid., p. 38.

[15] Ibid., p. 39.

sino de "teísmo",[16] esto es, en las palabras de los autores, la "creencia de que hay un Dios transcendente que creó el Universo",[17] y que "existe antes que el mundo llegara a existir, que Él es el origen último de todas las cosas".[18] Bueno, hasta aquí, incluso descontando el hecho de que para ser filosóficamente honesto no se debe colocar una visión del mundo naturalista, o sea, filosófica en oposición a una visión de mundo religiosa y sí hacer la comparación en relación a otra visión de mundo filosófica,[19] en este caso, el sobrenaturalismo,[20] todavía parece tener una tarea

[16] Justo González dice que la expresión fue acuñada "En el siglo XVII como contraria al ateísmo que, por lo tanto, originalmente quería decir simplemente creencia en Dios. Con el paso del tiempo vino a significar también el rechazo del deísmo y del panteísmo y, por lo tanto, significa la creencia en un solo Dios, trascendente y personal, que creó y conserva todas las cosas. De esta forma, es una doctrina común del judaísmo, el cristianismo y el islam" (*Breve dicionário de teologia*. 1ª ed. São Paulo: Hagnos, 2009, p. 311). Levy Bastos dice que el "teísmo es un concepto filosófico-teológico oriundo de la modernidad. Su surgimiento está relacionado con una actitud de oposición al deísmo (Dios no podría intervenir en la historia humana) y al panteísmo (Dios y la creación serían una sola y la misma cosa). El teísmo pregona la creencia en un Dios personal y sobrenatural, que siendo el Creador de todo lo que hay, no se deja confundir con su creación. Actualmente, el teísmo es un término significativo tanto para la afirmación de un Dios de la teología natural, como a un Dios que se revela en la historia" (*O futuro da criação* [El futuro de la creación] 1ª ed. Río de Janeiro: Mauad X; Instituto Mysterium, 2011, p. 101, 102).

[17] Ibid., p. 38.

[18] Ibid., p. 39.

[19] Libanio informa que el "pensamiento posmoderno desconfía y deslegitima las refutaciones que no explican su presupuesto o que desconocen el presupuesto de conocimiento criticado", o sea, la crítica sólo tiene validez "cuando se está en el mismo presupuesto de la afirmación criticada o se basa en un criterio universal que todos acogen" (LIBANIO, J. B. Desafíos de la posmodernidad a la teología fundamental. En: GONÇALVES, Paulo Sérgio Lopes; TRASFERETTI, José (Orgs.) *Teologia na Pós-modernidade: abordagens epistemológica, sistemática e teórico-prática* [Teología en la posmodernidad: enfoque epistemológico, sistemático y teórico-práctico]. 1ª ed. São Paulo: Paulinas, 2003, p. 169). Así, dice el mismo autor: "Criticar un marxista según un presupuesto espiritualista es en vano. Es de acuerdo con el propio presupuesto materialista que puede ser criticado o según otro punto de vista que sea universal. De lo contrario, no se trata de crítica, sino de manifestación de posiciones diferentes. A menudo actuamos en vano sobre una base teológica, desconociendo los presupuestos de las afirmaciones que criticamos. Simplemente yuxtaponemos otras opiniones y no dialogamos" (Ibid., p. 170).

[20] Según es definido por Nicola Abbagnano: "En general, la creencia en lo

justa a la que todos los cristianos deben unirse para llevar a cabo algo que sería lo que ellos llaman "Comisión Cultural".[21] Yo no conocía la idea de que existían dos "gracias", la "común" y la "salvífica" que, a pesar de ser presentadas por ellos, son originalmente del teólogo calvinista holandés, del siglo XVIII, Abraham Kuyper, que fuera primer ministro de Holanda y posee una de sus obras más conocidas titulada *Calvinismo*. En realidad, como los autores admiten, esta obra estuvo todo el tiempo en sus mentes, o sea, fue una referencia permanente mientras escribían *Y ahora... ¿cómo viviremos?*[22]

Este concepto de "gracia común" (llamado también doctrina o dogma), según Franklin Ferreira y Alan Myatt, fue abordado tácitamente por los padres de la Iglesia y por Calvino, pero desarrollado por los teólogos reformados o calvinistas, Abraham Kuyper y Herman Bavinck.[23] Kuyper, en su defensa del calvinismo (definido en su texto como el único sistema o cosmovisión que la iglesia cristiana debe reconocer como bíblico), dice que este sistema "ha honrado no sólo al *hombre* por causa de su semejanza a la imagen divina, sino también al *mundo* como una creación divina".[24] Hacen coro en este aspecto los teólogos pentecostales Stanley Horton y William Menzies.[25] A fin de destacar

---

sobrenatural. De modo más específico, Kant llamó [Sobrenaturalismo] 'a la doctrina que considera necesaria la religión, la fe, en la revelación sobrenatural' (*Religion*, IV, l; trad. it., Durante, p. 169)" (*Dicionário de Filosofia* [Diccionario de Filosofía]. 4ª ed. São Paulo: Martins Fontes, 2000, p. 912).

[21] Ibid., p. 53, 54.

[22] Ibid., p. 571.

[23] FERREIRA, Franklin; MYATT, Alan. *Teología Sistemática: uma análise histórica, bíblica y apologética para o contexto atual* [Teología Sistemática: un análisis histórico, bíblico y apologético para el contexto actual]. 1ª ed. São Paulo: Vida Nova, 2007, p. 672.

[24] KUYPER, Abraham. *Calvinismo.* 1ª ed. São Paulo: Cultura Cristiana, 2003, p. 38.

[25] Al comentar el texto base para la Comisión Cultural (Gn 1.26-28), los autores afirman lo siguiente: "Obsérvese que este pasaje no implica la explotación del mundo natural, sino cuidarlo y usarlo de manera apropiada. Subyugar la tierra significa sujetar sus recursos al control y uso apropiados. Este era el punto de partida de una ciencia que enseñaría a las personas a usar la tierra apropiadamente. Gobernar el mundo animal incluía el cuidado apropiado y respeto a las criaturas. Este pasaje es el impulso inicial de una ciencia que enseñaría a las personas acerca de todos los organismos vivos y la manera de

el innegable hecho de que Dios, por medio de su Santo Espíritu, actúa en el mundo, el teólogo holandés añade que, al "mismo tiempo el calvinismo ha dado prominencia al gran principio de que hay una *gracia particular* que lleva a cabo la salvación y también una *gracia común* por la cual Dios, manteniendo la vida del mundo, suaviza la maldición que reposa sobre el, suspende su proceso de corrupción, y así permite el desarrollo de nuestra vida sin obstáculos".[26] Kuyper aquí se refiere a la vida de toda la humanidad y no sólo a los que creen en el Creador, porque el mismo hecho de que la vida sea posible, concluye, "glorifica a Dios como Creador".[27] En otras palabras, la Comisión Cultural o el mandato cultural e incluso, mandato sociocultural, es el propósito original para el que Dios creó a la humanidad. El *telos* humano, debidamente cumplido en el contexto anterior a la Caída —es decir, los seres humanos siendo aquello que fueron creados para ser—, glorificaba al Señor.

Es importante observar que, mientras el concepto de "gracia común" haya sido desarrollado por teólogos calvinistas, no es propiedad exclusiva de ellos, pues, tal como los científicos que descubren una ley natural, ellos sistematizaron o dieron inteligibilidad a algo que, aún conscientes de la Caída, inequívocamente es un hecho y no se puede negar: aunque no conozcan o incluso reconozcan a Dios, ¡los no creyentes producen buenas cosas! Por eso, al hablar de *Comisión Cultural*, debe quedar claro que no es nada más que la tarea dada por Dios al hombre, todavía en el

---

tratarlos. Lamentablemente, según nos muestra el primer capítulo de la Epístola a los Romanos, los hombres destronaron a Dios, pusieron su propio 'yo' en el trono y cayeron en toda forma de idolatría, pecado y perversión. Y, mientras creyeron en muchos dioses—ninguno de los cuales ejercía control completo, y muchos hasta combatían entre sí— no pudieron creer en ninguna consistencia en la naturaleza o en las leyes naturales. Sólo en la parte final de la Edad Media, cuando los teólogos cristianos anunciaron que Dios tenía un plan y era fiel y coherente, las personas comenzaron a percibir cierta consistencia en la naturaleza. En efecto, fueron los teólogos cristianos los que dieron ímpetu a la investigación científica, y solamente a partir de entonces la ciencia comenzó a progresar" (HORTON, S.; MENZIES, W. *Doutrinas Bíblicas: Os fundamentos da nossa fe [Doctrinas Bíblicas: Una perspectiva pentecostal]*. 5ª ed. Río de Janeiro: CPAD, 2005, p. 64, 65).

[26] KUYPER, A. *Op. Cit.*, p. 38, 39.

[27] Ibid., p. 39.

Edén, de administrar el mundo de forma ordenada, dentro de los principios estipulados por el Creador (Gn 1.26, 28). De esta forma, aún después de la Caída, al hombre natural le es posible, por medio de la *gracia común*, producir una cultura que, aunque no en su totalidad, refleja el orden original de la creación en todos los aspectos: en la familia, en el trabajo, en la ciencia, en las artes, en la política, etc. (cf. Gn 1.26).

Pero es en este punto que las cosas parecen no alinearse en relación al pentecostalismo. Como ya fue posible percibir, los autores de *¿Y ahora, cómo viviremos?*, son de una línea teológica "reformada", siendo, por lo tanto, calvinistas. Cuando ellos hablan de cosmovisiones como "teísmo" y "cristianismo", es bueno que se diga que están viendo tales cosmovisiones desde una perspectiva calvinista, y no en otra, porque todos saben que el cristianismo tiene varias expresiones, siendo la pentecostal, les guste o no, una de ellas. No es en la perspectiva pentecostal que Colson, como mencioné antes, censura la predicación que hablaba de la esperanza de la venida del Señor (siendo amilenialistas, ellos no piensan de esta forma), porque para ellos el "cielo es una esperanza escatológica que será cumplida solamente con la intervención divina en el fin de la historia" y, por eso, "en ese medio tiempo, la tendencia humana para la maldad y el desorden debe ser controlada por ley y tradición".[28] Al mirar así parece estar bien, sin embargo, cuando se comprueba a qué tipo de "ley y tradición" específicas se refieren, hay que ponderar, pues su visión es que al leer acerca de la "historia del liberalismo moderno, por ejemplo, o el arte renacentista o los antiguos tratados de la ley", ellos no dicen estar meramente absorbiendo conocimiento, sino "entendiendo la creativa artesanía de Dios", por consiguiente, "testificando el gran drama de Dios que llámanos historia" y, finalmente, "aprendiendo nuevas maneras de defender la verdad de Dios".[29] Discúlpeme, pero esta es una visión romántica e idealizada del pasado que todavía comete el absurdo de creer que el cristianismo se acoge con determinada ideología, en este caso, la del período de los siglos XVII y XVIII, época de la Ilustración,

[28] COLSON, C.; PEARCEY, N. *Op. Cit.*, p. 40.

[29] Ibid., p. 56.

del racionalismo[30] y del positivismo lógico. No hace falta decir que esto es un error.

Por ser norteamericanos, los autores presentan un nacionalismo peculiar y dicen creer que el sistema político, económico y religioso de los Estados Unidos sirve como modelo para las demás naciones, sobre todo, para los países emergentes.[31] A pesar de decir, medio reticentes, que la "Biblia no endosa alguna teoría económica en particular", ellos afirman que "ella ofrece una línea maestra para que la sociedad pueda ser libre, próspera y justa"[32] y completan el argumento afirmando que, "de muchas formas los principios bíblicos inspiraron el desarrollo de nuestro propio sistema de capitalismo democrático, que triunfó de forma dramática en las décadas finales del siglo XX".[33] Los autores, sin embargo, defienden que el "capitalismo provee la mejor oportunidad para el crecimiento económico y la libertad humana sólo si es templado por la compasión y consideración hacia la justicia social".[34] No ignoro que esto sea así por el normal arraigo del ser humano y del hecho de que nuestras reflexiones son hechas desde donde estamos, sin embargo, de ahí a confundir tal visión idealista y nacionalista con el cristianismo, como si fueran sinónimos el uno del otro, eso ya es algo muy diferente y no hay

---

[30] "El racionalismo es una doctrina filosófica que defiende la idea de que el espíritu humano no puede llegar a la verdad por medio de la experiencia, sino solamente por medio de la razón constituida de principios inseparables del espíritu humano. En este sentido, se opone a una concepción del conocimiento humano que emane directamente de los sentidos y de la experiencia. Para el racionalismo, el mundo es racional —obedece a leyes que tienen estabilidad, unidad, coherencia— de tal manera que es inteligible, accesible a nuestro razonamiento" (PERROT, Charles; SOULETIE, Jean-Louis; THÉVENOT, Xavier. *Os milagres* [Los milagros]. 1ª ed. São Paulo: Loyola, 2009, p. 16). Una sola obra ofrece un contrapunto respetable a esta visión dominante. El lector que se interese puede ver, por ejemplo, PRIGOGINE, Ilya. *As leis do caos* [Las leyes del caos]. 1ª ed. São Paulo: Unesp, 2002, 112p.

[31] "Los Estados Unidos, con todos sus errores y fallas siguen siendo la mayor esperanza de la historia en lograr la libertad moralmente disciplinada. Los Estados Unidos todavía son el gran faro de esperanza para las naciones emergentes, en la medida que testifican las bendiciones extraordinarias traídas por la libertad económica, política y religiosa" (Ibid., p. 491).

[32] Ibid., p. 451.

[33] Ibid., p. 451, 452.

[34] Ibid., p. 460.

como estar de acuerdo con ellos, pues aceptar la fe cristiana no puede ser lo mismo que adoptar un estilo de vida anglosajón o perseguir el famoso sueño americano.[35]

Cuando Colson y Pearcey, por ejemplo, hablan del peligro del relativismo traído por la filosofía del posmodernismo, diciendo que en ella "no hay verdad objetiva ni universal", porque "todos los puntos de vista, todos los estilos de vida, todas las creencias y todos los comportamientos son considerados igualmente válidos",[36] y que el evangelio necesita, para ser predicado, de una base absoluta, o igual de pensamiento, en este caso el cristianismo, tanto para incrédulos como para cristianos, el lector no debe pensar en las varias expresiones del cristianismo, sino en una en particular. Una que afirma que a pesar de ser "verdad que nadie llega a Dios sin fe, la fe cristiana no es un salto irracional", porque si se analizan "objetivamente, las afirmaciones de la Biblia son proposiciones racionales bien respaldadas por razón y evidencia".[37] Por ser reformados y tener una teología desarrollada con el aporte filosófico del racionalismo, los autores sólo pueden defender lo que defienden si la sociedad entera pensara con los mismos paradigmas que ellos. En el caso, se trata de aceptar el patrón racionalista de los siglos XVII y XVIII, cuando se desarrollaron, no sólo la teología reformada, sino la cultura renacentista,

---

[35] "Básicamente, el sueño norteamericano engloba la idea de que si usted se mueve, alcanzará el éxito; La esperanza es que los más aptos sobrevivan a la selva económica. Esto es simplemente una suposición, un presupuesto no examinado que está detrás de, por ejemplo, reacciones instintivas contrarias a cualquier propuesta de asistencia a la salud: Al final, si las personas enfermas estuvieran aptas para sobrevivir, ¡estarían allá afuera ganándose la vida! También funciona a nivel internacional: los Estados Unidos llegaron a la posición de superpotencia; Si no les gusta un régimen en cualquier otro lugar del mundo, entonces —¡con un poco de ayuda de sus amigos, por supuesto!— tienen todo el derecho y el deber de ir hasta allá, bombardearlo y efectuar un cambio en aquel gobierno. Lo que quiero mostrar, como usted verá fácilmente, es la gran ironía de que, muchas veces, los mayores opositores de Darwin en el área de la lectura de Génesis 1 están, de hecho, profundamente fascinados con él, o con la aplicación más amplia de sus teorías, en el área de la política social e internacional" (WRIGHT, N. T. *Surpreendido pelas Escrituras: questões atuais desafiadoras* [Sorprendido por las Escrituras: cuestiones actuales desafiantes]. 1ª ed. Viçosa, MG: Ultimato, 2015, p. 27).

[36] Ibid., p. 42.

[37] Ibid., p. 45.

el liberalismo económico moderno y los antiguos tratados de la ley. Sin embargo, tal regresión es imposible. El evangelismo para ellos se trata de una cuestión de convencer, argumentativa y filosóficamente, a las personas con los recursos de una racionalidad proveniente de los siglos XVII y XVIII.

En este aspecto, aprecio la reflexión de Alister McGrath que afirma que hoy, es "creciente el consenso entre los historiadores intelectuales de que la Ilustración era tan diversa que no es realmente posible hablar de "racionalidad humana", antes, completa, debemos hablar de 'racionalidades'". Eso porque, según explica él, la "Ilustración se reveló un multiverso racional, con relatos rivales y divergentes acerca de la naturaleza y del alcance de la razón humana".[38] Además, la "crítica filosófica a la Ilustración —hecha por Alasdair MacIntyre o John Gray— sostiene que la búsqueda de esta corriente por un fundamento y un criterio de conocimiento de carácter universal acabó por malograr, tropezó y, por fin, colapsó bajo el peso del enorme cúmulo de pruebas contrarias".[39] Lo que acabó concluyendo es que no existe una "razón trascendente", que opere en el vacío como una facultad absoluta que puede aprehender la realidad, sin embargo, tener preferencias y tendencias, etc., pues no sólo lo que se considera racional depende de los supuestos de una determinada época, pero incluso la razón tiene diferencias, ya que hay varios tipos de "razón".[40] Así, para cerrar con McGrath, la "idea de una

---

[38] MCGRATH, A. *Surpreendido pelo sentido: ciência, fé e como conseguimos que as coisas façam sentido* [Sorprendido por el sentido: ciencia, fe y cómo conseguimos que las cosas tengan sentido]. 1ª ed. São Paulo: Hagnos, 2015, p. 165.

[39] MCGRATH, A. *Apologética pura e simples: como levar os que buscam e os que duvidam a encontrar a fé* [Apologética pura y simple: cómo llevar a los que buscan y a los que dudan a encontrar la fe]. 1ª ed. São Paulo: Vida Nova, 2013, p. 71.

[40] João Manuel Duque, hablando acerca de la crisis de la "razón fuerte", afirma que las "denuncias de la razón instrumental (Horkheimer, Marcuse, Habermas), de la razón identificadora (Adorno), de la razón unidimensional (Marcuse), de la razón funcional o estratégica (Habermas, Apel), de la razón sistémica (Luhmann / Habermas), sobre todo por parte de la escuela crítica de Frankfurt, en una alianza de lecturas filosóficas y sociológico-políticas, condujeron a la conciencia de la dialéctica, si no incluso a la aporía de la razón ilustrada" (DUQUE, J. M. *Para o diálogo com a pós-modernidade* [Para el diálogo con la posmodernidad]. 1ª ed. São Paulo: Paulus, 2016, p. 31). El mismo autor cita a Jean

racionalidad universal única simplemente no puede ser defendida, tampoco alcanzada".[41] Fue justamente por su *hybris* positivista que no tomaba en cuenta la dimensión subjetiva del ser humano que el racionalismo, como el gran proyecto de la modernidad, acabó naufragando históricamente. Por lo tanto, la propuesta de Colson y Pearcey de que "objetivamente, las afirmaciones de la Biblia son proposiciones racionales bien respaldadas por la razón y la evidencia", causan más problemas que soluciones para la predicación, porque actualmente este tipo de razón está bajo mucha sospecha.[42]

El análisis de un solo ejemplo, el más imprescindible e importante de la fe cristiana —la resurrección de Cristo—, ilustra el punto. ¿Cómo probar, científica y racionalmente (al modo empírico y matemático de las ciencias exactas, como requiere el racionalismo), con todas las evidencias que eso aconteció? En realidad, siendo estrictamente bíblico, tal ejercicio no debe ni ser hecho, pues es algo que el mismo Cristo dijo que debería ser aceptado por la fe, porque si todas las personas que oyen acerca de Jesús exigieran reclamar, como Tomás (Jn 20.26-29), un "examen" de su cuerpo, la fe se volvería inviable y dejaría de ser fe (He 11.1 cf. 2 Co 5.7). Al bien de la verdad, dice Alister McGrath, la "certeza es reservada a un grupo muy pequeño de creencias", tales como "cosas evidentes o pasibles de demostración a través de proposiciones lógicas", sin embargo, dice el mismo autor, el "cristianismo no se preocupa por la lógica ni por verdades evidentes". En otras palabras, saber que "'2+2=4' o [que] 'el todo es mayor que sus partes'", es algo de lo que se puede tener "certeza absoluta", sin embargo, "ellas no tienen la menor

---

Franzois-Lyotard, diciendo que este defiende que "la razón se da, de hecho, en la heterogeneidad fundamental de sus tipos: teórico-cognitivo, ético-práctico e imaginativo-estético" (Ibid., p. 72).

[41] MCGRATH, A. *Apologética pura e simples: como levar os que buscam e os que duvidam a encontrar a fé* [Apologética pura y simple: cómo llevar a los que buscan y a los que dudan a encontrar la fe]. 1ª ed. São Paulo: Vida Nova, 2013, p. 71.

[42] FEYERABEND, Paul. *Adeus à razão* [Adiós a la razón]. 1ª ed. São Paulo: Unesp, 2010, 400p. ECO, Umberto. *Interpretação e superinterpretação* [Interpretación y superinterpretación]. 3ª ed. São Paulo: WMF Martins Fontes, 2012, p. 27-51.

relevancia en nuestra vida"[43], puesto que ambas nada nos aclaran acerca del sentido de la vida. "Con sinceridad, aquello que usted puede saber con certeza absoluta no es realmente importante".[44] En otras palabras:

> Las creencias realmente importantes en la vida se relacionan con saber si Dios existe y como es él, o al misterio de la naturaleza y destino humanos. Estas —y todo un conjunto de otras creencias

[43] MCGRATH, A. *Como lidar com a dúvida: sobre Deus e sobre você mesmo* [Cómo lidiar con la duda: sobre Dios y sobre usted mismo]. 1ª ed. Viçosa, MG: Ultimato, 2008, p. 25.

[44] Ibid., p. 26. Este drama fue enfrentado por Tolstoi, en su crisis de fe, época en que él incluso aventuró la hipótesis extrema del suicidio. El escritor ruso decía que en su búsqueda por el sentido de la vida, después de desistir de hacerlo por la religión, apeló a la ciencia y el saber. Dividiendo el conocimiento en dos áreas, según la concepción diltheyana, Tolstoi afirma que una "serie de saberes parece no reconocer la existencia de la cuestión; en compensación, responde con claridad y exactitud a sus propias preguntas, formuladas de modo autónomo: es la serie de saberes experimentales, y en su punto extremo están la matemáticas; la otra serie de saberes reconoce la cuestión, pero no le da respuesta: es la serie de saberes especulativos, y en su punto extremo está la metafísica" (TOLSTOI, Liev. *Uma confissão* [*Confesión*]. 1ª ed. São Paulo: Mundo Cristiano, 2017, p. 45). Tolstoi dice que comprendió que el conocimiento al modo de las ciencias de la naturaleza, o exactas, o sea, tales "saberes" son "muy interesantes, muy atractivos, pero que eran precisos y claros de manera proporcionalmente inversa a su aplicabilidad a las cuestiones de la vida: cuanto menos se aplicaban a las cuestiones de la vida, más exactos y más claros eran; cuanto más trataban de dar soluciones a las cuestiones de la vida, menos claros y menos atractivos se volvían. Si nos volvemos al ramo de los saberes que tratan de dar solución a las cuestiones de la vida —la fisiología, la psicología, la biología, la sociología—, encontramos ahí una chocante pobreza de pensamiento, una suprema falta de claridad, una pretensión en nada justificada para dar soluciones a cuestiones fuera de su competencia, además de incesantes contradicciones entre un pensador y los otros, y hasta entre un pensador y sí mismo. Si nos volvemos al ramo de los saberes que no se ocupan de la solución de las cuestiones de la vida, sino que responden a sus propias cuestiones científicas y específicas, nos admiramos con la fuerza de la inteligencia humana, pero sabemos de antemano que no hay, ahí, respuestas para las cuestiones de la vida. Estos saberes ignoran abiertamente las cuestiones de la vida. Ellos dicen: 'Para las preguntas 'qué es usted' y ' para qué vive', no tenemos respuestas y no tratamos de este asunto; pero si usted necesita conocer las leyes de la luz, de la composición química, las leyes del desarrollo de los organismos, se necesita saber las leyes de los cuerpos, sus formas y la relación de los números con las grandezas, se necesita saber las leyes de la razón, entonces para todo eso tenemos respuestas claras, precisas e irrefutables'" (Ibid., p. 47, 48).

> importantes— poseen dos características fundamentales. En primer lugar, son *relevantes*. Afectan la forma como pensamos, vivimos, esperamos y actuamos. En segundo lugar, *no pueden ser probadas* (ni refutadas) con certeza absoluta. Por su naturaleza, hacen afirmaciones que no pueden ser probadas. Lo mejor que podemos hacer es tener esperanza de saber que probablemente son verdaderas. Siempre habrá un elemento de duda en cualquier declaración que va más allá del mundo de las proposiciones lógicas y evidentes. El cristianismo se encaja en esta clase. Y no está solo. [...] Cualquier persona que quiera hablar sobre el sentido de la vida hará declaraciones que se apoyan en fe y no en certezas. Pero Dios no es una proposición —¡es una persona![45]

En realidad, el "cristianismo requiere, de hecho, un salto de fe —pero no es irracional, ni a oscuras",[46] puesto que está apoyado en el carácter de un Dios cuyo amor quedó evidenciado en Jesús. Así, en una perspectiva pentecostal, la predicación es sólo un medio de comunicar el evangelio a las personas, siendo la decisión de aceptar, o no, la invitación del mensaje, algo entre ellas y Dios. Confiamos sí, en el indispensable papel del Espíritu Santo que convence al ser humano, puesto que *también* para eso el Señor Jesús lo envió (Jn 16.7-11). En cuanto a la resurrección, tanto hoy como en el pasado, siempre causó perplejidad y, además, nunca existió y nunca existirá un tiempo en que el evangelio será un mensaje agradable, porque su propuesta siempre confronta el sistema en vigencia en el mundo. Si esperamos condiciones favorables para servir a Dios, tal vez nunca lleguemos a servirlo de verdad, porque en el mundo, dijo Jesús, tendremos aflicciones (Jn 16.32, 33). Por lo tanto, no puedo imaginarme a los seguidores del Camino, los primeros discípulos de Jesús, haciendo *lobby* e intentando infiltrar un representante en el senado romano a fin de protegerlos de la persecución estatal. ¡Simplemente impensable! La fe genuina es vivida en medio de la adversidad y la oposición (Jn 15.18-23). No se puede, y Jesús no quiere, que las

---

[45] MCGRATH, A. *Como lidar com a dúvida: sobre Deus e sobre você mesmo* [Cómo lidiar con la duda: sobre Dios y sobre usted mismo]. 1ª ed. Viçosa, MG: Ultimato, 2008, p. 26, 27.

[46] Ibid., p. 28.

personas sean forzadas a pensar y aceptar el evangelio. Se trata de una decisión personal y voluntaria de cada uno.

No desconozco la observación de Russel Slittler de que los "cristianos de tradiciones arminianas, que resaltan la libertad humana, parecen inclinarse a las oscuras visiones del mundo como algo a evitar, un reino del cual separarse" y que, según él, esta visión, o "ideas vagas fueron teologizadas especialmente en los sectores metodista, de santidad y pentecostal de la Iglesia".[47] Mientras concuerde con la idea de que tenemos una tarea de transformación, es importante entender cómo debe hacerse. No tengo dudas de que personas transformadas por el Evangelio pueden, y ciertamente hacen toda la diferencia donde están insertadas. Ellas no obligan a las otras a ver el mundo desde su perspectiva, pero dan testimonio práctico, en un mundo perdido, de cómo vivir de forma ética en medio del torbellino del pecado. Digo eso porque lo que Pablo enseña en Romanos 12.1 nada tiene que ver con transformar el mundo y sí con transformarse a sí mismo, por lo tanto, cabe preguntar: con tantas expresiones del cristianismo, ¿cuál de ellas será representante de la llamada "cosmovisión cristiana"? Mi pregunta surge porque, desde que "Lutero atacó el poder de la iglesia de gobernar la vida de las personas, tanto en el ámbito espiritual, porque todos tenían derecho a la salvación, como en el social, ya que ellas no necesitarían someterse más a la institución eclesiástica, si esta desprecia la autoridad de la Biblia"[48], se volvió imposible una sola interpretación para todas las personas y, consecuentemente, una cosmovisión cristiana igualitaria. Así, el monje agustino, dicen todavía los autores Cláudio y Fernando Leite, "repelió cualquier pretensión eclesiástica de ejercer su poder en asuntos temporales, a partir de la creencia de que el poder del Estado sería una estructura divinamente

[47] SLITTLER, R. P. Introducción en PALMER, Michael D. (Ed.). *Panorama do pensamento cristão* [Panorama del pensamiento cristiano]. 1ª ed. Río de Janeiro: CPAD, 2001, p. 9.

[48] 38 LEITE, C. A. C.; LEITE, F. A. C. ¿Evangélicos o evangélicos? La iglesia brasileña entre los ejemplos del pasado y el dilema del presente. En: CARVALHO, Guilherme Vilela Ribeiro de; CUNHA, Maurício José da Silva; LEITE, Cláudio Antonio Cardoso (Orgs.). *Cosmovisão cristã e transformação: espiritualidade, razão e ordem social* [Cosmovisión cristiana y transformación: espiritualidad, razón y orden social]. 1ª ed. Viçosa, MG: Ultimato, 2006, p. 28, 29.

instituida y distinta de la iglesia". Con eso, "Lutero creó un vacío de poder que podría ser llenado por las autoridades seculares". A decir verdad, el reformador fue todavía más allá, porque "sustrajo el poder de la iglesia sobre el pueblo, introduciendo una esfera de poder temporal autónoma".[49] Los autores apuntan también como una conquista de la Reforma el "énfasis luterano en la *libertad de consciencia* y la práctica de esta libertad en bastiones protestantes, como la Holanda calvinista", afirmando que tales actitudes "también contribuyeron a volver al individuo libre en sus decisiones y, consecuentemente, responsable por su destino". El resultado fue un cambio radical en la sociedad, porque la "visión de mundo medieval, estática y determinista, cedió su lugar a la visión de mundo dinámica y progresista, que combinaba la escatología bíblica, centrada en la redención y en el futuro, con una nueva apreciación por el poder de los individuos".[50]

Cuando en el capítulo siguiente del mismo libro, otro autor, Rodolfo Amorim, habla sobre el concepto de cosmovisión, y denuncia el hecho de que "propuestas culturales establecidas por el humanismo secular en el seno de la civilización occidental también han relegado el cristianismo brasileño a una dimensión estrecha de la vida, sin capacidad de presentarse como verdad total"[51], es algo curioso que haya extrañamiento, porque la libertad de la Reforma fue la que proporcionó eso. Las otras opciones —sobre todo, a partir de las protestantes— sólo pudieron emerger después de la ruptura de la hegemonía de poder de la Iglesia. Al hablar entonces de la urgencia en que se restaurare la capacidad del "cristianismo histórico como *la interpretación total de la realidad a partir de la revelación de Dios*" y decir que esta "función del cristianismo a ser rescatada ha recibido desde el final del siglo XIX, la denominación común de *cosmovisión cristiana*" la cual es "entendida básicamente como una visión total del mundo y de la vida a partir de los principios revelados por Dios

---

[49] Ibid., p. 29.

[50] Ibid., p. 31.

[51] SOUZA, R. A. C. Cosmovisión: evolución del concepto y aplicación práctica. En: CARVALHO, G. V. R.; CUNHA, M. J. S.; LEITE, C. A. C. (Orgs.). *Op. Cit.*, p. 40.

en las Escrituras"[52], ¿no se estaría proponiendo un dominio interpretativo de la realidad semejante al de la Edad Media? Este cuestionamiento se da en función de que la propuesta parece no suceder con la conciencia de que tal perspectiva es sólo una visión, pero parece querer afirmarse como *la única* visión. Digo eso por lo que escribe Guillermo Carvalho en la introducción editorial de la obra, *No crepúsculo do pensamento occidental*, del filósofo calvinista holandés, Herman Dooyeweerd, que fue traducida por él juntamente con Rodolfo Amorim. Guillermo informa que el "neo calvinismo fue un movimiento protestante de reforma cultural y religiosa, en Holanda, que procuró interpretar la visión reformada calvinista del mundo y de la vida en un contexto moderno y de reestructuración nacional, frente a las presiones ideológicas de la revolución francesa y del imperialismo bonapartista".[53] El mismo autor dice que el neo calvinismo fue iniciado por "Guillermo Groen Van Printerer (1801-1876), aristócrata e historiador, archivista de la casa de Orange-Nasau", y que "el movimiento llegó a dominar la vida cultural y política de Holanda, en el final del siglo XX e inicio del siglo XXI, por medio de Abraham Kuyper, teólogo, periodista, educador, político, y primer ministro de 1901-1905".[54] En la misma introducción editorial, G. Carvalho incluso afirma que:

> Kuyper y sus asociados trabajaron arduamente en el propósito de recuperar el sentido integral de la fe reformada, aplicándola en todos los departamentos de la vida, de formas relevantes e innovadoras. Aunque solamente mucho más tarde Kuyper se haya apropiado de la noción diltheyana de *Weltanschaaung*, o "cosmovisión", para describir su proyecto, la verdad es que su intención verdadera, elaborada en toda la historia del movimiento, fue la de promover una forma integrada de vivencia cristiana, relacionando orgánicamente todos los aspectos de la vida: política, artes, iglesia, familia y pensamiento. Kuyper vio claramente que el cristianismo necesitaba expresarse como una bio cosmovisión completa, como

---

[52] Ibid., p. 40, 41.

[53] CARVALHO, G. V. R. Introducción editorial: Dooyweerd, reformador de la razón. En: DOOYEWEERD, H. *No crepúsculo do pensamento occidental* [En el crepúsculo del pensamiento occidental], p. 7, 8.

[54] Ibid., p. 8.

> *un sistema total de vida y pensamiento,* si quisiera mantenerse de pie delante del sistema humanista moderno. Y el calvinismo sería esto: mucho más que una teología, una visión de mundo con implicaciones de largo alcance.[55]

¿Será que los pensadores pentecostales saben que la propuesta, bautizada como *cosmovisión cristiana*, es neo calvinista, y que "cosmovisión cristiana" es el sistema teológico de Calvino repaginado por Kuyper? ¿Será que la entiende que, como ya se ha dicho, en el subtítulo del libro de Abraham Kuyper, está escrito que el calvinismo es "el sistema que hoy la iglesia cristiana debe reconocer como bíblico"?[56] Me parece legítimo que el calvinismo[57], o neo calvinismo, presente su propuesta, pero no creo que el camino racionalista tomado por la teología reformada sea adecuado para el mundo de entonces y, mucho menos, para los pentecostales. El

[55] Ibid., p. 17.

[56] KUYPER, A. *Calvinismo*: el canal en que se movió la Reforma del siglo XVI, enriqueciendo la vida cultural y espiritual de los pueblos que lo adoptaron. El sistema que hoy la iglesia cristiana debe reconocer como bíblico. São Paulo: Cultura Cristiana, 2003, 208p. A pesar de que la frase está en la portada de la edición brasileña, en la edición original, publicada en inglés no aparece ese subtítulo. Este hecho, sin embargo, no contradice el "espíritu" de la obra, ya que tales frases son inspiradas en las ideas del propio libro (cf. p. 40, 41, 42, 43, 46, 51, etc., de la referida obra).

[57] Por cuestión de justicia, es importante entender que el calvinismo no es un movimiento y/o sistema teológico homogéneo. Ricardo Cuadros Gouvêa, dice ser oscurantista la visión que piensa que "el calvinismo es monolítico, esto es, la idea absurda de que no existe diversidad histórica y geográfica en el calvinismo, y no se hace más distinción entre el calvinismo de los siglos XVI y del XVII, o el calvinismo de los siglos XIX y del XX, o de Holanda y de Inglaterra, o de Hungría, Corea, África, EUA o Brasil". El autor añade que en esta visión "todo se vuelve igual e indistinto, pero sólo que eso no es verdad", porque el "calvinismo asumió muchas coloraciones diferentes, con énfasis diferentes y variantes importantes a través del tiempo, y en la medida que era interpretado y adaptado a diferentes culturas". Gouvêa afirma que, no obstante estas diversidades, existen "siempre aquellos que piensan que el calvinismo, en Brasil, debe ser igual al de los EUA, por ejemplo, o que el calvinismo del siglo XXI pueda ser igual al del siglo XVII, por ejemplo, o que representa una total falta de consciencia histórico-cultural, falta de sentido crítico y falta de sentido misiológico" (GOUVÊA, R. Q. *A piedade pervertida: um manifesto anti-fundamentalista em nome de uma teologia de transformação* [La piedad pervertida: un manifiesto antifundamentalista en nombre de una teología de transformación]. São Paulo: Grapho, 2006, p. 27).

propio Guillermo de Carvalho reconoce que el cristianismo protestante evangélico, y la razón, necesitan de una reforma.[58] Y él diserta así instruido por el filósofo holandés Herman Dooyeweerd que, a su vez, aun habiendo sido admirador del trabajo de Kuyper, fundamentado en algunos "filósofos edificantes", para utilizar la expresión de Richard Rorty, entre los cuales está Heidegger, afirma que la "propia teología necesita de una crítica trascendental del pensamiento teórico, porque está ligada a la actitud teórica y siempre tiene presuposiciones filosóficas".[59]

Por lo tanto, ya que la Biblia sola "no dice nada", es decir, necesita ser interpretada y eso sucede por diferentes grupos que, como todos saben, poseen diferentes (y divergentes) motivaciones y métodos, hay que recordar que, como dice Ravi Zacharias, "en Europa, el cristianismo sufrió un gran abuso cuando fue usado a favor del poder político" y que en la "América sufrió [otro] gran abuso al ser usado en favor del poder económico".[60] ¿No sería, entonces, más interesante que, en la línea propuesta por los autores Cláudio y Fernando Leite, en primer lugar, representásemos "*el evangelio a los evangélicos*"?[61] Como apuntan, la idea

---

[58] CARVALHO, G. V. R. Introducción editorial: Dooyweerd, reformador de la razón. En: DOOYEWEERD, H. *No crepúsculo do pensamento occidental* [En el crepúsculo del pensamiento occidental], p. 43, 44.

[59] DOOYEWEERD, Herman. *No crepúsculo do pensamento occidental* [En el crepúsculo del pensamiento occidental] 1ª ed. São Paulo: Hagnos, 2010, p. 52.

[60] ZACHARIAS, R. *Quem é Jesus? Contrapondo sua verdade à falsa espiritualidade dos dias atuais* [¿Quién es Jesús? Contraponiendo su verdad a la falsa espiritualidad de los días actuales]. 1ª ed. Río de Janeiro: CPAD, 2013, p. 102. Abraham Kuyper, dice que "mientras los calvinistas, en la época de la Reforma, produjeron decenas de millares de víctimas, enviadas al cadalso y a la hoguera (las de los luteranos y católico-romanos no vale la pena contar), se ha culpado a la historia de la grande y extensa injusticia de siempre lanzar en el rostro de los calvinistas esta única ejecución de Serveto en la hoguera, como un *crimen nefasto*" (KUYPER, A. *Calvinismo.* São Paulo: Cultura Cristiana, 2003, p. 107). Es preciso imaginar las familias de las decenas de millares de víctimas, así como la de Miguel de Serveto, leyendo este párrafo de la obra de Kuyper donde él minimiza, y hasta parece querer justificar, los crímenes protestantes sólo por haber sido en "menor número" que los de los católicos y luteranos. Eso demuestra cómo la pasión por *una* determinada visión del mundo, que se presupone absoluta o se entiende como *la única*, puede defender verdaderos absurdos.

[61] LEITE, C. A. C.; LEITE, F. A. C. *Evangélicos ou evangélicos?* [¿Evangélicos

sería cumplir "*una misión interna,* destinada a poner en cuestión el contenido de nuestra predicación y la comprensión que tenemos de la tarea de la iglesia en el mundo".[62] Eso es importante porque somos muchos y fragmentados. Sólo preguntaría a los autores, ¿cuál, de las muchas expresiones del cristianismo, sería la más apta para encabezar dicha misión? ¿Cuál puede presentarse como una síntesis de tantos pensamientos y doctrinas? Se habla de "cristianismo histórico", ¿pero donde está tal cristianismo, puesto que siempre que se menciona un segmento, este nunca está desligado de una o más personas que lo iniciaron en una determinada época y lugar?

Para cerrar la cuestión, debido a este carácter que todo lo abarca, esto es, pretensioso del neo calvinismo, es que los autores de *Y ahora... ¿cómo viviremos?*, y muchos otros, quieren retroceder en el tiempo y hacer el mundo pecaminoso, o sea, su sociedad, parar la inevitable marcha hacia el gran colapso universal. Eso no solamente es imposible como inevitable. El mundo irá de mal en peor y no digo que debemos cruzar los brazos, pero sí dar testimonio vivo de nuestra fe y así inspirar a las personas alrededor de nosotros. ¿Cuántos ya han aceptado a Jesús por causa del ejemplo de un fervoroso siervo de Dios? Por lo tanto, por depender esencialmente de la razón cartesiana e iluminista, es que el neo calvinismo, el movimiento de cosmovisión cristiana, teme tanto a la posmodernidad. La razón cartesiana que creía ser posible una exactitud acerca de lo que se postula, acabó encontrándose con lo obvio: no es posible conocer todo y lo que conocemos muchas veces no es exacto y mucho menos total. Ya la razón hegeliana, como filosofía de la historia, que veía la realidad y, consecuentemente, la historia como un movimiento progresivo, siempre para mejor, vio dos grandes guerras mundiales, para quedar sólo en un ejemplo, ignorando los genocidios, los conflictos étnicos, el imperialismo, la intolerancia y todo lo demás que se puede constatar diariamente. La modernidad no produjo un mundo perfecto

---

o evangélicos?] La iglesia brasileña entre los ejemplos del pasado y el dilema del presente. En: CARVALHO, G. V. R.; CUNHA, M. J. S.; LEITE, C. A. C. (Orgs.). *Cosmovisão cristã e transformação* [Cosmovisión cristiana y transformación], p. 36.

62 Ibid.

como intentaba su proyecto. Su fundamentación estrictamente racionalista y científica le trajo grandes problemas, porque como dice Edgar Morín, la "ciencia triunfa y está en crisis al mismo tempo".[63] Eso de acuerdo con su propia ambición, o sea, ella no puede ser fija, sino en constante movimiento. Así, la ciencia "ya no es la Ciencia-Verdad absoluta, la Ciencia-Solución, la Ciencia-Farol, la Ciencia-Guía del fin del siglo pasado. Es la Ciencia-Problema".[64] El sueño de crear la sociedad fundada sólo en el racional se derrumbó, porque como dice Ladriére:

> La experiencia histórica muestra que, a pesar de la instauración de la razón, de su reflexión sobre sí misma, de su proyecto de asumir la dimensión social de la existencia, la vida colectiva es el lugar de tragedias repetidas; que muchas veces la acción engendra consecuencias que no fueron deseadas; que la fuerza de las pasiones, la capacidad de los intereses y el delirio del poder son factores históricos mucho más decisivos que el proyecto de la razón; que siempre es necesario contar con la fuerza de las cosas y la venganza del destino; y que, en última instancia, delante del espectáculo de la injusticia, de la explotación, de la violencia, de la maldad, somos obligados a admitir que hay un principio del mal en acción en el mundo y que no puede ser explicado según razones, mucho menos domesticado por la razón. El proyecto de la razón se enfrenta aquí con su otro absoluto, que no es simplemente la palabra aún oscura a sí misma, la opinión, la acción instintiva que actúa sin razones, sino lo incomprensible y lo irrecuperable, en los que tropieza, La idea de progreso, y a partir de los cuales el pensamiento crítico es forzado a emprender la desconstrucción de la mitología de la razón.[65]

Pero la ciencia no llegó a este estado por causa de ninguna sensibilidad humana, y sí por cuenta de la arrogancia de creerse *la única* forma de conocerse, de hecho, las cosas y decodificar la realidad. Sin embargo, desde que se enfrentó con la imposibilidad de aplicar o hacer valer su método en todos los aspectos de

---

[63] MORIN, E. *Para sair do século XX [Para salir del siglo XX]*. 1ª ed. Río de Janeiro, Nova Fronteira, 1986, p. 79.
[64] Ibid.
[65] LADRIÈRE, J. *A fé cristã e o destino da razão* [La fe cristiana y el destino de la razón]. 1ª ed. São Leopoldo, RS: Unisinos, 2007, p. 67.

la realidad, la razón entró en colapso dando inicio a un paulatino proceso de falta de credibilidad. La gran tentación de la aventura metafísica, entintada desde los albores del mundo occidental, no encontró el fundamento de la realidad. Así, no puede defender la tesis atea y mucho menos condenar la creencia en Dios. Esta consciencia hizo posible, inclusive, el entendimiento de que, como afirma Jörg Lauster, la "religión es una forma de interpretación de la realidad, así como el lenguaje, el mito, el arte e incluso la ciencia".[66] Es necesario asegurarse de una vez que la ciencia no es *la única* forma de descripción de la realidad, y sí sólo una más entre otras. El discurso racionalista (porque como dice Lyotard, el "saber científico es una forma de discurso"[67]) que pretendía ser una meta-narrativa sustituta de la religión perdió su capacidad de cooptar a todos. Esto ocurrió porque la búsqueda del fundamento acabó exponiendo esa gran ambivalencia o contradicción, como dice Whitehead, del pensamiento científico que es no poder autojustificarse científicamente. "El hecho es que", afirma Lyotard, "el discurso platónico que inaugura la ciencia no es científico, y esto en la medida que pretende legitimarla". En términos directos, el "saber científico no puede saber y hacer saber que él es el verdadero saber sin recurrir al otro saber, el relato, que para él es el no-saber, sin lo que es obligado a presuponerse a sí mismo y cae así en lo que él condena, la petición de principio, o concepto". Delante de esta conclusión la pregunta inquietante del filósofo francés es: ¿Pero no caería también en esto valiéndose del relato?"[68] La respuesta es obvia.

Como la propia racionalidad estipuló criterios que deconstruyeron el relato y se juzgó capaz de aplicar a toda la realidad su método estrictamente científico, acabó deslegitimándose, porque "la cuestión de la prueba constituyó un problema, en el sentido de que sería preciso probar la prueba", como cuestiona Lyotard. Al argumento que dice ser la publicación de los "medios de la prueba" una forma de hacer que sea examinada por otros

---

[66] LAUSTER, Jörg. *Religião como interpretação da vida* [Religión como interpretación de la vida]. 1ª ed. São Paulo: Loyola, 2009, p. 17.

[67] LYOTARD, J. F. *A condição pós-moderna [La condición postmoderna]*. 12ª ed. Río de Janeiro: José Olympio, 2009, p. 3.

[68] Ibid., p. 53.

científicos y así "asegurarse del resultado repitiendo el proceso que condujo a ella", Lyotard presenta la siguiente objeción: "Sucede que administrar una prueba es hacer constatar un hecho. ¿Pero qué es una constatación? ¿El registro por la vista, por el oído, por un órgano de los sentidos? Los sentidos engañan, y son limitados en extensión, en poder discriminador". Lyotard dice que, en el afán de responder a esta objeción, los especialistas crearon las técnicas que "son inicialmente prótesis de órganos o de sistemas fisiológicos humanos que tienen por función recibir datos o actuar sobre el contexto". En este punto es importante recordar que el filósofo francés que es autor de esta obra seminal sobre la condición posmoderna, escribe en el contexto de la década de los 70 y la publica en Francia en 1979 y lo hace para criticar, y no defender, la referida condición. Por este motivo, de cierta forma su trabajo tiene una "función profética", puesto que además de denunciar, también anticipa algunas situaciones que ahora vivimos. De las técnicas, por ejemplo, él dice que "ellas obedecen a un principio, el de la optimización de los *desempeños*: aumento del *output* (informaciones o modificaciones obtenidas), disminución del *input* (energía desprendida) para obtenerlas". Estos son, de acuerdo con Lyotard, "los juegos cuya pertinencia no es ni lo verdadero, ni lo justo, ni lo bello, etc., sino lo eficiente: un 'lance' técnico es 'bueno' cuando es exitoso y/o cuando gasta menos que otro".[69] De forma directa, su crítica alcanza incluso al pragmatismo posmoderno cuando dice que:

> La administración de la prueba, que en principio no es sino una parte de la argumentación destinada a obtener el consentimiento de los destinatarios del mensaje científico, pasa así a ser controlada por otro juego de lenguaje donde lo que está en cuestión no es la verdad sino el desempeño, o sea, la mejor relación *input/output*. El Estado y/o la empresa abandona el relato de legitimación idealista o humanista para justificar la nueva disputa: en el discurso de los financiadores de hoy, la única disputa confiable es el poder. No se compran científicos, técnicos y aparatos para saber la verdad, sino para aumentar el poder.[70]

[69] Ibid., p. 80.
[70] Ibid., p. 83.

El hecho es que, al no encontrar su fundamento último, el racionalismo moderno tuvo que recurrir a lo que le negaba a la religión, echando por tierra la apasionada tesis de Thomas Huxley de que la ciencia sólo puede hacerse con "el radical rechazo de la autoridad", porque, como discute Lyotard, explicando cómo se da el paso de la modernidad a la posmodernidad, el discurso racional —en ambos períodos— es, por sí mismo, autoritario, porque "¿quién decide lo que es saber, y quién sabe lo que conviene decidir?".[71] La respuesta astringente es que los dueños del poder de legitimación, independientemente de que estén correctos o equivocados, son quien decide.[72] En la modernidad, la idea era

[71] Ibid., p. 14.

[72] Lyotard dice que la "cuestión es saber en qué puede consistir el discurso del poder, y si él puede constituir una legitimación". Él explica que "lo que a primera vista parece impedirlo es la distinción hecha por la tradición entre la fuerza y el derecho, entre la fuerza y la sabiduría, esto es, entre lo que es fuerte, lo que es justo y lo que es verdadero. Fue a esta inconmensurabilidad a la que nos referimos anteriormente en los términos de la teoría de los juegos de lenguaje, distinguiendo el juego denotativo, donde la pertinencia se da en el nivel de verdadero/falso, el juego prescriptivo, que es de la alzada del justo/injusto, y el juego técnico, cuyo criterio es eficiente/ineficiente. La 'fuerza' no parece relacionarse sino con este último juego, que es el de la técnica. Se hace excepción del caso en que ella opera por medio del terror. Este caso se encuentra fuera del juego de lenguaje, ya que la eficacia de la fuerza procede entonces enteramente de la amenaza de eliminar al compañero, y no de un mejor 'lance' que el suyo. Cada vez que la eficiencia, esto es, la obtención del efecto buscado, tiene por motor un 'Diga o haga esto, de lo contrario no hablarás más', se entra en el terror, se destruye el vínculo social" (Ibid., p. 83). Habiendo dicho en qué sentido la legitimación es totalitaria y autoritaria, el mismo autor dice que "es verdad que el desempeño, aumentando la capacidad de administrar la prueba, aumenta la de tener razón: el criterio técnico introducido brutalmente en el saber científico no deja de tener influencia sobre el criterio de verdad. Lo mismo podría decirse de la relación entre justicia y desempeño: las oportunidades de que una orden sea considerada como justa aumentarían con las oportunidades de que ella sea ejecutada, y estas con el desempeño del prescriptor. Es así que Luhmann cree constatar en las sociedades posindustriales la sustitución de la normatividad de las leyes por la eficiencia mensurable de procedimientos. El 'control del contexto', esto es, la mejoría de los *desempeños* realizados contra los compañeros que constituyen este último (sea este la 'naturaleza' o los hombres) podría valer como una especie de legitimación. Sería una legitimación por el hecho" (Ibid., p. 83, 84). Buscando desdoblar el razonamiento, Lyotard afirma que el "horizonte de este procedimiento es el siguiente: siendo la 'realidad' la que ofrece las pruebas para la argumentación científica y los resultados para las prescripciones y las promesas de orden jurídico, ético y político, puede

probar la verdad, pero, de acuerdo con lo que se pensaba, esta no podría ser alcanzada por la religión a través de la fe, y sí por la ciencia a través de la razón. Por eso:

> Originalmente, la ciencia entra en conflicto con los relatos. Del punto de vista de sus propios criterios, la mayor parte de estos últimos se revela como fábulas. Pero, en la medida en que no se limite a enunciar regularidades útiles y que busque lo verdadero, debe legitimar sus reglas de juego. Así, ejerce sobre su propio estatuto un discurso de legitimación, llamado filosofía. Cuando este meta discurso recurre explícitamente a algún gran relato, como la dialéctica del espíritu, la hermenéutica del sentido, la emancipación del sujeto racional o trabajador, el desarrollo de la riqueza, decide llamar "moderna" a la ciencia que a esto se refiere para legitimarse. Es así, por ejemplo, que la regla del consenso entre el remitente y el destinatario de un enunciado con valor de verdad será tenida como aceptable, si ella se inscribe en la perspectiva de la unanimidad posible de mentalidades racionales: fue este el relato de las Luces, donde el héroe del saber trabaja por un buen fin ético-político, la paz universal. Verse en este caso que, legitimando el saber por un meta-relato, que implica una filosofía de la historia, somos conducidos a cuestionar la validez de las instituciones que rigen el vínculo social: ellas también deben ser legitimadas. La justicia se relaciona así con el gran relato, en el mismo grado que la verdad.[73]

---

llegar a ser señor de ambas convirtiéndose en señor de la 'realidad', lo que las técnicas permiten. Reforzándolas, 'se refuerza' la realidad, consecuentemente, las oportunidades de ser justo y de tener razón. Y, recíprocamente, se refuerza tanto las técnicas de que se puede disponer del saber científico y de la autoridad decisoria" (Ibid., p. 84). El filósofo francés dice que, exactamente "así toma forma la legitimación por el poder. Este no es solamente el buen desempeño, sino también la buena verificación y el buen veredicto. El poder legitima la ciencia y el derecho por su eficiencia, y ésta por aquellos. Él se autolegitima como parece hacerlo un sistema regulado sobre la optimización de sus *desempeños*. Ahora, es precisamente este control sobre el contexto que debe proporcionar la informatización generalizada. La eficacia de un enunciado, sea él denotativo o prescriptivo, aumenta en la proporción de las informaciones de que se dispone relativas a su referente. Así, el aumento del poder y su autolegitimación pasa actualmente por la producción, la memorización, la accesibilidad y la operatividad de las informaciones" (Ibid.).

[73] Ibid., p. xv-xvi.

Así, al estudiar un poco más y comparar las dos perspectivas —la moderna y la posmoderna—, y ver que las diferencias, en las palabras de Gregory Miller, era que la primera "dominó el pensamiento occidental desde la Ilustración" y que sus "características primarias son 1) confianza en el poder de la razón humana, 2) fe en el progreso y desarrollo por medio de la ciencia y tecnología, y 3) creencia en la soberanía absoluta del individuo"[74], mientras que la segunda, es caracterizada por un pesimismo en "relación al progreso humano y duda de la habilidad de la razón humana en producir la verdad objetiva"[75], constaté simplemente lo siguiente: no hay ningún tiempo favorable a la predicación del evangelio. Los que sirven a Dios siempre estarán en el "reverso" y en contra del sistema. Ahora, si hacemos un matrimonio, o concordismo, del mensaje del Evangelio, o incluso producimos la teología, estrictamente, de acuerdo con una determinada mentalidad, ciertamente tendremos problemas en el futuro al pasar aquella época y, con ella, su paradigma. En el mundo de hoy, tal "futuro" nos llega cada vez más rápido. Este es el gran problema de la teología reformada con la posmodernidad. Esta hizo inviable el discurso racionalista y, como la teología calvinista depende sumamente del racionalismo, de ahí la crisis y la clemencia por apoyo de todas las expresiones del cristianismo, inclusive el pentecostal, para derrotar este su "enemigo particular". Sin embargo, incluso si eso fuera posible y acaso el movimiento neocalvinista de cosmovisión cristiana triunfara, resta pensar: ¿Qué acontecería con las demás expresiones del cristianismo? ¿Y con el pentecostalismo, en particular? ¿Podríamos continuar defendiendo la lectura que hacemos de Hechos y experimentando el poder del Espíritu Santo en nuestras vidas sin ser estigmatizados y perseguidos? En verdad, este tipo de postura ya aconteció en el pasado. Actualmente, la estrategia adoptada es otra. No combatir, sino convencer y persuadir. No acabar, pero cooptar y descaracterizar.

---

[74] MILLER, G. Voces del pasado: tentativas históricas para formar un pensamiento cristiano. En: PALMER, Michael D. *Panorama do pensamento cristão* [Panorama del pensamiento cristiano]. 1ª ed. Río de Janeiro: CPAD, 2001, p. 130.

[75] Ibid., p. 131.

Mientras la humanidad, desde el mundo antiguo hasta la Reforma, caminó largamente con una mentalidad "encantada", después de la Reforma, con el advenimiento de la Ilustración e inicio de la modernidad, el mundo fue "desencantado", por eso la teología, tanto liberal como conservadora, desarrolladas desde el siglo XVII al XIX, eliminaron bajo fuerte influencia del racionalismo, todo el aspecto sobrenatural de la realidad, sea al modo de desmitologización de la Biblia o a la manera cesacionista en relación a la contemporaneidad de los milagros y de las manifestaciones del Espíritu. Con el colapso del proyecto de la modernidad, el mundo fue nuevamente reencantado y la sociedad retomó la búsqueda de sentido para su vida, ya no en la ciencia, y sí en las diversas formas de espiritualidad.[76] ¿Qué sucedió con el protestantismo cuyo énfasis recae sobre un encuentro con Jesús mediado únicamente por el asentimiento apriorístico de proposiciones teológicas que fueron desarrolladas en una época de racionalismo? Su discurso ya no tiene sentido, puesto que hay controversias para cada uno de sus puntos que, por ser de naturaleza teórica, dependen de verificación, análisis e interpretación.

Ya el pentecostalismo, acusado de "no tener teología", con sus rasgos que lo distingue "de todas las otras formas de cristianismo", dice McGrath, con "su insistencia y énfasis en el encuentro inmediato con Dios por medio del Espíritu Santo", no apoya la creencia absoluta en el poder de la razón, puesto que la experiencia es algo concreto para el individuo que la vive, mas subjetiva para el observador que, con pretensiones cartesianas, la mira a distancia e investiga; y mucho menos queda con el relativismo posmoderno, ya que en el encuentro con el Espíritu ocurre la "subsecuente transformación de los individuos".[77] Sin embargo,

[76] "De este nuevo encantamiento es característico el recurso a la sensibilidad y a la corporeidad, por oposición al racionalismo moderno. El concepto central pasó a ser el de la 'experiencia', entendida sobre todo como inmersión del individuo en el todo que lo determina, pero que lo determina de forma global y profunda" (DUQUE, J. M. *Para o diálogo com a pós-modernidade* [Para el diálogo con la posmodernidad]. 1ª ed. São Paulo: Paulus, 2016, p. 132).

[77] MCGRATH, A. *A Revolução Protestante: uma provocante história do protestantismo contada desde o século 16 até os dias de hoje* [La Revolución Protestante: una provocativa historia del protestantismo contada desde el siglo XVI hasta los días de hoy]. 1ª ed. Brasilia: Palavra, 2012, p. 418.

es importante que se diga, el hecho de que la posmodernidad defiende una alteridad radical, no significa, absolutamente, que tal postura debe ser confundida con el relativismo moral, porque es necesario entender que, en un pensamiento de superación del absolutismo racionalista, se tiene de "un lado, el retorno de lo religioso [que] es interpretado como retorno a lo espiritual, en el sentido de apertura a otra dimensión de la realidad"[78], o sea, retorna la posibilidad de lo sobrenatural que había sido descartada en la modernidad. Esto porque, la "ciencia no logra ni siquiera establecer si significa alguna cosa decir que estoy enamorado".[79] Por consiguiente, "Todas las cosas esenciales que caracterizan a nuestra vida, esto es, los sentimientos, los valores, las esperanzas, no son objeto de la ciencia".[80] Así, para cerrar la cuestión de la no posibilidad del absolutismo racionalista en el sesgo de la posmodernidad y por qué su postura alterativa se confunde con relativismo moral, finaliza Rosino Gibellini:

> Del lado opuesto, el nihilismo del secularismo [o sea, de la modernidad] es interpretado como expresión de un pensamiento débil (Gianni Vattimo), que es crítico de toda forma de totalitarismo, es atento a las diferencias, practica la reconstrucción (Derrida, Jean-Luc Nancy) y se abre, bajo la orientación de Emmanuel Lévinas, al Otro, los otros, a las otras historias, censuradas por las pretensiones totalitarias de la racionalidad moderna: esta es la nueva posibilidad de un "retorno de Dios" —no de un Dios pensado por el yo [a la manera de las teologías liberal y reformada], sino de la revelación (por interpretar según una apropiada hermenéutica: Paul Ricoeur, Edward Schillebeeckx)— en la posmodernidad.[81]

---

[78] GIBELLINI, Rosino. Prefacio. En: MENDOZA-ÁLVAREZ, C. *Deus escondido da pós-modernidade: desejo, memória e imaginação escatológica: ensaio de teologia fundamental pós-moderna [El Dios escondido de la posmodernidad: deseo, memoria e imaginación escatológica. Ensayo de teología fundamental posmoderna]*. 1ª ed. São Paulo: es Realizaciones, 2011, p. 22. Es importante notar que la expresión "Dios escondido", en el título de la obra, se refiere a Isaías 45.15.

[79] VATTIMO, Gianni; GIRARD, René. *Cristianismo e Relativismo: verdade ou fé frágil?* [Cristianismo y relativismo: ¿verdad o fe frágil?]. 1ª ed. Aparecida: Editora Santuário, 2010, p. 40, 41.

[80] Ibid., p. 41.

[81] GIBELLINI, R. *Op. Cit.*, p. 22.

Fue justamente en la lectura no pretensiosa de la Biblia, sin la dependencia de las reglas de la hermenéutica racionalista, tanto histórico-crítica como histórico-gramatical, que el pentecostalismo entendió que lo que ocurría en sus cuadros era, nada más y nada menos que algo parecido con lo que ocurrió en Hechos 2. Sin embargo, como se sabe, influenciada por el racionalismo la "teología protestante tradicional consideraba este fenómeno exclusivo de la era apostólica" y, por eso mismo llegó a la conclusión de que "el fenómeno, adaptado y necesario para la primera fase de expansión de la iglesia, no era requisito ni estaba activo desde esta época".[82] Sin embargo, como todo lo que es de naturaleza teórica y filosófica, como aclara McGrath, la "defensa de esta posición 'cesacionista' tenía sus dificultades, comenzando porque cualquier aplicación coherente de este argumento amenazaba hacer que grandes secciones del Nuevo Testamento se vuelvan irrelevantes para el protestantismo moderno".[83] Por eso, obvio como es de concluirse, "en la práctica, este argumento nunca fue desarrollado", porque al eliminarse "todos los añadidos teológicos" de él, dice el mismo autor, el argumento "se reduce al mismo simple punto: el Espíritu Santo no es vivido en la iglesia hoy como lo fue por los apóstoles en el Pentecostés".[84] Es posible ver en la discusión un fuerte elemento de deshonestidad intelectual, puesto que fue seleccionado, intencional y quirúrgicamente, de la narración lucana aquello que no podría ser válido para hoy, preservándose al mismo tiempo otras secciones que interesan y apoyan el propio sistema teológico reformado. De esa forma, es de imaginar que no hay conservadurismo alguno en el pensamiento reformado cesacionista, porque si el pentecostalismo lo acompaña, fatalmente será deconstruido en la trampa de una ortodoxia que no contempla la espiritualidad pentecostal, tal como se presenta en Hechos y, mucho menos, si lo que se pretende es defender su contemporaneidad. A pesar de tal negación de la realidad hecha por el neo calvinismo, finaliza McGrath

> La relevancia de los eventos de Topeka, Kansas, en enero de 1901, y, después, de la calle Azusa, en Los Ángeles, en 1906, es que ellos

[82] MCGRATH, A. *A Revolução Protestante* [La Revolución Protestante], p. 417.
[83] Ibid., p. 417, 418.
[84] Ibid., p. 418.

> sugieren que las cosas pueden haber cambiado. Y si ellas cambiaron, es necesario hacer mucha revisión teológica. Vemos aquí un ejemplo clásico de lo que Thomas Kuhn, historiador de la ciencia, describió de forma excelente como "cambio de paradigma" en el desarrollo de las ciencias naturales —la aparición de nuevos enfoques cuando la capacidad de las antiguas teorías de explicar nuevas experiencias y observaciones es falla o imperfecta.[85]

Ya que el protestantismo "adquirió los hábitos de acción y de pensamiento que reflejen su origen social en Europa Occidental", dice McGrath, significando que su identidad fue moldeada por la "Ilustración" estando ella, por esa razón, visceralmente arraigada "al surgimiento de la modernidad", teniendo estos "un efecto decisivo en la estructuración del protestantismo", se tiene así la respuesta del porqué de sus "tensiones, confusiones y discordias sobre cómo responder a la posmodernidad".[86] La teología racionalista reformada no contemplaba la posibilidad de lo sobrenatural, entonces, cuando los eventos de experiencia del Espíritu comenzaron a "resurgir", o a tenerse noticias de ellos por el mundo, en diversas partes del globo, ellos no tuvieron valor y humildad de reconsiderar su teología. Aquello que los protestantes condenaban en el catolicismo, fue totalmente asumido por ellos. El camino más "fácil" fue anatematizar el pentecostalismo y considerarlo espurio e inverídico, según una pretensión de objetividad racionalista y científica. Sin embargo, porque el pentecostalismo ha florecido en medio de la simplicidad laica, sin depender de un sistema teológico, en realidad incluso subvirtiendo a aquellos que se pretendían soberanos, dice McGrath, él "nunca estuvo sujeto a las presuposiciones reguladoras sobre lo que era 'razonable' o 'normal' que modelaron las comunidades protestantes anteriores".[87] Así, la existencia de absolutos de la religión cristiana, no es negada por el pentecostalismo, sino el absolutismo de una determinada expresión del cristianismo, que si acaso prevalece ciertamente obligará, como hizo en Ginebra[88], todos

[85] Ibid., p. 418.

[86] Ibid., p. 429

[87] Ibid., p. 429, 430.

[88] "Lidiamos por un instante con el método de argumentación de Calvino,

creyendo de cierta manera y leyendo la Biblia de una sola forma, eso debe ser rechazado y, en ese sentido, y sólo en él, tenemos que concordar que "no hay ningún aspecto de lo que se llama el mundo posmoderno que no esté marcado por el extenderse de la interpretación" [89], por eso mismo no existe una lectura única del mundo. Y si no existe sólo una forma de leer y de interpretar, porque si fuese así el pentecostalismo estaría perdido, es posible hablar nuestro "dialecto pentecostal" en medio de la posmodernidad. Pero, es obvio, que si "hablo mi dialecto, finalmente, en un mundo de dialectos entre otros, si profeso mi sistema de valores —religiosos, estéticos, políticos, étnicos— en este mundo de culturas plurales", dice Vattimo, "tendré también una consciencia intensa de la historicidad, contingencia, limitación, de todos estos sistemas, comenzando por el mío".[90] Es a eso que la posmodernidad llama alteridad radical y los que quieren imponer su sistema teológico, y de inflexible lectura e interpretación de las Escrituras, como el único correcto denominan "relativismo". Es necesario respetar otros grupos y saber que la mía no es la única

porque él revela de manera muy convincente el error intelectual de la época. El libro como dijimos, tiene su valor de entretenimiento si se lee con distanciamiento; pero tan pronto alguien tiene interés en el tipo de mente que es capaz de un esfuerzo sostenido de producir con convicción más de mil páginas de ello, es atemorizante la experiencia. Sentimos voluntad de poder sin conciencia intelectual; y detrás de las *Instituciones* de Calvino comienza a dibujarse el Calvino de Ginebra —el Calvino que aplica su disciplina mediante la organización de espías e informantes sobre pecadores; que invade las casas en busca de pruebas; que arranca confesiones falsas en el ecúleo; que chantajea a ciudadanos, con amenazas de denuncias, para contribuir financieramente; que envía comunicaciones de personas como Serveto a la Inquisición; que manda quemar a Serveto cuando este busca asilo en Ginebra; que emplea tribunales para asesinatos legales basados en acusaciones inventadas; que convierte a Ginebra en una ciudad 'limpia' por la matanza o exilio de cualquiera que no viviera de acuerdo con las expectativas" (VOEGELIN, Eric. *História das ideias políticas. Vol. IV: Renascença e Reforma.* [Historia de las ideas políticas. Vol. IV: Renacimiento y Reforma]. 1ª ed. São Paulo: Y Realizaciones, 2014, p. 325, 326; es importante leer la nota 29 del párrafo citado). Vea incluso DELUMEAU, Jean. *Nascimento e afirmação da Reforma* [Nacimiento y afirmación de la Reforma]. 1ª ed. São Paulo: Livraria Pioneira Editora, 1989, p. 118-121.

[89] VATTIMO, Gianni. *A tentação do realismo* [La tentación del realismo]. 1ª ed. Río de Janeiro: Lacerda; Instituto Italiano de Cultura, 2001, p. 26.

[90] VATTIMO, G. *A sociedade transparente [La sociedad transparente]*. Lisboa: Relógio D'Água, 1992, p. 15.

posibilidad de lectura. Eso no quiere decir que todos estarán de acuerdo en todo, pero que cada uno presentará su pensamiento y las personas decidirán en qué quieren creer.[91] Es imposible no recordar aquí a Robert Menzies y su explicación "por qué leemos de maneras diferentes":

> No, la hermenéutica de la mayoría de los creyentes pentecostales no es excesivamente compleja. No está llena de cuestiones sobre la confiabilidad histórica o llena de cosmovisiones superadas. No es excesivamente reflexiva sobre los sistemas teológicos, la distancia cultural o las estrategias literarias. La hermenéutica del creyente pentecostal típico es directa y simple: las historias en Hechos son *mis* historias —historias que fueron escritas para servir de modelo para moldear mi vida y experiencia. Eso no quiere decir que los pentecostales no ejercen discernimiento o juicio. Al final, no todas las historias están llenas de hazañas de héroes. Hay villanos, y no todos los aspectos de la historia deben ser imitados.[92] Sin embargo,

[91] "Es inútil recordar que un mensaje cristiano 'reducido' a la caridad es también débil en el sentido literal de la palabra, como el pensamiento débil siempre quiso ser: no una teoría cargada de dogmas y principios fundamentales, pero una actitud de libertad (como la libertad que se identifica con la verdad en el Heidegger de *Vom Wesen der Wahrheit* [Sobre la esencia de la verdad]) que abre el camino para toda enunciación teórica, mientras escucha auténticamente las interpretaciones que son propuestas y las responde con otra interpretación. Se preguntará si esas interpretaciones no poseen carácter de contenidos de verdad, mientras que la caridad sería tan sólo la manera de tratarlas en el diálogo social. Pero la verdad y la falsedad de las interpretaciones acaban por verificarse o falsificarse sólo en relación a su "utilidad", al entrar en diálogo productivo con, y de otras interpretaciones. En una perspectiva hermenéutica, su valor no depende de una adecuación a un determinado objetivo, la 'verdad' que se construye en la invención, recepción, modificación de las interpretaciones consiste enteramente en su mayor o menor 'conservación', en un con-texto dialógico, cuyo fin último no es, sin embargo, la verdad, sino el amor recíproco siempre menos obstinado por límites 'objetivos'; o sea, 'el reino de Dios'" (VATTIMO, Gianni. Lo que está vivo y lo que está muerto en el pensamiento débil. En: ENGELMANN, Jaqueline; PECORARO, Rossano (Orgs.). *Filosofia contemporânea: niilismo, política, estética* [Filosofía contemporánea: nihilismo, política, estética]. 1ª ed. Río de Janeiro: PUC-Rio; São Paulo: Loyola, 2008, p. 15,16).

[92] "En el Nuevo Testamento es bastante evidente que el lector virtual del evangelio de Marcos no es llamado a identificarse en todo con los discípulos, especialmente cuando estos últimos se muestran incapaces de comprender el mensaje de su maestro" (SKA, Jean Louis. Sincronia: El análisis narrativo. En:

> permanece el hecho de que los pentecostales prontamente aceptaron (los detractores dirían acríticamente) las historias de Hechos como *nuestras* historias, historias que moldean nuestra identidad, ideales y acciones.[93]

Y es justamente esta "sencillez de leer el texto como modelo para nuestra vida, sin la ansiedad sobre lo milagroso o [de saber] como todo se encaja en los sistemas teológicos complejos", dice el mismo autor, que "permite claramente que el mensaje [pentecostal] sea entendido con facilidad por personas de culturas pre o semi analfabetas, personas que se desenvuelven en culturas más experimentales y menos cognoscitivas". Otro aspecto destacado por Menzies es que hay en la lectura pentecostal de la Biblia "también poca preocupación por historias llenas de milagros", sin embargo, "de inmediato nos identificamos con ellas".[94] Esta insistencia en una espiritualidad concreta, posible de ser experimentada, y que iguala a todos, es que hizo que el pentecostalismo, aquí[95], como en los Estados Unidos, por ejemplo, ejerciera un fascinación sobre los marginados socialmente, porque "su énfasis en la capacitación espiritual personal por medio de la cual la posición del individuo no es determinada por su localización sociológica ni por su incapacidad intelectual, sino por su don concedido por el Espíritu Santo"[96], llevó a las personas a verse como iguales, independientemente de su clase social. McGrath dice incluso que, juntamente "con esta tendencia al igualitarismo —y posiblemente como condición fundamental para él— el pentecostalismo insiste en la accesibilidad universal a lo divino", o sea, "experimentar a

---

SIMIANYOFRE, Horácio (Org.). *Metodologia do Antigo Testamento* [Metodología del Antiguo Testamento]. 1ª ed. São Paulo: Loyola, 2000, p. 144).

[93] MENZIES, R. P. *Pentecostes: essa história é a nossa história [Pentecostés: esta historia es nuestra historia]*. 1ª ed. Río de Janeiro: CPAD, 2016, p. 22.

[94] Ibid., p. 23.

[95] Acerca de este aspecto, el lector puede consultar ROLIM, Francisco Cartaxo. *O que é Pentecostalismo?* [¿Qué es el Pentecostalismo?]. 1ª ed. São Paulo: Brasiliense, 1987, 96p.; y OLIVEIRA, Marco Davi de. *A religião mais negra do Brasil: Por que mais de oito milhões de negros são pentecostais?* [La religión más negra de Brasil: ¿Por qué más de ocho millones de negros son pentecostales?]. 1ª ed. São Paulo: Mundo Cristiano, 2004, 128p.

[96] MCGRATH, A. *A Revolução Protestante* [La Revolución Protestante], p. 421.

Dios no está restringido a la elite espiritual", porque tal experiencia "no depende de la excelencia intelectual ni académica; ni es algo inalcanzable en el presente, postergado para el encuentro con Dios después de la muerte en las regiones celestiales". El mismo autor informa que el "pentecostalismo, como determinadas formas de pietismo o secciones de la tradición de santidad, resalta la realidad de este experimentar a Dios y su importancia para el crecimiento espiritual y la reflexión teológica", por consiguiente, para el pentecostalismo la "'fe viva' (tomando prestado el lenguaje de la tradición pietista) no se refiere a la integridad doctrinal ni a la precisión teológica, sino a experimentar a Dios como una realidad viva en la alma del creyente".[97] El pentecostalismo se sitúa en el extremo opuesto del protestantismo reformado, cuyo "énfasis", explica el teólogo irlandés, "en el conocimiento indirecto de Dios, mediado por medio de la lectura de la Biblia, llevó a la 'desacralización'", o sea, "a la creación de una cultura sin sentido ni expectativa de tener la presencia de Dios en su medio", llevando numerosos sociólogos a mostrar que, "de diferentes maneras, [...] el protestantismo fue el medio por el cual una sociedad que, originalmente poseía un fuerte sentido de lo sagrado, quedó 'desencantada'" y, por esta postura, finaliza McGrath, el "resultado inevitable fue la secularización —la eliminación final de Dios del mundo".[98] He aquí la gran ironía, el ateísmo combatido por el movimiento neo calvinista fue originado por la propia forma cesacionista y de negación de la posibilidad de lo sobrenatural ¡ostentada por el protestantismo histórico!

Sin embargo, porque los pentecostales enfatizamos la posibilidad y la realidad del contacto directo con Dios a través de la experiencia del Espíritu, ellos entonces nos ignoran e incluso nos han llamado "'el último vómito de Satanás'".[99] Sin contar

---

[97] Ibid.

[98] Ibid., p. 422, para esta desde la última referencia. Dicha tesis es desarrollada por diversos autores, sólo para dar unos ejemplos vea FUKUYAMA, Francis. *O fim da história e o último homem* [El fin de la historia y el último hombre]. 1ª ed. Río de Janeiro: Rocco, p. 265. Sin embargo sobre la secularización y su conexión con la Reforma, vea VOEGELIN, Eric. *História das ideias políticas. Vol. IV: Renascença e Reforma* [Historia de las ideas políticas. Vol. IV: Renacimiento y Reforma]. 1ª ed. São Paulo: es Realizaciones, 2014, p. 105-107.

[99] Según informa Harvey Cox, se trata de "C. Campbell Morgan, un renombrado

la renuencia, por décadas, en considerarnos como cristianos. A pesar de ello, dice McGrath, el pentecostalismo resacralizó la realidad e incluso hasta los protestantes que nos ignoraban pueden, finalmente, vivir su religiosidad también en este tiempo, o sea, trajimos nuevamente "la posibilidad de una realidad trascendente, prácticamente aislada por el modernismo", haciendo que "la presencia de Dios [sea percibida] en la vida diaria", no sólo por la manera como adoramos, oramos, predicamos y cantamos, sino también "por medio de la acción social, política y evangelismo". De esta forma desafiamos el protestantismo "a reconsiderar su intelectualismo excesivo y a descubrir los reinos prohibidos [por el racionalismo] de la imaginación, de la emoción, de la narración y de la experiencia".[100] Tal opinión es también compartida por el sacerdote dominico, teólogo y filósofo mexicano, Carlos Mendoza-Álvarez, que afirma que después de la "caída del muro de Berlín, en 1989, y del fracaso del socialismo europeo, el optimismo cedió lugar progresivamente al sentimiento de fracaso, a la retirada y hasta, a veces, al exilio por parte de una generación de cristianos que abandonaron su práctica eclesial para migrar a la acción humanitaria y así intentar traducir, en un mundo secularizado —marcado por la voracidad del mercado—, el mensaje cristiano de salvación y de reconciliación, sin pensar por ahora en la trascendencia".[101] Eso, sin embargo, no se puede sostener, porque tales acciones acaban produciendo un agotamiento, puesto que las personas necesitan de espiritualidad. Es así que "el retorno de lo religioso bajo la forma del pentecostalismo en las Américas", dice el mismo autor, "modificó de manera sensible el sentido de la secularización creciente que había sido previsto por la racionalidad moderna ilustrada".[102] El pentecostalismo re-

fundamentalista". *O futuro da fé* [El futuro de la fe]. 1ª ed. São Paulo: Paulus, 2015, p. 257.

[100] MCGRATH, A. *A Revolução Protestante* [La Revolución Protestante], p. 425.

[101] MENDOZA-ÁLVAREZ, C. O *Deus escondido da pós-modernidade: desejo, memória e imaginação escatológica: ensaio de teologia fundamental pós-moderna [El Dios escondido de la posmodernidad: deseo, memoria e imaginación escatológica. Ensayo de teología fundamental posmoderna]*. 1ª ed. São Paulo: es Realizaciones, 2011, p. 203.

[102] Ibid.

presenta, en la visión de Mendoza-Álvarez, un movimiento profundo "de reacomodo de la simbólica de la trascendencia en el mundo moderno" y tal acontecimiento tomó "por sorpresa a la mayor parte de los intelectuales de occidente"[103], ya que las previsiones apuntaban, casi indistintamente, en la dirección de que la religión y lo sagrado acabarían.[104]

Como se puede ver, eso no aconteció y, sucediendo los paradigmas teológicos del "ser-esencia", histórico y del lenguaje del protestantismo, llegamos a los paradigmas teológicos de la narración y holístico[105], el primero trayendo el desafío de superación del "aspecto puramente informativo", dice Libanio, para conducir a una toma de posición, ya que se narran eventos relacionados a la salvación del ser humano"[106], y el segundo, traído por la posmodernidad, se trata de "un tipo de teología de pequeños temas, sin preocuparse por un paradigma unificador".[107] En realidad, el surgimiento de ese paradigma apunta a lo obvio en relación al saber, el agotamiento del meta relato filosófico absolutista y de la teología manual, es decir, del "pensamiento moderno occidental,

---

[103] Ibid.

[104] un caso que ilustra el punto viene de Harvey Cox que escribió su obra más conocida —*A cidade secular: a secularização e a urbanização na perspectiva teológica* [La ciudad secular: la secularización y la urbanización en la perspectiva teológica]. 1ª ed. Santo André, SP: Academia Cristã, 2015, 304p.— bajo este prisma, pero tuvo que volver atrás.

[105] Sólo para ejemplificar que la expresión que da nombre al referido paradigma nada tiene de esotérico o de enlace con la *New Age* (Nueva Era), es oportuno ver que el teólogo pentecostal, Robert Menzies, afirma que "Lucas tiene una contribución única y especial que hacer para una teología bíblica *holística* del Espíritu" (Pentecostés: esta historia es nuestra historia. 1ª ed. Río de Janeiro: CPAD, 2016, p. 53, sin itálicas en el original). Al considerar la cuestión de la sanidad divina y los prodigios enfatizados por el pentecostalismo, el mismo autor dice que tal "entendimiento *holístico* de la humanidad también permite que los pentecostales relacionen el evangelio directamente a la cuestión de la necesidad material" (Ibid., p. 103, 104, sin itálicas en el original). Menzies dice además que ese "enfoque *holístico* es una corrección actual de las teologías tradicionales que ignoran el cuerpo y sus necesidades" (Ibid., p. 105, sin itálicas en el original).

[106] LIBANIO, João Batista. Diferentes paradigmas en la historia de la teología. En: *et. al. Teologia e novos paradigmas [Teología y nuevos paradigmas]*. 1ª ed. São Paulo: Loyola, 1996, p. 45, 46.

[107] Ibid., p. 46.

cartesiano, analítico, mecánico y materialista" que generaron aquellos. En cambio, se propone una forma diferente de percibir la realidad, por una parte, por una vía más "intuitiva, sintética y espiritual de sentir".[108] Pero es aquí que se presenta la necesidad de entender la posmodernidad no como un período histórico, como erróneamente me hicieron pensar, y sí como una actitud ante la realidad[109], esto es, como "una noción filosófica".[110] Eso porque, ni en Europa, como continente, o en los Estados Unidos, como país, existe una homogeneidad histórica llamada posmodernidad, que decir entonces en América Latina. Lo que, sin embargo, tiene que quedar claro es que en un mismo espacio geográfico hay varias maneras de pensar y sentir la realidad. Justamente por eso los proponentes del llamado "pensamiento débil"[111], típicamente

---

[108] Ibid., p. 47.

[109] Pedro Goergen afirma que en "su vertiente epistemológica, la posmodernidad acostumbra presentarse no como un período, sino como un paradigma" (*Pósmodernidade e educação* [Posmodernidad y educación]. 2ª ed. Campinas: Autores Associados, 2005, p. 67). A pesar de reconocer la dificultad de definir la posmodernidad, sobre todo porque su discusión se da a partir de varias áreas (arquitectura, literatura, sociología y filosofía, sólo para citar algunas), João Duque dice que, ante "todo, importa eliminar del concepto de posmodernidad la pretensión de constituirse en una 'época' histórica —a la par, eventualmente, de las edades antigua, medieval y moderna" (DUQUE, J. M. *Para o diálogo com a pós-modernidade* [Para el diálogo con la posmodernidad]. 1ª ed. São Paulo: Paulus, 2016, p. 7).

[110] VATTIMO, Gianni. Adiós a la verdad. En: SCHULER, Fernando; SILVA, Juremir Machado (Orgs.). *Metamorfoses da cultura contemporânea* [Metamorfosis de la cultura contemporánea]. 1ª ed. Porto Alegre: Sulina, 2006, p. 81.

[111] "El pensamiento débil reivindica el título de filosofía cristiana justamente porque, contra la tentación metafísica-autoritaria que sigue prevaleciendo en la Iglesia católica [y, de cierta forma, en el protestantismo reformado también], enlaza positivamente el mensaje cristiano con el de disolución de la metafísica como condición para cualquier desarrollo de la libertad. Es la encarnación del Hijo de Dios que nos libertó del poder de la 'verdad' en nombre de la cual se puede perseguir, condenar a la hoguera, promover guerras de religión y cruzadas. ¿Es verosímil que el pensamiento débil declare que la verdad es Jesucristo y sólo él? Lo es, en cuanto lo que Jesucristo predica es el abandono de los ídolos —comenzando por aquellos que la 'razón' descubriría como sus innegables fundamentos— en pro de una relación personal con el otro" (VATTIMO, Gianni. Lo que está vivo y lo que está muerto en el pensamiento débil. En: ENGELMANN, Jaqueline; PECORARO, Rossano (Orgs.). *Filosofia contemporânea: niilismo, política, estética* [Filosofía contemporánea: nihilismo, política, estética]. 1ª ed. Río de Janeiro: PUC-Rio; São Paulo: Loyola, 2008, p. 14).

posmoderno, afirman que en una "acepción restringida" "equivale a una determinada actitud cognoscitiva".[112] Dicho aspecto recuerda la disertación de Robert Menzies, de que posiblemente la "clave para el éxito de las iglesias pentecostales esté en su disposición de asumir riesgos". Eso significa que los pentecostales están desesperados "por Dios". Esta actitud tiene sentido, sobre todo si se recuerda que, "globalmente, la mayoría de los pentecostales todavía viven en las regiones pobres y peligrosas de la ciudad: ¡son los pobres, los débiles y los marginados!". La conclusión de Menzies es que los pentecostales "tienen hambre de Dios".[113] Y por tener esa hambre "reconocen que dependen totalmente de Él".[114] Finalmente, de acuerdo con el mismo teólogo pentecostal: "Los pentecostales hablan sobre el poder de Dios, porque saben que son débiles. Oran para ser sanos y libertados por Dios, porque no tienen otra esperanza. Buscan la presencia de Dios, porque sólo en Él encuentran alegría y paz. En una palabra, los pentecostales están desesperados. Y la narración de Lucas nos recuerda que a Dios le agrada trabajar en los desesperados y por medio de ellos: '[Él] quitó de los tronos a los poderosos y exaltó a los humildes; a los hambrientos colmó de bienes, y a los ricos envió vacíos' (Lc 1.52, 53)'".[115] Así, en las palabras de McGrath:

> El pentecostalismo debe entenderse como parte del proceso protestante de reflexión, reconsideración y regeneración. Él no es consecuencia de una "Nueva Reforma", sino el resultado legítimo del programa continuo que caracteriza y define el protestantismo desde su inicio. El pentecostalismo, como la mayoría de los otros movimientos del protestantismo, se fundamenta en lo que aconteció antes. Su igualitarismo espiritual es claramente redescubrimiento y reafirmación de la doctrina protestante clásica del "sacerdocio de todos los creyentes". Su énfasis en la importancia de la experiencia y en la necesidad de transformación remonta al pietismo anterior, en especial, como desarrollo en la tradición de santidad.

[112] ROVATTI, Pier Aldo. Transformaciones a través de la experiencia. En: ROVATTI, Pier Aldo; VATTIMO, Gianni (Eds.). *El pensamiento d*ébil. 5ª ed. Madrid: Cátedra, 2006, p. 61.
[113] MENZIES, R. P. *Op. Cit.*, p. 112.
[114] Ibid., p. 112, 113.
[115] Ibid., p. 113.

> Sin embargo, el pentecostalismo unió y casó estas percepciones en su propia percepción distintiva de la vida cristiana y de cómo Dios es encontrado y anunciado. Él ofrece un nuevo paradigma de autoexpresión para el protestantismo, antes, considerado marginal y levemente excéntrico por los creyentes de la corriente principal; cien años después, el pentecostalismo, cada vez más, pasa, él mismo, a definir y a determinar esta corriente principal.[116]

Hoy los pensadores son unánimes en decir que el pentecostalismo es la expresión del cristianismo responsable de la supervivencia de la religión cristiana en el mundo. Tal consideración nos responsabiliza mucho ante la sociedad y ante Dios, pero preocupa a cualquier grupo hegemónico que tenía la primacía teológica y se creía con el derecho de condenarnos. Por esta resonancia histórica con la epistemología del tiempo presente, ya existe la acusación de que el pentecostalismo fue deliberadamente concebido como una forma posmoderna de protestantismo". Sin embargo, como defiende Alister McGrath, la "evidencia histórica para eso simplemente no es convincente", porque es "mucho más exacto sugerir que el movimiento surgió con un punto de vista que probó —por accidente, más que por designio (aunque los pentecostales, en relación a eso, podrían hablar de 'providencia divina')— estar excepcionalmente bien adaptado a la nueva disposición cultural que estaba surgiendo en el occidente en el final del siglo XX y a la disposición pre-moderna predominante en todo el hemisferio sur del globo". En términos muy directos, y obvio como es, esa "adaptabilidad es una resonancia de la casualidad, no una estrategia de adaptación cuidadosamente elaborada".[117] Simplemente no fuimos modelados por la filosofía racionalista del modernismo. Así, como correctamente observa el teólogo anglicano, "esta es una cuestión de la providencia y del planeamiento de Dios y debe ser discernida como tal".[118] Para decir como el apóstol Pedro, en el día de Pentecostés, lo que las personas están viendo no es un movimiento posmoderno, antes,

---

[116] MCGRATH, A. *A Revolução Protestante* [La Revolución Protestante], p. 428.

[117] Ibid., p. 430, para esta referencia desde la última.

[118] Ibid., p. 430, 431.

se trata de la inauguración de una nueva era en la "historia de la salvación" o del cristianismo. Como ilustra Harvey Cox, los "casi dos mil años de historia cristiana pueden ser divididos en tres períodos desiguales":

> El *primero* puede ser llamado "Era de la Fe". Comenzó con Jesús y sus discípulos inmediatos, cuando una fe en ascenso impelía el movimiento que él inició. Durante este primer período, en que hubo simultáneamente crecimiento explosivo y persecución brutal, el compartir del Espíritu vivo de Cristo unía los cristianos unos a otros, y "fe" significaba esperanza y confianza en la aurora de la nueva era de la libertad, sanidad y compasión que Jesús había demostrado. Ser cristiano significaba vivir en su Espíritu, abrazar su esperanza, y seguirlo en el trabajo que él había comenzado.
> El *segundo* período en la historia cristiana puede ser llamado "Era de la Creencia". Sus simientes aparecieron pocas décadas después del nacimiento del cristianismo, cuando líderes eclesiásticos comenzaron a formular programas de orientación para nuevos reclutas que no habían conocido a Jesús o sus discípulos personalmente. El énfasis en la creencia comenzó a aumentar cuando estos manuales primitivos de instrucciones fueron engrosando hasta convertirse en catecismos, cambiando la fe *en* Jesús por preceptos *acerca de* él. Así, incluso durante aquella Era de la fe primitiva, ya era posible anticipar la tensión entre fe y creencia.[119]

Cox informa que la "Era de la Creencia duró más o menos quince siglos, entrando en decadencia descontinua con la Ilustración, la Revolución francesa, la secularización de Europa, y los levantes anticoloniales del siglo XX".[120] Para el teólogo bautista, estamos viviendo ahora "en el umbral de un nuevo capítulo de la historia cristiana". Algo que contraria las "previsiones dramáticas de su decadencia", porque "el cristianismo está creciendo más rápido que nunca, pero sobre todo fuera de occidente y en movimientos que ponen de relieve la experiencia espiritual, el discipulado y la esperanza; que casi no dan atención a credos; y que florecen sin jerarquías". Cox afirma que "cristianos de cinco

[119] COX, H. *O futuro da fé [El futuro de la fe]*. 1ª ed. São Paulo: Paulus, 2015, p. 16.
[120] Ibid., p. 19.

continentes están sacudiendo los residuos de la segunda fase (Era de la Creencia) y realizando una transición llena de golpes para una nueva era para la cual todavía no se le ha acuñado un nombre". El teólogo bautista estadunidense presenta una sugerencia diciendo que podríamos llamarla "'Era del Espíritu'".[121] A las preguntas —"¿Están los pentecostales contribuyendo para el cambio de la creencia a la fe, o están ellos entre los que luchan por un cristianismo definido por la creencia? ¿Serán ellos heraldos de la Era del Espíritu?"—, Cox responde diciendo que los pentecostales "son quinientos millones, y varían ampliamente en sus teologías y prácticas". Por eso, él hace una importante distinción, diciendo que "algunos pentecostales, especialmente los norteamericanos blancos, fueron fuertemente influenciados por el fundamentalismo", sin embargo, añade, "en el sur global, ellos son más informados por una ética de seguimiento de Jesús, y por una visión del Reino de Dios".[122] Así, Cox dice que:

> A medida que el cristianismo camina de manera desordenada, pero irreversible a una nueva fase de su historia, aquellos que están explorando esta frontera muchas veces voltean al primer período de la Era de la Fe, en vez de la era intermedia, la Era de la Creencia, en busca de inspiración y guía. Eso no debe sorprender. Hay impresionantes semejanzas entre la primera era y la tercera, ahora emergente. No había credos entonces; hoy, ellos van perdiendo importancia. Las jerarquías no habían aparecido entonces; hoy ellas están sacudidas. La fe como modo de vida o como brújula recomenzó nuevamente, como hizo entonces, a identificar lo que significa ser cristiano. La experiencia *de* lo divino está tomando el lugar de teorías *sobre* él. No sorprende que la atmósfera en las florecientes congregaciones cristianas de Asia y de África hoy se parecen más a las de Corinto o de Éfeso en el primer siglo que a la de Roma o de Paris mil años después. El cristianismo primitivo y el cristianismo emergente de hoy parecen guardar una íntima semejanza.[123]

Es interesante observar que, a pesar de que Cox es un teólogo dialéctico, su opinión converge con la del "apóstol de la

---

[121] Ibid., p. 20.

[122] Ibid., p. 258, para esta y desde la última referencia.

[123] Ibid., p. 35.

prensa pentecostal brasileña", Emilio Conde, cuando este decía que la "iglesia existió y vivió días distantes del primer siglo, porque la vida social de entonces reclamaba este organismo vivo, para manifestar su gratitud a Dios y al mismo tiempo recibir el Pan del Cielo", y continúa, "sus miembros, como elementos vivos, requerían un ambiente fraterno en el cual pudiesen cultivar la comunión unos con otros y participar de la misma revelación divina". En realidad, continúa Conde, la "iglesia era el lugar deseado por el alma menesterosa", porque "allí podían sentir con toda intensidad la proclamación de la revelación divina, y de los asuntos concernientes a la salvación; allí el alma recibía el consuelo y la inspiración de las verdades eternas reveladas en la Palabra de Dios". El "apóstol de la prensa pentecostal brasileña" informa, sin embargo, que el responsable por dar "relevo y brillo a la iglesia no era la inteligencia o la cultura de los hombres que Dios usaba para anunciar sus verdades", porque la "capacidad intelectual de esos hombres era casi nula" y "sus palabras no tenían el verbo fascinante de los oradores griegos".[124] Según él informa, el "fulgor de la iglesia brotaba de las verdades recibidas de Dios y fielmente anunciadas a los hombres, como siendo obra del cielo, y no trabajo humano".[125] Conde dice que la "única luz que brillaba en la iglesia era la luz del Espíritu Santo, porque el combustible que ardía era tan solamente la revelación de la gracia al orientar todas las voluntades".[126] Contrastando ese perfil del primer siglo con sus días (que dirá los de hoy), el "apóstol de la prensa pentecostal brasileña", dice:

Si las iglesias y los cristianos de nuestros días adoptaran doctrinas y experiencias diferentes a las ocurridas a los principios del Nuevo Testamento, es claro que no pueden recibir el brillo de la revelación que engrandeció a la iglesia cristiana en la edad apostólica.

La ley natural es esta: Si hacemos todo según el modelo, la gloria de Dios llenará el templo y la luz de Cristo será el brillo de la iglesia. Esta será su propia luz.

---

[124] CONDE, E. *Igrejas sem brilho* [Iglesias sin brillo]. 3ª ed. Río de Janeiro: CPAD, 1985, p. 20.

[125] Ibid., p. 20, 21.

[126] Ibid., p. 21.

Lo que está en evidencia hoy en día en las iglesias es la enfermedad de mandar y gobernar: todos quieren tener autoridad, cuando la necesidad mayor es tener el poder de Dios. Cuanto mayor sea el dominio humano en la iglesia, tanto menor será la autoridad de Dios, esto es, tanto menor será el poder del Espíritu Santo, y, consecuentemente, más débil será la luz que la iglesia irradia. Cuanto más fuerte sea mostrar la organización eclesiástica, más débil será el poder de lo Alto a manifestarse en la iglesia, porque la autoridad humana expulsa la autoridad al poder de Dios y extingue la luz espiritual.

Nos parece que los hombres de nuestros días no se fijaron bien en las enseñanzas de Cristo al enviar a los discípulos a anunciar las Buenas Nuevas. Si lo hubiesen hecho, notarían que el Maestro no les dio autoridad, pero los revistió de poder. El poder del Espíritu Santo era la luz que inspiraba las predicaciones de los humildes pescadores, los cuales anunciaban a Cristo y sus virtudes, sin la preocupación de querer encadenar el rebaño del Señor con leyes y mandamientos humanos.

La iglesia que se preocupa por más poder de Dios que con la tentación de la "autoridad", conseguirá ser respetada, y Dios mismo la honrará con la verdadera autoridad de orden espiritual.

Donde no hay poder de Dios, no pueden desplegar las virtudes, ni la gracia andará libremente entre los candeleros. La autoridad que la iglesia necesita para resplandecer, no es la autoridad producto de resoluciones humanas, sino la que se recibe al aceptar el yugo de Jesús.

La única autoridad que sirve para edificación es la autoridad que Dios da a los hombres consagrados y espirituales, pero es una autoridad que no forma "autoritarios", una autoridad que da humildad, que se impone por el amor, sin decretos y sin leyes escritas.

El poder de Dios en acción en la iglesia es la garantía de vida espiritual: es una fuente perene de salvación, es la certeza de conservar a luz del evangelio resplandeciendo.[127]

Contraponiéndose a una idea de dominio de la cultura a través de un sistema teológico neo calvinista que se presenta bajo la rúbrica de "cosmovisión cristiana", Conde dice que la "iglesia como cuerpo de Cristo y los creyentes como miembros no

[127] Ibid., p. 31, 32.

fueron puestos en el mundo para reinar", o sea, "la orden que recibimos fue servir, amar y brillar para el Señor".[128] No es sin motivo que las personas de hoy endurecen la cerviz, porque no soportan más la coerción de ideologías, teorías sociológicas e incluso teologías, que les son impuestas por sistemas que ignoran su historia, sus dolores y dificultades. Sin embargo, si la iglesia se comporta como nos explica Conde, seremos oídos, ya que fue eso lo que Cristo nos mandó que hiciéramos (Mr 10.32-45). Su observación es que, si "la iglesia y los cristianos empuñaran el cetro en lugar de la lámpara, su vida no tendrá luz, ni autoridad, ni poder".[129] No sólo eso, Conde no trata únicamente de la colectividad, pero enseña que "si en la vida individual y colectiva del pueblo de Dios faltan estos elementos esenciales, quedará sólo el elemento humano, frío e inoperante, A pesar de estar bien organizado". Una anticipación del formalismo reformado que viene amenazando el pentecostalismo no podría ser más acertada. Él finaliza el capítulo diciendo que "de la actitud que la iglesia y sus miembros tomen, exhibiendo 'autoridad' o mostrando amor", esto es, "sofocando la gracia o desbordando alabanza", completa, "justamente de esta actitud nacerá el brillo, o despuntará el fracaso".[130] Lo que se puede concluir de todo ello, es que si tiene

[128] Ibid., p. 32.

[129] Ibid., p. 32, 33.

[130] Ibid., p. 33. Hablando acerca del crecimiento del pentecostalismo, el pastor Alcebíades Pereira Vasconcelos, escribió: "Nos aventura a creer y afirmar que el motivo es precisamente este: como somos un movimiento del Espíritu Santo, donde el liderazgo humano es puesto en ecuación por la acción y dones del Espíritu, aquellas iglesias centenarias [protestantes históricas] son y funcionan como denominaciones, donde la organización, el sistema filosófico adoptado, la liturgia eclesiástica y cosas semejantes ocupan el lugar del Espíritu Santo. De este modo, el hombre y su cultura dialéctica se sobreponen a la Biblia en muchos casos, resultando de esto una organización social bonita, sin embargo, espiritualmente tibia y sin la vitalidad espiritual dinámica correspondiente al modelo del Nuevo Testamento" (Iglesia y denominación. En: *Mensageiro da Paz* Año LIII, n.1157. Río de Janeiro: CPAD, septiembre de 1983, p. 6). Este era el pensamiento corriente entre el liderazgo y eso todavía reverberaba hace 25 años, cuando el pastor Antonio Gilberto, en esa época director de Publicaciones de la CPAD, dijo acerca de las Asambleas de Dios en Brasil que, el hecho "de ser un movimiento del Espíritu de Dios", debería ser algo a ser mantenido delante del Señor para que nunca lleguemos a ser una "máquina, y peor —un monumento, con sus inscripciones alusivas a un pasado de gloria que no

que haber un retorno, que sea al cenáculo de Hechos 2, y no al dominio medieval o la aspiración de hegemonía de la llamada "cosmovisión cristiana", pues, si acaso esta última forma alcanzara la "unanimidad" que anhela, ¿habría tolerancia para con quien piensa diferente? ¿Para personas como nosotros, pentecostales, que creemos en la actualidad de los milagros, de los dones y de la experiencia del Espíritu? Ciertamente no, porque quien se siente dueño de la última palabra no tolera al que piensa y ve la realidad de manera diferente. Así, en la perspectiva de la posmodernidad, no es sólo la meta narrativa de la llamada "cosmovisión cristiana" que se volvió inviable, sino el marxismo, por ejemplo, y la propuesta teológica derivada de él —la teología de la liberación—, igualmente perdió su sentido, porque "su visión de la salvación en la historia era demasiado dependiente de cierta visión hegeliana del progreso y de la historia".[131] El propio humanismo pierde todo su sentido visto bajo la posmodernidad, puesto que el "humanismo de la tradición metafísica también tiene un carácter represivo y ascético, que se intensifica en el pensamiento moderno cuanto más la subjetividad se modela con base en la objetividad científica y se vuelve pura función de ella".[132] Hasta el mismo ateísmo se resiente con la posmodernidad, porque su pretendida negación racionalista de la existencia de Dios, apenas se sostiene en presupuestos de la modernidad.[133]

Por otro lado, el pentecostalismo, por ser un movimiento del Espíritu que no depende de un sistema teológico racionalista, ya

volverá más, a menos que 2 Crónicas 7.14 sea una realidad total en nuestro medio" (El Movimiento Pentecostal actual— una reflexión. *Mensageiro da Paz* Año LXI, n.1252. Río de Janeiro: CPAD, junio de 1991, p. 2).

[131] MENDOZA-ÁLVAREZ, C. *Op. Cit.*, p. 202.

[132] VATTIMO, G. *O fim da modernidade: niilismo e hermenêutica na cultura pós-moderna [El fin de la modernidad: nihilismo y hermenéutica en la cultura posmoderna]*. 2ª ed. São Paulo: Martins Fontes, 2007, p. 32.

[133] "Uno de los aspectos más deplorables de la era posmoderna y su así llamado 'pensamiento' es el retorno de la dimensión religiosa en todas las diferentes formas: del fundamentalismo cristiano y otros a la sensibilidad religiosa surgida dentro del propio deconstruccionismo (el llamado pensamiento 'post secular'), pasando por una multiplicidad de espiritualismos de Nueva Era" (ŽIŽEK, Slavoj. *O absoluto frágil, ou Por que vale a pena lutar pelo legado cristão? [El frágil absoluto, o ¿Por qué merece la pena luchar por el legado cristiano?]* 1ª ed. São Paulo: Boitempo, 2015, p. 27).

que valora la experiencia y esta es incontrolable, está destinado a sobrevivir en cualquier momento histórico, porque causa espanto el hecho de creer en lo milagroso en medio de un mundo tecnológico. Eso se da por el hecho de que, en las palabras del teólogo pentecostal, Robert Menzies, la "claridad del mensaje pentecostal fluye de manera simple y directa cuando leemos la Biblia". De esta forma, "nos identificamos con las historias que llenan las páginas de los Evangelios y Hechos, y las lecciones extraídas de estas historias son fácilmente comprendidas y aplicadas en la vida".[134] El resultado es una identificación con las personas reales, de carne y hueso, que padecen dolores incurables derivados del simple hecho de existir, pero que, por la promesa del mito del progreso de la modernidad, tales dificultades ya deberían haber desaparecido. La modernidad entró en crisis justamente por esta pretensión absolutista e incuestionable, prometiendo un mundo perfecto para todos a través del dominio mecanicista proporcionado por la razón absoluta. De igual forma, actualmente, "más que nunca", dice Carlos Mendoza-Álvarez, "el pensamiento teológico anglo-sajón se ha agotado con relación a la pregunta sobre el porvenir, a tal punto que parece ya no tener nada que decir para hablar de la esperanza posible".[135] Y eso aconteció por la deconstrucción de lo sobrenatural, por hallar que una hegemonía calvinista implantada ostensivamente sería capaz de mejorar el mundo y transformarlo en el "paraíso terrestre". En términos directos, los sistemas teológicos erigidos, y en operación, sobre esa base y paradigma moderno también entraron en crisis, de ahí el desespero en implantar una cosmovisión para que su mensaje encuentre respaldo en la realidad. En este aspecto, una vez más, aquello de lo que nos acusaban, esto es, de que no tenemos "teología", acabó siendo ventajoso, porque nuestra lectura "simplista" de la Biblia acaba por tener mucho más sentido en este tiempo. En las palabras de Menzies:

> Notemos que nuestro enfoque para hacer teología no es dependiente del dominio de determinado conjunto de escritos, digamos, las obras de Lutero, o de la negociación con un sistema teológico

[134] MENZIES, R. P. *Pentecostes: essa história é a nossa história [Pentecostés: Esta historia es nuestra historia]*. 1ª ed. Río de Janeiro: CPAD, 2016, p. 99.
[135] MENDOZA-ÁLVAREZ, C. *Op. Cit.*, p. 200, 201.

> de alta complejidad. Los pentecostales tampoco se preocupan mucho con la distancia cultural o la diversidad teológica dentro del canon. No perdemos el sueño sobre cómo entender las historias de milagros de la Biblia o cómo resolver las aparentes contradicciones en la Biblia. Nuestro compromiso con la Biblia como Palabra de Dios nos capacita a enfrentar estas cuestiones con un sentido de confianza. Nuestra experiencia de la presencia de Dios sirve de recordatorio constante que nos llama de vuelta hacia el propósito básico de nuestra lectura desde el inicio: conocer a Dios y su voluntad para nuestra vida de forma más clara. Por fin, nuestro sentido de conexión con la iglesia apostólica y su misión, incentivada por las semejanzas entre nuestras experiencias y las descritas en el texto bíblico, nos convoca a concentrarnos en el desafío delante de nosotros. Aunque sepamos que Jesús es el vencedor, la batalla todavía ruge. Somos llamados para servir como profetas de Jesús del final de los tiempos. Leemos con propósito. Sus historias son nuestras historias.[136]

A pesar de ello, ya hemos despertado a la necesidad de producir teología y aun así mantenemos la llama del Espíritu viva en nuestros corazones. Este punto intriga a pensadores seculares, laicos y cristianos. ¿Cómo es posible que cosas tan dispares coexistan en un solo grupo y espacio? ¿Racionalidad y emoción? ¿Espiritualidad y tecnología? El modo de ser pentecostal, esto es, su *ethos*, coincide con la forma posmoderna de pensar la realidad. Eso no significa, sin embargo, que somos irracionales o algo parecido, pero que operamos con una racionalidad diferente de la pretensiosa razón cartesiana, instrumental y suficiente, pretenciosa de que puede agotar el misterio, desentrañar todas las cosas y tener todas las respuestas.[137] Ya que valoramos la experiencia

---

[136] MENZIES, R. P. *Op. Cit.*, p. 100.

[137] João Duque propone que "frente a la tan pregonada eliminación de la fuerte razón universal, a favor, cuando mucho, de débiles razones contextuales, la revisión de la revisión nos obliga a defender la permanencia de una razón unificadora, como referencia común a todas las posibles racionalidades —caso contrario, las racionalidades parciales o contextuales acabarían por absolutizarse a sí mismas. Sin embargo esta razón unificadora tendría que asumir su realización concreta en racionalidades parciales, sin que ninguna de estas se afirme dominadora de las otras. Se trata de aquello a que se podría llamar una

que, en todo en la vida, está en el inicio y en el origen de todas las cosas, no sólo de la teología, sino de la propia ciencia, el pentecostalismo opera, aunque, tal vez, sin saber, con una categoría diferente de razón —o "racio-vitalismo"—, una "expresión de racionalidad abierta, [que] integra la realidad humana en su totalidad en el proceso de conocimiento de la realidad".[138] Eso es imprescindible, porque sólo "un paradigma epistemológico amplio como racio-vitalismo es capaz de abarcar holísticamente la realidad rompiendo de esta forma la estrechez de la razón moderna, sobre todo en su radicalización máxima: el racionalismo" que, como ya fue varias veces mencionado, se agotó en su propio ímpetu y brote de autosuficiencia. El raciovitalismo, por ser una forma de razón que conjuga vida y pensamiento, que contempla el "acto cognitivo en la experiencia"[139], dice Alessandro Rocha, "estuvo al servicio, como una estructura que da soporte, de la afirmación de la experiencia como posibilidad adecuada de percepción de la realidad en el horizonte cultural postmoderno"[140], siendo entonces "una forma de ser-en el-mundo"[141].

Mendoza-Álvarez explica que "Ser-en el-mundo quiere decir, en este sentido, habitar un mundo de significación que construye el sentido en el límite de la historia mientras realización de la

razón transversal o, todavía mejor, multidimensional, superadora, por lo tanto, de la moderna razón monolítica y unidimensional. Así entendida, una legítima crítica de la razón absoluta y unidimensional, como la que fue elaborada por la posmodernidad, no implica mantener o reactivar la dicotomía entre la razón y el 'otro' de la razón, en su mutua concurrencia. Las dimensiones de la realidad humana son, antes, distintas dimensiones de la propia racionalidad. Así también la dimensión creyente, ligada a la dimensión religiosa. ¿Por qué no hablar de una razón creyente o de la racionalidad propia de la fe o de la religión, en vez de una fe o de una religión por distinción —o incluso por oposición— a la razón? Es urgente repensar las categorías de la relación entre fe y razón, a partir de un profundo repensar de estas mismas categorías, ya no definibles en términos modernos o pre modernos" (DUQUE, J. M. *Para o diálogo com a pós-modernidade* [Para el diálogo con la posmodernidad]. 1ª ed. São Paulo: Paulus, 2016, p. 39).

[138] ROCHA, Alessandro Rodrigues. *Razão e experiência: por uma teologia da percepção da realidade* [Razón y experiencia: por una teología de la percepción de la realidad]. 1ª ed. Río de Janeiro: Novos Diálogos, 2014, p. 105.

[139] Ibid., p. 43.

[140] Ibid., p. 105.

[141] Ibid., p. 52.

transcendencia en el orden del verdadero, pero *también* como rigor propio de la vivencia auténtica y de la esperanza posible en medio de un mundo caótico".[142] No se trata de negar la realidad, sino de entender que es necesario proseguir a pesar de todos los problemas y dificultades. Más que eso, dice el mismo autor, destacando una "característica fundamental del pentecostalismo en diferentes países de América" que, según él, distingue el referido movimiento de las otras expresiones del cristianismo, es justamente "el vínculo entre religión y espera de un mejor porvenir en medio de las sociedades fragmentadas".[143] Increíblemente, tal destaque se debe a la visión escatológica del pentecostalismo que, en la explicación de Harvey Cox, citado por Mendoza-Álvarez, cumple una función muy importante en relación a la esperanza y la transformación de la realidad y de la cultura: "'Los movimientos milenarios[144] representan para una cultura lo mismo que los ritos de paso para un individuo (...) ellos permiten a la persona o a la sociedad entrar en contacto con el pasado y con sus raíces simbólicas más profundas, a fin de prepararse para dar el próximo —y a veces aterrador— paso rumbo al futuro'".[145] Así, la transformación de la realidad y de la cultura en la perspectiva pentecostal sucede por la forma con que esperanzados encaramos el futuro, aguardando la *parusia* y la implantación final y definitiva del Reino de Dios que no tiene fecha señalada para acontecer y escapa a nuestro control. Eso no es ser irracional y sólo emotivo, sino la reafirmación de la realidad tal como es, sin perder de vista el hecho de que nuestro destino final no es aquí y

[142] MENDOZA-ÁLVAREZ, C. *Op. Cit.*, p. 214.

[143] Ibid., p. 203.

[144] El autor ciertamente quiere decir "milenaristas". De acuerdo con Gerd Theissen, "Su nombre se relaciona con el hecho de que (como el sueño de un reino de mil años en el Apocalipsis de Juan) son determinados por la visión de una transformación fundamental, en la cual los dominadores actuales pierden influencia y poder. En el centro de esos movimientos están personajes proféticos" (*O movimento de Jesus: história social de uma revolução de valores [El movimiento de Jesús: historia social de una revolución de los valores]*. 1ª ed. São Paulo: 2008, p. 157).

[145] (Harvey Gallagher Cox, *Fire from Heaven: the tise of pentecostal spirituality and the reshaping of religion in the twenty-first century* [Fuego del Cielo: el atizar de la espiritualidad Pentecostal y la reorganización de la religión en el siglo XXI]. Masachusetts: Addison-Wesley, 1995, p. 117) (Ibid.).

no podemos reconstituir el "paraíso terrestre".[146] La única forma de racionalidad que puede dar cuenta de pensar así es el raciovitalismo. Para finalizar este aspecto con Alessandro Rocha, "encarar la tarea de la racionalidad en esos términos es descender al plano concreto de la existencia y asumirlo como el único lugar posible donde podemos vivir y a partir de donde podemos percibir la realidad, no en perspectiva última y definitiva, sino tal como ella se nos revela y nosotros nos revelamos a ella". A pesar de que este es un camino espinoso, parte "del universal abstracto al lugar concreto, nos lanza a la topografía donde se puede realizar una racionalidad abierta e integradora", ese lugar no es en las abstracciones idealistas del racionalismo de los siglos XVII y XVIII, pues, completa Rocha, se trata de la "vida" y "en ese sentido es que", dice él, "hablamos de raciovitalismo".[147]

Tal vez usted esté pensando que el pentecostalismo no es más que todo lo que acabo de retratar en esta introducción. Concuerdo con Vattimo, cuando dijo en el prólogo al libreto de Richard Rorty, que no leía "más ningún libro de filosofía que pretenda decir cómo están las cosas", sino que prefiere libros que "desde el inicio, declaren como quieren que ellas se vuelvan".[148] Este libro, como usted podrá comprobar, tiene esta propuesta, trata acerca de cómo un joven pastor pentecostal, que ama el pentecostalismo y quiere que asuma su lugar nuevamente en la perspectiva de que la experiencia del Espíritu que nos nutrió, y nos trajo hasta aquí, no sea suplantada por el formalismo de la teología reformada y ni con la saña de poder temporal que también asola la vida de cualquier movimiento que se vuelve gigante como el nuestro. Que nuestros teólogos, que ya son muchos hoy, no sucumban

---

[146] "Lo que Cristo realizó en su vida terrenal desveló la verdad del Reino de Dios y, también, desenmascaró la mentira de Satanás como falso deseo mimético. No se trata, en consecuencia, para el creyente evadirse del mundo, muy por el contrario. Se trata de anunciar el kerigma fundador del mundo nuevo que la Iglesia de Cristo recibió como herencia. Y, aunque ahora, en plena era de la modernidad tardía, estamos plenamente conscientes del fracaso histórico del cristianismo —y de su visión secularizada, que es la Ilustración—, hoy más que nunca el *anuncio del fin del mundo* y del *advenimiento de la salvación de parte de Dios* se vuelven urgentes" (MENDOZA-ÁLVAREZ, C. *Op. Cit.*, p. 232).

[147] ROCHA, A. *Op. Cit.*, p. 23.

[148] VATTIMO, Gianni in RORTY, R. *Uma ética laica* [Una ética laica]. São Paulo: Martins Fontes, 2010, p. 10.

al racionalismo cartesiano, sino que sigamos el siglo XXI en la perspectiva de que el "viento sopla de donde quiere, y oyes su sonido; mas ni sabes de dónde viene, ni a dónde va" y que "así es todo aquel que es nacido del Espíritu" (Jn 3.8). Dejemos que el Espíritu Santo nos sople, llevándonos a los caminos que la racionalidad cartesiana y positivista no puede identificar y mucho menos prescribir, porque es absurdo y locura para su materialismo. Confiemos en aquel que soberanamente puede guiarnos para que cumplamos nuestro propósito. Si esa imprevisibilidad tiene resonancia con la posmodernidad, bienaventurado es el mundo que podrá contar con la participación de aquellos que reconocen la posibilidad de lo sobrenatural en medio de todo el materialismo que existe. Ya aquellos que dependen del hecho de que todos tienen que pensar como ellos para que su mensaje tenga sentido, dejemos que luchen con la realidad y prueben ser capaces de hacer valer su sistema teológico racionalista en un mundo que valora la experiencia. Estos sí deben temer la posmodernidad.[149] En cuanto a nosotros, sigamos en nuestro propósito, reafirmando la experiencia y cultivando la santidad, porque creemos que esta es la misión que el Señor nos confió.

[149] Es oportuno, aun incluso en este momento final de esta introducción, decir que así como no hay una sola forma de modernidad, lo mismo sucede con la posmodernidad, o sea, acerca de esta última, de acuerdo con João Duque, hay una versión "difusa" y otra "precisa": "La posmodernidad difusa sería de género más vago, en contexto más o menos periodístico o de divulgación, basada en la arbitrariedad de 'todo vale', sin pretensiones conceptuales. La posmodernidad precisa sería aquella que ya se sujetó a algún proceso (aun todavía en curso) de conceptualización de sí misma, elaborando, por eso, una concepción positiva de la anterior y oponiéndose a la total de disolución de conceptos. Para la mayoría de los teóricos, el concepto de posmodernidad, en este sentido más preciso, sería definido por la irrecusable presencia de una *radical pluralidad*" (DUQUE, J. M. *Para o diálogo com a pós-modernidade* [Para el diálogo con la posmodernidad]. 1ª ed. São Paulo: Paulus, 2016, p. 8).

PARTE I

Lo que escribí antes de saber lo que era posmodernidad

1

Pentecostés, ¿realidad diaria o sólo un eslogan?[150]

La palabra "Pentecostés" [del griego *Pentekostos*] en el sentido literal del término significa quincuagésimo.

Pentecostés era la segunda de las tres principales festividades judaicas de la Antigua Alianza y era realizada cincuenta días después de la Pascua (Lv 23.15-21), de ahí la razón del nombre Pentecostés. Era también llamada fiesta de las Semanas y Fiesta de las Primicias (Éx 34.22).

En la fiesta del Pentecostés eran presentadas al Señor las primicias de las cosechas, los primeros frutos de las cosechas eran mecidas delante del Señor (Lv 23.15-17).

Pasados quince largos siglos, el Pentecostés dejó de ser sólo una festividad litúrgica y entró en el escenario histórico del cristianismo, como la fundación de la iglesia (Hch 2.1-13). En este día la profecía del profeta Joel sobre la efusión espiritual que sería establecida en los últimos días (Jl 2.28-32) tuvo su cumplimiento inaugural, ya que se trata de una profecía milenial, permanente y destinada a una dispensación.

Se trata de la dispensación del "Paracleto", que significa "aquel que da fuerza" o "aquel que alienta". Esta dispensación comenzó cuando Jesús llegó al cielo y envió el "Consolador" en cumplimiento de su promesa hecha a los discípulos, cuando ejercía su ministerio terrenal (Jn 14.16, 26).

---

[150] Una pequeña parte de este texto fue publicada en forma de artículo para la extinta revista *Pentecostés* (Año 1, n. 4, Río de Janeiro: CPAD, octubre de 1999, p. 12, 13), bajo el título "Id con Poder y Autoridad".

El "Consolador", o sea, el Espíritu Santo, vino para alentarnos. Jesús, cuando anduvo en esta tierra, fue lleno del Espíritu Santo para llevar a cabo su Misión (Lc 4.1, 18-20). Él necesitó de la Tercera Persona de la Santísima Trinidad por cuanto estaba en la condición de ser humano, así como todos nosotros (Jn 1.14; 1 Jn 4.2, 3).

Estando lleno del Espíritu Santo, las palabras del hijo del carpintero José se diferenciaban de las palabras que los hombres estaban acostumbrados a oír de los escribas. Su palabra estaba adornada de gracia y autoridad (Lc 4.22, 32).

Hasta en los días de Jesús, la paracletología se resumía en manifestaciones específicas y esporádicas del Espíritu Santo en la vida de las personas (1 S 10.10; 16.13; Nm 11.25; Miq 3.8, etc.).

En el Antiguo Testamento era la dispensación del Padre. En todo el tiempo encontramos: Dios habló, Dios hizo, Dios vio, etc. (Éx 3.14, 15).

En el Nuevo Testamento, después de 400 años de silencio, Dios se manifestó enviando a su Hijo unigénito al mundo, iniciando así la dispensación del Hijo, la dispensación de Jesucristo (Jn 3.2, 35).

El día de Pentecostés, para nosotros los creyentes que llevamos el nombre de "pentecostales", debe considerarse mucho más que una "marca indeleble"; es el inicio de una dispensación que se extendió hasta nosotros, del privilegio de términos la "Deidad" de la presente dispensación 24 horas por día con nosotros, intercediendo junto al Padre por nosotros con "gemidos indecibles" (Ro 8.26, 27).

Los discípulos, antes de recibir el "poder del Espíritu Santo", después de la muerte de Jesús, estaban escondidos, temiendo que los judíos los oprimieran (Jn 20.19). Y la orden del Maestro fue que ellos se quedaran en Jerusalén hasta ser revestidos de poder (Lc 24.49).

Después de recibir el poder del Espíritu Santo, los discípulos se convirtieron en misioneros (Hch 1.8); para eso, además de la fe, necesitaban el "poder".

En el día en que el Espíritu Santo inauguró su dispensación, estaban presentes representantes del mundo entero conocido en la época (se mencionan 15 naciones en Hechos 2.9-11) para celebrar el Pentecostés. Unos se sorprendieron y otros despreciaron el acontecimiento. El apóstol Pedro, recién bautizado con el Espíritu Santo y lleno de autoridad, pronunció un discurso, consiguiendo con eso agregar al pequeño grupo de hermanos (casi 120) en aquel día casi 3.000 almas (Hch 2.41). En otra oportunidad, dio otro discurso y fueron casi 5.000 (Hch 4.4).

Hasta parecía imposible creer que aquel Pedro que negó a su Maestro (Jn 18.25), ahora tomado de un valor divino estaba delante el Sanedrín, siendo interrogado por los mismos alguaciles del Señor Jesús, y en esta ocasión no sólo respondió las preguntas afirmativamente, sino que también habló a favor del evangelio (Hch 4.7-21).

No debemos chocar con las narrativas descritas antes, pues la promesa nos afecta (Hch 2.39). Debemos tomar el ejemplo de los apóstoles que, después de haber sido bautizados con el Espíritu Santo, evangelizaron el mundo conocido en aquella época en cerca de 60 años (Hch 17.6; Col 1.6, 23).

Hoy vemos iglesias ser sacudidas en congresos de jóvenes y en tantas otras festividades; sin embargo, el fuego allí encendido se apaga el lunes de la rutina después de la fiesta de la noche del domingo.

El poder que sacudió el cenáculo en los días de la Iglesia Primitiva hizo que esta se volviera una iglesia misionera y evangelizadora (Hch 4.31). De nada sirve el ruido para probar que somos pentecostales si este no provoca una secuencia de la consecuencia de recibir el título de pentecostales (1 Co 12.7-11). De nada servirá si no somos útiles para la obra de Dios. Necesitamos, sí, revolucionar a nuestra sociedad por medio de la capacidad que el Espíritu Santo nos ha dado.

En todos los períodos de la historia, cada vez que el Espíritu Santo se manifestó y en la vida de una persona, esta desempeñó el papel de un verdadero cristiano pentecostal, porque sería imposible no dejar fluir lo que recibió; era necesario compartir con los otros.

En el inicio del siglo pasado, a principios de 1900, algunos alumnos de una escuela teológica comenzaron a estudiar sobre el bautismo en el Espíritu Santo. Entre estos alumnos estaban Agnes Ozman y otras dos mujeres.

El estudio ministrado por el pastor Parham a sus 40 primeros alumnos era realmente gratificante. Sin embargo, la experiencia durante el culto de la noche de 1° de enero de 1901, fue algo realmente sublime.

Agnes Ozman, sintiendo un fuerte deseo de ser bautizada en el Espíritu Santo, preguntó al director Parham si él podría imponer sus manos y orar para que ella recibiera la promesa.

De acuerdo con el relato del propio Parham, "Agne Ozman habló chino por tres días, durante los cuales no podía hablar ni escribir inglés".

El mes de enero, entonces, es considerado la fecha oficial del inicio del Movimiento Pentecostal que se extiende hasta nuestros días.

Los discípulos de Éfeso, cuando fueron visitados por el apóstol Pablo, recibieron el Espíritu Santo mediante la fe y por la imposición de las manos del apóstol (Hch 19.6).

Otro relato importantísimo que está registrado en los anales de la historia del pentecostalismo es el acontecimiento de la calle Azuza, en la ciudad de Los Ángeles, California, EUA.

El mensaje del pastor Parham y la noticia de lo que había acontecido influenciaron a J. A. Warren a abrir una nueva escuela bíblica en Houston, Texas. Warren era orador laico metodista, ayudante de Parham y William J. Seymour.

Seymour era de raza negra y, juntamente con otros negros que se interesaron por el mensaje del movimiento de la "Fe Apostólica", se mudó a Los Ángeles y allí inició un punto de predicación en una casa de familia en la Bonnie Brae Street, para un público mezclado. Hablaba y predicaba, mediante su fe en las Escrituras de algo que él mismo todavía no había probado. Sin embargo, el domingo 9 de abril de 1906, el propio Seymour y otros siete hermanos recibieron el bautismo en el Espíritu Santo. El resultado no podría ser otro; como este acontecimiento, muchos curiosos y personas interesadas en conocer la *glosolalia*, comenzaron a asistir a los cultos, y con eso el lugar en poco tiempo se volvió pequeño.

Seymour se vio obligado a obtener un espacio mayor, en un lugar accesible a todos. Fue así que descubrió un local de una iglesia metodista episcopal, que estaba cerrada, en la calle Azuza número 312, lugar propicio para continuar su trabajo. Se fundó entonces, en este local, la *Apostolic Faith Gospel Mission* (Misión Evangélica de la fe Apostólica).

El movimiento de Azuza Street 312 fue tan poderoso que causó gran revuelo entre el pueblo, atrayendo incluso a los medios de comunicación seculares, que por su parte se encargaron de divulgar los acontecimientos. De ese modo, venían personas de varias partes del país, e incluso del extranjero para comprobar lo que habían oído hablar de Avivamiento Espiritual. Con las visitas de personas de lugares lejanos, el movimiento espiritual se fue esparciendo por medio de los que recibían y llevaban consigo el poder pentecostal a los puntos más distantes del mundo.

El avivamiento alcanzó la India; de Seattle, Washington, llegó al Japón; de Escandinavia a Inglaterra, Holanda y Alemania; de Inglaterra a Estonia; de la India a Chile. De los principales avivamientos que barrieron América del Norte —de Topeka, Kansas, Houston, Texas, Los Ángeles, California; Nueva York, Chicago, Illinois; y otros— surgieron dos jóvenes suecos: Gunnar Vingren y Daniel Berg. Estos son los pioneros de nuestra denominación, actualmente la que más crece en el mundo y la mayor del país.

Analizando estos pequeños relatos cronológicos, entendemos que el avivamiento pentecostal contribuyó y mucho para que hoy tengamos una denominación fuerte y fundamentada en los preceptos bíblicos. Y se sabe que, de la mayoría de los envueltos en el pentecostés de la calle Azuza, muchos salieron con la llama misionera en sus corazones, estableciendo iglesias en diversas partes del mundo.

Lo que las instituciones sociales tratan de hacer con un alcohólico, alguien enviciado en drogas, una prostituta, un marginado, un delincuente, etc., a fin de reintegrarlos a la sociedad, sin ningún envolvimiento en la transformación espiritual, en la mayoría de las veces no se obtiene éxito.

Nosotros, los pentecostales, vemos con frecuencia a Jesús salvar personas de índole deplorable, y transformarlas en personas santas y admiradas por toda la sociedad. Esta es un área más en que el Espíritu Santo actúa en la actual dispensación. Es su función convencer al hombre de pecado, de justicia y de juicio (Jn 16.8-11), y es nuestra la función de anunciar el evangelio (Mr 16.15), debemos estar orgullosos de tal encargo de parte del Señor; porque hasta los ángeles desearon hacerlo (1 P 1.12).

Vamos a hacer justicia a nuestro título de pentecostales y continuar transformando la sociedad. Muchos son los mensajes en este final de siglo y milenio: "Que Jesús volverá" y realmente estamos esperando, sin embargo, si eso no acontece ahora, al entrar en el tercer milenio sin este fastuoso acontecimiento, que podamos continuar prestos para trabajar, oyendo siempre la recomendación apostólica: "No apaguéis el Espíritu" (1 Ts 5.19); "Porque no podemos dejar de decir lo que hemos visto y oído" (Hch 4.20).

2

La naturaleza de la actividad profética en el Antiguo Testamento

Por ser pentecostales, es nuestro deber tratar de profundizar acerca del profetismo, porque creemos en la validez actual de los dones espirituales y la profecía (aunque diferentes del ministerio del Antiguo Testamento) siendo estos las principales actividades y/o manifestaciones espirituales en nuestro medio. Inicialmente, es importante destacar el sentido de la expresión "naturaleza" que caracteriza la discusión: "tipo, característica, especie, cualidad". Así, se puede afirmar que la actividad profética (particularmente la de Israel) es de *una* especie, de *un* tipo, de *una* característica, o de *una* cualidad en relación a la otra práctica supuestamente similar. Como ya se adelantó, la actividad profética es algo que precede a la existencia de la propia nación de Israel, lo que colocaría al pueblo de Dios como plagiador de las prácticas ocultistas de otras naciones. Sin embargo, pensando de acuerdo con una estructura bíblica de "creación, caída y redención", es posible estar de acuerdo con el filósofo cristiano holandés, Herman Dooyeweerd, en su percepción de que el "pecado no puede destruir algo de la creación de Dios, sino sólo darle una dirección apóstata".[151] Así, las prácticas adivinatorias, agoreras y místicas

[151] DOOYEWEERD, Herman. *No crepúsculo do pensamento ocidental: estudos sobre a pretensa autonomia do pensamento filosófico* [En el crepúsculo del pensamiento occidental: estudios sobre la pretendida autonomía del pensamiento filosófico]. 1ª ed. São Paulo: Hagnos, 2010, p. 201.

de la antigüedad no eran más que una distorsión del deseo que el ser humano nutre por establecer una relación con la divinidad.

La actividad profética anterior a Israel

Una de las más controversiales dimensiones del asunto se refiere a la posibilidad de que Dios haya "aprovechado" el ministerio profético que Abraham supuestamente adquirió antes de su encuentro con el Todopoderoso. ¿Tendría el padre de la fe y "amigo de Dios" un don profético —"natural" o le fue dado por algún dios pagano— que ejercía en el panteón familiar (Jos 24.2)? ¿O será que Abraham recibió el ministerio profético en el momento que el Señor Dios lo llamó? Es posible que la designación de "profeta" tuviese relación con el hecho de que en aquel momento él pudo servir como intermediario entre Abimelec y el Eterno? Derek Kidner, comentando el pasaje de Génesis 20.7, afirma que en una "religión pagana, la santidad de un *profeta* se acercaba más a la magia que a la moralidad (cf. Nm 22:6). Así el lector puede ver mejor que Abimelec, cuán bajo había caído Abraham de sus prerrogativas al hablar engañosamente, y puede comparar el vejamen de esta intercesión forzada con la gloria de la oración por Sodoma".[152]

El punto extremadamente importante es conocer las prácticas místicas que había en las religiones y pueblos antiguos para darse cuenta de la distinción que existe cuando son comparadas con lo que el Señor instituyó por medio de su Espíritu, usando los patriarcas, el legislador Moisés, culminado en el profetismo judaico. Un rápido vislumbre de la propia designación para el "portavoz" de una divinidad ofrece una luz valiosa acerca del asunto:

> El término griego *profetes* estaba ligado a los oráculos de la antigua Grecia, entre ellos los más famosos eran el de Zeus, en Dodona, y el de Apolos, en Delfos. Eran santuarios donde se proferían las respuestas a las personas que consultaban estas divinidades mitológicas de la antigüedad. Estos templos aparecen en los poemas

[152] KIDNER, Derek. *Gênesis: introdução e comentário* [Génesis: introducción y comentario]. 1ª ed. São Paulo: Vida Nova e Mundo Cristão, 1979, p. 128.

homéricos de la *Ilíada* y la *Odisea*. El oráculo era también la respuesta en sí, muchas veces era enigmática y confusa. En el caso de Delfos, la profetisa de Apolo, la Pitia, daba la respuesta en forma de sonidos inarticulados y enigmáticos de manera que el consultante quedaba confuso. Delante de un mensaje incomprensible, entraban en escena oficiales del santuario como intérpretes o traductores, llamados *profetes*, sin la idea de inspiración o de vaticinadores de las cosas futuras. Platón declara lo siguiente respecto a ellos: "intérpretes de palabras y visiones misteriosas; el nombre más correcto, por lo tanto, no será el de adivino, sino el de profeta de las cosas reveladas por la adivinación" (*Timeo 72b*). En Píndaro y en Homero ellos son llamados poetas.[153]

Cuando Pablo habló en el Areópago, en Atenas, mencionó "algunos de vuestros poetas" (Hch 17.28), aludiendo a dos poetas estoicos: "Arauto (de Soloi, en Cilicia; primera mitad del siglo III a.C.; *Fainomena* 5) y Cleantes (de Asos, en Asia Menor; 304-233 a. C.; Himno a Zeus 4), para los cuales Zeus es el λόγος o el principio cósmico que anima todo".[154] Todavía acerca de este asunto, Esdras Bentho afirma lo siguiente sobre el texto de Tito 1.12 ("uno de ellos, su propio profeta, dijo: los cretenses siempre mentirosos, malas bestias, glotones ociosos".): "Este hexámetro es atribuido a Epiménides de Cnossos, poeta del siglo VI a.C., escritor de poemas Minos, Teogonía y una colección de oráculos. La tradición griega lo llamaba profeta, otros lo consideraban poeta, e incluso hasta reformador religioso".[155] Así, había un intercambio lingüístico entre los griegos para profeta y poeta. Lo importante a destacar, como ya se ha dicho, es el hecho de que la actividad profética era algo anterior a la existencia de Israel. La *Enciclopedia Mirador Internacional*, por ejemplo, menciona en el

[153] SOARES, Esequias. *O ministério profético na Bíblia: a voz de Deus na Terra* [El ministerio profético en la Biblia: la voz de Dios en la Tierra]. 1ª ed. Río de Janeiro: CPAD, 2010, p. 32.

[154] HAUBECK, Wilfrid y SIEBENTHAL, Heinrich Von. *Nova chave linguística do Novo Testamento Grego: Mateus a Apocalipse* [Nueva clave lingüística del Nuevo Testamento Griego: Mateo a Apocalipsis]. 1ª ed. São Paulo: Targumim y Hagnos, 2009, p. 829.

[155] BENTHO, Esdras Costa. *Hermenêutica fácil e descomplicada* [Hermenéutica fácil y sin complicaciones]. 1ª ed. Río de Janeiro: CPAD, 2002, p. 197.

verbete "profetismo", los profetas áulicos y cultuales, diciendo lo siguiente acerca de esta "clase" de profetas:

> Se sitúan entre los primeros ejemplos de profetismo las funciones ejercidas por Neferrohu e Ipuwer en el Egipto antiguo, probablemente entre 2180 y 2040 a.C. Se trataba de profetas áulicos, ya que participaban de una estructura de poder teocrática. Diferente es el caso del profetismo en Frigia, entre los siglos XII y VII a.C., representado por las pitonisas que integraban el culto de Cibeles y Átis y cuya tradición llega al imperio romano. También de carácter cultual son los profetas griegos de Delfos (siglo VII a.C. a IV d.C.), ligados a los oráculos de Apolo Delfino.[156]

El profeta Neferrohu, mencionado antes, es, según Eric Voegelin, responsable por una profecía de un "gobernante mesiánico" que, "por sus cualidades personales", trae la esperanza de días más felices para Egipto, que estaba, e esa época, bajo el reinado de "Amenemhet I (2000-1970 a.C.)":[157]

> Entonces es así que un rey vendrá,
> Perteneciente al sur, Ameni, el triunfante, su nombre.
> Él es hijo de una mujer de la tierra de Nubia;
> Es nacido en el Alto Egipto...
> ¡Alegraos, oh pueblo de su tiempo!
> El hijo del hombre hará su nombre para siempre.
> Aquellos que son inclinados hacia el mal y que traman rebeliones suavizarán su habla por miedo de él.
> Los asiáticos caerán ante su espada y los libios caerán ante su llama.
> Los rebeldes pertenecen a su ira y los de corazón traicionero al temor a él.[158]

Al hablar sobre los "antecedentes de la profecía bíblica", el profesor de la Universidad de Granada, José Luíz Sicre, afirma que:

---

[156] *Enciclopédia Mirador Internacional* [Enciclopedia Mirador Internacional]. s/ed. São Paulo: Encyclopaedia Britannica do Brasil Publicações Ltda., p. 9326.

[157] VOEGELIN, Eric. *Ordem e História: Israel e a Revelação* [Orden e Historia: Israel y la Revelación]. V.1. 1ª ed. São Paulo: Loyola, 2009, p. 151.

[158] PRITCHARD, James B. *Ancient Near Eastern Texts Relating to the Old Testament* [Textos del Antiguo Oriente relacionados al Antiguo Testamento]. Princeton: Princeton University Press, 1950, p. 445. (Nota del autor)

La existencia del fenómeno profético fuera de Israel, inclusive en culturas diferentes de las del Antiguo Oriente, es un hecho que nadie pone en duda hoy en día. Pasaron los años polémicos en que parecía necesario negar la existencia de un profetismo extra bíblico para salvar la inspiración de los profetas hebreos. O, inversamente, los años en que se encontraban profetas en toda parte para negar la pretendida revelación de Dios a través de estos personajes de Israel. El estudio de la cuestión se volvió más científico, menos polémico y más apologético. El hecho de que hayan existido profetas fuera de Israel no implica que los profetas bíblicos carecieran de inspiración; y tampoco les quita la originalidad.[159]

Una particularidad acerca del asunto que llama la atención es el hecho de la actividad profética en las religiones de los pueblos extraños a Israel fue mayoritariamente ejercida por mujeres.[160] Asunto que será retomado cuando haya oportunidad. Los trazos generales del profetismo —independientemente de ser o no o de Israel— son destacados en número de cuatro por la Enciclopedia Mirador Internacional:

> Aunque varíe de cultura a cultura, el profetismo tiene rasgos peculiares, entre los cuales se manifiestan: a) una 'elección' trascendente, no opción voluntaria; b) un modo de ser alienado, esto es, en que el sujeto (el profeta) es objeto o 'portavoz' de una entidad sobrenatural; c) vocación personal, que no envuelve compromisos de clase (con un grupo de sacerdotes, por ejemplo); d) emisión de un mensaje de interés colectivo, vaya dirigido a un pueblo determinado, o a toda la humanidad.[161]

Así, pienso que la idea principal al realizar una investigación como esta consiste principalmente en hacer un análisis de las actuales manifestaciones extáticas que el movimiento pentecostal actualmente experimenta, en algunos lugares, y comprobar si son

---

159 SICRE, José Luíz. *Profetismo em Israel: o profeta, os profetas, a mensagem [Profetismo en Israel: el profeta, los profetas, el mensaje]*. 3ª ed. Petrópolis, RJ: Vozes, 2008, p. 203.

160 MONTERO, Santiago. *Deusas e adivinhas: mulher e adivinhação na Roma Antiga [Diosas y adivinas: mujer y adivinación en la Roma Antigua]*. 1ª ed. São Paulo: Musa, 1999.

161 11 Op.Cit.

más parecidas con las que había antes del profetismo en Israel, que con el propio movimiento instituido por Dios en el Antiguo Testamento.

Extatismo

El investigador de la historia israelita y filósofo Eric Voegelin resalta que el texto de 1 Samuel 9.9 ofrece pistas acerca de la diferencia substancial que existe entre el profetismo en Israel y en las demás naciones:

> El mismo interés por la relación de Saúl con Dios aparece en la historia de su encuentro con los profetas. Esta historia requiere una breve explicación —más aún porque incluso hasta el historiador israelita juzgó necesario añadir una o dos notas de pie de página arqueológicas a fin de hacerla inteligible para sus propios contemporáneos. Saúl "se encontró con un grupo de profetas" (10,10). Estos profetas, sin embargo, no pertenecían al mismo tipo que los grandes profetas del siglo VIII [período en que surge "oficialmente" el movimiento conocido como profetismo en Israel] y siguientes. Los grandes profetas, en verdad, dieron continuidad al tipo que en la época de Saúl era representado por un hombre como Samuel. Y el historiador enfatiza el punto; porque al hablar de Samuel, el vidente, agregó que "un profeta [*nabi*] era antiguamente llamado vidente [*roeh*]" 9,9. Así, alguna importancia parece haber sido atribuida a la diferencia entre los videntes que sólo más tarde llegaron a ser llamados profetas y los profetas de grupo. Se mostró difícil, sin embargo, describir los dos tipos con alguna precisión. Se hicieron intentos de distinguirlos como tipos de alucinaciones auditivas y visuales, como intérpretes de sueños o señales y arrebatados por éxtasis, como comunicantes con divinidades menores y con el Yahweh nacional, o por sus métodos de inducir el estado extático. Ninguna de las distinciones fue satisfactoria, toda vez que, invariablemente, fallaban en uno u otro caso específico. Aun así, la diferencia, como dijimos, debe haber sido importante, ya que los historiadores israelitas la anotaron expresamente. De este modo, tenemos que volver a la distinción hecha en los propios pasajes de Samuel: los videntes y los grandes profetas eran personas solitarias, mientras los profetas que Saúl encontró eran un "grupo". Esta es,

> de hecho, una diferencia de tal importancia que una búsqueda de otras características distintivas parece superflua. Porque el profetismo colectivo, basado en un éxtasis contagioso, era un fenómeno difundido en Asia Menor que llegó hasta la civilización helénica en la forma de cultos orgiásticos de Dioniso, mientras que no era característico de la historia israelita más antigua. Su aparición en la época de Saúl indicaría una penetración del éxtasis baálico en el javismo, paralelamente a la fusión de cananeos y de hebreos javistas en el nuevo Israel. Además, el propio Saúl estuvo expuesto a accesos extáticos por contagio,[162] sin embargo, en el caso de Gedeón, el *ruah* de Yahweh todavía descendía sobre el líder en una experiencia solitaria.[163]

Es evidente que no comparto la cosmovisión religiosa de Voegelin y no concuerdo con él en todos los aspectos. No obstante, como escribió Esequias Soares, "los profetas hebreos hablaban en un estado activo y consciente",[164] en tanto que, según el mismo autor, la llamada "experiencia extática era común entre los místicos y profetas paganos".[165] La conclusión a que el autor llega, es que:

> No hubo, por lo tanto, en los profetas hebreos autoestimulación. Ninguno de ellos tomó la iniciativa para obtener revelación y no hay indicación de que alguno de ellos haya perdido el control de las facultades mentales y racionales. Había, sí, de hecho, el factor externo a la razón humana y superior a ella. Los oráculos de los profetas del Dios de Israel sobre el futuro se basan en hechos reales concretos, del día a día.[166]

Por otro lado, a pesar de reconocer que el "foco del Antiguo Testamento está en las expresiones verbales de los profetas", Wilf Hildebrandt afirma que lo "que parece ser claro, de los relatos

[162] Además de 1 Samuel 10,10, cf. 19,23-24 [Nota del autor].

[163] VOEGELIN, Eric. *Ordem e História: Israel e a Revelação* [Orden e Historia: Israel y la Revelación]. V. 1. 1ª ed. São Paulo: Loyola, 2009, p. 286, 287.

[164] SOARES, E. *O ministério profético na Bíblia: a voz de Deus na Terra* [El ministerio profético en la Biblia: la voz de Dios en la Tierra]. 1ª ed. Río de Janeiro: CPAD, 2010, p. 35.

[165] Ibid., p. 39.

[166] Ibid., p. 48.

del Antiguo Testamento, es que en Israel los profetas que experimentaron éxtasis así lo hacen como un producto de la realidad consciente de la presencia de Dios y del Espíritu".[167] En otras palabras, el referido autor reconoce la incidencia del fenómeno entre el profetismo israelita, mas defiende que tal se da en una perspectiva distinta de la que ocurría en las religiones arcaicas. Hildebrandt explica que

> Declaraciones negativas concernientes a los profetas son muchas veces hechas en referencia al comportamiento extático. Oseas sirve en un período cuando los profetas son considerados necios y aquellos con comportamiento extático ("hombres inspirados" Os 9:7; cf. 2 R 9:11) son llamados maníacos. En el tiempo de Jeremías, tales "hombres locos" que actuaban como profetas son colocados en prisiones (Jr 29:26). En la literatura reciente y antigua, la relación del Espíritu con experiencias extáticas es notada. Tal vez debido a la asociación de Espíritu / éxtasis, particularmente en el octavo siglo, hay evidencia de un creciente desdén por el comportamiento extático inducido por el Espíritu. Aunque el comportamiento extático sea minimizado y restringido por la predominancia de la "palabra" en los escritos de los profetas, la asociación del Espíritu y éxtasis siempre fue un factor en los círculos proféticos de Israel. Tanto en el Antiguo Testamento como en el Antiguo Oriente, el comportamiento extático es evidenciado junto a las comunidades proféticas.[168]

No es posible, ni necesario, negar que el fenómeno se haya presentado entre el profetismo israelita, porque, como explica Paul Tillich, el "término 'éxtasis' ('estar fuera de sí mismo') apunta a un estado de espíritu que es extraordinario en el sentido de que la mente trasciende su situación habitual".[169] En otras palabras, continúa el mismo autor, el "éxtasis no es una negación de la razón; es un estado mental en que la razón está más allá de

---

[167] HILDEBRANDT, Wilf. *Teologia do Espírito de Deus no Antigo Testamento* [Teología del Espíritu de Dios en el Antiguo Testamento]. Santo André, SP: Academia Cristã, 2004, p. 180.

[168] Ibid., p. 177.

[169] TILLICH, Paul. *Teologia Sistemática [Teología Sistemática]*. 5ª ed. son Leopoldo, RS: Sinodal, 2005, p. 124.

sí misma, esto es, más allá de la estructura sujeto-objeto". Eso, como dice Tillich, no significa que la razón, debido a que "está más allá de sí misma", se esté "negando a sí misma". En términos directos, "'la razón extática' continúa siendo razón; ella no recibe nada irracional o antirracional —lo que no podría hacer sin autodestruirse—, mas trasciende la condición básica de la racionalidad finita, la estructura sujeto-objeto".[170]

Así, creo que es necesario y urgente hacer una reflexión acerca de las "disculpas" que las personas ofrecen cuando son cuestionadas sobre un comportamiento dudoso ante una supuesta posesión espiritual. Pequeñeces y otras infantilidades acontecen en todos los lugares y deben ser corregidas. Ahora, la manipulación del liderazgo y de la propia congregación, unida a un mal uso de los dones, son cosas intolerables e inadmisibles en una iglesia que está completando su primero siglo.

[170] Ibid.

3

La Iglesia como negocio

Hace algunos años, una importante emisora de televisión de nuestro país presentó una serie de reportajes titulados: "Fe bajo medida". El tema fue abierto con la siguiente premisa (no inferida, sino afirmada por el presentador): "Una de las actividades más lucrativas del país en los últimos años es abrir una iglesia". Con la proliferación de "ministerios" que surgen a borbotones, este es uno de los asuntos más urgentes para debatir. Porque, del cristianismo, el segmento evangélico es el que más da margen para grandes "primicias periodísticas. Si se quisiera delimitar todavía más el fenómeno a ser investigado, es necesario afirmar que, de entre los evangélicos, el neo pentecostalismo —aun no siendo el único, es bueno que se diga— es el gran campeón y responsable de la sospecha que se cierne sobre el segmento (Por otra parte, todas las iglesias mostradas, sin excepción, eran del ramo, o segmento, neo pentecostal).

No soy el moralista del mundo para juzgar la "buena voluntad" o la "buena intención" con que las personas buscan estos grupos religiosos (en cuanto a los líderes, creo que la motivación no es nada ingenua), mas ante mi inevitable envolvimiento (ahora, soy cristiano y pastor pentecostal), es mi derecho —y deber— reflexionar sobre el asunto y presentar algunas ponderaciones.

Generalización e influencia en el imaginario colectivo

Como no creo en la hipótesis positivista de la neutralidad ideológica (incluso de mi parte), y consciente de la verdad del aforismo de Millór Fernandes —"La opinión pública es lo que los medios de comunicación publican"—, me arriesgo a hacer una lectura acerca de las verdaderas intenciones de la serie de reportajes.

En primer lugar, como parte del movimiento evangélico (por su origen histórico, me gusta más la expresión "evangélico", pero como es muy poco difundida, voy a utilizar el título más común), hago algunas críticas a nuestro sistema, mas no sufro del *síndrome de Elías* —creyendo que soy el único que no se conforma con el cuadro actual del segmento evangélico—, pensando que soy el "guardián solitario" de las verdades escriturales, porque sé que existen mucho más que siete mil anónimos que no se conforman con el evangelio de la acomodación o de las facilidades que hoy se predica y, son estos los que hacen, de hecho, la obra de Dios. Las críticas que hago (es bueno recordar que "crítica" no debe ser confundida con la postura de terquedad de algunos o con la mala costumbre de difamar y/o hablar mal de otros) tienen la intención de hacerme repensar el cristianismo y descubrir medios de mantenerme en la dirección correcta. La serie de reportajes también identifica las incoherencias y ambigüedades de los evangélicos, pero no puedo ser tan incauto y caer en el simplismo de que su objetivo sea bueno. En otras palabras, el propósito del reportaje no se confunde con el mío. Muchos cometen el error de creer que el cristianismo está tan degradado que hasta los medios de comunicación están siendo "usados por Dios" para clamar contra él. A decir verdad, reportajes de este tipo son un verdadero "caballo de Troya" que, valiéndose de la vulnerabilidad del movimiento evangélico, aprovecha para imponer sobre todo líder cristiano la mancha de "aprovechador" de la buena fe de las personas.

En segundo lugar, es bueno no olvidar que toda especie de generalización es insensata. ¿Qué decir de los pastores que se desdoblan y dividen su tiempo entre liderar una iglesia en el período nocturno y en los fines de semana, teniendo que trabajar durante el día para sostener a su familia? Sin ganar un solo centavo dedican sus vidas a la predicación del evangelio. Aun siendo ministros laicos, como buenos comisionados, insisten en realizar el trabajo evangelístico, proporcionando una serie de beneficios que se reflejan incluso en la desintoxicación de la sociedad. El reportaje no se propone mostrar ejemplos de altruismo, pero procura influenciar la opinión pública, nivelando por debajo a todos los evangélicos.

En tercer lugar, es bueno no olvidar que ellos nunca buscan a un líder que sepa realmente responder por el movimiento evangélico, sino que entrevistan personas que dan respuestas llanas y sin ninguna profundidad teológica. Un ejemplo fue cuando el reportero preguntó a un líder, cuestionando el motivo de la apertura de tantas iglesias. El pastor, de manera acrítica, respondió: "El crecimiento del bien tiende a ser proporcional al aumento del mal". Estos son los que creen que existen dos dioses (uno del bien y otro del mal) compitiendo entre sí. Sin embargo, todos sabemos que el diablo es un ángel caído, una criatura de Dios, y no puede siquiera pensar en competir con el Eterno.

En cuarto y último lugar, los reporteros siempre buscan el parecer de un científico social o cualquier otro escéptico (eso no significa neutral, sino inclinado a criticar todo lo que se refiere a religión), en el intuito de execrar el cristianismo. Si acaso ellos buscaran un líder cristiano serio, él estaría de acuerdo que muchas manifestaciones religiosas no tienen nada de Dios; que la religión siempre fue uno de los expedientes utilizado como forma de dominación (y acerca de esto estoy de acuerdo con la definición de Marx); que la función de las iglesias no es proporcionar una vida de lujo y ostentación para sus líderes en detrimento de los fieles que donan todo lo que están esperando recibir de Dios la misma condición social; que las personas no pueden ser vistas como "nichos" mercadológicos o un mercado alternativo, propiciando la apertura de iglesias al sabor de determinados grupos sociales, para atender la "demanda"; y finalmente, que en este caso, en particular, no se puede evaluar el todo por una parte ni vice-versa. Porque eso es insensato, deshonesto, absurdo y un periodismo antiético.

Analizando el liderazgo y la práxis cristiana a la luz de la teología juanina

Frente a la banalización y abaratamiento de lo sagrado, creo que es importante reflexionar la práxis cristiana en la perspectiva teológica juanina. Considero de extrema relevancia las advertencias del apóstol Juan acerca de los "anticristos" y falsos profetas (1 Jn 2.18; 4.1). Cualquier líder cristiano sabe que uno de los aspectos más importantes de su trabajo es justamente hacer a los miembros de la comunidad de fe que están bajo su pastorado capaces de "permanecer [en la enseñanza o contenido doctrinal] que desde el principio" oyeron, porque si ellos proceden así, el resultado es que también permanecerán en el "Hijo y en el Padre" (1 Jn 2.24). Y estando en Dios y en Jesús, ellos recibirán la mayor de todas las promesas del Señor: "La vida eterna" (1 Jn 2.25).

El apóstol del amor deja en claro el porqué de reafirmar esta verdad escritural y se muestra sabedor de que los creyentes conocen *la Verdad* (esto es, Jesús): "No os he escrito como si ignoraseis la verdad, sino porque la conocéis, y porque ninguna mentira procede de la verdad" (1 Jn 2.21). El objetivo del contraste juanino es bastante evidente: "Os he escrito esto sobre los que os engañan" (1 Jn 2.26). Se desprende que la enseñanza debe mantenerse no porque las personas no saben, y sí *a pesar* de que ellas saben. Con esta advertencia, Juan nos informa que el peligro de la mala enseñanza ronda incluso en las iglesias comprometidas con la Palabra de Dios. Sin embargo, él nos ofrece dos formas de identificar los engañadores: por el contenido de lo que enseñan y por la vida que llevan. Conscientes de que no es posible que mentiras (contenido pernicioso) procedan de la Verdad, Juan enseña que, si sabemos que el Señor es Justo, tengamos certeza de que "el que hace justicia es nacido de él" (1 Jn 2.29). ¿Qué pensar de lo contrario? ¿De la disparidad, incoherencia y dicotomía entre discurso y acción?

Eso debe sonar como alerta para los cristianos. No se puede evaluar a una persona, que se dice usada por Dios, simplemente por las supuestas manifestaciones espirituales que ella demuestra públicamente o realizaciones milagrosas que, en nombre de Dios, ostenta. Lo que verdaderamente la califica como sierva de Dios son la coherencia y simetría entre lo que ella cree y su manera de vivir, a la luz de la verdad bíblica. Así, la postura bereana (Hch 17.11) es, para los días actuales, no sólo prudente como obligatoria e inaplazable.

El apóstol Juan entrelaza la enseñanza del amor cristiano con la creencia en la encarnación del Hijo de Dios. Él parece equiparar ambas doctrinas volviéndolas fundamentales como patrón para evaluar el carácter del verdadero cristiano y profeta. Y Juan procede de esta manera, porque ¡no es posible ser profeta sin antes ser creyente! o sea, ¡este es el requisito de aquel!

Con estos cuidados en mente, el apóstol del amor coloca sobre los hombros de ambos —profetas y audiencia—, la responsabilidad de ser coherentes en cuanto a la fe que afirman tener. Eso es tan real, que las pruebas se aplican a los dos grupos: "En esto conoceréis" (v. 2) (la prueba para los que dicen estar siendo usados por el Espíritu de Dios) y "en esto conocemos" (v. 6) (para los que oyen). Ese celo, y cuidado, consigo mismo, antes de ser una señal de incredulidad, es prueba de madurez espiritual. Ya el reconocimiento de que Jesucristo vino en carne no es simplemente una cuestión de identidad, sino una confesión. En otras palabras, significa honrar y tener compromiso en identificarse de manera coherente con la postura y el perfil de Jesucristo, como modelo de un ser humano perfecto. Si, como encontramos en Efesios 4.11-16, este es el objetivo del ministerio —inclusive los de enseñanza y profético—, es perfectamente lógico que cualquier persona que se dice tomada por el Espíritu de Dios, no solo reconocerá que Jesús, incluso siendo Dios, vino en "carne", sino que, como hijos de Dios y participantes de su naturaleza divina, debemos y podemos perseguir este modelo ideal para nuestras vidas. Este, inclusive, es el propósito de mi ministerio y del suyo.

Así, la postura de un líder verdaderamente llamado por Dios es responsable, prudente, ética, bíblica y debe ser como la del apóstol Pablo: "Pero aun si alguno de nosotros o un ángel del cielo les predicara un evangelio distinto del que les hemos predicado, ¡que caiga bajo maldición! Como ya lo hemos dicho, ahora lo repito: si alguien les anda predicando un evangelio distinto del que recibieron, ¡que caiga bajo maldición! ¿Qué busco con esto: ganarme la aprobación humana o la de Dios? ¿Piensan que procuro agradar a los demás? Si yo buscara agradar a otros, no sería siervo de Cristo" (Gá 1.8-10, NVI). Alguien que tiene intereses propios que, por definición, no corresponden con los del Reino, jamás dirá eso, porque es una conducta autodestructiva. Los falsos profetas siempre quieren arrogarse una espiritualidad por encima de la media para tratar de justificar su conducta despótica, además de su arrogancia y megalomanía.

La obra de Jesús en el Calvario es una concesión divina para toda la humanidad, y su perdón no puede ser transformado en franquicia denominacional

Otro factor que no debe escapar de este análisis es el entendimiento de que Jesús nos redime y perdona. Inicialmente es bueno comprender que esta certeza no es un estímulo a la disculpa de que es posible pecar, sino una advertencia con la finalidad de huir del acto transgresor. Al mismo tiempo en que este saber apunta a la necesidad inaplazable de evitar el pecado, también es una señal de que no se puede ser demasiado severo consigo mismo, porque eso crea barreras a la restauración, en el caso de un eventual fracaso. Ser indulgentemente generoso consigo es, por otro lado, una postura inadmisible, porque banaliza el perdón, convirtiéndolo en meramente un casuismo para la práctica desenfrenada de los deseos alimentados por la concupiscencia y la carnalidad.

El apóstol del amor inicia el capítulo 2 de manera negativa: "Hijitos, estas cosas os escribo para que no pequéis". Es necesario trabajar bien esta cuestión a fin de prevenir la membresía en cuanto a los efectos nocivos del pecado, pues, además de romper la relación con el Señor, hay siempre secuelas y consecuencias que siguen al acto de la transgresión, provocando problemas que, no pocas veces, se arrastran por toda la existencia terrenal (vea, por ejemplo, el caso del paralítico del estanque de Betesda, narrado por el propio Juan en su Evangelio, capítulo 5, versículos 1 a 15).

Pero el apóstol no para en la *posibilidad ideal* (que es "no pecar"). Él avanza su argumento, inspirado por el Espíritu Santo, y presenta, todavía en el versículo primero del capítulo 2, el camino para aquellos que sucumben ante la tentación, y dice: "y, si alguno hubiere pecado, Abogado [o "llamado al lado de" o "para estar al lado de"] tenemos para con el Padre, a Jesucristo, el Justo". Este recurso expiatorio, es para aquellos que, incluso después de ser alertados contra el peligro del pecado (recuerde que este es el propósito de la epístola), acabaron cayendo en el engaño del Maligno. Es relevante el hecho de que Juan llama a Jesucristo "el Justo", porque demuestra que solamente alguien con esta calificación puede llegar delante de Dios para defender la causa de un culpable.

En el versículo 2, el apóstol del amor afirma que Jesús "es la propiciación por nuestros pecados y no solamente por los nuestros, sino también por los de todo el mundo". Propiciación aquí habla de Jesús como siendo "la víctima de expiación" por nuestros pecados. Eso significa que el Señor, por su muerte, es el medio personal a través del cual Dios muestra misericordia a la humanidad que confiesa el nombre de Jesucristo y lo reconoce como Salvador. En este mismo texto, Juan demuestra la aplicabilidad salvífica universal y amplia del sacrificio del Hijo de Dios. El apóstol desmonta cualquier posibilidad de pensar en un sacrificio limitado (solamente para "los elegidos"). Nadie está excluido del ámbito de la misericordia de Dios, sin embargo, la eficacia individual del sacrificio ("la propiciación") se vuelve concreta sólo a los que creen.

Así, ninguna iglesia, denominación, segmento religioso o cualquier otro grupo eclesiástico o para-eclesiástico puede arrogarse detentor del perdón o favor divino. Este es una concesión divina, una dádiva del Eterno y, por lo tanto, no puede ser transformado en oportunidad o exclusivismo, como si las iglesias fuesen franquicias denominacionales autorizadas a vender bendiciones. Es un derecho extensivo a toda la humanidad. Eso es evangelio, las Buenas Nuevas de Dios para la humanidad. Hombres comprometidos con el Señor predican el evangelio de Jesucristo, pero no emprenden "cruzadas" que poseen el claro propósito de expandir su reino personal y particular. No usan los medios de comunicación de manera irresponsable para presentar la fe con fines económicos.

La mercadología de la fe es un subproducto del cristianismo

Es una lástima que en todo lo que los hombres ponen la mano se transforme en algo horrible, manipulador, ruin. Por eso, no temo en afirmar que la mercadología de la fe, representada por la multiplicidad de iglesias, es un subproducto del cristianismo. Mas este hecho no disminuye en nada la importancia del evangelio, la fe en Dios, o la alegría de la salvación.

Recientemente dije a un grupo de alumnos que existen, para todo, al menos tres formas de ver las cosas: a) la manera como nosotros las vemos; b) la forma como alguien las presenta para nosotros; y c) la manera como ellas realmente son. Simplificando, es posible entender que la fe no puede ser responsabilizada por lo que hacen en nombre de ella. Las iglesias que son regidas por las leyes consumistas del mercado y explotan a las personas no pueden servir de disculpas para la extinción de todas o para la acusación indebida de que el cristianismo es una fuga intelectual o muleta psicológica. El hecho de que algunos transformen sus iglesias en verdaderas "loterías de la fe", donde personas son desafiadas y coaccionadas a apostar sus economías, no significa que Jesús haya muerto para eso.

No se engañe. Los medios de comunicación *Tupiniquim* y muchos otros sectores de nuestra nación se alegrarían cuando nuestros templos fueran cerrados y se transformaran en espacios de presentaciones promiscuas. Como ejemplo de lo que, según informó la versión on-line de la revista Época, está aconteciendo en Canadá, más precisamente en Berkeley, Toronto, donde un antiguo templo metodista será escenario (el próximo día 24 de este mes[171]) de la entrega del Premio de Porno Feminista.

[171] La fecha se refiere al mes de abril de 2009.

4

Pentecostalismo, pseudopentecostalismo, los medios de comunicación *Tupiniquim* y la nueva temporada de "cacería de brujas"

Desde el homicidio de Abel (Gn 4.8) pasando por el período antediluviano (Cuando Dios dijo que "la tierra estaba [...] llena de violencia", Gn 6.11, NVI) hasta los días actuales, Desafortunadamente no son ninguna novedad las noticias sobre homicidios o crímenes (sin víctima fatal) envolviendo violencia física (quien vive en una ciudad como Río de Janeiro, por ejemplo, sabe de lo que estoy hablando). La violencia está tan banalizada que sucesos sin mayores implicaciones, o sea, sin tener necesariamente un "diferencial" de fatalidad acaban siendo colocadas en una especie de "clasificado" y, posiblemente, nunca serán conocidas por un círculo de personas que va más allá de los familiares y amigos de la víctima que, independientemente de la "trivialidad criminal" con que tuvo la pérdida de un ser querido, lloran de forma anónima y silenciosa, pero no reciben ninguna atención mediática.

Algo hasta paradójico y que evidencia otro lado de esta injusticia, reforzando todavía más la falta de respeto hacia la memoria de las víctimas y familiares, es cuando sucede que el número de víctimas es grande. Lo que se ve anunciar son solo las cifras y su frialdad sociológica. En realidad, no sé qué es peor. Esta falta de atención o la novela macabra que los medios de comunicación fabrican, haciendo que las "nuevas revelaciones" sobre el caso sean dadas en "dosis homeopáticas". Todo esto es para que la audiencia cautiva ayude las emisoras a alcanzar los números exigidos por los ratings y así mantener niveles más altos de puntaje. ¿Quién gana con eso? La propia emisora que acaba captando todavía más anunciantes para los intervalos en el horario estelar —es decir, "el horario más caro de programación".

La violencia, independientemente de si es física o simbólica, con víctimas fatales o no, envolviendo tortura física o psicológica, es uno de los ejemplos más claros del salvajismo y embrutecimiento del ser humano. Es intrigante el hecho de que no está relacionado únicamente a la cuestión de la falta de educación, el saneamiento básico o al factor socioeconómico, porque no fueron indigentes, mendigos o analfabetos los que quemaron, hace doce años atrás a un indígena (un auténtico brasileño, "en quien no hay dolo") que dormía sobre un banco en una parada de ómnibus en Brasilia. Eso sin hablar de casos más recientes, los cuales, por alguna razón, no reciben atención de los medios de comunicación. Para no ser mal entendido, puedo con seguridad afirmar que no es por causa de la educación o de la escasez financiera que crímenes así son cometidos (Sin embargo, se sabe que estos factores pueden auxiliar psicológicamente al criminal —generando el sentimiento de impunidad— al pensar en los privilegios que su influencia o poder adquisitivo ciertamente proporcionarán), sino *a pesar* de ellos. Son muchos los motivos presentados para intentar "justificar" el uso de la violencia, y ellos van de la banalidad a la "justicia" (venganza) con las propias manos, del despotismo y autoritarismo al cumplimiento de leyes insanas (como la ley de la "mordaza" para usurpar la libertad del pensamiento crítico en el ambiente escolar, aprovechando el clima de vacaciones y vaciamiento del Congreso Nacional, que entró sorpresivamente en la pauta para ser aprobada en abril de 2009[172]) que criminalizan a toda la población para favorecer una hegemonía oligárquica. En fin, es necesario pensar el asunto violencia en muchas otras dimensiones. Eso significa rechazar el simplismo malicioso o el reduccionismo obtuso con que los medios de comunicación tratan determinados asuntos, porque si se sigue el razonamiento que ella planteó (de modo inducido e inferido) por una cuestión

[172] 30 de abril de 2009.

llevada a cabo en esta semana, envolviendo violencia entre una empleada doméstica y su patrona, el futbol debe acabar (lo que, sinceramente, no haría ninguna falta para mí), porque hay muchos pleitos que se llevan a cabo después del partido.

Sin embargo, no es porque a mí no me gusta el futbol que las cosas se deben ver o tratar así; antes es necesario usar de ética. A este respeto me gusta pautarme por lo que dijo Paulo Freire en su Pedagogía de la Autonomía: "El error en realidad no es tener cierto punto de vista, sino absolutizarlo y desconocer que, aún del acierto de su punto de vista, es posible que la razón ética no siempre esté con él".[173] Y para que nadie piense que me estoy excluyendo de este peligro, me alíneo nuevamente a Paulo Freire cuando afirma que "la transgresión de los principios éticos es una posibilidad, mas no es una virtud. No podemos aceptarla".[174]

Desafortunadamente no es lo que ocurre con algunos religiosos (cristianos o no), aficionados o afiliados políticos. Su opinión es siempre la verdad. Lo peor es que la mayoría que así procede son los que realmente no entienden como su creencia, tiempo o partido predilecto se relacionan con el contexto existente a su alrededor. Son los que miran el mundo a través de una micro visión. Carentes de la capacidad de pensar e incapaces cognoscitivamente, quieren hacer que sus ideologías sean aceptadas acríticamente y se las "traguen". Además, son exímios plantonistas. A la menor señal de error de la parte que le conviene condenar, aprovechan al máximo para ostensivamente execrar. Pero siempre de manera unilateral y estúpidamente generalizada. A cualquier vacilación, piensan: "Es ahora".

El asunto que motivó esta reflexión —"Evangélica intenta encender fuego en una umbandista".

La sorpresa me vino en tono de aviso: "César, ¿ya vio la noticia sobre la pastora asambleísta que intentó encender fuego en una umbandista?" Mi primera reacción fue responder con un sonoro

[173] FREIRE, Paulo. *Pedagogía de la autonomía: saberes necesarios a la práctica educativa [Pedagogía de la autonomía: saberes necesarios para la práctica educativa]*. 22ª ed. Río de Janeiro: Paz y Terra, 2002, p. 15, 16.

[174] Ibid., p. 19.

"no". Enseguida, reaccioné diciendo que no es posible que ella perteneciera a la Asamblea de Dios, porque en mi iglesia no hay "pastora". Bien, después del choque inicial, entré al sitio del referido periódico y constaté lo que habían acabado de informarme. Al leer que la "evangélica agredió a la señora con un banco de madera e incluso intentó prenderle fuego",[175] me quedé aterrorizado con semejante brutalidad.

Como es normal en publicaciones de cualquier materia periodística (para captar la atención), el primer párrafo informaba que una umbandista, cardíaca, fue atacada dentro de su casa, en la Zona Norte de Río, por su empleada doméstica que, según se comprobó, era pastora de la Asamblea de Dios.[176]

Al leer esta información, ¿cuál es el primer pensamiento que le ocurre? Que la confusión fue motivada por cuestiones de religión. Como el caso fue denunciado "por la Comisión de Combate a la Intolerancia Religiosa, que reúne miembros de las diversas religiones en Río de Janeiro",[177] todo lleva a creer que la violencia es fruto de la intolerancia religiosa. Sin embargo, en el segundo párrafo de la noticia, aparece la ponderación de que la familia desconfiaba que el intento de agresión pudiera tener alguna relación con un homenaje que la umbandista haría para una entidad. Esta ponderación de la familia y, vinculó otro *sitio*, "la familia sospecha",[178] indica que los hechos todavía no habían sido totalmente aclarados. Principalmente, cuando después de navegar un poco más en la gran red y visitar otras páginas que traían la noticia, encontré algunas informaciones que pueden llevar a otros resultados para el caso. Uno de esos datos, por ejemplo, añadió que en realidad la confusión fue entre una patrona y su empleada. Algo que, debido a la cantidad de estos sucesos en todo el país es, de cierta forma, absolutamente "normal" y corriente.

Ahora verdad sea dicha, desde cualquier ángulo que el caso sea analizado, la actitud de esta persona está equivocada. Sin

---

175 http://odia.terra.com.br/portal/rio/html/2009/4/evangelica_tenta_colocar_fogo_em_umbandista_em_pilares_9384.html. Visitado el 30 de abril de 2009.

176 Idem.

177 Idem.

178 http://odia.terra.com.br/portal/conexaolector/html/2009/4/lectores_debatem_intolerancia_religiosa_9522.html. Visitado el 30 de abril de 2009.

importar la confesión religiosa que tenga, y no importa el motivo por el cual haya sido ese su comportamiento, la violencia no se justifica. Sin embargo, propongo que se escuche a la otra parte. Mientras que nada, repito, absolutamente nada justifique la actitud de esta persona que profesa el cristianismo, es necesario saber si la otra no la fustigaba por su creencia. Es necesario ponderar que lo contrario sea verdad, que la intolerancia vino primeramente de la otra parte y que, por alguna razón, dicha pastora reaccionó de manera violenta. Claro que alguien puede acusarme de que estoy defendiendo a la "pastora" porque soy cristiano evangélico y pentecostal (a estos recomiendo la lectura del capítulo anterior, "La Iglesia como negocio"). Sin embargo, diferente a lo que se piensa, individuos de otras vertientes religiosas hacen proselitismo y tratan de persuadir a las personas para que lleguen a pertenecer a su segmento. Algunos utilizan el sarcasmo y la violencia simbólica para imponer su ideología religiosa. Tengo experiencias negativas con personas de algunos segmentos que se dicen cristianos y otros de vertiente espiritista, mas no puedo generalizar y decir que todos los adeptos de tales grupos son así o que la institución incentiva tal comportamiento. Todo eso, vuelvo a decir, no justifica la hostilidad de la evangélica, porque es contraria a los principios más básicos y elementales del cristianismo (Mt 5.9, 10, 39-48). Por lo tanto, los cristianos, como un todo, repudian la actitud de esta persona, no concordando en hipótesis alguna con este mal comportamiento que en nada nos representa.

Defiendo que, si el crimen fue ocasionado por intolerancia religiosa, la noticia debe ser anunciada con este sesgo. Por la noticia, todo indica que sí, mas me parece ser innecesaria la información de que la "agresora es pastora y misionera y tendría un programa diario en una radio pirata".[179] ¿Qué tiene que ver eso con todo el contexto de la noticia? La idea que la noticia parece querer mostrar es que la "pastora" es tan religiosa como los demás líderes cristianos que hacen programas en radio, televisión o que sólo predican en sus iglesias. Así que, ¡abran bien sus ojos, porque esta gente es peligrosa! Estupidez y maldad premeditada.

[179] http://odia.terra.com.br/portal/rio/html/2009/4/evangelica_tenta_colocar_fogo_em_umbandista_em_pilares_9384.html. Visitado el 30 de abril de 2009.

Para que nadie imagine que padezco del síndrome posmoderno de la "amnesia histórica", dejo en claro que sé que la religión siempre fue una de las armas utilizada como forma de opresión, manipulación e incluso de agresión. Las cruzadas son un ejemplo de esta postura repugnante. La Inquisición o el Santo Oficio igualmente. Casos envolviendo reformadores como Lutero y Calvino también son notorios y no deben ser olvidados. Eso sin hablar de los problemas modernos que incluye el islamismo y sus facciones.

Ahora, si el asunto fuera incluso la violencia, cualquier persona que se proponga a investigar la Historia se encontrará con algunos casos que merecen toda nuestra indignación. Basta acordarse de Hiroshima y Nagasaki, ciudades japonesas que fueron alcanzadas por bombas atómicas en 1945. Casos como este hicieron que Einstein, uno de los mayores científicos del siglo pasado, se arrepintiera de haber descubierto la relación entre masa y energía. Sin embargo, no se puede querer acabar con la ciencia o con la investigación nuclear por causa de la mala utilización que muchos hacen del conocimiento. En realidad, el científico judío fue acusado de ser responsable por el horror de la bomba atómica, pero como dijo el astrofísico Stephen Hawking, "eso es como culpar a Newton por las caídas de aviones, por haber descubierto la gravedad".[180] Absurdo, ¿no es lo mismo? Sin embargo, vuelvo a decir, siguiendo el razonamiento inducido por la noticia y, peor, por la "encuesta" realizada debajo de la noticia, es exactamente eso lo que debe hacerse. Por causa de un acto insano de alguien (lo cual, repito, aunque no justifique la agresión es necesario investigar si realmente fue motivado por intolerancia religiosa), el reportaje abrió un precedente para que centenas de personas opinaran que es necesario erradicar a los cristianos pentecostales de todo el país. Millones de personas serias y responsables que contribuyen al bien de la sociedad deben ser castigadas por uno u otro acto aislado de personas que, en realidad, ni pentecostales son.

Si se quiere hablar sobre violencia motivada por intolerancia religiosa, el historiador Isael de Araujo, en el Diccionario del movimiento Pentecostal, relata en el verbete "Persecución" (p. 637-654) decenas de casos de violencia (física y simbólica) contra los

[180] HAWKING, Stephen. *O Universo numa Casca de Noz [El universo en una cáscara de nuez]*. 4ª ed. São Paulo: ARX, 2001, p. 13.

pentecostales, ocurridos en nuestro país. Tal vez asuntos de esta naturaleza no sean del interés de los medios de comunicación y de la sociedad, sin embargo, éstos acontecieron y están debidamente documentados. Así, si la intención de los medios de comunicación *Tupiniquim* es informar a la sociedad, que lo haga de manera correcta, ética y sin torcer los hechos. Ella debe procurar, aunque no le agrade a los pentecostales, ser lo más justa posible. En la intención de informar, y para que las personas hagan la debida distinción, voy a abordar ligeramente este asunto.

La distinción que no puede faltar y la nueva cara del cristianismo

El fenómeno vivido por el cristianismo en Brasil requiere que haya nuevos estudios en torno a los grupos que surgen a borbotones, porque el contenido normativo a que llamamos doctrina, tiene solamente una fuente —la santa Biblia—, y cualquier práctica que pretenda ser cristiana debe ser coherente con todo lo que Jesucristo de Nazaret enseñó. Es lamentable que la Biblia venga siendo tan pésimamente interpretada. Personas sin formación, y otras sin ningún escrúpulo, se sienten en el derecho de dar la interpretación que consideran más conveniente para el texto bíblico. Eso no significa que solamente un grupo tenga el derecho y el deber de estudiar la Biblia, por el contrario, el libre examen es un derecho de todo fiel que valora su posición de seguidor de Cristo (Hch 17.11).

Hablándose del pentecostalismo en Brasil, dentro de un enfoque histórico y sociológico, es necesario saber que se hablaba, hasta hace poco tiempo, en tres ondas: La primera onda del movimiento pentecostal en nuestro país, denominada *pentecostalismo clásico*, surgió en 1910 con la Congregación Cristiana en Brasil y en 1911 con la Asamblea de Dios. Esta "onda" permaneció sin ninguna otra iglesia pentecostal hasta mediados de 1950 e inicio de los años 60, cuando surge la segunda, con el movimiento conocido como *pentecostalismo neoclásico*. La tercera aparece al final de la década de 70 y gana impulso en los años 80, es el llamado *neo pentecostalismo.*[181]

[181] FRESTON, Paul. Breve historia del pentecostalismo brasileño. En:

Es imprescindible saber que el número de iglesias de las segunda y tercera ondas es muy grande, y estas denominaciones se transformaron tanto que la mayoría de ellas está hoy totalmente distinta y diferente de cuando surgió. Además, muchas denominaciones disidentes son fundadas por personas que salen de estas iglesias o incluso grupos independientes que surgen como de la nada. Estos acaban imitando sus prácticas, pero no observan el contenido que fundamenta el cristianismo. Así, surge un segmento esotérico y sincrético que nada tiene que ver con el verdadero cristianismo (el cual es definido por la Biblia, y no por mi iglesia o cualquier otra denominación).

Delante de este saber, nuevas investigaciones revelan que las iglesias pentecostales clásicas se están aproximando teológicamente a las reformadas; algunas reformadas se están renovando o "pentecostalizando"; existen neo pentecostales que están más cercanas a las pentecostales clásicas; y, lamentablemente, la gran mayoría de las neo pentecostales no se parecen a ninguna de ellas (reformadas o pentecostales clásicas) y están siendo clasificadas como seudo pentecostales. Y es aquí que los medios de comunicación, sociólogos, investigadores e historiadores que realmente quieren informar, necesitan tener ética profesional y actuar correctamente, apoyándose en estas nuevas investigaciones.

En la edición n° 314 de la *Revista Ultimato* (septiembre-octubre/2008), en un artículo bajo el título "Pseudopentecostales: ni evangélicos, ni protestantes", el obispo anglicano y científico político Robinson Cavalcanti disertó sobre este asunto, diciendo:

> Lo que se constata, cada vez más, es que el fenómeno pseudopentecostal ha concurrido a una mayor aproximación entre los pentecostales (ya tenidos como históricos, por su antigüedad y movilidad social y cultural) y las iglesias históricas. De un lado, los pentecostales redescubren el valor de la historia, de una confesionalidad y de una teología sólida; del otro, los históricos van flexibilizando (o ampliando) su pneumatología, reconociendo la contemporaneidad de los dones del Espíritu Santo. La brecha entre pentecostales y pseudopentecostales tiende a aumentar, no sólo por la

---

ANTONIAZZI, Alberto. *Et al. Nem Anjos nem Demônios: Interpretações Sociológicas do Pentecostalismo* [Ni ángeles ni demonios: interpretaciones sociológicas del pentecostalismo]. 1ª ed. Petrópolis, RJ: Vozes, 1994, p. 70, 71.

> aproximación entre pentecostales e históricos, sino también por la creciente adhesión de los pseudopentecostales a enseñanzas y prácticas sincréticas, con el catolicismo romano popular y los cultos afro-amerindios. Cuando estudiantes de teología asambleístas, bautistas nacionales o presbiterianos renovados aprenden con teólogos anglicanos (John Stott, J.I. Packer, Michael Greene, Alister McGrath, N. T. Wright), y anglicanos, luteranos o presbiterianos usan una alabanza más exuberante y oran por sanidad y liberación, en la expresión de Gramsci, un nuevo "bloque histórico" se va formando (retardado por el extremo fraccionamiento entre ambos segmentos), del cual, es claro, no forma parte el pseudopentecostalismo.[182]

Hablando acerca de pentecostalismo clásico y neo pentecostalismo, Robinson Cavalcanti afirma que un "gran equívoco cometido por los sociólogos de la religión es el de poner bajo la misma rúbrica de 'pentecostalismo' [estos] dos fenómenos distintos". Y, a continuación, añade:

> De un lado, el pentecostalismo propiamente dicho, tipificado, en Brasil, por las Asambleas de Dios; y del otro, el impropiamente denominado "neo pentecostalismo", mejor tipificado por la Iglesia Universal del Reino de Dios. Un estudioso propuso denominar estas últimas como pospentecostales: un fenómeno que se siguió a otro, pero que no se conecta con él, porque "neo" se refiere a una manifestación nueva de algo ya existente. Corrientes de sociología argentina ya los denominaron de "iso-pentecostalismo": algo que parece, pero no es. Lucidez y valor tuvo Washington Franco, en su disertación de maestría en la Universidad Federal de Alagoas, cuando clasificó el fenómeno representando por la IURD de "pseudopentecostalismo": algo que no es. Un estudio cuidadoso de los tipos ideales, Asamblea de Dios e iglesia Universal del Reino de Dios, bajo una óptica sociológica, o una óptica teológica, nos llevará a la conclusión que se trata de dos manifestaciones religiosas diversas, que no pueden —ni deben— ser colocadas bajo una misma clasificación. Al sumarse, a partir del Censo Religioso, estas dos agrupaciones, se tiene un alto índice de "pentecostales",

---

[182] CAVALCANTI, Robinson. *Pseudo-pentecostais: nem evangélicos, nem protestantes* [Pseudopentecostales: ni evangélicos, ni protestantes]. Ultimato. Año XLI, n. 314, Viçosa, MG: Ultimato, septiembre-octubre de 2008.

> constituidos, sin embargo, por los que lo son y por los que no lo son. Equiparar ambos fenómenos no hace justicia a la Iglesia Universal y ofende a la Asamblea de Dios.[183]

Tal vez este hecho sea novedad para algunos, sin embargo, el científico político llama la atención a un "segundo equívoco de los analistas: considerar la IURD y sus congéneres como 'evangélicos'".[184] Según él, estas propias iglesias, "se rehusaron a verse como tal, pretendiendo ser tenidas como un fenómeno religioso distinto, y terminaron por aceptar la clasificación 'evangélica' por una estrategia política de hegemonizar un segmento religioso más amplio en el escenario del Estado y de la sociedad civil".[185] En otras palabras, la estrategia fue inflar el movimiento evangélico. Sin embargo, tales denominaciones no pueden continuar siendo tenidas como evangélicas, porque "el evangelicalismo es marcado por la credibilidad histórica y por el énfasis doctrinal reformado en la doctrina de la expiación de los pecados en la cruz y en la necesidad de conversión, o nuevo nacimiento".[186] Doctrinas estas que parecen no tener ninguna importancia para estos nuevos movimientos.

Así, la conclusión de Robinson Cavalcanti es que, si el "pseudopentecostalismo no es pentecostalismo, ni, tampoco, evangelicalismo, tampoco es protestantismo", porque el "discurso y la práctica de esta expresión religiosa indican la inexistencia de vínculos o puntos de contacto con la Reforma Protestante del siglo XVI: las Escrituras, Cristo, la gracia, la fe".[187] Toca a estos movimientos responder a sus miembros lo que ellos son.

En la primera edición de la revista *Ultimato* de este año, Robinson Cavalcanti publicó un interesante artículo —"El contenido del *cristianismo*"— y, finalizando este texto, hace el siguiente cuestionamiento: "Con el fundamentalismo juzgando, el pseudopentecostalismo distorsionando y el liberalismo negando, ¿no estaríamos hoy ante otras religiones?".[188]

---

[183] Ibid.
[184] Ibid.
[185] Ibid.
[186] Ibid.
[187] Ibid.
[188] CAVALCANTI, Robinson. *O conteúdo do cristianismo* [El contenido del

En este aspecto, me alineo con él y cuestiono: ¿Será que se puede clasificar como evangélicos, o pentecostales, a las nuevas denominaciones que surgen cada día con prácticas exóticas (algunas hasta extravagantes), totalmente irracionales e incluso irresponsables (ya que causan psicosis o neurosis en sus adeptos)? Me atrevo a ir más lejos y pienso que, como el contenido doctrinal (o su inexistencia) de muchas nuevas iglesias es totalmente extraño y antagónico a la santa Biblia, no se puede decir que ellas son un segmento del cristianismo, por ejemplo, como el catolicismo, el protestantismo, el evangelicalismo o el pentecostalismo.

Cortando en la propia carne: la preocupación del pentecostalismo clásico con la integridad del movimiento

Si hay textos e investigaciones que apuntan a la debida distinción que se debe hacer con la nueva configuración del cristianismo evangélico brasileño, por otro lado, procurando mantener la salud del segmento pentecostal, un gran número de estudiosos pentecostales han publicado libros, artículos y tesis con la preocupación legítima de que el desafío de practicar un pentecostalismo original, bíblico y equilibrado sea mantenido. Por otra parte, la abundante producción de material sobre esta problemática por un lado evidencia que el fenómeno alcanzó tal proporción que ya no es posible ignorarlo y, por otro, que existe una preocupación de los verdaderos pentecostales en preservar la esencia e integridad del movimiento, mientras rechaza y expone los grupos que inadvertida e inapropiadamente son llamados "pentecostales".

Uno de esos buenos ejemplos recientes viene del ya mencionado historiador Isael de Araujo, autor de una gran obra de referencia sobre el asunto (*Diccionario del movimiento Pentecostal*), que escribió en julio de 2008 un importante artículo advirtiendo sobre "las principales tentaciones del pentecostalismo moderno".

Entre las advertencias de este texto, en que el autor diserta acerca del peligro de una "'adoración loca' (en griego *manikos*)", la cual desfigura el verdadero pentecostalismo y que, "en lugar

---

cristianismo]. Ultimato. Año XLII, n. 316, Viçosa, MG: Ultimato, enero-febrero de 2009, p. 45.

de ayudar a convertir a los pecadores", muchas veces despierta "solamente el escarnio y el desprecio de los no creyentes", el historiador dice que debemos "unirnos a Pablo en oposición a la adoración *manikos*" y procurar la "'adoración espiritual' (en griego, *pneumatikos*)", la cual el "Nuevo Testamento propone [pues ella] mantiene la posición central y permite la expresión de los dones espirituales dentro de la decencia y del orden".[189]

Es necesario ver dos excelentes porciones de este artículo, la primera acerca de la "adoración *manikos*" o "loca", en que el historiador, discurriendo sobre excesos dentro del pentecostalismo clásico, dice:

> Una faceta brasileña de esta "adoración loca" son los pretendidos cultos pentecostales denominados en el medio pentecostal con la expresión extravagante "reteté" o "repleplé". En los cultos "reteté", las personas marchan, saltan, se contorsionan, caen, ríen, gritan, se quedan girando hacia allí y hacia aquí en un verdadero reborazo. Generalmente, este desordenado movimiento se da mientras se cantan himnos en ritmos como forró o ajé, con batuques y panderos que recuerdan reuniones de candomblé. Para los creyentes del "reteté", sólo sus cultos son verdaderamente pentecostales y tienen el mover de Dios. Pero estos cultos rebasan los límites de la infancia y muchas veces son pura expresión de carnalidad y falta de temor a Dios. Sus dirigentes son obreros neófitos que no estimulan al pueblo a leer más la Biblia y ser más equilibrados.[190]

El segundo fragmento saluble de este artículo apunta a la prevención contra estos excesos que amenazan la adoración y el buen sentido entre los pentecostales clásicos:

> El verdadero pentecostalismo se sostiene en el equilibrio de que tanto los pastores como los creyentes deben practicar en sus iglesias. Este equilibrio pentecostal viene por medio del estudio constante de la Biblia, principalmente de los textos de Hechos de los apóstoles (capítulos 2, 4, 6, 7, 8, 10 y 19), 1 Corintios 12 y 14 y Efesios 5.18. De esta manera, tendremos creyentes pentecostales

[189] ARAUJO, Isael. Las principales tentaciones del pentecostalismo moderno. *Mensajero de la Paz*. Año 78, n. 1478. Río de Janeiro: CPAD, julio de 2008, p. 27.

[190] Ibid.

> substancialmente instruidos y cimentados en la Palabra de Dios, porque sólo con más enseñanza bíblica y obediencia a la Palabra de Dios es que se consigue proteger el pentecostalismo de los descarríos a los cuales es tentado seguir con el pasar de los años. Consecuentemente, siempre tendremos cultos genuinamente pentecostales, donde hay exposición bíblica y libertad para la manifestación del poder de Dios con la salvación de pecadores, bautismos en el Espíritu Santo y la operación de los dones espirituales.[191]

La preocupación es tan legítima cuanto pertinente. La revista *Mensajero de la Paz* del mes pasado también trajo importante materia sobre el tema, intitulado "Declaraciones falsas del pentecostalismo se vuelven popular y preocupan. Especialistas apuntan la existencia de fragmentaciones del pentecostalismo que comprometen la ortodoxia bíblica y la salud del movimiento". En esta materia, los lectores pudieron conocer los peligros del neo pentecostalismo, pospentecostalismo, deuteropentecostalismo (este no tan nocivo, pero con énfasis equivocado) y pseudopentecostalismo (este es el más terrible).

La materia finaliza hablando sobre el retroceso por el que pasa el actual movimiento evangélico brasileño. Antes, sin embargo, plantea que el "protestantismo pentecostal, desde su nacimiento, ha seguido los cuatro principios básicos de la Reforma Protestante, que, a su vez, tiene su base en las Sagradas Escrituras. Son ellos *Sola gratia* (sólo la gracia), *Sola fide* (sólo la fe), *Sola Scriptura* (solamente las Escrituras) y *Sola Deo gloriae* (solamente a Dios la gloria)".[192]

Entre las prácticas extrañas a la santa Biblia y al movimiento pentecostal clásico, están el "mercantilismo de la fe; [...] la promesa de felicidad, bendiciones y victoria a través de una contribución financiera más que generosa; el uso de elementos como gallo de ruda, sal gruesa y vaso de agua en la liturgia, lo que es una vuelta al misticismo medieval; Y las teologías de la maldición hereditaria y de la prosperidad, pues son un vilipendio a la doctrina de la gracia".[193]

---

[191] Ibid.

[192] *Mensajero de la Paz.* Año 79, n. 1487. Río de Janeiro: CPAD, abril de 2009, p. 4, 5.

[193] Ibid., p. 5.

Así, la materia termina con una reflexión muy seria, afirmando que, a las puertas de completar su centenario, es necesario "reflexionar sobre la importancia que la AD [Asamblea de Dios] tiene, como mayor iglesia evangélica del Brasil y mayor representante del pentecostalismo", que es la "de continuar siendo una referencia de ortodoxia bíblica en medio a la actual mixordia doctrinal por la que pasa el evangelicalismo brasileño".[194]

Creo que este es el momento de acabar con el uso indiscriminado del nombre "Asamblea de Dios".

Todo indica que está abierta la nueva temporada de "cacería de brujas"

No es mi pretensión ser recurrente, sin embargo, como dije en el capítulo anterior sobre el reportaje de televisión ("La iglesia como negocio"), no puedo ingenuamente aceptar el supuesto de que el propósito de los medios de comunicación es el mismo que el mío y el suyo, que nos preocupamos por la desfiguración del movimiento pentecostal. Alguien puede objetar y decir: "¿Pero no le toca a los medios de comunicación cuidar de ello?". Estoy de acuerdo. Sin embargo, ellos no deben promover una verdadera "cacería de brujas", haciendo que las personas compren la idea de que el mundo será mejor sin los evangélicos (eso no me ciega los ojos para el reconocimiento de que hay muchos errores que se cometen en nombre de Dios o de la religión por aquellos que se autointitulan "evangélicos").

Así, primeramente, el reportaje debería informarse y saber a cuál "Asamblea de Dios" pertenece la tal "pastora". Ya que la Asamblea de Dios, que representa el pentecostalismo clásico, fundada en 1911, no tiene "pastoras", era preciso, si el objetivo es realmente informar, hacer la distinción mostrando este "detalle", lo que, ciertamente, haría toda la diferencia.

Segundo, si ella realmente fuera de la Asamblea de Dios clásica, con certeza no es pastora y recibirá un proceso disciplinario por sus responsables y líderes. Sólo que, en este caso, el periódico tiene que responder también por haber creado la idea de que alguien que simplemente hace un programa de radio sea "pastora".

[194] Ibid., p. 5.

En tercer y último lugar, es necesario saber si la violencia realmente ocurrió como fruto de intolerancia religiosa. Vuelvo a afirmar que, independientemente de que este haya sido el motivo, esta persona está equivocada y no representa ni una parte del movimiento evangélico, que decir de su totalidad, porque actuó de manera impropia, infringiendo los principios más elementales del cristianismo (Mt 5.9 ,10, 39-48). ¿Se imaginan si cada vez que un crimen sucediera, el hecho se divulgara destacando la creencia de la persona? ¿Quién se quedaría - institucionalmente - en desventaja pública? Claro, si el delito cometido fue motivado por la cuestión religiosa, vuelvo a decir, debe ser divulgado con este énfasis. ¿Pero será que la noticia en cuestión se encuadra en este caso? ¿O sería sólo una oportunidad de, astuta y prejuiciosamente, influenciar la opinión pública sobreestimando el caso? Desafortunadamente, es verdad que los medios de comunicación están a la caza de cualquier especie de situación negativa que implique a los evangélicos.

Si esto no es verdad, al menos, la encuesta abajo deja transparentar exactamente eso:

> ¿Una agresión por motivación religiosa puede perjudicar la imagen de determinada creencia?
> No. El fiel debe responder criminalmente por su actitud, sin tomar en cuenta la religión.
> Sí. La institución religiosa también es responsable por las actitudes que la usan como justificación.[195]

A pesar de estar mal construida, la segunda opción sugiere que la filosofía religiosa de las iglesias pentecostales (quiero creer que ellos se estén refiriendo a las pseudopentecostales y, aun así, desconozco este tipo de incentivo) instilan la idea de violencia para imponer su fe sobre las demás personas. Bien, eso es muy serio, porque habría entonces una especie de facción radical ostensiva y violenta, la cual debería incluso (como se puede ver en la opinión de muchos que comentaron en la encuesta), ir a la cárcel, porque representan una amenaza a la seguridad de la sociedad. En realidad, por el tenor hostil de muchos comentarios,

[195] http://odia.terra.com.br/portal/rio/html/2009/4/evangelica_tenta_colocar_fogo_em_umbandista_em_pilares_9384.html. Acceso el 30 de abril de 2009.

quien debe buscar protección de las autoridades somos nosotros, porque muchos exteriorizaran allí un sentimiento de odio en relación a los pentecostales. Gracias a Dios que todos sabemos que no somos nada de ello y que esta no es la verdad.

Conozco pentecostales de las clases C, D y E que son verdaderos caballeros, porque no es su condición social la que define su humanidad, sino el valor que poseen de *por sí*. Ellos no dependen de las conveniencias sociales que le dan más valor al tener en detrimento del ser. Aun consciente de que estos son la mayoría, también puedo garantizar que tenemos personas de las clases A y B en nuestro medio, las cuales no aceptarían en hipótesis alguna las sospechas que tal materia quiere suscitar. Conozco, personalmente, más de una docena de jueces y promotores pentecostales. Personas de bien, justas e íntegras, que nunca armonizarían con la idea maliciosa propuesta en la segunda opción de la encuesta. Por otra parte, estas personas son guardianas del bien común y del orden cívico, sin imponer su religión a nadie, y nunca aceptarían que eso aconteció en nombre de las Asambleas de Dios.

Finalizando, pido a los lectores que se mantengan atentos a las noticias que abundan por la web, a través de la televisión, la radio o medios impresos, porque los pentecostales estamos siendo elegidos como las "brujas" del siglo XXI y, por lo tanto, responsables por las molestias de este país. Es lamentable que, en pleno tercer milenio, encontremos tanta intolerancia y parcialidad por parte de quien debería estar promoviendo el desarrollo humano. Los medios de comunicación deben entender, como dijo Alister McGrath, que "los seres humanos son capaces tanto de violencia como de excelencia moral —y que ambos pueden ser provocados por visiones del mundo, religiosas o no. No se trata de una observación cómoda, pero nos alerta a las faltas y los peligros de identificar cualquier grupo de personas como la fuente de la violencia y de los males de la humanidad. Eso puede ayudar a crear un chivo expiatorio, pero nunca a hacer avanzar la civilización".[196] He aquí una verdad que los críticos empedernidos de la religión deben pensar.

[196] MCGRATH, Alister; MCGRATH, Joanna. *O delírio de Dawkins: uma resposta ao fundamentalismo ateísta de Richard Dawkins* [El delirio de Dawkins: una respuesta al fundamentalismo ateo de Richard Dawkins]. 1ª ed. São Paulo: Mundo Cristiano, 2007, p. 112.

5

La supremacía de la Palabra en la vida de la Iglesia en medio de la sociedad posmoderna

En un mundo que rechaza todo principio universal, verdad objetiva u obediencia jerárquica, sólo hay un camino: solidificar todavía más nuestra cultura. La única cosa capaz de sostener nuestra estructura son las bases sobre las cuales estamos fundamentados. Por eso, en términos de discusión autoritativa, establecer verdades, revisitar conceptos y rescatar la relevancia doctrinal son actitudes básicas, primarias e inaplazables de la iglesia en el mundo posmoderno. El propio acto de hablar sobre este asunto ya es un desafío, porque no se concibe —en tiempos multiculturales como este—, ninguna posibilidad de que haya "verdades universales" (conceptos que son tan comunes y amplios que no hay como concebir la idea de que existen personas que piensen lo contrario).

Si usted se siente perplejo por eso, debo decirle: "Bienvenido a la sociedad posmoderna".

En este contexto, el deber más básico que tenemos que cumplir es rescatar la supremacía de la Palabra de Dios. Eso no significa que los creyentes deben comprar más versiones de la Biblia, o incluso oír más mensajes durante la semana (aunque sea indispensable). No se trata de ello, porque a cualquier lugar que se va existe alguien hablando de Dios. Lo que se requiere es una actitud diferente en nuestra relación con la Palabra: nuestra motivación, nuestra volición, nuestra cognición, en fin, todo nuestro ser necesita de la influencia del *modus vivendi* prescrito en las Sagradas Escrituras.

Y es justamente aquí que se encuentra el desafío. Restablecer la supremacía de la Palabra en la vida de la iglesia. Es posible que ante este cuestionamiento alguien tal vez piense: "Mas la Biblia tiene la primacía en nuestra vida". ¿Será así? ¿Cuál ha sido el tiempo reservado para la exposición de la Palabra en nuestros cultos? ¿Con qué frecuencia nos contentamos con un mensaje bíblico sin buscar algo que sea meramente motivacional, o de sesgo de autoayuda? Tal búsqueda evidencia que la Biblia, para muchos cristianos, perdió la suficiencia. Por otra parte, como dijo John McArthur, "tal vez la doctrina que más esté bajo ataque en la iglesia de nuestra generación sea la suficiencia de las Escrituras".[197] El profesor de la *Grace Community Church* remata su aseveración diciendo que "incluso personas que proclaman la autoridad, la inspiración y la infalibilidad de las Escrituras a veces se niegan a afirmar su suficiencia. El resultado es virtualmente lo mismo que negar la autoridad bíblica, porque aleja a las personas de la Biblia, en busca de otra 'verdad'".[198]

Y esta "otra verdad", decididamente, no es la verdad a la cual Clemente de Alejandría se refirió, diciendo que "toda verdad es la verdad de Dios", independientemente de quien haya partido. Es la "verdad" creada a partir del *ethos* o de la visión particular de cada uno. Lamentablemente, muchos, como escribí hace ocho años en la extinta revista Pentecostés, "están sustituyendo la Biblia por cajitas de promesas, disk-profecías, consultas personales, telefónicas o vía Internet a los gurús neo pentecostales. Todo eso es un indicativo de cuando perdemos nuestra verdadera identidad".[199]

Fundamentos trastornados

Quiero iniciar este primer punto hablando sobre la idea de lo "básico". Mucha gente cree que lo básico es algo simple, casi sin valor, y de lo cual se puede prescindir. Nada más equivocado.

---

[197] MCARTHUR, John. *Pense Biblicamente: recuperando a Visão Cristã de Mundo [Piense* conforme a la Biblia: Cómo *recuperar* el punto de vista *Cristiano]* 1ª ed. São Paulo: Hagnos, 2005, p. 27.

[198] Ibid.

[199] CARVALHO, César Moisés. Cerca del que bendice. Revista Pentecostés. Año 2, n. 15. Río de Janeiro: CPAD, septiembre de 2000, p. 22.

Analice sólo un ejemplo. Existen miles de modelos de automóviles, desde los más populares hasta los más lujosos. Pero, ¿cuál es la función básica de un vehículo automotor? Locomoción, obviamente. Imagine si en medio de la sociedad posmoderna usted adquiriese un automóvil automático que posee dirección eléctrica, aire acondicionado, sistema integrado de GPS y varios otros recursos que la tecnología proporciona, pero que no lo transportara, o sea, no le proporcionara lo básico. ¿Se contentaría sólo con estos recursos? Es obvio que la respuesta es un sonoro "no". Entonces, está muy claro, retire el aspecto básico de algo y enseguida usted descubrirá que las cosas pierden la razón de ser. Porque lo básico es todo aquello que es fundamental, que forma parte de la base.

Con este entendimiento, queda claro por qué el salmista llama la atención hacia el hecho de que en la "verdad, [...] los fundamentos son destruidos; ¿qué ha de hacer el justo?" (Sal 11.3). Aun sabiendo de los aspectos coyunturales del texto bíblico citado, trae a la luz una cuestión crucial para nuestro tiempo posmoderno: el peligro evidente que existe en el hecho de renunciar a lo que es básico, elemental y fundamental entre nosotros. Por ejemplo, todo cristiano sabe que el postulado más básico y elemental del evangelicalismo es que la Biblia es la Palabra de Dios. ¿Qué sucede si este fundamento fuera trastornado, estremecido, retirado o despreciado? La respuesta es obvia. Pero, lamentablemente, no es la crítica textual o la teología liberal las que están amenazando este fundamento básico de la fe cristiana. ¡Él está siendo vilipendiado justamente por los que dicen creer en él! Veamos sólo tres muestras de esta amenaza:

1) *El desprecio a la autoridad de la Biblia.* Bajo la disculpa de que somos pentecostales y, por consiguiente, "súper espirituales", mucha gente no considera que un mensaje bien elaborado viene de parte de Dios. Es necesario que haya profecías —no como mensajes colectivos para toda la Iglesia—, estos tienen que ser individuales, de forma que satisfaga los caprichos, anhelos y expectativas egoístas de muchos cristianos.

2) *La adulteración de la Biblia al transformarla en un libro de autoayuda.* El descrédito en relación al texto sagrado es tan grande que ahora la Biblia fue transformada —en la boca de algunos— en un libro motivacional y de autoayuda. Para que la Biblia

sea utilizada de esta forma, es sometida al peor tipo de expediente manipulativo que se pueda imaginar —la llamada *eiségesis*. El proceso es más o menos como un enyesado, porque el pretendido orador se acerca al texto, con sus presupuestos, y presta una connotación no pretendida por el hagiógrafo para que el mensaje pueda armonizar con sus invenciones.

3) *La prohibición de que la iglesia ejerza el sacerdocio universal de los creyentes*. El rescate de este postulado imprescindible de la Reforma Protestante viene, de un tiempo a esta parte, siendo socavado por aquellos que más deben amar, cuidar y defender la integridad del mensaje bíblico. El terrorismo psicológico se instaura a partir del púlpito con las amenazas de "predicadores" que vociferan: "Si usted duda de lo que estoy diciendo, Dios dejará caer su mano sobre su vida y su familia". Esta es una característica paradójica de este tiempo presente, porque lo que motivó un elogio del historiador y médico Lucas en relación a los creyentes bereanos (Hch 17.11) ahora, extrañamente, provoca aversión en aquellos que se dicen portavoces por Dios.

Para mantener la integridad bíblica, nunca se debe perder de vista el hecho de que las "narrativas bíblicas nunca son solamente un fin en sí mismas. Siempre contienen lecciones teológicas o éticas importantes"[200] (vea cómo la narración de José es abruptamente interrumpida para dar lugar a la descripción del pecado de Judá, Gn 38). Eso no es difícil de concluir hasta para el lector principiante, que pronto aprende que la "Biblia no es sólo una fuente para la doctrina o teología en la cosmovisión cristiana [como si sólo se preocupara de la espiritualidad y la relación del hombre con Dios]; también es la fuente para un sistema ético consistente y benevolente".[201] El autor deja bien claro que los preceptos bíblicos sirven —también— hasta para que la humanidad pueda vivir en sociedad, con valores igualitarios y humanizantes.

Lo que debe quedar claro ya de inicio en esta reflexión es que la Biblia es un libro que ejerce influencia en toda la manera en que el ser humano vive, sea en la esfera o dimensión espiritual, sea en

---

[200] LEE, Edgar R. El papel de la Biblia en la formación del pensamiento cristiano. En PALMER, Michael D. *Panorama do Pensamento Cristão* [Panorama del pensamiento cristiano]. 1ª ed. Río de Janeiro: CPAD, 2001, p. 94, 95.

[201] Ibid., p. 95.

el aspecto existencial. El contenido bíblico no tiene la finalidad de transformar a los hombres en ángeles o semidioses, antes, su propósito es que estos sean adecuados al modelo antropológico perfecto: Jesucristo de Nazaret (Ef 4.12, 13). Para eso, el mensaje no puede ser mutilado, pues, una vez interpretado de manera incorrecta, pierde su efecto (Hch 8.26-40).

Cambio de referencias

Con el trastorno o desorden de los fundamentos, otro efecto ya puede ser percibido en nuestro medio: la pérdida de referencias. Este es uno más de los subproductos de la pluralidad posmoderna. En realidad, existe un "sincretismo ideológico" en el medio evangélico. En otras palabras, está aconteciendo exactamente aquello que Brian Morley denuncia al afirmar que los "nuevos creyentes que vienen a la iglesia traen consigo su propia forma de pensar, influenciados por la cultura en la cual crecieron; tienen su cosmovisión particular". Mas eso no es todo, lo peor es que, "los cristianos que ya estaban anteriormente en la iglesia, y que no comprenden las diferentes formas de pensamiento del mundo (cosmovisiones), no se dan cuenta cuando están adoptando conceptos no-cristianos".[202]

Este hecho es muy grave, porque las personas acaban pensando que son más "críticas", más pulidas, y no se percatan que, en verdad, sólo sustituyeron una visión del mundo por otra, porque están condicionadas por la visión derivada del medio donde se encuentran, ¡pero no lo perciben!

1) *Correcta interpretación sustituida por el feeling hermenéutico*. Silas Daniel afirma que es "cada vez más común que los cristianos prestan menos atención a lo que la Biblia dice sobre determinada situación o asunto, prefiriendo dar más valor a su intuición, a su emoción y su *feeling*, en fin, a su corazón como definidor de lo que es correcto o incorrecto, y dar a eso el nombre de 'espíritu cristiano' o 'amor cristiano'". El autor concluye que el resultado

[202] MORLEY, Brian K. *Entendendo nosso mundo pós-moderno* [Entendiendo nuestro mundo posmoderno]. En: MCARTHUR, John. *Pense Biblicamente: recuperando a Visão Cristã de Mundo [Piense conforme a la Biblia:* Cómo recuperar el punto de vista cristiano]. 1ª ed. São Paulo: Hagnos, 2005, p. 27.

de este ejercicio es que "se está volviendo igualmente común la lectura de la Biblia a partir de interpretaciones condicionadas", y lo más preocupante es que, finaliza, "las personas están dejando cada vez menos que la Biblia hable por sí misma y cada vez más haciendo con que la Biblia diga lo que ellas quieren que diga".[203]

A lo que me refiero utilizando la expresión eufémística "*feeling hermenéutico*" es exactamente la manía de predicadores y creyentes a someter la Biblia a sus sentimientos, al "yo siento que este pasaje significa...". ¿Cuántas aberraciones son propaladas en nombre de una pseudoespiritualidad? Lutero, con inusual astucia, decía que "debemos leer la Biblia contra nosotros". Eso significa que, en casi todos los momentos, el libro sagrado nos confrontará, y no lo contrario.

2) *Descrédito institucional y ministerial.* Otro peligro enfrentado en la posmodernidad es la aversión a las instituciones y al ministerio. Si por un lado es un hecho que hay escándalos, por otro, existe la verdad de que los hombres que realmente tienen un carácter ejemplar y vida ministerial digna de inspirar las generaciones más nuevas, en la mayoría de las veces, son despreciados y vistos como retrógrados, reaccionarios, superado y que no les gusta el "poder".

Desafortunadamente los pastores —principalmente locales—, ya no están teniendo valor para muchos creyentes. La palabra que vale es la del tele-evangelista, del predicador famoso que está en auge en aquel momento, del cantante que ministra la palabra profética y por ahí va. Existe mucha gente frustrada con Dios, porque alguien, supuestamente usado por Él, le transmitió una palabra (la cual hasta hoy no se ha cumplido), y eso hace que las personas pierdan el respeto por las cosas de Dios.

Estableciendo la base común

La *Babel indecifrable* en la que estamos viviendo requiere de cada uno algunas elecciones decisivas. Es necesario decidir qué dirección tomar ante el pluralismo posmoderno. Desgraciadamente ya se cristalizó un paradigma entre los cristianos: la polarización.

---

[203] DANIEL, Silas. *A Sedução das Novas Teologias* [La seducción de las nuevas teologías]. 1ª ed. Río de Janeiro: CPAD, 2007, p. 26.

Así, nos parece que las reacciones se resumen a "rechazo total" o "adhesión ingenua". El problema es que no existe sólo polarización en este sentido (del "lado de fuera", por así decir); encontramos dualismos del "lado de dentro" que provocan verdaderos desórdenes en la comunidad de fe. Es posible decir que tenemos, por falta de una sólida comprensión bíblica, tres grandes áreas de discusión teniendo, en cada una de ellas, al menos dos bloques compitiendo en el "cabo de guerra de la fe":

1. *Usos y costumbres: legalistas X irreverentes;*
2. *Espiritualidad: triunfalistas X ascéticos;*
3. *Teología: antiintelectuales X pseudointelectuales.*

No hay que decir que ninguno de los grupos tiene razón o sensatez. Tanto de un lado como de otro, ambos están equivocados. Es necesario buscar el camino de la superación, en que exista una "tercera vía". Antonio Tadeu Ayres afirma en su libro *Reflexos da globalização sobre a igreja* que, ante este peligro, sólo existe una salida, que es "tener un parámetro que sirva como guía y referencial confiable. Tal parámetro sólo puede ser representado por la Palabra de Dios, a cuya criba la iglesia debe estar permanentemente sometida". Así, la conclusión de Ayres es que la propia "sumisión a la Palabra nos enseña que los extremos deben ser evitados. Ni el fanatismo legalista ni el liberalismo inconsecuente constituyen posturas adecuadas para la [...] actuación [de la iglesia] frente al mundo".[204]

Todos estos problemas son fuertes indicadores y apuntan a una sola dirección: la de que es necesario establecer una base común. Nos falta la postura de los bereanos (Hch 17.11). La Palabra de Dios ofrece algunas acciones muy concretas:

1) *No "conformarse" o tomar la forma de este mundo (Ro 12.2a)*
2) *Mantenimiento constante de nuestro sistema de pensamiento (Ro 12.2b)*
3) *Ser guardián de la integridad de nuestro sistema bíblico-doctrinal (Jud 3)*
4) *Someter nuestro intelecto a la criba escritural (2 Co 10.5)*

[204] AYRES, Antônio Tadeu. *Reflexos da globalização sobre a igreja* [Reflejos de la globalización en la Iglesia]. 1ª ed. Río de Janeiro: CPAD, 2001, p. 13.

¿Cuál fue el papel del Decálogo para el pueblo de Israel (Ex 20.3-17)? ¿No era exactamente proporcionar una "base común", un paradigma, una superestructura, a fin de que lo que fuera cierto para uno igualmente sería para todos, así como lo contrario? El Decálogo fue resignificado por el Señor Jesucristo (Mt 22.3640), que preservó la justicia básica del Reino de Dios en el célebre *Sermón del Monte* (Mt 5—7).

Ortodoxia, Ortopraxia y Ortopatía: Buscando una compatibilización/integración

Ortodoxia, para algunos, es simplemente conocer la Biblia y defender sus postulados. Hasta ahí, todo bien. Sin embargo, no se observa —en la misma proporción y cuidado— la "encarnación" de las verdades y principios bíblicos, y eso es muy serio. El descrédito de muchos en relación a la Biblia se debe, en gran parte, por la falta de vivencia, por parte de los ortodoxos, de los principios prácticos y sociales de las Sagradas Escrituras, o sea, falta ortopraxia, la teología practicada. Además, es urgente procurar equilibrio y administración de los sentimientos a la luz de lo que prescribe la Biblia, sintonizando nuestro corazón con las motivaciones del Reino, esto es, ortopatía. Vivir, según el ejemplo de los profetas del Antiguo Testamentos, personificando la "compasión divina, esto es, aquello que le importa a Dios".[205]

Paul Steven presenta las "definiciones aplicativas" de los tres términos y ofrece *insight* interesantísimo para la búsqueda de una compatibilización/integración de esos temas a la vida cristiana:

1) *Ortodoxia:* "La doctrina que se alinea (*orthos*) con la Escritura es destinada a ser una bendición para la vida diaria y, al mismo tiempo, para alabar a Dios (*doxa*) en la vida en sí. Su objetivo, como afirma J. I. Packer, es la verdadera piedad, que es la verdadera humanidad".[206]

2) *Ortopraxia:* "Significa literalmente 'práctica correcta o correctiva'. La verdadera acción cristiana —ortopraxia— es

[205] STEVEN, R. Paul. *Os Outros Seis Dias* [Los otros seis días]. 1ª ed. Viçosa, MG: Ultimato; Niterói, RJ: Textus, 2005, p. 209.

[206] Ibid., p. 202.

gratuita, libre de artificios, libre de un espíritu calculador, libre de contrato: hago esto para Dios y Él hace esto para mí. La vida ortopráxica es esencialmente espontánea. Con Jesús en el corazón, amamos porque hay alguien necesitado y no para ganar la aprobación de Dios o recibir beneficios del acto cristiano".[207]

3) *Ortopatía:*[208] "El cultivo del corazón —un medio más completo de saber— es justamente lo que nuestra cultura posmoderna aprueba. Sin embargo, la reacción bíblica al desafío posmoderno no es abandonar la razón, sino permitir que Dios evangelice nuestros corazones y nuestras mentes, en el sentido de desear lo que Dios desea. Como conocimiento práctico de la unificación del corazón y de la mente por Dios, la teología tiene el carácter de sabiduría. ¿Pero dónde obtenemos sabiduría?".[209]

Primeramente, es necesario liberarse del "egoísmo piadoso", es decir, dejar de hacer el bien simplemente porque se sabe que recibirá algo todavía mayor a cambio (aunque sea sólo prestigio y reconocimiento por estar haciendo solamente lo que se debe). La actitud cristiana para la adquisición de la sabiduría es temer a Dios (confiar reverentemente y odiar el mal; cf. Pr 8.13), según nos revela el Salmo 111.10. Después, es obligatorio mantener vigilancia constante en el sentido de siempre buscar la sabiduría según el patrón estipulado en Santiago 3.13-18. Es bueno entender que la sabiduría "terrena" aludida por el medio hermano del Señor no tiene ninguna relación con aquella dada a Bezaleel (Ex 31.1-11), porque esta es concedida —por medio de la *gracia común*— hasta a aquellos que no temen a Dios (Mt 5.45). En este sentido, el hombre es hasta considerado subCreador o coCreador.

A decir verdad, para que la ortopatía sea realmente verdadera, es necesario que la pasión de Dios sea nuestra pasión (Jn 3.16).

---

[207] Ibid., p. 205, 208.

[208] Según explica Paul Stevens, la "palabra ortopatía fue acuñada por Richard Mouw y tiene origen en los escritos del teólogo judío Abraham Heschel, el cual afirmó que los profetas personificaban la compasión divina, esto es, aquello que le importa a Dios. Ellos tenían el corazón de Dios. Su pasión era inspirada por la de Dios" (Op.Cit., p. 209).

[209] Ibid., p. 209.

El mayor de todos los obstáculos es integrar ortodoxia-ortopraxia-ortopatía, en otras palabras, la cuestión es que haya perfecta simetría y coherencia entre teología-vida-pasión. De ahí que sea imprescindible la formación de una cosmovisión cristiana, es decir, vivir en armonía con los designios de Dios, cumpliendo sus propósitos y descubriendo paulatinamente su voluntad para nuestra vida (Ro 12.1, 2).

Construyendo una cosmovisión cristiana

Para finalizar esta breve reflexión, es necesario todavía —ante el reconocimiento de que los fundamentos están trastornados— responder a la pregunta: "¿Qué puede hacer el justo?" o, parafraseando, "¿qué está haciendo el justo?". La respuesta ofrecida en la introducción de este texto se vuelve ahora más clara: es necesario solidificar todavía más nuestra cultura cristiana. Como tenemos un cristianismo todavía muy platónico, contemplativo, verborrágico, que denuncia (muchas veces parece más terquedad que crítica), pero rara vez anuncia u ofrece respuestas, acciones concretas y alternativas con salidas plausibles (y en esta aseveración no hay ninguna concesión o validación del método pragmático —las famosas "recetas de pastel"— que impera en la posmodernidad, evidenciado a través de la cascada de basura literaria con el nombre de "autoayuda"). Se trata sólo del rescate de actitudes que siempre marcarán la disciplina y la práctica de los cristianos comprometidos con el cumplimiento de su papel y participación en el crecimiento y en la edificación del Cuerpo de Cristo (Ef 4.12-16).

Así, presento tres pequeñas acciones como forma de aproximación del *modus vivendi* prescrito en la Biblia. En realidad, se trata de una recomendación práctica para iniciar la formación de una mente cristiana o adquirir una cosmovisión cristiana. Para eso, es necesario inicialmente, aplicarse a tres cosas: (1) conocer las Escrituras íntimamente; (2) estudiar la cultura diligentemente; y (3) analizar los hechos, eventos y asuntos teológicamente. Estas son prácticas elementales para que podamos tener una visión correcta de la coyuntura histórica, en que estamos insertos y podamos mantener la ortodoxia e integridad bíblica. El mayor error de Israel fue no haber prestado atención a la orden divina de crear una cultura o una identidad exclusiva y de no haber sido una contracultura en medio de los pueblos corrompidos de la Tierra Prometida. Oremos, vigilemos y actuemos para que la Iglesia no cometa el mismo error y así se degenere.

6

El arte posmoderno y la perspectiva cristiana

Atrás han quedado los días en que la estética tenía una base común que pretendía ser el reflejo de la simetría del universo. Lo que se ve actualmente es la banalización de cualquier expresión artística que tenga la pretensión de retratar el orden que presuponga ser absoluto en el cosmos. Fue así durante todo el largo período del dominio imperial macedonio. Mas como nada dura para siempre y, para tomar prestado el aforismo del filósofo presocrático Heráclito, lo único permanente es el cambio, él llegó y, lamentablemente, con él se escurrió cualquier noción de belleza, arte o estética como extensión del sistema que rige el universo.[210]

No puedo nunca olvidarme de cuando, todavía en 2007, hice una visita juntamente con mi familia y la del pastor Isael de Araujo al MAC (Museo de Arte Contemporáneo) de Niterói. Había una exposición en aquel día y, sinceramente, lo que vi fue sólo papel viejo, recortes de periódicos y algunas pocas fotos siendo apreciadas por decenas de personas que suspiraban delante de las "monumentales obras de artes". Coincidentemente, ese mismo día antes del almuerzo, había adquirido la obra de Furio Durando, intitulada *La Grecia Antigua*. Al hojear las páginas de la primera

[210] Para que quede claro que no simpatizo con ninguna idea generalizadora, hago mías las palabras de Francis Schaeffer: "[...] ¿Será que toda poesía debe adaptarse al estilo de la poesía hebrea? Claro que no. En vez de ello, cada forma de arte en cada cultura debe buscar su propia relación entre cosmovisión y estilo". *A arte e a Bíblia [Arte y Biblia]*. 1ª ed. Viçosa, MG: Ultimato, 2010, p. 62, 63.

obra de la colección Grandes Civilizaciones del Pasado es imposible no notar el contraste abismal entre lo que era el arte griego y lo que ahora estaba viendo en el MAC. Es imposible no impresionarse con la capacidad de los macedonios en dominar el hierro, el bronce, el mármol, la arcilla, haciendo que de esos materiales surgieran verdaderos monumentos que desafían nuestra civilización cibernética. El uso de la pintura y la producción literaria nada dejan que desear: son la expresión del más profundo deseo de comunicar algo sobre el drama existencial humano. Mirar al libro de *Folio* y observar la "exposición" del MAC en aquel día fue lo mismo que volver a mi tiempo cuando estudié Educación Artística y, juntamente con la profesora y los colegas, "desordenaba el quiosco" y después le daba a eso el nombre de "arte abstracto". El único problema es que existe —o al menos debería existir— una gran diferencia entre una clase de Educación Artística de la antigua quinta serie de la Enseñanza Fundamental (actual sexto grado) y una exposición de arte en el Museo de Arte Contemporáneo de Niterói. Ante lo que estaba viendo, pensé: "Mi Dios, a qué tiempo llegamos".

En realidad, no existe área más reveladora del espíritu del tiempo y del clima cultural que se está viviendo que el campo de las artes. La literatura que un pueblo lee, la música que oye, la producción cinematográfica y televisiva que aprecia, en fin, todos estos elementos, indistintamente, revelan —y mucho— qué tipo de sociedad existe y que se quiere formar. Gene Edward Veith dice que como "las bellas artes de la 'alta cultura' tienden a anticipar su tiempo, ofrecen indicios importantes sobre la dirección en que nuestra cultura camina".[211] La desvaloración del arte con objetivos claros y estéticamente elaborados muestra que el relativismo destruyó cualquier noción de belleza en el mundo posmoderno. No obstante, al relativizar el patrón objetivo de las artes, el perjuicio es más que evidente:

> [...] el arte que ataca todos los patrones se acaba destruyendo a sí mismo —porque eventualmente hasta los patrones artísticos son

---

[211] VEITH, JR., Gene Edward. *Tempos pós-modernos: uma avaliação cristã do pensamento e da cultura de nossa época [Tiempos Posmodernos: Cómo entender el pensamiento y la cultura actual]*. 1ª ed. São Paulo: Cultura Cristiana, 1999, p. 88.

> atacados y dejados de lado. Y es por eso que, en el siglo XX, Marcel Duchamp puede exhibir un urinal comercialmente producido y llamar a eso arte. Jackson Pollock goteaba tinta al azar sobre una tela. Andy Warhol reprodujo las latas de sopa Campbell, y Roy Lichtenstein pintó imágenes de viñetas cómicas. Hoy en día, los artistas exhiben el "junk art" o "found art" (el arte de la basura o de las cosas encontradas) que consiste de ladrillos, vidrios quebrados y latas de aluminio amasadas sobre telas o apiladas en una escultura. El tema común en todos estos ejemplos es que no existe un patrón común que distinga el arte de los objetos del mundo cotidiano.[212]

El crítico cultural y filósofo cristiano Francis Schaeffer, al hablar sobre este aspecto en un momento en que las obras parecían todavía seguir ciertos patrones, dijo que si "no hay continuidad en la manera como el lenguaje es utilizado normalmente, no habrá cómo el lector o la audiencia sepan lo que el autor está diciendo".[213] Sin embargo, aún sin ser obvia o simplista, si la intención de la expresión artística es comunicar, la utilización no convencional del lenguaje simbólico necesita aun así recordar algo que no está solamente en el mundo imaginario o en el repertorio de signos personales que solamente el artista conoce. Schaeffer ejemplifica el punto que pretende elucidar diciendo que:

> Shakespeare es un óptimo ejemplo. Conseguimos comprender sus piezas porque él usa la sintaxis estándar y las definiciones estándar de las palabras de manera que fluya una historia y haya una continuidad entre esta historia y todos los recursos artísticos que él utiliza. Comprendemos lo que Shakespeare está diciendo no por causa de las abundantes metáforas ni de las bellas combinaciones verbales, sino por causa de la continuidad que ellas tienen con la historia en el nivel de las definiciones estándar y de la sintaxis estándar. Hay un núcleo sólido de proposiciones objetivas. Lo que es verdad en la literatura también lo es en la pintura y en la escultura.

212 COLSON, Charles; PEARCEY, Nancy. *O cristão na cultura de hoje: desenvolvendo uma visão de mundo autenticamente cristã* [El cristiano en la cultura de hoy: desarrollando una visión del mundo auténticamente cristiana]. 1ª ed. Río de Janeiro: CPAD, 2006, p. 258, 259.

213 SCHAEFFER, Francis A. *A arte e a Bíblia [Arte y Biblia]*. 1ª ed. Viçosa, MG: Ultimato, 2010, p. 50.

> El vocabulario simbólico común a todas las personas (los artistas y sus apreciadores) es el mundo a nuestro alrededor, el mundo de Dios. Este vocabulario simbólico en las artes figurativas corresponde a lo que la gramática estándar y la sintaxis estándar son para las artes literarias. Por lo tanto, cuando el artista no se dispone a usar este vocabulario simbólico, la comunicación se vuelve imposible. No hay quién sepa lo que él está diciendo. Mi argumento *no* es que hacer este tipo de arte es inmoral o anticristiano, sino que, con eso, perdemos una dimensión del arte.
>
> El arte totalmente abstracto se pone en una relación indefinida con el espectador, porque este queda completamente alienado del pintor. Hay una inmensa pared entre ellos. El pintor y el espectador quedan separados uno del otro en total alienación, mayor de lo que Giacometti nunca podría mostrar en sus figuras alienadas.
>
> A pesar de retratar la terrible alienación del ser humano y de reproducir figuras alienadas, Giacometti continúa viviendo en el mundo de Dios y usando las formas simbólicas comunes, no importa cuánto las distorsiona. Él juega con el vocabulario, pero, aun así, este continúa presente. Por lo tanto, hay una comunicación entre Giacometti y yo, una comunicación tremenda: consigo entender lo que él está diciendo y me conmuevo.
>
> En contraste con eso, el arte totalmente abstracto tiene una limitación distinta. Así como la prosa o poesía sin conexión con la sintaxis estándar y las definiciones estándar de las palabras, el arte abstracto es una laguna sobre la cual el observador u oyente experimenta una reacción emocional personal.[214]

Es claro que debemos entender perfectamente la cuestión de que existe una aparente incongruencia en las artes, que consiste en el hecho de que, aunque ellas "distorsionan y tergiversan cosas, personas y eventos reales, todavía tienen éxito en transmitir la verdad".[215] Michael Palmer insiste en el aspecto de la transmisión de la verdad por medio de las expresiones artísticas y, antes de hablar de verdad evaluadora y verdad implícita, defiende que la forma utilizada, aunque inverosímil, e incluso surreal, necesita

[214] Ibid., p. 51, 52.

[215] PALMER, Michael D. (Ed.). *Panorama do pensamento cristão* [Panorama del pensamiento cristiano]. 1ª ed. Río de Janeiro: CPAD, 2001, p. 480.

hacer que el entendimiento final de la comunicación, que es el objetivo de la producción artística, sea claro:

> Con un toque de hipérbole, Pablo Picasso enunció esta incongruencia así: "El arte es una mentira que nos hace percibir la verdad". ¿Cómo es posible? ¿Cómo los dispositivos literarios y artísticos, las construcciones imaginarias que "distorsionan" la realidad, transmiten realidad y aumentan nuestra consciencia de ella?
> Esta pregunta no tiene respuesta simple. Para comenzar, hay muchos géneros de literatura (por ejemplo, romance, historia, poesía) y varios tipos de bellas artes (por ejemplo, pintura, música, drama). Los dispositivos artísticos diferirán un poco en tipo y uso de un género o de un tipo a otro. Además, la literatura y el arte exhiben varios tipos y niveles de verdad. Hay una variedad de maneras en las cuales un texto literario o una obra de arte pueden ser verdadero o falso.[216]

Así que quede claro que entiendo perfectamente la posibilidad, e incluso la necesidad, de lo ficticio en el arte, sin embargo necesita tener alguna conexión objetiva para comunicar algo. Lo que no puede acontecer es lo que presencié recientemente.[217] Vi con tristeza en un programa de televisión la admiración de críticos acerca del "trabajo artístico" de un niño. Quiero que usted me entienda antes de pensar alguna cosa negativa: no hay nada malo en que el niño garabatee el papel, lo ensucie de tinta e incluso consiga, accidentalmente producir una figura que recuerde alguna cosa (las nubes también "hacen" eso). Lo que no se puede y no se debe hacer es festejar la falta de coordinación motora del niño como "expresión artística de alto nivel" reduciendo con esto el arte al subjetivismo. Sinceramente no da para admitir este tipo de elogio y celebración a la futilidad. El pensador cristiano Charles Colson, en su obra *Y ahora... ¿cómo viviremos?*, menciona un caso semejante ocurrido en los Estados Unidos:

> Algunos años atrás la Academia Manchester de Bellas Artes hizo un concurso donde el premio fue dado a una acuarela intitulada *Rhyhm of the Trees* (el ritmo de las árboles). El trabajo mostraba

---

[216] Ibid., p. 481.
[217] 23/04/2010.

> "una cierta cualidad en el equilibrio de colores, composición y habilidad técnica", decidieron los jueces. Para vergüenza de ellos, el artista era un niño de 4 años de edad cuya madre sometió el trabajo por broma.[218]

No es necesario ser muy inteligente para concluir que tal cosa sólo es posible porque se perdió totalmente la noción estética y lo que es arte. En la posmodernidad, según Colson, no "existen estándares por los cuales el arte pueda ser definido".[219] En otras palabras hasta el arte fue relativizado. ¿Pero cuáles son las verdaderas implicaciones de esta postura? La falta de apreciación objetiva del arte. Todo queda por cuenta del *sentimiento*, del subjetivismo de cada apreciador. Así, muchos no saben establecer la diferencia entre *las Crónicas de Narnia* y el *reality show Big Brother (Gran Hermano)*. Claro que estoy ofreciendo un ejemplo crudo entre dos producciones (una altamente intelectual y otra de mayor expresión subcultural mediática) totalmente dispares y antagónicas, Sin embargo, existen diferencias mucho más sutiles que pueden engañar y eludir a los ingenuos consumidores medianos de cultura popular. En términos de cultura popular, Terrence Lindvall, profesor de cinema y estudios de comunicación, y J. Matthew Melton, profesor de comunicación y letras, ofrecen pistas interesantes para su evaluación:

> Aguzar nuestras habilidades críticas de ver exige que adquiramos una gramática básica y un entendimiento de producción. Podemos aprender a reconocer los efectos retóricos y emocionales que la elección de actores y actrices, música, iluminación, ángulos de filmación y muchas otras técnicas de edición causan en nuestras reacciones a diferentes filmes o programas de televisión. También podemos sondear los valores explícitos e implícitos en el filme. Por ejemplo, ¿cuál es la visión de la naturaleza humana y del dilema humano que el filme presenta? ¿Qué posiciones morales o intelectuales asume? ¿Su visión es relativista, existencialmente sin sentido, determinista, romantizada? ¿Cómo retrata la religión, Dios, la iglesia o el cristianismo? ¿Contribuye a nuestra percepción de

---

[218] COLSON, Charles; PEARCEY, Nancy. *E agora, como viveremos? [Y ahora... ¿cómo viviremos?]*. 2ª ed. Río de Janeiro: CPAD, 2000, p. 526.

[219] Ibid., p. 526.

> vida como más violenta o ridícula o sublime? Finalmente, nuestra perspectiva sobre los medios de comunicación debe ser probada continuamente dentro o contra una comunidad de familia, amigos, iglesia, profesores y otros cristianos. Sin duda tal interacción sincera y abierta de discusión y debate causa un mayor impacto en nosotros que el propio programa.[220]

El arte simplemente refleja de manera precoz lo que está siendo procesado y madurado lentamente en el nivel social. Por eso, insisto una vez más que es necesario efectivamente saber qué significa la filosofía de nuestro tiempo para que esta no llegue a convertirse en mera expresión repetitiva y sin importancia. Leyendo, por ejemplo, acerca del posmodernismo, para la elaboración de un material a utilizar en una conferencia en Alemania, me encontré con lo siguiente acerca de cómo esta "cosmovisión" encara el arte:

> Es la tendencia a disolver las fronteras entre las esferas culturales y la de ignorar la rigidez de los juicios de valor sobre los cánones de la creación. En el mundo del arte, el posmodernismo surgió en la década de 1960 con la emergencia del arte *pop*, del arte conceptual, de los desempeños y de las "instalaciones". Instalaciones, por ejemplo, pueden ir de la unión conceptual de dos pequeños objetos dispares, como canicas y plumas, en una sala de museo, *a la land art*, que crea islas o remueve montañas a cielo abierto. Esta explosión de movimientos surge de obras anteriores, como los *ready-made* de Duchamp, que se burlaban del carácter "sagrado" del objeto de arte, con su famoso urinal, o de Picasso, que, al navegar entre tantos estilos, escarnecía la noción de estilo. El arte *pop*, que celebra el *kitsch* comercial, abrió las compuertas de la cultura de masa al gusto, múltiple y diverso, de la masa. Lo que antes era llamado "plagio", en el posmodernismo pasa a llamarse "apropiación". Fotografías alteradas, tiburones empalados o copias de carteles publicitarios invaden los museos, granjeando la misma reverencia y protección que tradicionalmente se conferían a

[220] LINDVALL, Terrence R.; MELTON, J. Matthew. Los cristianos y la cultura de los medios de comunicación de entretenimiento. En: PALMER, Michael D. (Ed.). *Panorama do pensamento cristão* [Panorama del pensamiento cristiano]. 1ª ed. Río de Janeiro: CPAD, 2001, p. 418.

> obras como la Mona Lisa, de da Vinci. Esta, por otra parte, se "desacraliza" como diría Walter Benjamin, pensador de la escuela de Frankfurt, en miles y miles de *gadgets* y productos de masa. En la posmodernidad, ya no se puede más distinguir claramente la producción cultural y comercial, arquitectura y estilos vernáculos, conocimiento culto y laico. El posmodernismo remueve la realidad y entroniza la mitología creada por los medios de comunicación, por el cinema y por la publicidad, en un mundo de consumo de masa.[221]

Ante un mundo así, es necesario repensar urgentemente cual es el papel del arte, de los cursos de las instituciones de bellas artes, y lo que nuestros hijos están aprendiendo en los colegios. La desconstrucción de los valores no se restringe a la religión (Por otra parte, al limitar el relativismo a simplemente este aspecto, en realidad, se está reforzando el hecho de que la religiosidad es sólo una cuestión de gusto personal y que pertenece a la esfera privada, algo que, ya advertía Francis Schaeffer, no debe acontecer), pero se extiende a todas las otras áreas de la vida, finalmente alcanzando la creencia religiosa. Uno de los mayores males de la aculturación posmoderna fue la pérdida del sentido de apreciación artística que la sociedad occidental —heredera del helenismo— sufrió. Esa postura perjudicó tanto nuestra visión artística que los cristianos perdieron totalmente la sensibilidad. Como dijo Brian Godawa en *Cinema y fe Cristiana*, de "anoréxicos culturales" nos volvimos "glotones culturales" consumiendo, indiscriminadamente, todo tipo de expresión cultural y artística. Este proceso de "insensibilización" es desencadenado por lo que Vera Cíntia Álvarez, diplomática y pintora, ya anteriormente citada, dice sobre el arte en la posmodernidad:

> Hoy lo que llamamos posmodernidad se articula por la intensidad de la revolución cibernética y por la expansión de las tecnologías de comunicación, a punto de virtualmente abolir el tiempo y el espacio y volver posible penetrar el recibir mensajes simbólicos de forma instantánea en todos los diferentes territorios nacionales. Del punto de vista estrictamente cultural, las formas que, en la era

[221] ÁLVAREZ, Vera Cíntia. *Diversidade cultural e livre-comércio: antagonismo ou oportunidade? [Diversidad cultural y libre comercio: ¿antagonismo u oportunidad?]*. 1ª ed. Brasilia: UNESCO, IRBr, 2008, p. 42, 43.

> del modernismo, parecían osadas y escandalosas, en el posmodernismo no chocan con nadie más. Fueron absorbidas por las formas dominantes del consumo cultural, del anuncio a la decoración visual. De la misma forma, la velocidad frenética que sedujo a los futuristas, al comienzo del siglo XX, hoy es nada más que algo común. En el inicio de la era del cine, los europeos se asustaron con la rapidez de la edición y de las secuencias que caracterizaban el cine americano. Este proceso está hoy infinitamente intensificado en la edición normal de la televisión, en la cual decenas de imágenes y tomas pueden componer un anuncio de apenas quince segundos, sin que eso provoque ninguna extrañeza. Los estilos y las escuelas que se sucedieron a lo largo del siglo XX conviven ahora en una profusión variada de expresiones que se amalgaman, se mezclan y se reinventan de manera coetánea. Pero que no se tome el posmodernismo sólo en la acepción estética. Muchos autores se limitan a enfatizar elementos como el pastiche, el *colagge*, la alegoría y la transformación de todo en espectáculo, como signos del posmodernismo. Así más que señalar el fin de la sucesión de estilos, o el antiestilo, o ser nada más que símbolo de la "lógica de la desorganización del capitalismo tardío", como dice el pensador marxista americano Fredric Jamenson, el término "posmodernismo" se refiere al conjunto fundamental de formaciones sociales y producciones de significados, que se realizan bajo la fuerza de las relaciones del capitalismo globalizado contemporáneo.[222]

La reproducción acelerada de la cultura popular en los medios de comunicación y la falta de costumbre en el ejercicio de la crítica artística produjeron apatía y acriticidad, generando también insensibilidad y la ausencia absoluta de perspicacia. La cultura popular vuelve al ser humano lento y prejuicioso en el uso de aquello que más nos distingue de las otras formas de vida: la racionalidad. Charles Colson llega a decir que la "cultura popular es como un narcótico: con el tiempo puede destruir la capacidad del cerebro". Él incluso llama la atención al alarmante hecho de que no sólo el *contenido* representa un peligro, sino la propia *forma* de propagación de la cultura popular. A fin de reforzar su pensamiento, Colson dice:

[222] Ibid., p. 43, 44.

Esto es lo que el educador Marshall McLuhan quiso decir con su famoso adagio: "El medio es el mensaje". La mejor manera de comprender eso es por comparación con la alta cultura. Un soneto o una sinfonía tienen una estructura compleja que exige algún esfuerzo para entender. Eso nos desafía; tenemos que trabajar para apreciarla. Es por eso que estudiamos a Shakespeare en las clases de inglés y Mozart en los cursos de apreciación musical. ¿Pero quién hace cursos para entender a Madonna? ¿Quién necesita hacerlo? ¿O quién necesita las anotaciones de *Cliff* para entender un romance histriónico y su comicidad característica?

Estas formas no exigen ninguna disciplina intelectual o esfuerzo. Si es que hace algo, la cultura popular lucha para evitar que el público tenga algún trabajo. La intención es que sea simple, divertido y fácil de entender, ofreciendo gratificación inmediata. Las personas captan nuestra atención con líneas atractivas, música perturbadoramente alta y efectos especiales sensacionales, todo planeado para traspasar la mente y apelar directamente a los sentidos y emociones. Además, libros populares y programas de televisión normalmente se escriben con una fórmula, una trama previsible y personajes estereotipados, de manera que todos sabemos lo que va a acontecer. Lectores y telespectadores asisten sin tener que pensar mucho sobre hacia dónde están yendo los personajes —ellos tan solamente aprecian el escenario a lo largo del camino. Es como un dulce de algodón para la mente. Ahora, no tiene nada de malo un pedazo de dulce de algodón en una dieta balanceada. Pero *existe* peligro en un consumo permanente de comida no saludable o, como se dice, "porquerías". Para comenzar, usted puede perder el gusto por la comida. Y con dulce es mucho más fácil hacer eso. La cultura popular fácilmente se vuelve enviciante, destruyendo nuestro gusto por la comida sustancial. Es tan cómodo dejar que los niños vean dibujos animados y vídeos, que ya no nos disciplinamos a leer literatura clásica para ellos. Estamos tan acostumbrados a oír el plano de fondo de música popular en la radio que ya no colocamos CDs de Bach y Mozart y así aprender a apreciar música clásica.

Y lo que es peor, la cultura popular puede destruir nuestra habilidad para resolver problemas mentales más desafiantes. Enfocando la experiencia inmediata, ella puede corroer las habilidades necesarias para mantener la atención. Ofreciendo consumo fácil y gratificación emocional, la cultura popular nos desalienta a analizar lo que vemos y oímos. Lo que necesitamos entender es que cada forma de medios de comunicación alienta un tipo diferente de proceso mental, como explica Neil Postman en *Amusing Ourselves to Death* (Divirtiéndonos a morir). La lectura, por ejemplo, desdobla su narrativa línea por línea, entrenándonos en el proceso de pensamiento coherente, lineal y racional. En contraste, la televisión reduce eventos complejos en imágenes rápidas, creando un período de tiempo corto de atención, pensamiento desarticulado y respuestas emocionales.[223]

Como cristianos, creo que es obligatorio saber apreciar las expresiones artísticas y culturales. Aun porque, participo de la visión de que el Señor al crear la humanidad nos dio —por medio de la *gracia común*— primeramente la *Comisión Cultural* y no sólo la *Gran Comisión*. Pensando en apreciación, como ya dije, es imprescindible entender cómo puede hacerse. Francis Schaeffer ofrece en toda la segunda parte de su obra *Arte y Biblia*, "once perspectivas distintas a partir de las cuales el cristiano puede considerar y evaluar varios aspectos del arte".[224] En la quinta perspectiva, Schaeffer presenta *cuatro patrones* básicos para el juicio de una obra de arte, los cuales serán sólo mencionados:

1) *Excelencia técnica;*
2) *Validez;*
3) *Contenido intelectual, la cosmovisión que está siendo comunicada;*
4) *Integración entre el contenido y el vehículo.*[225]

Además, es bueno conocer al máximo este asunto para no adquirir el hábito de reproducir expresiones como "hacer una lectura de la realidad" sin saber con certeza lo que se está diciendo. Es necesario apropiarse de las herramientas críticas para realizar una evaluación correcta de la cultura circundante. Algunas cuestiones básicas pueden servir como señales para una evaluación inteligente de, por ejemplo, un filme:

---

[223] COLSON, Charles & PEARCEY, Nancy. *E agora, como viveremos? [Y ahora... ¿cómo viviremos?]*. 2ª ed. Río de Janeiro: CPAD, 2000, p. 544, 545.
[224] SCHAEFFER, Francis A. *A arte e a Bíblia [Arte y Biblia]*. 1ª ed. Viçosa, MG: Ultimato, 2010, p. 44.
[225] Ibid., p. 53.

> [...] La clave es conocer el filme que usted está a punto de ver, y entender la gramática del filme para entonces obtener el máximo de él.
> Los cristianos tienen que pensar en cada filme de diversos modos: ¿cuáles son sus valores artísticos; por ejemplo, como divierte a la audiencia? ¿Qué tipo de lenguaje usa? ¿Cómo describe la violencia y el comportamiento sexual? También, ¿cuáles son sus valores morales; por ejemplo, como los personajes se relacionan unos con otros? O ¿cuán preciso es el filme al presentar los eventos históricos? ¿Cuál es su cosmovisión? ¿Cuál es su mensaje global? ¿Este filme es apropiado para los niños? ¿Adolescentes? ¿Adultos? ¿Cómo se compara este filme con filmes semejantes en su actitud hacia la sociedad, la política, las figuras de autoridad y las causas y soluciones a los problemas individuales y sociales? Claro que para el cristiano el mensaje de todo filme debe ser, en última instancia, comparado con el mensaje de la Biblia.
> La clave para este análisis y para desarrollar habilidades de conciencia de los medios de comunicación críticos es hacer preguntas correctas para obtener discernimiento del filme. Las buenas noticias son que el cine y otros entretenimientos pueden ser agradables e incluso divertidos si usted tiene dirección fidedigna en la elección de lo que es bueno, y si desarrolló habilidades de conciencia de los medios de comunicación para obtener más del filme sin ser manipulado por él.[226]

Los cristianos debemos evitar la postura glotona, culturalmente hablando, pero es también preciso evitar la anorexia cultural, como si no fuese posible prescindir de las influencias mediáticas y artísticas. En vez de sólo promover una crítica vaga acerca de la cultura popular, es necesario hacer lo que Willian J. Brow dijo cuando afirmó que las “nuevas tecnologías de los medios de comunicación deben ser vistas como oportunidad para que los cristianos usen el poder del entretenimiento-educación, para promover valores y creencias bíblicas y abrir ventanas

[226] BAEHR, Ted. apud LINDVALL, Terrence R.; MELTON, J. Matthew. Los cristianos y la cultura de los medios de comunicación de entretenimiento. En: PALMER, Michael D. (Ed.). *Panorama do pensamento cristão* [Panorama del pensamiento cristiano]. 1ª ed. Río de Janeiro: CPAD, 2001, p. 416.

electrónicas en nuestra cultura popular para que la Luz entre".[227] En otras palabras, es necesario producir cultura cristiana popular y erudita, no reforzando la dicotomía de la realidad entre secular y cristiano, porque como dijo Francis Schaeffer, el "señorío de Cristo sobre la vida como un todo significa que no hay áreas platónicas en el cristianismo, ni dicotomía o jerarquía entre cuerpo y alma", o sea, la "verdadera espiritualidad significa el Señorío de Cristo sobre el hombre total":

> Hubo períodos en que los cristianos entendían esta verdad mejor de lo que entendemos en las últimas décadas. Hace algunos años, cuando comencé a formular una epistemología y un concepto cristianos de cultura, muchos sospecharon de lo que yo estaba haciendo. Pensaban que, por estar interesado en respuestas intelectuales, yo no podría ser bíblico. Esta actitud retrata una verdadera mediocridad. No logra entender que, si el cristianismo es verdadero, envuelve al ser humano integral, incluyendo su intelecto y su creatividad. El cristianismo no es sólo "dogmático" o "doctrinalmente" verdadero; es verdadero también en relación a lo que está delante de nosotros, verdadero en relación a todas las cosas en todas las áreas de la existencia humana.[228]

Schaeffer insiste en que el Señorío de Cristo incluye un área extremadamente descuidada entre los cristianos que envuelve toda la cultura: la creatividad. Él afirma que el "cristianismo evangélico o bíblico ha fallado en este sentido" y que parece que todavía "no comprendemos que las artes también deben estar debajo del Señorío de Cristo".[229] Mas es necesario recordar lo que dijo C. S. Lewis cuando afirmó que no necesitamos de "más libritos sobre el cristianismo, y sí más libritos escritos por cristianos sobre otros asuntos —con su cristianismo latente".[230] En

[227] BROW, Willian J. apud LINDVALL, Terrence R. & MELTON, J. Matthew. Los cristianos y la cultura de los medios de comunicación de entretenimiento. En: PALMER, Michael D. (Ed.). *Panorama do pensamento cristão* [Panorama del pensamiento cristiano]. 1ª ed. Río de Janeiro: CPAD, 2001, p. 413.

[228] SCHAEFFER, Francis A. *A arte e a Bíblia [Arte y Biblia].* 1ª ed. Viçosa, MG: Ultimato, 2010, p. 16-18.

[229] Ibid., p. 18.

[230] LEWIS, C. S. apud COLSON, Charles; PEARCEY, Nancy. *O cristão na cultura de hoje: desenvolvendo uma visão de mundo autenticamente cristã* [El

los términos de Francis Schaeffer, "por haber sido ordenado por Dios, el arte no necesita de temas religiosos específicos. Lo que torna al arte cristiano no es necesariamente el hecho de que trata de cuestiones religiosas".[231] En el momento de desarrollar cualquier forma de expresión artística, es necesario salir del lugar común y del estigma, porque si los cristianos no ofrecen opciones para sus familias, es un hecho que ellas irán a consumir cultura decadente. Es importante entender que no basta simplemente "trazar" una línea dividiendo la cultura secular de la cristiana. Antes, es necesario ser sincero para asumir que mucha cosa de arte (música, literatura) que supuestamente es producida para la "gloria de Dios" no pasa de ser una mezcla de mal gusto con mediocridad, con finalidades (motivaciones y objetivos) y formas (mensaje y medios) más bien seculares que la expresión artística del más ascético de los seres humanos, o sea, sólo buscan el enriquecimiento personal y la autopromoción.

Finalizo esta reflexión consciente de que hay un largo camino a ser andado en esta área tan crucial e influyente de nuestras vidas. Sin embargo, me alineo a Schaeffer en la defensa de que "ninguna obra de arte es más importante que la propia vida del cristiano y todo cristiano debe preocuparse en ser un artista en este sentido". ¿Qué quiere decir eso? Que incluso el cristiano más "dominguero" que existe "puede no tener el don de la escritura, ni de la composición o del canto, pero toda persona tiene el don de la creatividad en lo que se refiere a la forma como vive su vida". Y es en este sentido que el pensador cristiano que supo como nadie comunicar el mensaje para sus días y anticiparse a su tiempo, dice que "la vida del cristiano debe ser una obra de arte. La vida del cristiano debe ser algo verdadero y bello en medio de un mundo perdido y desesperado".[232] He aquí nuestro desafío delante del arte posmoderno: la introducción de una perspectiva cristiana.

cristiano en la cultura de hoy: desarrollando una visión de mundo auténticamente cristiana]. 1ª ed. Río de Janeiro: CPAD, 2006, p. 296.

[231] Ibid., p. 28.

[232] SCHAEFFER, Francis A. *A arte e a Bíblia [Arte y Biblia]*. 1ª ed. Viçosa, MG: Ultimato, 2010, p. 76.

7

La relación entre Reforma y Pentecostalismo[233]

1. Dentro de una perspectiva contemporánea, ¿cuál sería la verdadera lectura de los aspectos de la Reforma (*sola fide; solo Christus; sola gratia; sola Scriptura; soli Deo gloria*) que todavía hoy pueden causar algún tipo de impacto en la actual coyuntura religiosa?

A modo de *una* respuesta no pretenciosa a las proposiciones de este foro teológico, en una perspectiva pentecostal, pretendo recordar que el "movimiento conocido de modo un tanto vago como 'Reforma' surgió de una determinada matriz compleja y heterogénea de actores sociales e ideológicos, siendo que estos últimos se encuentran asociados a personalidades individuales, movimientos intelectuales, escuelas de pensamiento y universidades, de tal modo que desafían las generalizaciones crasas que constituyen un número excesivo de interpretaciones de este fenómeno".[234] En otras palabras, ya de entrada, es necesario tener muy claro el hecho de que cualquier concepción generalizadora y homogénea de tal acontecimiento constituye un grave equívoco —tanto histórico como epistemológico. A fin de entenderlo

[233] Texto producido para nuestra participación en el I Foro Teológico de la FAECAD (Facultad Evangélica de Tecnología y Biotecnología de las Asambleas de Dios en Brasil), bajo el tema "¿La Reforma todavía habla?", realizado el 29 de octubre de 2009.

[234] MCGRATH, Alister. *Origens intelectuais da Reforma* [Orígenes intelectuales de la Reforma]. 1ª ed. São Paulo: Cultura Cristiana, 2007, p. 183.

mejor, es necesario considerar la serie de movimientos reformadores que, de común, sólo tenían propósito de que la incuestionable autoridad papal acabara. Eso significa que los focos reformistas tenían las motivaciones más distintas posibles.

Así, la "imposición de la conformidad intelectual", que reinaba soberana y unilateralmente a través del autoritarismo clerical, con la llegada de la imprenta (léase, de la popularización de la información), propició la proliferación de las ideas y, por consiguiente, la multiplicación de nuevas reflexiones y percepciones. La propia noción de que la "localización geográfica de un pensador era de gran importancia con relación a los recursos intelectuales disponibles y a sus opciones teológicas y también con referencia a la facilidad con que cualquier programa de reforma podía ser puesto en práctica",[235] ofrece pistas importantísimas para el entendimiento de que las teologías reformadoras de Wittemberg y Zurich, por ejemplo, surgieron en ambientes bastante distintos, porque "la primera fue, inicialmente, un movimiento reformador académico y la última, un movimiento social y eclesiástico".[236]

De esta forma, la propia distinción entre lo que se dio en llamar "Reforma oficial" (del clero) y "Reforma radical" (del pueblo, representada por los anabaptistas), eso para mencionar sólo dos, ya son focos de cuestiones circunstanciales que, para dar un ejemplo, provocaron el primer Gran Cisma (la ruptura entre la iglesia Oriental y la Occidental), y acaloraron los debates de los Concilios. Es importante reflexionar que, en el ámbito eclesiástico, estas primeras discusiones que acabaron provocando las señales del movimiento reformista fueron exactamente de matriz hermenéutica, porque en la estera de la "interpretación" es que se encontraban las justificantes para la práctica y ejercicio de los peores abusos que se pueda imaginar y, lamentablemente, con un supuesto respaldo escritural. En realidad, este tipo de abuso llegó a existir desde cuando se eligió una clase privilegiada para el ejercicio exegético. Históricamente, se sabe que, sacando a la población del analfabetismo, ya se tiene el 80% de la maniobra garantizada. Privando a los laicos letrados del derecho al libre examen, se completa la totalidad del dominio.

---

[235] Ibid., p. 184.

[236] Ibid., p. 186.

Es bajo este prisma que la Reforma debe ser analizada. El espectro dominador, que bajo la falsa acusación de herejía victimó la humanidad por diez largos siglos, es necesario recordarlo siempre para que el cristianismo no se olvide lo horroroso que fue ver el mensaje que liberta cambiado en discurso aprisionador.

Después de recordar la Reforma como hecho histórico, situado en el tiempo y en el espacio, es necesario avanzar la discusión y entender el concepto de *Ecclesia reformata et semper reformanda est* ("La iglesia reformada está siempre reformándose"). ¿A quién le interesan los postulados de la Reforma? La pregunta pasa por la reflexión de lo que es "herejía". En esa época, los reformadores, juntamente con las masas que ya no aceptaban acríticamente el dominio de la incuestionabilidad clerical, fueron considerados herejes. Tal vez, por el *modus operandi* de algunas denominaciones, un retorno a los postulados reformistas sea un "desvío", un atentado a determinado liderazgos. Fue nadie menos que Wycliff (anteriormente ardiente defensor de que la tradición y la iglesia debían servir como guías en la interpretación bíblica), quien paulatinamente se convenció de "que mucho de la así llamada tradición cristiana contradecía la Biblia".[237] Por otra parte, conocido por su "teología del dominio", discutida en sus dos tratados (*Sobre el Señorío divino* y *Sobre el Señorío civil*), Wycliff defendía, según lo comentado por Justo González, que el:

> [...] Señorío divino es la base para todo otro Señorío, porque apenas Dios tiene dominio legal y necesario sobre otros. Los hombres, e incluso los ángeles, pueden tener dominio sobre otras criaturas sólo porque Dios, a quien le pertenece el dominio propiamente, concede o 'presta' una parte infinitésima de él a una criatura, para ser usado de acuerdo con la voluntad divina.[238] Es verdad que personas con frecuencia usan su dominio –tanto civil como eclesiástico– de un modo impropio; pero cuando lo hacen, su poder no es más dominio evangélico en el que alguien es de hecho un siervo,

[237] GONZALEZ, Justo. *Uma história do pensamento cristão: de Agostinho às vésperas da Reforma [Historia del pensamiento cristiano: Desde San Agustín hasta la Reforma Protestante]*. V. 2. 1ª ed. São Paulo: Cultura Cristiana, 2007, p. 317.

[238] De domin. div. 1.3.2. (Nota del autor). Ibid., p. 318.

> sino al contrario, un dominio coercitivo o "humano".[239] Se sigue que la autoridad eclesiástica –cuyo dominio de cualquier modo es limitado al espiritual– pierde su dominio, cuando deja de usarlo justamente, y el laico no le debe más ninguna fidelidad.[240]

Obviamente que quien se valía del poder, acusaría tales denuncias que, 150 años antes de la Reforma oficial ya eran comunes, como "herejías". Alister McGrath, afirma que este "término fue empleado extensamente a lo largo de la Edad Media con ciertas connotaciones que distancian el uso medieval del término de sus asociaciones originales". Así, el mismo autor concluye que la:

> [...] argumentación contra la permanencia del uso del término "herejía" para designar movimientos religiosos en la Edad Media fue presentado por primera vez en 1935, por Herbert Grundmann, que argumentó que la idea fue definida de un punto inquisitorial, y no, teológico. La "herejía" era definida en términos de desafíos a la autoridad de la iglesia, desde la perspectiva de aquellos que estaban siendo desafiados.[241]

Ya que, virtualmente, la búsqueda por tales postulados significó la desestructuración del poder clerical en la Edad Media; ¿el anhelar por el mismo o proponer un rescate de tales pilares actualmente no sería también considerado como un atentado al liderazgo o, como mínimo, visto como rebelión? Pues, en mi modesta evaluación, mucha cosa extraña que se desvía y prolifera en nuestro medio, sólo ocurre por falta de conocimiento de la Palabra de Dios. Con la noción actual que tenemos de herejía y ortodoxia, es extraño pensar que "muchos de aquellos estigmatizados como 'herejes' por la iglesia medieval eran, en verdad, cristianos ortodoxos"[242] y, contradictoriamente, los "ortodoxos" de aquel período tal vez, por algunos, todavía sean considerados así hoy.

---

[239] "Wycliff estableció una distinción entre tres tipos de dominio: primero, existe el dominio natural; segundo, el dominio humano, que es por naturaleza coercitivo; tercero, el dominio evangélico, que es más elevado, y es más un ministerio que un señorío en el sentido humano" (Nota del autor). Ibid., p. 318.

[240] De civ. domin. 1.8. (Nota del autor). Ibid., p. 318.

[241] MCGRATH, Alister. *Origens intelectuais da Reforma* [Orígenes intelectuales de la Reforma]. 1ª ed. São Paulo: Cultura Cristiana, 2007, p. 40.

[242] Ibid., p. 41.

> Así, un relato puramente histórico del concepto de herejía en la Edad Media debe definir la ortodoxia en términos de las enseñanzas papales y la herejía en términos de disensión de esas enseñanzas. La herejía se volvió, cada vez más, un concepto jurídico. Mientras el período patrístico veía la herejía como un desvío de la fe católica, los juristas de los siglos XII y XIII lograron redefinir el concepto en términos de rechazo de la autoridad eclesiástica, especialmente de la autoridad papal. De acuerdo con la argumentación de Robert Moore, la ampliación de la categoría de herejía constituyó un instrumento importante de control social. La redefinición medieval de la herejía sitúa el núcleo de la misma en el cuestionamiento del poder papal y no en el desvío de la ortodoxia cristiana.[243]

Por no adecuarse al continuismo medieval, y alinearnos al protestantismo en su rechazo total de esta postura dominadora, es que puedo seguramente afirmar que los pentecostales estamos también ligados a la Reforma. Sin embargo, es necesario entender que, debido a que, como afirma Bernardo Campos, la "Reforma luterana o, en general, la Reforma oficial del siglo XVI no [ha sido], en última instancia, un movimiento de los laicos, sino de los sacerdotes", en otras palabras, ella "no fue un movimiento de los pobres y campesinos, sino de los nobles y de los príncipes, que influenciaron con su autoridad para apoyarla"[244], por este aspecto, hago coro con Campos, acerca del hecho de que el movimiento pentecostal, que tiene un carácter más laico, mantiene más vínculo con la Reforma radical que con la "oficial".

Toda vez que el referido movimiento enfatizaba un bautismo consciente y no sólo ligado a la tradición familiar, proponiendo que las personas convertidas deberían bautizarse por decisión propia (excluyendo el bautismo practicado por los padres en la infancia), sus representantes fueron llamados "anabaptistas". Así, desde "entonces se conoce todos los disidentes del catolicismo y del protestantismo oficial como 'anabaptistas'. Incluyéndose

---

243 Ibid., p. 40, 41.

244 CAMPOS, Bernardo. *Da Reforma Protestante à Pentecostalidade da Igreja: debate sobre o Pentecostalismo na América Latina [De la Reforma Protestante a la Pentecostalidad de la Iglesia: debate sobre el Pentecostalismo en América Latina]*. 2ª ed. San Leopoldo, RS: Sinodal, 2002, p. 21.

bajo esta denominación las diversas tendencias y formas de vivir el *cristianismo del Espíritu*".[245] A pesar de que el propio Bernardo Campos clasifica como "insuficiente" esta denominación, eso porque la "disidencia religiosa" fue, según él, "muy diversificada"; es bueno recordar que uno de los principales exponentes de la Reforma radical, Tomás Müntzer, se juntó a los anabaptistas que ya "practicaban el don de profecía", y reformó el culto, eliminando, "antes de Lutero, el uso del latín, dejando que se leyera en el culto dominical toda la Biblia y no solamente las epístolas y los evangelios".[246]

Es importante dejar claro que no son sólo las "voces internas" del pentecostalismo —como Bernardo Campos, por ejemplo— que afirman ser el movimiento heredero de la Reforma. Fue el obispo anglicano Robinson Cavalcanti que, en un artículo ya anteriormente citado, bajo el título de *Pseudo-Pentecostales: ni Evangélicos, ni Protestantes,* mencionando la Asamblea de Dios, se refirió a los pentecostales llamándonos "históricos, por [nuestra] antigüedad y movilidad social y cultural". Si no bastara la obvia verdad de que el "discurso y práctica" pentecostales indican la existencia de "vínculos o puntos de contactos con la Reforma Protestante del siglo XVI: las Escrituras, Cristo, la gracia, la fe", el obispo anglicano todavía apunta el hecho de que los pentecostales estamos "redescubriendo el valor de la historia, de una confesionalidad y de una teología sólida".[247] La mayor prueba de ello es esta institución y la realización de este Foro Teológico.

Reconocer esta verdad no corresponde, obviamente, a "cerrar los ojos" a los grandes problemas que el pentecostalismo enfrenta para mantenerse como digno heredero de los postulados de la Reforma, sobre todo, los ligados a la teología y no solamente al inconformismo posmedieval. A pesar de entender que es necesario cuidar de este aspecto, me alineo al pensamiento de Alderi Souza Matos que, coincidentemente, también reconoce a

---

[245] Ibid., p. 22.

[246] Ibid., p. 22.

[247] CAVALCANTI, Robinson. Pseudo-pentecostais: nem evangélicos, nem protestantes [Pseudopentecostales: ni evangélicos, ni protestantes]. Revista Ultimato. Edición 314, año XLI. Viçosa, MG: Ultimato, septiembre-octubre de 2008, p. 41.

las iglesias pentecostales como "hijas (o nietas) de la Reforma Protestante, por mantener ciertos elementos básicos" típicos de la Reforma, tales como "(justificación por la fe, énfasis en las Escrituras, sacramentos bíblicos, etc.)". Cuestionado acerca de la diferencia entre Reforma y avivamiento, el historiador oficial de la Iglesia Presbiteriana de Brasil, hizo la debida distinción sin despreciar la coexistencia de los dos fenómenos:

> La reforma tiene que ver con la restauración de la verdad bíblica, con el rescate de las convicciones básicas de la fe cristiana, en suma, con el aspecto teológico, doctrinal. El avivamiento está más ligado a la vida práctica, a la espiritualidad, a la comunión con Dios, a la profundización de la vida cristiana. Sin avivamiento, la reforma puede volverse fría, formal y árida, reduciéndose a una mera preocupación por la ortodoxia. Por otro lado, sin reforma, el avivamiento puede desembocar en el emocionalismo superficial y efímero, en el individualismo que busca experiencias arrebatadoras, pero sin un compromiso profundo con Dios y con la iglesia.[248]

Así, desde un punto de vista pentecostal, yo diría que uno de los grandes desafíos de la iglesia actual es mantenerse doctrinalmente ligada a los postulados de la Reforma, sin perder de vista el aspecto dinámico y sociológico de la Iglesia. Eso quiere decir que los fundamentos de la Reforma deben ser siempre calibrados con el supremo objetivo del evangelio el cual es salvar vidas. En este aspecto, el mensajero humano debe cumplir su papel de comunicar el evangelio, sin olvidar que es dependiente del auxilio del Espíritu Santo de Dios. Cuando mencioné "vidas", lo hice para que alguien no entienda que el evangelio es unilateral y reduccionista, preocupándose únicamente por "almas". Este es otro gran desafío del cristianismo contemporáneo: mostrarse relevante y desinteresado consigo mismo, teniendo en vista que la humanidad –por la cual Jesucristo murió– es lo más importante. Pero no unilateralmente, o sea, la humanidad desprovista de realidad histórica, coyuntural, terrena. La humanidad total, con todas sus

[248] MATOS, Alderi Souza de. A igreja é reformada, mas está sempre carecendo de reforma [La iglesia es reformada, pero está siempre careciendo de reforma]. Revista *Ultimato*. Edición 314, año XXXVIII. Viçosa, MG: Ultimato, julio-agosto de 2005, p. 40, 41.

molestias, deficiencias, dificultades y circunstancias que el evangelio, lejos de mantener el *status quo* debe procurar, urgentemente, transformar.

2. ¿Podrían las denominaciones protestantes, en un contexto posmodernista, mantenerse en la vanguardia en el proceso de depuración del cristianismo ante las innumerables variantes denominacionales?

Sin querer ser simplista, yo diría que depende de una diversidad de factores. El primero de ellos es la forma como cada denominación o segmento evalúa su progresión y/o evolución. ¿Qué la caracteriza? ¿Cuál es el instrumento o parámetro utilizado para medir su aprobación? ¿El número de adeptos? ¿"Cuánto" logra mantenerse semejante a los principios del movimiento, o sea, su "identidad"? ¿Su capacidad de acompañar los cambios y adaptarse a su época? Ya que la "Reforma Protestante no fue sólo un movimiento religioso", esto es, también fue "un conflicto de poderes y de intereses de los diversos sujetos sociales de la época" —algo que casi no es mencionado—, es importante entender que, así como cualquier otro acontecimiento histórico, ella también fue impulsada porque las "condiciones sociales de la época se configuraban de acuerdo con las transformaciones culturales en proceso".[249]

Sobre la posibilidad de una "nueva reforma", dejo claro mi total escepticismo acerca de tal pensamiento, porque encuentro imposible que, con tantos segmentos en el universo cristiano, sea posible que tal acontecimiento se repita. Las varias "escisiones" que ocurren todos los días en el ámbito restringido de las grandes y pequeñas de las centenas de denominaciones, no pueden, bajo ninguna hipótesis, ser clasificadas como "pequeñas reformas". En entrevista a la Ultimato en 2005, el ya citado historiador Alderi Souza Matos, cuando se le preguntó acerca del hecho de que la "reforma religiosa siempre provoca escisión en la iglesia", respondió que ella ocurre exactamente en:

---

[249] CAMPOS, Bernardo. *Da Reforma Protestante à Pentecostalidade da Igreja: debate sobre o Pentecostalismo na América Latina [De la Reforma Protestante a la Pentecostalidad de la Iglesia: debate sobre el Pentecostalismo en América Latina]*. 2ª ed. San Leopoldo, RS: Sinodal, 2002, p. 14.

> [...] virtud de las resistencias que siempre se manifiestan contra los reformadores por parte de aquellos que desean que se mantenga el *status quo*, inclusive político-eclesiástico. Por otro lado, la mayor parte de las escisiones que han ocurrido entre los cristianos, especialmente protestantes, no procede de anhelos legítimos de reforma, sino de otros factores, algunos muy poco recomendables (personalismos, conflictos de liderazgos, enseñanzas incuestionables).[250]

Este es el punto. Mientras muchos focos reformistas surgieron del anhelo de una pequeña parte responsable del clero y, mayoritariamente del propio pueblo, en liberarse; actualmente los proyectos individuales y los reinos personales toman cuenta. La megalomanía domina. Al pueblo le gusta ser dominado y no quiere gozar del derecho conquistado del libre examen de la Biblia. En el ámbito pentecostal, pregunto: ¿Será que existe, por parte de los pentecostales, el interés en mantenerse distintos, o sea, de los detalles y matices (pospentecostalismo, iso-pentecostalismo y pseudopentecostalismo) que a cada día inflan artificiosamente los informes del IBGE con sus números? ¿O estará renunciando a su tradición pentecostal, la cual se conecta con la Reforma, simplemente para entrar en la guerra fría del "mercado de almas"? He aquí nuestro gran desafío.

[250] MATOS, Alderi Souza de. A igreja é reformada, mas está sempre carecendo de reforma [La iglesia es reformada, pero está siempre careciendo de reforma]. Revista *Ultimato*. Edición 314, año XXXVIII. Viçosa, MG: Ultimato, julio-agosto de 2005, p. 39, 40.

8

Las Asambleas de Dios en Brasil: Cómo conciliar la profundización en la Palabra sin extinguir el poder del Espíritu Santo[251]

El gran avivacionista norteamericano nacido al final del siglo XVIII, Charles Finney, en el prólogo de su *Teología Sistemática,* expone claramente los once objetivos que se propone en su obra (clasificada como curso, ya que consiste de clases que él impartió). El objetivo número tres, dice exactamente lo siguiente:

> Escribí para aquellos que se dispongan a enfrentar la dificultad de pensar y formar opiniones propias acerca de cuestiones teológicas. No forma parte de mi objetivo eximir a mis alumnos o a cualquier otra persona del trabajo de pensar intensamente. Si deseaban hacerlo, los asuntos discutidos harían abortivo tal empeño.[252]

Como todos sabemos, Finney pasó por la experiencia de la glosolalia siendo entonces bautizado en el Espíritu Santo. Esa

---

[251] Este texto fue base para una conferencia pronunciada en el *Seminario de Reflexión Teológica del movimiento Pentecostal,* promovido por la Convención General de las Asambleas de Dios en Brasil (CGADB), realizado en Campiñas (SP), en ocasión de las conmemoraciones del Centenario de las Asambleas de Dios en Brasil, realizado entre los días 26 a 28 de agosto de 2010, p. 23-30.

[252] FINNEY, Charles. *Teologia sistemática [Teología sistemática]*. 1ª ed. Río de Janeiro: CPAD, 2001, p. 22.

experiencia ofrece una pista de lo que hay de equívoco en la idea de que existe una dicotomía entre fervor espiritual y reflexión teológica. En el objetivo número siete, el avivacionista nuevamente insiste:

> Mi hermano, hermana, amigo: lea, estudie, piense y lea nuevamente. Usted fue hecho para pensar. [El estudio de la obra] le hará pensar; desarrollar sus capacidades por el estudio. Dios determinó que la religión exigiera pensar, pensar intenso, y desarrollar nuestra capacidad de pensamiento. La propia Biblia es escrita en estilo tan condensado para exigir el más intenso estudio. No pretendo explicar la teología de manera que dispense la labor del pensamiento. No tengo habilidad para eso ni deseo hacerlo.[253]

Desafortunadamente, la tradición evangélica pentecostal parece tener un hastío al ejercicio de pensar e incurre en el grave error de sobre valorar el aspecto emocional, confundiéndolo con la "dirección del Espíritu". En otras palabras, se puede decir que una "pequeña minoría dentro de los círculos del Espíritu promueve el equilibrio entre los aspectos experimentales e intelectuales de la fe".[254] El entendimiento más común que se ve es el de que la "letra mata y el espíritu vivifica".[255] Desafortunadamente, esta porción bíblica es una "víctima" más de la no interpretación del texto. Irónicamente, la propia mala interpretación o impericia hermenéutica de 2 Corintios 3.6 sirvió como base y fundamentación de la defensa y apología del oscurantismo. Por más buena voluntad que pueda tener la persona que cree que privar la iglesia de tener conocimiento es algo piadoso, tal hecho no deja de perjudicar a la comunidad de fe, porque eso la vuelve vulnerable y rehén de personas sin escrúpulos y mal intencionadas. No tener conocimiento es algo que abre precedentes terribles

---

253 Ibid., p. 23.

254 NAÑEZ, Rick. *Pentecostal de coração e mente: um chamado ao dom divino do intelecto [¿*Evangelio completo *en mentes incompletas?: Un desafío a usar el don del intelecto]*. 1ª ed. São Paulo: Vida, 2007, p. 141.

255 Como escribí hace diez años, "al estudiar el contexto de este versículo, descubrimos que no se refiere a la enseñanza secular y mucho menos teológica y sí a la Ley Mosaica". CARVALHO, César Moisés. Enseñanza/aprendizaje, responsabilidad recíproca. *Revista Educador Cristiano*, año 1, n. 4. Río de Janeiro: CPAD, oct/dic 2000, p. 12, 14.

en las manos de personas sin temor de Dios. Estas, en realidad, son las verdaderas beneficiarias del "no saber" o de la falta de cultura de la congregación. Cuanto menos los creyentes sepan, mejor. De esta forma, tales personas van engañando incautos y manipulando las masas. La única forma de prevenir al pueblo de este tipo de ardid es ajustar el tono para que los polos —reflexión y espiritualidad— sean debidamente conjugados en una sola experiencia.

El peligro de la polarización

La elitización del conocimiento siempre fue una de las armas de la opresión, del totalitarismo y de la dictadura. Este expediente es el mismo para todas las formas de dominaciones, sean ellas políticas o culturales, sean ellas laborales o religiosas. Los que monopolizan el conocimiento son selectivos en la transmisión de informaciones y cuidan para que las personas sólo sepan aquello que refuerza o apoya sus ideas. El propio Señor Jesús habló sobre eso (Mt 15.4-6; 23.1-4; Lc 11.52).

Siendo el saber objetivo un instrumento de liberación (véase la Reforma Protestante), no da para entender el fastidio epistemológico que muchos todavía nutren en la sociedad posmoderna, la repugnancia, aversión, tedio y el aborrecimiento —de manera deliberada— en relación al saber. Lo que ocurre es que las personas se acostumbran a una vida subcultural —totalmente indigna para el cristiano (Mr 12.30, 33)— y tienen dificultad de entender la importancia y el valor del conocimiento, porque se acostumbraron a contentarse con lo que los otros les dan. En la esfera religiosa, muchas acaban "adorando lo que no conocen" (Jn 4.22), por falta de discernimiento.

En nuestro medio también existe gente así. Es posible ver este rechazo transliterado en excusas, las más absurdas posibles. Por ejemplo, la de una persona que me dijo que no quería leer la Biblia, porque eso la volvería todavía más responsable delante de Dios, u otra que pensaba que estudiar traía frialdad espiritual, y sin contar con las más "sinceras" y "francas" que dicen y afirman categóricamente que no les gusta leer la Biblia, porque el lenguaje les parece muy difícil. Para estos, la afirmación de Francis Schaeffer, de que el "cristianismo histórico nunca realmente se separó del conocimiento"[256], sonaría, por lo menos, como una profanación.

Pero un nuevo tiempo ha llegado, y con él el advenimiento de la tecnología digital. Estamos viviendo una verdadera "revolución copernicana" en términos de información. Sin embargo, una de las mayores ambigüedades de este tiempo posmoderno es que la acriticidad por la falta de información está dando lugar a otra, resultado del consumo irreflexivo de los subproductos de la cultura popular, o sea, el exceso de información. De "anoréxicos culturales" migramos hacia el otro polo y nos volvemos "glotones culturales".[257] Como todos saben, siempre que el factor polarización se instaura no es difícil constatar sus molestias.

Con seguridad se puede afirmar que el tema propuesto para esta reflexión es uno de los más difíciles de las discusiones que envuelven el asunto de *polarización.* Hay en el occidente una tendencia de ocupar extremos. Tenemos grandes dificultades cuando se trata de encontrar una alternativa entre el "vicio y el exceso". Así, nos parece que las reacciones se resumen al "rechazo total" o "adhesión ingenua". El problema es que no existe sólo polarización en este sentido, o sea, del "lado de afuera", por así decir. Desafortunadamente este paradigma llamado polarización ya se instauró entre nosotros los cristianos. Encontramos dualismos y dicotomías del "lado de adentro" que provocan verdaderos desarreglos en la comunidad de fe. Es posible decir que tenemos, por falta de una sólida comprensión bíblica, tres grandes áreas de discusión teniendo, en cada una de ellas, al menos dos bloques de creyentes compitiendo en el "cabo de guerra de la fe":

1) *Usos y costumbres: legalistas X irreverentes;*
2) *Espiritualidad: triunfalistas X escépticos;*
3) *Teología: antiintelectuales X pseudointelectuales.*

No es necesario decir que ninguno de los grupos tiene razón o sensatez. Ambos están equivocados. Es necesario buscar

[256] SCHAEFFER, Francis. *O Deus que intervém* [El Dios que interviene]. São Paulo: Cultura Cristiana, 2002, p. 214.

[257] Términos acuñados, con esta acepción, por GODAWA, Brian. *Cinema e Fé Cristã: vendo filmes com sabedoria e discernimento* [Cinema y fe cristiana: viendo filmes con sabiduría y discernimiento]. Viçosa, MG: Ultimato, 2004.

el camino de la superación, en que exista una "tercera vía". Por parte de aquellos que poseen un mínimo de buen sentido, todavía no es seguro si es posible ser un cristiano instruido y, al mismo tiempo, espiritual. Existe una especie de mito de que una cosa no puede coexistir con la otra, siendo incluso algunas porciones de las Escrituras citadas para fundamentar esta polarización. En su *Cristianismo Equilibrado*, John Stott, habla acerca de la polarización. El primer ejemplo utilizado por él es justamente este que presupone una dicotomía entre "intelecto y emoción". El desprecio en relación al primero es tratado por él de la siguiente forma:

> Me siento obligado a decir que el más peligroso de los dos extremos es el antiintelectualismo y después la entrega al emocionalismo. Vemos esto en algunas predicaciones evangelísticas, que no consisten en otra cosa sino en un llamado a la decisión con poquísima, o ninguna, predicación del evangelio y poca, o ninguna, argumentación con el pueblo respecto a las Escrituras, a la manera de los apóstoles.[258]

Sin querer generalizar, la mayoría de la predicación supuestamente "ungida" o "de fuego" que se oye actualmente es una mezcla de salivación, altísimos decibeles y autoayuda. Muy poco se oye hablar del evangelio de Jesucristo. Son mensajes triunfalistas, que abusan de la alegorización del texto bíblico, no pudiendo ser encuadradas en la categoría de sermones temáticos. Son discursos pobres y desprovistos de cualquier razonamiento. El objetivo de la mayoría de estos mensajes es el convencimiento del auditorio a costa del suicidio de la razón y con una vergonzosa apelación emocional en nombre del Espíritu Santo de Dios. Y es en este punto que viene el segundo análisis de Stott:

> La misma tendencia es evidente en la actual búsqueda de experiencias emocionales, vividas de primera mano, y en la exaltación de la experiencia como criterio de la verdad, mientras que la verdad debería ser siempre el criterio de la experiencia. Mi recelo es que esta tendencia sea un legado semicristianizado del existencialismo secular.[259]

---

[258] STOTT, John R. W. *Cristianismo equilibrado* [Cristianismo equilibrado]. 1ª ed. Río de Janeiro: CPAD, 1982, p. 19, 20.
[259] Ibid., p. 20.

¿Quién no ha oído un mensaje cuyo tono parece querer imponer que la experiencia del predicador es lo que debe ser el criterio de la verdad y no la Escritura? Sin tener en cuenta el evangelio pragmático e individualista —o existencialista como dijo Stott— que existe en la actualidad (las personas que se acostumbraron a oír este tipo de mensaje sólo buscan a Jesús pensando en solucionar problemas personales), la fe cristiana exige del individuo el perfecto entendimiento del mensaje bíblico y actitudes muy bien reflexionadas (y no reflejas) y pensadas para que él pueda aceptarla. Considerando que experiencias tienen valor personal, pero nunca normativo; ¿qué pensar de la gran cantidad de personas que acuden a las iglesias en busca de la solución de sus conflictos basadas en experiencias de terceros? Ya que la Biblia "enseña que nuestra razón es parte de la imagen divina en la cual Dios nos creó", y que "Él es el Dios racional que nos hizo seres racionales y nos dio una revelación racional", es temerario negar nuestra racionalidad, porque eso equivaldría a "negar nuestra humanidad, viniendo a ser menos que seres humanos".[260] Es claro que no estoy partiendo de la concepción tomista de que la razón no cayó, porque cuando me refiero a ejercer nuestra capacidad racional, sólo me estoy alineando al pensamiento enseñado en la Escritura de que "cada área de la vida cristiana es dependiente del uso cristiano de nuestras mentes".[261] Con este razonamiento, John Stott propone:

> A la luz de este énfasis bíblica [Sal 32.9; 1 Co 14.20; Is 26.3] respecto al lugar de la mente en la vida cristiana, ¿qué debemos decir a la generación moderna de los antiintelectuales, los emocionales? Siento mucho tener que decir que ellos se están autoproclamando intensamente, como creyentes mundanos. Porque "mundanalidad" no es sólo una cuestión (como fui enseñado a creer) de fumar, beber y bailar, ni tampoco aquella vieja cuestión sobre embellecerse, ir a cinemas, usar minifaldas, sino el espíritu del siglo. Si absorbemos sin ningún examen los caprichos del mundo (en este caso, el existencialismo), sin que primero sujetemos esto a una rigurosa evaluación bíblica, nos volvemos creyentes *mundanos*.[262]

---

[260] Ibid., p. 22.
[261] Ibid., p. 22.
[262] Ibid., p. 23.

Exactamente de esta forma las Escrituras determinan que debemos vivir. Romanos 12.2 y Filipenses 4.8 son sólo dos de esos ejemplos que fundamentan esta conclusión. Conscientes de que Dios nos creó como seres racionales y emocionales, no debemos sobrevalorar un aspecto en detrimento del otro, sino saber que estamos constituidos por ambos.

Raíces históricas del antiintelectualismo pentecostal[263]

El maestro en teología y misionero en el Ecuador, Rick Nañez, es una de las voces pentecostales que viene denunciando la negligencia con el uso de una de nuestras más importantes facultades humanas: la razón. No obstante, la denuncia y la crítica, en su obra ¿Evangelio completo en mentes incompletas?, el referido autor no deja de reconocer las virtudes del movimiento pentecostal:

> Sin sombra de duda, el movimiento pentecostal-carismático está cumpliendo un papel decisivo en el rescate de multitudes de las aguas congeladas de la religión convencional, muchas veces muerta. Personalmente, me siento inclinado a creer que, por medio de su soberanía, Dios permitió que muchos hombres y mujeres (como los pentecostales del inicio del movimiento) "abrieran los ojos", identificaran, por intuición, las tendencias del pensamiento colectivo y se prepararan para hacer las balanzas del humanismo mecánico en la dirección del peso de su gloria. No puedo afirmar con certeza, pero sé que algo muy semejante al movimiento pentecostal-carismático fue necesario en el exacto momento en que surgió en el palco de la historia.[264]

Por lo tanto, para que no quede ninguna duda acerca del autor, reafirmo que él es pentecostal, fue ordenado al ministerio

---

[263] Desarrollamos posteriormente este tema, de forma más detallada y amplia en nuestro libro, *Uma pedagogia para a educação cristã: noções básicas da ciência da educação a pessoas não especializadas* [Una pedagogía para la educación cristiana: nociones básicas de la ciencia de la educación a personas no especializadas]. 1ª ed. Río de Janeiro: CPAD, 2015, p. 108-129.

[264] NAÑEZ, Rick. *Pentecostal de coração e mente: um chamado ao dom divino do intelecto [*¿Evangelio completo *en mentes incompletas?: Un desafío a usar el don del intelecto]*. 1ª ed. São Paulo: Vida, 2007, p. 101.

pastoral por la Asamblea de Dios en 1987, siendo entonces alguien que, del lado de "adentro", reconoce aquello que necesita ser ajustado. Por otra parte, este es otro punto que debe ser tratado entre nosotros, la manía de algunos pseudoapologistas que sólo hablan mal y señalan errores, sin embargo no presentan caminos para hacer frente a los problemas, dando la impresión de que se alimentan de los defectos existentes entre nosotros para exponer su actitud hosca y con ello ganar notoriedad. Definitivamente, este no es el caso de Rick Nañez, porque él es, de hecho, alguien comprometido con el desarrollo de una mentalidad que conjugue, en el movimiento pentecostal, intelectualidad y espiritualidad:

> De todo lo que se pueda decir sobre este movimiento, una cosa es cierta: él desempeña un papel esencial en un renacimiento religioso global y contemporáneo. Aunque nuestro movimiento haya luchado con desequilibrios y excesos, y a pesar de que hemos minimizado innecesariamente la capacidad e importancia de la excelencia del pensamiento, su mensaje ha sido un soplo de aire fresco vivificador para los huesos totalmente secos y sin esperanza de la modernidad. Por estas razones, yo lo escogí como mi movimiento, mi hogar. Además, ya que este es un ambiente particular sagrado que Dios implantó, estimuló y en el cual me usó, es con el sentido del deber que hablo y escribo sobre los fundamentos íntimos de su composición, que a veces retarda la obra por medio de él.[265]

Amar no significa aceptar acrítica y pasivamente todo lo que acontece entre nosotros, o hacer la vista gorda a los problemas que amenazan robar nuestra influencia y vitalidad espiritual, por el contrario, quien ama cuida, vela y procura corregir posturas equivocadas, justamente para mantener la salud del movimiento. Y es en este sentido que hago referencia a este autor y me identifico con él, con la intención de pensar este asunto. El mismo hecho de que el tema se haya vuelto objeto de discusión en un evento histórico como este, significa que existe la percepción del problema y el claro interés en solucionarlo a partir de las reflexiones que vienen al primer plano durante, y después de la exposición del asunto.

---

[265] Ibid., p. 101, 102.

Antes de presentar los hechos que parecen haber originado la postura antiintelectualista en nuestro medio, es necesario hacer una reserva histórica para que ningún pecado (contra la imagen o epistemológico) sea cometido: Lo que nuestros pioneros norteamericanos hicieron, ciertamente obedecía a sus consciencias, y tenían una finalidad positiva. La gran cuestión no es reconocer que, como seres humanos condicionados históricamente, ellos erraron en algunos aspectos vinculados a la intelectualidad y nosotros, igualmente, podemos estar incurriendo en muchos equívocos que la próxima generación tendrá que corregir. Lo que no puede dejar de reconocerse es la innegable verdad que no se puede olvidar de los equívocos u olvidarlos como forma de "preservar marcos antiguos". En otras palabras, el error, aunque sea cometido involuntariamente, debe ser corregido y no ignorado. Un claro ejemplo bíblico es el de Apolos y Aquila y Priscila (Hch 18.24-28). ¿Debería la pareja ser omisa en relación al elocuente predicador, sólo porque es popular y está realizando la Obra del Señor? Aun reconociendo que era Dios quien lo usaba, Aquila y Priscila no dudaron en orientar al "varón elocuente y poderoso en las Escrituras". A este respeto, enseña Stanley Horton en su obra *El avivamiento pentecostal*:

> Millones de dólares se invierten en programas de televisión, cuyo alcance no siempre es el anunciado. La mayoría de los no creyentes cambia rápidamente de canal cuando lo que está en la pantalla es un programa religioso. Y, pienso que aquellos millones de dólares serían mucho más útiles si se aplican en escuelas bíblicas. Los carísimos equipos de estudio y el lujoso guardarropas de los presentadores nos dejan incómodos, porque son claramente para dar la impresión de éxito. No digo que no se saque ventaja de los medios de comunicación y de la informática. [...] La tecnología ha sido bien aprovechada por muchas escuelas. Nada de ello, sin embargo, debe tomar el lugar de lo que realmente necesitamos. El pentecostalismo ha sido, desde el inicio, un movimiento de restauración. Los pentecostales sostienen la misma visión cuando afirman estar viviendo el vigésimo noveno capítulo de Hechos. Entonces, ¿Qué tanto necesitamos restaurar? ¿Estaríamos deseando reconstituir los acontecimientos de la calle Azusa? No es probable

que alcancemos la restauración imitando a los hermanos de aquella época.[266]

Horton concluye su pensamiento diciendo que no es necesario "imitar métodos", pero sí, someter "nuestra voluntad unos a otros". Dice que "no necesitamos reconstituir los acontecimientos del comienzo de siglo" y que "tampoco necesitamos copiar con exactitud lo que está relatado en el libro de Hechos".[267] La dinámica del Espíritu en los círculos pentecostales es justamente corregir la frialdad del tradicionalismo (en la metodología eclesiástica y en la aplicación de la Palabra), haciendo que no se transformen en impedimentos al crecimiento y a la expansión del Reino. Así, si nuestros predecesores al comienzo del siglo pasado, execraban la reflexión teológica y, con más vehemencia, la intelectualidad, eso no significa que debamos reproducir dicha postura para mantener el ardor espiritual. Tal pensamiento es anacrónico y un "pecado voluntario".

Si Charles Parham creía que era el diablo quien lo convenció estudiar medicina, este es un pensamiento exclusivamente personal que no encuentra respaldo ni en la Escritura, y mucho menos en el sentido común.[268] Seymour, heredero de las mismas tendencias antiintelectualistas, consiguió éxito no sólo en la diseminación del pentecostalismo, pero también en la propagación del antiintelectualismo, a través del periódico *Apostolic Faith* (Fe Apostólica). La gran pregunta que tiene que ser respondida es: ¿Por qué, a pesar de nuestro origen común, las Asambleas de Dios en Brasil (fundadas en 1911) y las Asambleas de Dios en los Estados Unidos (fundadas en 1914), tienen una perspectiva de producción teológica tan distinta unas de otras, siendo las primeras más herederas y dependientes de este aspecto antiintelectualista del pensamiento de Parham y Seymour (que inclusive

---

266 HORTON, Stanley M. *O avivamento pentecostal: as origens e o futuro do maior movimento espiritual dos tempos modernos* [El avivamiento pentecostal: los orígenes y el futuro del mayor movimiento espiritual de los tiempos modernos]. 1ª ed. Río de Janeiro: CPAD, 1997, p. 77.

267 Ibid., p. 78.

268 NAÑEZ, Rick. *Pentecostal de coração e mente: um chamado ao dom divino do intelecto [*¿Evangelio completo *en mentes incompletas?: Un desafío a usar el don del intelecto]*. 1ª ed. São Paulo: Vida, 2007, p. 103.

eran norteamericanos) que las segundas? Otra cuestión, no menos importante, es: ¿Por qué nuestra matriz teológica, solamente muchos años después, pasó a depender de América del Norte sin, a pesar de ello copiar la postura norteamericana de "producir" teología?

La diferencia parece estar, en primer lugar, en la interpretación del texto bíblico. ¿Cómo ambos grupos lidiaron con la ciencia hermenéutica y con la exégesis del texto bíblico? Mientras los norteamericanos se interesaron muy pronto por este aspecto, los pentecostales brasileños comenzaron a despertar hace pocos años, siendo todavía bastante tímido el desarrollo en esta área. Tal vez sea por causa de la llamada "Alta Crítica", "crítica superior", "crítica bíblica" o "crítica textual" que surgió el "temor" de aplicar métodos científicos al trabajo de interpretación bíblica. Lamentablemente, esta "precaución" ha dado la oportunidad de interpretar la Biblia a partir de la subjetividad, de los sentimientos y de "conjeturas". Increíblemente, los pentecostales brasileños renunciaron a la postura de los creyentes bereanos, que fueron elogiados por su actitud con el examen de la santa Biblia (Hch 17.11). Así, la conquista reformista es ahora desvalorada por aquellos que fueron más beneficiados por ella. Como ya se dijo, es evidente que esta postura tiene una causa histórica. El gran problema es que, si en aquel momento histórico la motivación de nuestros pioneros era preservar al pueblo del peligro del enfriamiento, actualmente, personas mal intencionadas se valen de esta apertura para manipular y engañar a la Iglesia, actuando de forma astuta, exactamente de la manera advertida por Pablo en Efesios 4.14. Ante esta nueva realidad, ¿cuál debe ser nuestro papel en este contexto? No es actuar conforme a los versículos 11 a 13 de Efesios 4?

El pentecostalismo necesita liberarse de la llamada "interpretación espiritualizada" de la Biblia. ¿Cuántas aberraciones son justificadas por interpretaciones descabelladas, cuyo único criterio es el subjetivismo individual y manipulador? Sobre este asunto, Virkler cita al teólogo Alexander Carson que afirma categóricamente: "Ningún hombre tiene el derecho de decir, como algunos acostumbran hacerlo: 'El Espíritu me dice que esto o aquello es el significado de un pasaje'. ¿Cómo puede estar él seguro de que es el Espíritu Santo, y no un espíritu engañador, a no ser por la evidencia de que la interpretación es el sentido legítimo de las palabras?"[269] Todos los fundadores de sectas y las mayores herejías que existen se desvían en la zona gris de la "creatividad interpretativa" del texto bíblico. Como dijo Rick Nañez:

> Sin las Escrituras y el auxilio del Espíritu, estamos doctrinal y espiritualmente perdidos. Sin embargo, donde quiera que la enseñanza y la historia hayan sido descuidadas, fue inevitable el surgimiento de un gran número de doctrinas contradictorias. El acto de abstenerse de la así llamada aventura académica lleva, en la mejor de las hipótesis, a la reinvención de la rueda y, en el peor, a bases dudosas que cambian con cada corriente de opinión y "liderazgo especial". Mientras cumplen el "juramento hipocrático espiritual", la mayoría de los activistas de "la Biblia y nada más" se entregaron a la hipocresía, al insistir en que esperan que los otros tomen *sus interpretaciones* de la verdad como la única ver*dad.*[270]

En este aspecto, me quedo con lo que escribió R. L. Brant, pastor pentecostal por aproximadamente 60 años y presbítero ejecutivo de las Asambleas de Dios de Norteamérica, en el prólogo de su excelente obra *Hablar en lenguas, ¿el mayor don?*: "En su dimensión más amplia, la verdad es tan vasta como el propio Dios. Siendo así, ningún hombre puede esperar ser el detentor de toda la verdad. Como máximo, podemos mirar a través de un espejo oscurecido". Y, en el otro párrafo remató: "Sin embargo, la parte necesaria y comprensible de la verdad puede y debe ser conocida".[271]

De entre los mayores peligros de la "libre interpretación", tres de ellos son dignos de destacar: 1) apropiarse indebidamente de promesas; 2) quedarse con la interpretación que más agrada; y 3) hacer que la Biblia diga lo que no está escrito. Y es justamente para no permitir que estas herejías se propaguen en nuestros

---

[269] VIRKLEY, Henry. *Hermenêutica avançada [Hermenéutica]*. São Paulo: Vida, 2007, p. 72.

[270] NAÑEZ, Rick. *Pentecostal de coração e mente: um chamado ao dom divino do intelecto [*¿Evangelio completo *en mentes incompletas?: Un desafío a usar el don del intelecto]*. 1ª ed. São Paulo: Vida, 2007, p. 105.

[271] BRANT, R. L. *Falar em línguas, o maior dom?: pentecostais, falta-nos algo?* [Hablar en lenguas, ¿el mayor don?: pentecostales, ¿nos falta algo?]. 1ª ed. Río de Janeiro: CPAD, 2005, p. 12.

terrenos (en nombre de interpretaciones supuestamente reveladas por el Espíritu Santo) que somos colocados, por el Señor, en la Iglesia para protegernos (Ef 4.11-16).

Otra discusión que merece resaltar es justamente saber si el acto de adorar a Dios implica la ignorancia. ¿Es necesario ser inculto para adorar al Señor "en espíritu y en verdad"? Esta percepción parece no ser sólo equivocada pero también pervertida. A la mujer samaritana, a la orilla del pozo de Jacob, el Señor Jesucristo le dijo, implícitamente, que era necesario conocer a quién adoramos, porque adoración sin conocimiento no tiene sentido y valor. Él dijo que los samaritanos adoraban lo que no conocían (Jn 4.22). Cuando el apóstol Pablo habla de; culto racional (Ro 12.1), no hay como huir de la verdad contenida en el texto: ¡sólo pueden adorar a Dios aquellos que tienen una consciencia de quien es Él! El culto no puede ser algo mecánico y rutinario, antes, para rendirlo eficientemente, es imprescindible el uso de la inteligencia, de la lucidez y principalmente del sentimiento de gratitud y reconocimiento de "tamaño" de la deuda que la sangre de Jesús pagó. Por encima de todo existe todavía el más importante propósito: el ser humano —así como todas las cosas— fue creado para la gloria de Dios. A diferencia de otras religiones, el cristianismo —en su acepción más esencial, y no banalizada institucionalmente con la multiplicidad de denominaciones— promueve el ser humano y no exige su anulación o rebajamiento (como si fuese animal), a fin de satisfacer algún capricho ascético o extático de una divinidad narcisista. A diferencia de las otras, él no requiere intelectualidad por encima de la media, pero tampoco acepta la irracionalidad, porque para decidirse por seguir a Jesucristo, es necesario estar plenamente consciente de la realidad del propio pecado y reconocer que sólo el sacrificio vicario y expiatorio de la cruz es que puede salvar.

Por lo general se percibe que la gran mayoría de los mensajes que oímos, de los estudios bíblicos que participamos y de los libros que leemos, que el método utilizado por la persona que las producen, carga un alto nivel de alegorización del texto bíblico, unido al factor "revelación milagrosa" del mensaje. Tales posturas se inmiscuyen y son fundamentadas en un elemento altamente eficaz en la persuasión de la audiencia, sin embargo extremadamente peligroso: la apelación emocional. El grande y terrible problema de este condicionamiento acrítico, es que existen, como dijo Rick Nañez, "peligros asociados a las doctrinas fragmentadas de declaraciones proféticas y por demás dependientes de la emoción".[272] El mismo autor, citando a Gordon Anderson (líder pentecostal), dice que los peligros de recurrir a estos recursos —doctrinas fragmentadas por declaraciones proféticas y dependientes de emoción— son justamente llevar la iglesia a la "'aceptación incuestionable de líderes, doctrinas y prácticas que deberían ser rechazadas'".[273]

Revisión Teológica

En la ya citada obra *Hablar en lenguas, ¿el mayor don?* de R. L. Brant, en su primer capítulo es abierto diciendo que en el "vasto campo del movimiento pentecostal, la necesidad primaria es el conocimiento".[274] Eso porque, según el mismo autor el "conocimiento es extremadamente importante" y que nuestra "fe depende enteramente de él, exactamente como un rascacielos depende de su cimiento". Él llega a citar que el apóstol "Pablo también entendía que el conocimiento tiene una importante relación con la fe, y que sin él, la fe sería imposible".[275] Antes de cerrar su pensamiento, el autor dice que es a través de la "Palabra escrita e iluminada por el Espíritu, [que] el creyente adquiere el conocimiento". Así, la estructura presentada por Brant, queda siendo la siguiente:

> La fe, por su parte, determina la experiencia espiritual; la experiencia establece los límites para el ministerio. Por lo tanto, el orden es: 1) conocimiento; 2) fe; 3) experiencia; y 4) ministerio. Y este orden es fijo. El conocimiento es el punto de partida en la escalera del ministerio espiritual eficaz. Nunca la fe. La fe presupone el

---

[272] NAÑEZ, Rick. *Pentecostal de coração e mente: um chamado ao dom divino do intelecto [*¿Evangelio completo *en mentes incompletas?: Un desafío a usar el don del intelecto]*. 1ª ed. São Paulo: Vida, 2007, p. 99.

[273] Ibid., p. 99.

[274] BRANT, R. L. *Falar em línguas, o maior dom?: pentecostais, falta-nos algo?* [Hablar en lenguas, ¿el mayor don?: pentecostales, ¿nos falta algo?]. 1ª ed. Río de Janeiro: CPAD, 2005, p. 15.

[275] Ibid., p. 16.

conocimiento, y precede a la experiencia. Estos son los peldaños del ministerio espiritual.[276]

Una vez que la absurda idea de que el texto de 2 Corintios 3.6 fundamentaba la "doctrina de la necesidad de la falta de cultura", siendo, por lo tanto, un error hermenéutico, es necesario reconocer que la realidad no es dada. Así, si realmente existe esta disputa entre espiritualidad y reflexión teológica, o entre fervor y madurez intelectual, es obligatorio que, identificado el origen de esta dicotomía, vengamos a suprimirla, porque ya que tal postura no es natural, dada u orgánica, sino, por el contrario, fue construida, es posible corregirla. Es necesario repensarla por la verdad presentada por el teólogo Alberto Roldán:

> Toda práctica religiosa, [...], implica la adopción, consciente o inconsciente, de tendencias teológicas y posturas ideológicas que es necesario aquilatar. Por eso insistimos en que la teología no es algo "caído del cielo", sino el producto de una reflexión permanente a partir de una situación concreta, estableciendo un punto entre la información bíblica y nuestra situación.[277]

Es preciso entender que la teología es una reflexión bíblica de la comunidad cristiana que está inserta dentro de un determinado contexto. Como no hay un *apartheid* imaginario que nos inmuniza contra las influencias del tiempo en que estamos viviendo, la lectura de las Escrituras queda condicionada a determinado período histórico, porque el intérprete necesita establecer un punto de contacto con lo que dice la Palabra y el tiempo en que está inserto. John Stott llega a afirmar que "nuestro temperamento tiene más influencia en nuestra teología de lo que generalmente imaginamos o admitimos". Eso suena demasiado extraño, pues, continúa Stott, aunque "nuestra comprensión de la verdad bíblica dependa de la iluminación del Espíritu Santo, es inevitablemente coloreada por el tipo de persona que somos, por la época que vivimos y por la cultura a la

---

[276] Ibid., p. 17.

[277] ROLDÁN, Alberto Fernando. *Para que serve a teologia? Método, história, pós-modernidade [¿Para qué sirve la teología?].* 2ª ed. Londrina, PR: Descoberta, 2004, p. 61.

que pertenecemos".[278] Como dijo cierta vez el ya citado teólogo Alberto Roldán:

> Como evangélicos tenemos un postulado de fe básico e insustituible: la Biblia, como Palabra de Dios, es la única autoridad en materia de fe y doctrina, de modo que toda reflexión teológica debe estar abierta a la crítica por esta sola Palabra de Dios. Una pregunta para pensar sería: ¿Qué debemos hacer cuando un texto bíblico amenaza el sistema teológico que adoptamos? Es obvio que hay dos alternativas: alterar el texto o alterar el sistema. Cada uno de nosotros tendrá que hacer su propia opción.[279]

Finney es tan grave en su crítica al respecto, que llega a afirmar que cualquier "tentativa no inspirada de esbozar para la iglesia un patrón de opinión que pueda considerarse una exposición incuestionable de la Palabra de Dios no sólo es impía en sí, como también una admisión tácita del dogma fundamental del papado". Según él, es "absurdo en la teología como sería en cualquier otra rama de la ciencia, y tan perjudicial y entorpecedor como absurda y ridícula".[280] Su conclusión es tan enfática, pero no sin explicación:

> Todavía no logro estereotipar mis opiniones teológicas y dejé de pensar que algún día lo lograría. La idea es absurda. Nada, sino un intelecto omnisciente, puede continuar manteniendo una identidad precisa de concepciones y opiniones. Mentes finitas, a menos que estén adormecidas o entorpecidas por preconceptos, deben avanzar en el conocimiento. El descubrimiento de una nueva verdad modificará concepciones y opiniones antiguas, y tal vez este proceso no tenga fin en mentes finitas, cualquiera que sea el mundo. La verdadera coherencia cristiana no consiste en estereotipar nuestras opiniones y concepciones y en rehusarnos a hacer cualquier progreso para no ser acusados de cambio, pero consiste en mantener la mente abierta para recibir los rayos de la verdad por todos lados y en cambiar nuestras opiniones, lenguaje y práctica en la frecuencia y velocidad con que conseguimos obtener informaciones

[278] STOTT, John R. W. *Cristianismo equilibrado* [Cristianismo equilibrado]. 1ª ed. Río de Janeiro: CPAD, 1982, p. 15.

[279] ROLDÁN, Alberto Fernando. *Op. Cit.*, p. 53.

[280] FINNEY, Charles. *Op. Cit.*, p. 24.

> complementarias. Lo llamo coherencia cristiana porque sólo esta senda está de acuerdo con una confesión cristiana. Una confesión cristiana implica investigación continua y cambio de opinión y práctica en correspondencia al conocimiento creciente. Ningún cristiano, por lo tanto, y ningún teólogo debe temer un cambio en sus concepciones, lenguaje o prácticas en conformidad con una luz creciente. La predominancia de este temor mantendría el mundo como mínimo en una inmobilidad perpetua, y todos los objetos de la ciencia y, por consiguiente, todos los perfeccionamientos se volverían imposibles.[281]

Profundización en la Palabra y poder del Espíritu Santo

El ya citado Gary B. McGee, hablando sobre el *panorama histórico* (del movimiento pentecostal y, especificamente, de la Asamblea de Dios norteamericana), al hablar sobre la preservación de la doctrina hasta 1950 (y después de 1950), dice que es justamente el hecho de encaminar "los cristianos respecto a una vida madura en el Espíritu, lo que ayuda a explicar la gran prioridad atribuida a las publicaciones pentecostales".[282] En otras palabras, fue justamente buscando la madurez espiritual que la iglesia norteamericana invirtió en este aspecto. Hablando acerca de la participación de los pentecostales en el estudio y la investigación profundos que cada vez más el liderazgo norteamericano hacía, McGee revela con relevancia algo que tiene mucho que decir a todos nosotros:

> Aunque muchos hayan tenido, desde el inicio, preocupaciones con la intelectualización de la fe, la nueva estirpe de instructores fue un ejemplo de equilibrio entre la espiritualidad pentecostal y los estudios académicos. Uno de esos profesores, Stanley M. Horton, se había formado en lenguas bíblicas y Antiguo Testamento, en el Seminario Teológico de Gordon-Conwell, en la Facultad de Divinidades de Harvard, y en el Seminario Teológico Bautista Central.

---

[281] Ibid., p. 23, 24.

[282] MCGEE, Gary B. Panorama Histórico. En: HORTON, Stanley M. (Ed.). *Teologia sistemática: uma perspectiva pentecostal [Teología sistemática: una perspectiva pentecostal].* 4ª ed. Río de Janeiro: CPAD, 1997, p. 26.

> En el transcurso de los años, Horton comenzó a demostrar notable influencia sobre la denominación mediante sus enseñanzas, libros (*Qué dice la Biblia sobre el Espíritu Santo* [publicado por la CPAD]), artículos en revistas y boletines, y contribuciones al currículo de la escuela Dominical para adultos.[283]

En Brasil esta lista puede ser ampliada de manera extensa, sin ninguna pérdida de fervor espiritual por parte de aquellos que se dedican al estudio más profundo de las Sagradas Escrituras, incluyendo las lenguas originales y otros aspectos técnicos. Creo incluso que es el momento de definir lo que es ser fervoroso y espiritual. ¿Qué es profundizar en la Palabra sino obedecer lo que el mismo Dios dijo a través de Oseas 6.3 y del apóstol Pedro en su segunda epístola, capítulo 3, versículo 18, y lo que Jesucristo dijo también en Mateo 22.29?

[283] Ibid., p. 28.

9

El compromiso evangelístico y misiológico de la Iglesia en una sociedad poscristiana[284]

Cada generación de la iglesia, en sus circunstancias particulares, en su escenario propio, tiene la responsabilidad de comunicar el evangelio en términos *que se puedan entender, considerados el lenguaje y las formas de pensamiento del ambiente el período específico en que la comunicación se procesa.*[285]

Francis Schaeffer (1912-1984)

Momentos antes de su ascensión al cielo, Jesucristo dejó una tarea a los que darían seguimiento a la implantación del Reino de Dios: "Por tanto, id, y haced discípulos a todas las naciones, bautizándolos en el nombre del Padre, y del Hijo, y del Espíritu Santo; enseñándoles que guarden todas las cosas que os he mandado; y he aquí yo estoy con vosotros todos los días, hasta el fin del mundo. Amén." (Mt 28:19, 20).[286] Esa orden se repite

[284] Este texto fue base para una serie de conferencias realizada en Braunschweig, Alemania, entre los días 14 y 16 de mayo de 2010.

[285] SCHAEFFER, Francis. *A morte da razão [Huyendo de la razón]*. 8ª ed. São Paulo: ABU; San José de los Campos: Fiel, 2001, p. 93.

[286] Byron D. Klaus, catedrático de Liderazgo Eclesiástico en la Facultad de Sur de California, hace el siguiente comentario acerca de este texto: "'Van' (gr. *poreuthentes*) no es un imperativo. Significa, literalmente, 'habiendo ido'. Jesús toma por cierto que los creyentes irán, quiere por vocación, por placer, o por persecución. El único imperativo en este texto bíblico es 'hagan discípulos' (gr.

en Marcos 16.15, Lucas 24.47 y Juan 20.21. Como el Maestro dijo expresamente que el límite del "área de actuación" consiste de "todas las naciones", y que sería preciso enseñar "todas las cosas" que Él había "mandado" (léase el contenido de todo lo que Él había enseñado), es lógico y evidente concluir que el desafío de la iglesia es muy grande.

Para que sea posible realizar esta gigantesca tarea, algunos cuidados son necesarios y uno de los primeros es tener la humildad de comunicar el mensaje del evangelio a partir de donde las personas están y no de donde quisiéramos que ellas estuvieran. Para eso es necesario tener plena consciencia y conocimiento de la situación concreta en que se encuentra el pueblo que se pretende alcanzar. Alguien podría objetar, diciendo que el mensaje del evangelio es el mismo en todos los lugares. Algo con que estoy de acuerdo plenamente, no obstante, determinados énfasis dados a los diversos aspectos del mensaje, en culturas diversas pueden sonar de distintas y variadas maneras. El crítico cultural y filósofo cristiano, Francis Schaeffer, decía que si la vida en el siglo XX (él vivió y escribía todavía para aquel contexto) fue reducida a nada y perdió totalmente su significado, y esta mentalidad es la que prevalece entre la sociedad, la gran cuestión es: "¿Cómo podemos hacer que la fe cristiana tenga sentido para el mundo de hoy?", y él supo como nadie transmitir esta verdad:

> Si alguien va a pasar una larga temporada en el exterior, es de esperarse que aprenda la lengua del país a que se destina. Además de eso, sin embargo, se hace necesario que pueda realmente comunicarse con aquellos entre los cuales vivirá. Se le impone aprender otra lengua —la de las formas de pensamiento de las personas con quien hablará. Solamente así conseguirá verdadera comunicación con ellas. Lo mismo sucede con la iglesia cristiana. Su responsabilidad no es sólo profesar los principios básicos de la fe cristiana, a la luz de las Escrituras; le toca comunicar estas verdades inmutables a la generación en que se sitúa. Cada generación cristiana se enfrenta con este problema de aprender cómo hablar a su tiempo

mathéteusate), que incluye bautizarlos y enseñarlos continuamente". KLAUS, Byron D. La misión de la Iglesia. En: HORTON, Stanley M. *Teologia sistemática: uma perspectiva pentecostal [Teología sistemática: una perspectiva pentecostal]*. 4ª ed. Río de Janeiro: CPAD, 1997, p. 584.

> de manera comunicativa. Es problema que no se puede resolver sin una comprensión de la situación existencial, en constante cambio, con que se enfrenta. Para que consigamos comunicar la fe cristiana de modo eficiente, por lo tanto, tenemos que conocer y entender las formas de pensamiento de nuestra generación. Ellas diferirán ligeramente de lugar en lugar, y en mayor grado de una nación a otra. Sin embargo hay características de la época tal en que vivimos que son las mismas dondequiera que nos encontremos.[287]

El título de este capítulo demuestra que la misión otorgada por Jesucristo a sus seguidores y, consecuentemente, a su Iglesia, sigue siendo válida e inconclusa todavía en nuestros días. Válida porque Él todavía no ha tomado a su pueblo de la faz de la tierra e inconclusa porque mientras la iglesia esté aquí tiene la obligación de llevar a efecto el trabajo *kerigmático* de proclamar el evangelio y de discipular las naciones. No obstante eso, en el mismo título hay también la afirmación de que el compromiso evangelístico y misiológico de la Iglesia ahora cuenta con un agravante para su consecución, porque el mensaje del evangelio está siendo predicado en una "sociedad poscristiana". Al tomar conocimiento de las implicaciones de esta observación, se verá que este momento histórico es peor que el de los tiempos precristianos, cuando el mensaje de Cristo representó un rompimiento con el modelo teísta desarrollado por la religiosidad en vigencia. Y es exactamente en este punto que Francis Schaeffer acerta al afirmar que la iglesia tiene que estar preparada para la proclamación del evangelio en cada situación, contexto y nación diferentes.

Aparte de la cuestión de las dificultades "normales y comunes" al problema de la expansión del Reino de Dios —barreras geográficas y aduaneras, crisis económicas, omisión y falta de compromiso por parte de los cristianos, etc.—, existen todavía otros impedimentos que, muchas veces, son ignorados, pero que vuelven este desafío algo todavía más imposible: el cambio de los tiempos en relación a los valores religiosos y a la cultura en general. Es necesario entender que el "mundo es dividido no tanto por los límites geográficos sino sobre todo por las tradiciones

[287] SCHAEFFER, Francis. *A morte da razão [Huyendo de la razón]*. 8ª ed. São Paulo: ABU; San José de los Campos: Fiel, 2001, p. 5.

religiosas y culturales, por las creencias más profundas que las personas poseen —a través de cosmovisiones".[288]

Así, considerar la posibilidad de que el cristianismo, en el contexto europeo, tenga la misma importancia del pasado es un ideal que la iglesia en Europa debe perseguir, sin embargo eso no será posible si ella no se inclina sobre la historia a fin de entender las causas que llevaron al continente a abandonar uno de sus pilares culturales. Es como mínimo ingenuo y como máximo arrogante no considerar las condiciones históricas del pueblo que se pretende alcanzar con el mensaje del evangelio. Por eso, decir que Europa es poscrisiana significa que este continente superó la visión cristiana del mundo y rechazó la herencia cristiana debido a quel proceso de desconstrucción que sufrió. Sin embargo, eso no ocurrió de la noche a la mañana, pero fue fruto de un largo proceso histórico que, supuestamente, dio comienzo en el período que conocemos como Ilustración. Y es exactamente con un poco de historia que esta reflexión iniciará su análisis del compromiso evangelístico y misiológico de la iglesia.

¿Qué le pasó a la fe cristiana en Europa?

Puede parecer simplista, mas la palabra que responde esta pregunta es *secularización*. Sin embargo cualquier respuesta aligerada o "espiritualizada" a las causas de este proceso puede inocular las verdaderas pistas del camino a una posible solución del problema. Por eso, cuando en la introducción enfaticé el punto de que es necesario establecer un proceso de comunicación con las personas a partir de donde ellas se encuentran y no al contrario, lo dije simple y únicamente por el hecho de que, a pesar de que la respuesta al problema de la dilución de la fe cristiana en Europa consiste en sólo una palabra, entender sus causas es algo bastante complejo. Las profundas transformaciones a las que el continente europeo ha sido sometido poseen diversos matices y no se restringe al aspecto religioso. Sin embargo, debido a que el cristianismo es el factor responsable por la catalización de la cultura europea, es imprescindible entender que los sacudones que

---

[288] COLSON, Charles; PEARCEY, Nancy. *E agora, como viveremos? [Y ahora... ¿cómo viviremos?]*. 2ª ed. Río de Janeiro: CPAD, 2000, p. 37.

provocaran los cambios en el pensamiento occidental, tuvieron su epicentro a partir de los ataques que la fe cristiana sufrió.

Para comprender este "ataque" que culminó en el abandono y olvido de la fe cristiana en Europa, es necesario conocer los acontecimientos y los cambios que los precedieron. Eso significa decir que una sociedad no cambia de forma repentina y abrupta. Los grandes cambios sociales ocurren debido al "clima cultural" que va imponiendo una nueva visión del mundo a la sociedad. Una vez absorbida por las "masas", los cambios se cristalizan de forma viral, o sea, son implementados y aceptados sin ninguna reflexión y crítica. Los presupuestos o los fundamentos que forman la estructura del pensamiento de una sociedad son cruciales para el compromiso político (o la inercia), para la creencia o la falta de creencia, para la moral y la ética, en fin, lo que, de hecho, distingue cada pueblo. En su obra *¿Cómo Viviremos?*, el ya citado Francis Schaeffer define los "*supuestos*", diciendo que son "la estructura básica de cómo la persona encara la vida, su cosmovisión básica, el filtro a través del cual ella ve el mundo". Él concluye diciendo que los "supuestos ofrecen todavía la base para sus valores y, en consecuencia, la base para sus decisiones".[289] Delante de ello, la pregunta inevitable es: ¿cuáles son los supuestos de la sociedad occidental? Para responder esta cuestión, es imprescindible examinar —aunque sea a la ligera— nuestras raíces culturales:

> Al tratar de aprender lecciones acerca de los problemas primordiales que estamos viviendo hoy, mirando a la historia y considerando su flujo, podríamos partir de los griegos, o incluso antes de los griegos. Podríamos retornar a los tres grandes ríos representativos de las principales corrientes culturales de la antigüedad: el Éufrates, el Indo y el Nilo. Sin embargo, partiremos de los romanos (con la influencia griega detrás de ellos), ya que la civilización romana es el antepasado directo del mundo occidental de hoy. De las primeras conquistas de la República Romana hasta nuestros días, la ley

[289] SCHAEFFER, Francis. *Como viveremos?: uma análise das características principais de nossa época em busca de soluções para os problemas desta virada de milenio* [¿Cómo viviremos?: un análisis de las características principales de nuestra época en busca de soluciones para los problemas de este cambio de milenio]. 1ª ed. São Paulo: Cultura Cristiana, 2003, p. 11.

> romana y las ideas políticas han tenido una fuerte influencia en el escenario de Europa y de todo el mundo occidental. Por donde quiera que la civilización occidental haya ido, fue marcada por los romanos.[290]

Al saber que la sociedad occidental es heredera directa del mundo greco-romano es necesario recordar que, históricamente hablando, el cristianismo tuvo su "nacimiento, sus primeros triunfos, y su principal fortaleza inicial", dice el historiador estadunidense, Kenneth Scott Latourette, en una región — Palestina, más específicamente en la región de Judea y, en particular, en la ciudad de Jerusalén — que también recibió influencia directa de esta cultura, pues era parte del dominio imperial romano. Eso significa que, conforme explica Lautorette, "el cristianismo fue profundamente moldeado por el [mundo grecorromano]".[291] Si por un lado Roma era propicia a la proliferación religiosa, después del advenimiento del "culto al emperador", los cristianos comenzaron a ser hostilizados, perseguidos y torturados. Gregory Miller, profesor de historia eclesiástica, afirma que la "más severa de estas persecuciones, la Gran Persecución iniciada por el emperador Diocleciano (303-311), buscaba nada menos que la aniquilación del cristianismo".[292] Sin embargo, algo cambió cuando "Constantino ganó el control del Imperio Romano", escribe el mismo profesor, los cristianos que, durante trescientos años sufrieron, ahora, aun siendo sólo 15 por ciento de la población romana, "asumieron un papel dominante en la sociedad después de la conversión del emperador".[293] Él añade entonces que alrededor de "400 d. C., la iglesia ya no era más una minoría *perseguida,*

---

[290] Ibid., p. 12.

[291] LATOURETTE, Kenneth Scott. *Uma história do cristianismo: volume: I até 1500 a.D. [Historia del cristianismo. Volumen: I hasta 1500 a. D.].* 1ª ed. São Paulo: Hagnos, 2006, p. 26.

[292] MILLER, Gregory J. *Vozes do passado: tentativas históricas para formar um pensamento cristão.* [Voces del pasado: tentativas históricas para formar un pensamiento cristiano]. En: PALMER, Michael D. (Ed.). *Panorama do pensamento cristão.* [Panorama del pensamiento cristiano]. 1ª ed. Río de Janeiro: CPAD, 2001, p. 112.

[293] Ibid., p. 112.

sino una minoría *que perseguía*".[294] A pesar de ello, es necesario hacer justicia al recordar que en esta misma época, debido a que varias cuestiones (internas y externas) que amenazaban la fe cristiana, la iglesia tuvo que debatir sobre importantísimos y cruciales asuntos que eran decisivos para su existencia. Conocido como Período Patrístico, duró de 100 a 451 d.C., y fue marcado por intensos debates que se concentraron en cuatro grandes áreas, que pueden ser así resumidas:

> 1) Autodefinición, quiere decir, la comprensión de lo que significa ser cristiano en referencia al judaísmo, 2) la relación del cristianismo con la cultura no-cristiana, según reflexiones hechas por los apologistas o defensores de la fe, 3) la visión cristiana de Dios y de Jesucristo en los primeros concilios ecuménicos, y 4) la relación del cristianismo con el gobierno.[295]

Desafortunadamente, los que así luchaban con valor representaban una minoría en la Iglesia, mas su marca fue tan decisiva que mucho de lo que el cristianismo todavía profesa como doctrina fue desarrollado teológicamente en el Período Patrístico, siendo que esta última expresión viene de la palabra latina que significa *pater*, o sea, "padre". Esta designación se refiere a la persona de los patriarcas de la Iglesia así como las ideas que fueron desarrolladas por ellos durante esta época. El teólogo británico, Alister McGrath, dice que esta designación hace "referencia al período que va de la conclusión de los escritos del Nuevo Testamento (c.100) hasta la reunión decisiva del Concilio de Calcedonia (451)".[296] Destacar este "remanente fiel" dentro de la Iglesia es reconocer que la historia se repite en todos sus períodos.

Retomando el asunto acerca de la degeneración cristiana, Lautorette, afirma que el "aparente triunfo del cristianismo en ganar la lealtad profesa del Imperio Romano trajo consigo una importante amenaza". Eso por la simple razón de que el comprometimiento de los cristianos "con el ambiente no cristiano en

[294] Ibid., p. 113.

[295] Ibid., p. 113.

[296] MCGRATH, Alister E. *Teologia histórica: uma introdução à história do pensamento cristão* [Teología histórica: una introducción a la historia del pensamiento cristiano]. 1ª ed. São Paulo: Cultura Cristiana, 2007, p. 38.

que estaban inmersos", escribe, hizo que la iglesia fuera "invadida por los ideales que eran totalmente contrarios al Evangelio, especialmente la concepción y el uso de poder que estaban en riguroso contraste con la especie de poder mostrado en la vida y en las enseñanzas de Jesús en la cruz y en la resurrección".[297]

> Un peligro casi relacionado, pero un tanto diferente, era la asociación estrecha con el Imperio Romano y la cultura grecorromana que esta victoria trajo. Aún antes de haber completado los primeros cinco siglos de su trayectoria, el cristianismo comenzaba a ir más allá de las fronteras del Imperio Romano, al final de este período se volvió casi identificado con este imperio y su civilización. La abrumadora mayoría de los ciudadanos romanos creía ser cristiana y la gran mayoría de aquellos que portaban el nombre de cristiano se componía de ciudadanos romanos. La iglesia Católica, que abrazó la mayoría de esos que se consideraban cristianos, creció dentro del área que recibió unidad política de parte del Imperio Romano y en su estructura refleja el patrón de este imperio. Mientras sorprendentemente original en su esencia, la teología cristiana había forzosamente empleado los términos griegos y romanos, y utilizado conceptos tomados de la filosofía griega. Alrededor del año 500, el Imperio Romano y la cultura grecorromana estaban en declive.[298]

Corroborando con esta argumentación, Gregory Miller, dice que a pesar de que la "fecha tradicional para la 'caída del Imperio Romano' en Europa Occidental [el año] 476 d.C.", dice él, que el "proceso, en realidad, fue muy largo, comenzando a principios de la década de 400 y durando hasta la década de 600":

> En 410 d.C., el mundo romano quedó aturdido al oír que los visigodos, tribus germánicas del norte, habían capturado y saqueado la Ciudad Eterna [Roma]. En vez de un incidente aislado, durante los próximos doscientos años varios pueblos germánicos infestaron Europa Occidental y África Noroccidental. La parte oriental del Imperio fue preservada (Grecia, Asia Menor, Egipto,

[297] LATOURETTE, Kenneth Scott. *Uma história do cristianismo: volume: I até 1500 a.D. [Historia del cristianismo. Volumen: I hasta 1500 a. D.].* 1ª ed. São Paulo: Hagnos, 2006, p. 361.

[298] Ibid., p. 361.

> Siria-Palestina), pero el poder imperial se desmoronó en Occidente. La gloriosa civilización de Roma fue destruida y las luces del aprendizaje y la cultura comenzaron a ser apagadas por toda Europa Occidental.[299]

Aun habiendo ocurrido tales invasiones, el tiempo que disfrutó de privilegios estatales, hizo que el cristianismo rompiera con la visión bíblica del sufrimiento y de la persecución para el cumplimiento del compromiso evangelístico y misiológico de la Iglesia. Las personas se decidían por el cristianismo por conveniencias políticas. Posteriormente, se desarrolló una teología que privilegiaba el clero en detrimento del laicado. La elección de ministros era hecha con base en la "influencia política y en el status económico, en vez de en la capacidad ministerial".[300] Lo que se percibe claramente es que después de la fusión que prácticamente igualó la iglesia con el estado, el cristianismo se perdió sus características y perdió sus bases y supuestos provenientes de la revelación especial. Aun reconociendo que el poder temporal concedido por el estado al clero lo corrompió de tal forma que durante cerca de diez largos siglos el "cristianismo oficial" cayó en el absoluto descrédito, es un simplismo afirmar que la "Edad Media" (nomenclatura dada por pensadores humanistas, en el siglo XVI, al período que antecede el llamado "Renacimiento") fue una "Edad de las Tinieblas".

Primero porque colocar este extenso período de tiempo bajo una misma designación es una generalización deshonesta históricamente hablando, esto es, hay al menos tres períodos distintos que marcan esta época: Baja Edad Media (450–950 d.C.), Alta Edad Media (950–1350 d.C.) y Tardía Edad Media (1350–1500 d.C.). Cada una de estas subdivisiones posee características peculiares. La primera, por ejemplo, fue marcada por la fundación de los monasterios (centros intelectuales de preservación de la cultura y del desarrollo de la devoción cristiana). La segunda fue caracterizada por tres grandes acontecimientos: El Gran Cisma

---

[299] MILLER, Gregory J. *Vozes do passado: tentativas históricas para formar um pensamento cristão.* [Voces del pasado: tentativas históricas para formar un pensamiento cristiano]. En: PALMER, Michael D. (Ed.). *Panorama do pensamento cristão.* [Panorama del pensamiento cristiano]. 1ª ed. Río de Janeiro: CPAD, 2001, p. 113.

[300] Ibid., p. 119.

(división definitiva entre la iglesia Occidental y Oriental), el período de las Cruzadas (un movimiento no solamente religioso, sino también político, que necesita entenderse en su contexto histórico: eso no justifica las guerras, pero las explican), y la fundación de las primeras universidades. Finalmente, la última subdivisión, este sí un período definitivamente sombrío, es marcado principalmente por la crueldad de la Inquisición. Se trataba de un tribunal eclesiástico arbitrario que actuaba, con plenos poderes, injusta y subjetivamente en nombre de la fe cristiana teniendo como principios de investigación e interrogatorio la ley romana. A pesar de haber sido creada en 1233 por el papa Gregorio IX, fue en el siglo XIV que la Inquisición recrudeció.

Por esta época también ocurrieron tres grandes revoluciones en el pensamiento occidental: El Renacimiento (marcado por el redescubrimiento de la cultura clásica, principalmente, la griega), la Reforma (cuya interpretación siempre queda comprometida por creer, equivocadamente, que fue un movimiento homogéneo que aconteció sólo motivado por razones religiosas) y la Revolución Científica (antes de ser el copernicanismo el cambio más importante, fue justamente el rompimiento con la visión animista del mundo lo que revolucionó el pensamiento científico). Sólo después de todo eso es que surge la Ilustración (el llamado "siglo de las luces", que marca el rompimiento con la metafísica y elige la razón como poseedora de poderes infalibles).

El segundo factor que argumenta contra la arbitrariedad de pensadores iluministas que, a la luz del pensamiento y desarrollo humano posteriores, acusan a la Edad Media como un tiempo de ignorancia, de algunos años para acá, viene siendo reconsiderado.

Algunos movimientos que actuaron en la Edad Media, por ejemplo, el escolasticismo, representa una fuerza legítima preocupada en mostrar la coherencia y compatibilidad existente entre la fe y la razón. El teólogo británico Alister McGrath, en su libro *Fundamentos del diálogo entre ciencia y religión*, hace una "síntesis medieval" y afirma que generalmente:

> Se sugiere, a veces, que la revolución científica de los siglos XVI y XVII debe muy poco a la Edad Media. Tal punto de vista, muy común en la literatura más antigua trataba de la historia de la ciencia, ha sido recientemente criticado por especialistas del área, como,

> por ejemplo, Edward Grant, que se muestra convencido de que los orígenes de la revolución científica se remontan a la Edad Media. Para él, el período medieval fue responsable por la creación del contexto intelectual en el cual las ciencias naturales pudieron desarrollarse en la cualidad de disciplinas intelectuales serias, ofreciéndoles ideas y método para su desarrollo.[301]

Si la Revolución Científica ocurrió justamente porque la fe cristiana ofrece la certeza de que el universo era ordenado, porque debido a la conclusión de haber sido creado por un Dios perfecto, ninguna duda había que su funcionamiento fuera previsible, la Ilustración partió de una perspectiva totalmente distinta. Ignorando toda la estructura proporcionada por las revoluciones que lo precedieron, de forma deshonesta los pensadores resolvieron dar una interpretación diferente para la historia precedente y pisotearon el legado del pensamiento coherente desarrollado al final de la Edad Media. De acuerdo con Francis Schaeffer, el cambio de mentalidad que la Ilustración imprimió, hicieron que ella y la sociedad sean lo que actualmente están siendo. Estos cambios, según el pensador, se dieron en la ciencia, en la filosofía y en la teología:

> Como ya pudimos observar, la Revolución Científica se fundó en una base cristiana. Los científicos precursores de la ciencia actual creían en el concepto de uniformidad de las causas naturales, vistas en un sistema *abierto*. Dios y el hombre estaban fuera de la máquina de causa y efecto del cosmos, y por eso *ambos* tenían influencia sobre la máquina. Para ellos, la totalidad de lo que existe *no puede ser* reducida a una gran máquina cósmica, capaz de incluir todo. El proceso de cambio de la ciencia actual para aquello que yo llamo *moderna ciencia moderna*, nada más representó lo que una transferencia del concepto de uniformidad de las causas naturales en un *sistema abierto*, al concepto de uniformidad de las causas naturales en un *sistema cerrado*. De acuerdo con esta última, no hay nada que se encuentre fuera de la máquina cósmica total; cada cosa que existe es una parte de ella.

[301] MCGRATH, Alister E. *Fundamentos do diálogo entre a ciência e a religião* [Fundamentos del diálogo entre ciencia y religión]. 1ª ed. São Paulo: Loyola, 2005, p. 13, 14.

> [...] En otras palabras: antes del advenimiento de la ciencia moderna (esto es, de la ciencia naturalista, o de la ciencia materialista), las leyes de causa y efecto eran aplicadas a la física, a la astronomia y a la química. La perspectiva mecánica de causa y efecto pasó a ser aplicada hoy igualmente a los campos de la psicología y de la sociología.
> Note particularmente que los científicos, considerados padres de las grandes rupturas anteriores en el campo de la ciencia, no habrían aceptado esta concepción. Ella no surgió como consecuencia de alguna cosa que pueda ser demostrada por la ciencia, sino porque los científicos que adoptaban esta nueva visión *habían aceptado una base filosófica diferente.* Los descubrimientos de la ciencia como tal, no los llevaban a adoptar esta visión; fue su cosmovisión la que los llevó a este punto. Ellos se volvieron naturalistas o materialistas en sus supuestos.[302]

Una vez que los nuevos científicos se volvieron materialistas *por opción,* y que, como dice Charles Colson y Nancy Pearcey, cualquier cambio en la ciencia tiene que ser visto con mucha atención, porque la "reforma de la ciencia —y la manera como realmente pensamos— no es sólo un asunto para académicos en las torres de marfil", es imprescindible que incluso no siendo científico, el cristiano se preocupe, porque los cambios que acontecen en la perspectiva de la ciencia "afecta toda nuestra visión del mundo —no solamente las ideas acerca de la religión y de la ética, también las artes, la música, y la cultura popular".[303] Schaeffer, al continuar su argumentación, hablando sobre los cambios que alcanzaron la filosofía y la teología, por cuenta de la Ilustración, afirma que en "adición al existencialismo secular de Sartré, Camus, Jaspers y Heidegger, Kierkgaard hizo surgir otra

[302] SCHAEFFER, Francis. *Como viveremos?: uma análise das características principais de nossa época em busca de soluções para os problemas desta virada de milenio* [¿Cómo viviremos?: un análisis de las características principales de nuestra época en busca de soluciones para los problemas de este cambio de milenio]. 1ª ed. São Paulo: Cultura Cristiana, 2003, p. 97, 98.

[303] COLSON, Charles; PEARCEY, Nancy. *O cristão na cultura de hoje: desenvolvendo uma visão de mundo autenticamente cristã.* [El cristiano en la cultura de hoy: desarrollando una visión del mundo auténticamente cristiana]. 1ª ed. Río de Janeiro: CPAD, 2006, p. 245.

forma de existencialismo: El existencialismo *teológico*".[304] Francis Schaeffer, explica que el "existencialismo" representa un sistema filosófico que aplicado a través de la *metodología existencial* hace una dicotomía de toda la realidad. Él dice que la "metodología (y la existencia de la propia dicotomía) es la marca de la corriente actual del pensamiento humanista".[305] Desafortunadamente, algunos historiadores alegan que este proceso que secularizó la ciencia, la razón, la teología y todo lo demás, contó con la participación —aunque involuntaria— de algunos cristianos fervorosos que, en el afán de "defender la fe", acabaron creando una dualidad perniciosa que perjudicó el mismo cristianismo:

> [...] mientras enfatizaba la importancia de la fe, Lutero rechazaba vehementemente la razón, como si presintiera que la razón podía ser enemiga de la fe. Sus textos —mas no los de Calvino— muestran que la vieja visión de la complementariedad entre razón y mitología se estaba disipando. Con su habitual belicosidad, Lutero hablaba de Aristóteles con odio y detestaba a Erasmo —lo consideraba el epítome de la razón, que, estaba convencido, sólo podía llevar al ateísmo. Al expulsar la razón de la esfera religiosa, fue uno de los primeros europeos en secularizarla.[306]

Temo que actualmente lo que ocurrió tal vez se esté repitiendo. Cada vez que los cristianos compaginamos o negamos la racionalidad en nombre de la fe, y actuamos como si creer fuese algo irracional, hacemos todavía más largo y profundo el abismo que nos separa de la sociedad posmoderna. Por otro lado, repetir la tentativa escolástica de hacer una síntesis entre Aristóteles y los postulados de la fe, o, entre Platón y el cristianismo, siempre terminará en perjuicio para el evangelio, porque el mensaje

---

[304] SCHAEFFER, Francis. *Como viveremos?: uma análise das características principais de nossa época em busca de soluções para os problemas desta virada de milenio* [¿Cómo viviremos?: un análisis de las características principales de nuestra época en busca de soluciones para los problemas de este cambio de milenio]. 1ª ed. São Paulo: Cultura Cristiana, 2003, p. 121, 122.

[305] Ibid., p. 121.

[306] ARMSTRONG, Karen. *Em nome de Deus: o fundamentalismo no judaísmo, no cristianismo e no islamismo* [En nombre de Dios: el fundamentalismo en el judaísmo, en el cristianismo y en el islamismo]. 1ª ed. São Paulo: Compañía de las Letras, 2009, p. 100, 101.

bíblico está por encima de todas estas filosofías. A pesar de que el cristianismo siempre presenta una estructura de pensamiento que explica la realidad (existencia, propósito, destino), no es una filosofía más, sino una nueva vida. Toda fusión del cristianismo con cualquier filosofía culmina en su obsolescencia, porque las filosofías son estacionales por su propia naturaleza de "verdad provisional" o instrumento de búsqueda de esta verdad. A diferencia, la fe cristiana es la verdad (Jn 8.32; 17.17), por lo tanto, es necesario vivirla.

Sintetizando el período de la Ilustración, es posible decir que aunque hubiera una atmosfera cultural común en casi toda Europa, las diferencias nacionales y la existencia de sistemas políticos distintos determinaron condiciones y puntos de vista diversos en cada núcleo del pensamiento en el continente. En Alemania, por ejemplo, donde la Ilustración es conocida como *Aufklärung*, por razones obvias, el debate intelectual se concentró en cuestiones metafísicas y religiosas. Sin embargo, la Ilustración fue tan importante que inauguró un nuevo período en la historia occidental: el modernismo. En las palabras de Gregory Miller, "*Modernismo* es la cosmovisión que dominó el pensamiento occidental desde la ilustración". El profesor de historia todavía dice que las características primarias del modernismo son: "1) confianza en el poder de la razón humana, 2) fe en el progreso y desarrollo, principalmente por medio de la ciencia y tecnología, y 3) creencia en la soberanía absoluta del individuo".[307] Este período también marca el inicio de la secularización, y esta puede ser definida como "un proceso a través del cual la religión pierde su influencia sobre las variadas esferas de la vida social".[308] En términos más directos, el proceso que Max Weber denomina como "desencantamiento del mundo", marca una ruptura radical con la cosmovisión del medievalismo. Esta "efervescencia de la historia intelectual del

---

[307] MILLER, Gregory J. *Vozes do passado: tentativas históricas para formar um pensamento cristão*. [Voces del pasado: tentativas históricas para formar un pensamiento cristiano]. En: PALMER, Michael D. (Ed.). *Panorama do pensamento cristão* [Panorama del pensamiento cristiano]. 1ª ed. Río de Janeiro: CPAD, 2001, p. 130.

[308] CAMPELO, Álvaro. Secularización. En: MAIA, Rui Leandro. *Dicionário de Sociologia* [Diccionario de Sociología]. 1ª ed. Porto: Porto Editora, 2002, p. 332.

occidente" que ocurrió en la confluencia entre las eras antigua y moderna, debe ser conocida por cualquier persona que se disponga a cumplir el "Id" de Jesús:

> Porque ese tiempo haya sacudido de manera tan acentuada tanto los fundamentos como el rumbo de la teología cristiana, desde la Ilustración la fe cristiana nunca más fue y nunca podrá ser la misma. [...] los cristianos ponen la teología en riesgo cuando ignoran la Ilustración. No considerar los cambios que este pensamiento introdujo acaba siempre llevando a una privatización de la fe, confinándola en "guetos" de Cristianismo y causando la pérdida de impacto de la voz del cristianismo sobre la sociedad moderna.[309]

Como la producción teológica no se da en un vacío atemporal, no es difícil concluir en qué resultó el intento de acomodación del mensaje cristiano a los postulados iluministas. Alister McGrath dice "que fue la teología protestante, y no sus correlativos católicos romanos u ortodoxos orientales, que se mostró especialmente abierta a las nuevas corrientes que surgieron de la Ilustración y de sus resultados". El mismo autor dice que, porque el cristianismo ejerce el dominio religioso en el ambiente cultural en que la Ilustración se desarrolló, es que éste se volvió objetivo de críticas específicas. Doctrinas básicas como el concepto de revelación, la doctrina del pecado original, el problema del mal, el status y la interpretación de las Escrituras, y la identidad y el significado de Jesucristo[310], son algunos de los asuntos que sufrieron revisiones interpretativas, a la luz de la filosofía iluminista, y fueron completamente descaracterizadas en relación a las definiciones de la producción teológica de los padres de la Iglesia.

Yo estaba en una librería adquiriendo la polémica obra del teólogo liberal neozelandés, Lloyd Geering, cuando alguien se aproximó y, después de leer el título *Dios en un Mundo Nuevo*, hizo el siguiente comentario: "¿¡Dios en un Mundo Nuevo!? Que cosa extraña. Para mí el mundo ya está demasiado viejo y

---

[309] GRENZ, Stanley J.; OLSON, Roger E. *A teologia do século 20: Deus e o mundo numa era de transição* [La teología del siglo XX: Dios y el mundo en una era de transición]. 1ª ed. São Paulo: Cultura Cristiana, p. 13.

[310] MCGRATH, Alister E. *Teologia histórica: uma introdução à história do pensamento cristão* [Teología histórica: una introducción a la historia del pensamiento cristiano]. 1ª ed. São Paulo: Cultura Cristiana, 2007, p. 240-245.

necesita ser destruido". Este comentario podría pasar despercebido si no fuera porque la persona aludida, después de hacer esta observación, dijo estar escribiendo un libro sobre la salvación. Ahora, ¿será que salvación significa únicamente esperar por la *parusía* o manifestación de Cristo, no sabiendo, inclusive, que existen varias acepciones, en la propia Biblia, para la expresión *mundo*? (Mr 16.15; Lc 9.25; Jn 3.16; He 11.3; 1 Jn 2.15). Creo que esta es una de las mayores dificultades enfrentada por los cristianos: el no conocimiento acerca del mundo en que vive y que dice querer salvar. El escapismo de lo que acostumbro llamar "teología del agujero", es la postura asumida por muchos que, a pesar de profesar la fe cristiana, adoptan una práctica semejante a la leyenda que supuestamente retrata la actitud de la avestruz que, a la menor señal de peligro, dice, entierra la cabeza en el primer agujero que avista como si la mera negación de contemplar el desastre que se aproxima pudiera, o fuera suficiente, para librarlo.

No conocer cómo los cambios de las estructuras de pensamiento transforman la cultura a nuestro alrededor, no es de forma alguna una actitud piadosa, antes, significa irresponsabilidad con el compromiso evangelístico y misiológico de la iglesia. Mi intención, al adquirir el título *Dios en un Mundo Nuevo*, es de justamente entender el contexto de los cambios y transformaciones ocurridos en Europa, a causa del proceso de descristianización. Si hace poco más de cuatro décadas ya no había lugar para "Dios" (en la acepción de Geering, "Dios" se refiere a la cosmovisión teísta, con toda su teología, proveniente de la Edad Media) en el "mundo nuevo" de la realidad europea, o sea, secularizado y, pretendida y supuestamente liberada de las influencias sobrenaturales, religiosas, trascendentales. ¿Cuál será su lugar actualmente? Esta es una cuestión que necesita de una respuesta urgente. Todo el trabajo de evangelismo y misión a ser desarrollado en Europa necesita considerar este asunto.

El cristianismo en una era poscristiana

Recientemente fue lanzada una campaña de los llamados "nuevos ateos" en Europa, incluyendo el Reino Unido, España e Italia. Incluso los colectivos se volvieron vehículos de propaganda donde podía leerse: "There's probably no God. Now stop worryng and enjoy your life", o sea, "Probablemente Dios no existe; por lo tanto, deje de preocuparse y aproveche la vida". El ateísmo y sus corolarios —el relativismo y el existencialismo— están ahí como filosofías, sistemas de vida, estructuras sociales o cualquier otra nomenclatura que se quiera dar. Lo cierto es que ellos son un hecho y se encuentran muy presentes en la vida de las personas. El "único" problema del anuncio es que aun teniendo los antiteístas el cuidado de grabar la expresión "probablemente", la reacción fue inmediata, porque la propaganda atenta contra el código de publicidad que exige que los anunciantes presenten pruebas que demuestren lo que publican sobre servicios o productos, incluso antes de hacerlos públicos. Si se les piden pruebas de la afirmación de que Dios no existe es claro que los antiteístas no las tienen. Es muy probable que ellos digan lo mismo en relación a los cristianos. Sin embargo, nosotros los teístas tenemos evidencias del Dios que creemos. A diferencia, los antiteístas no poseen pruebas ni evidencias de que Dios no existe.

El cabo de guerra que se forma actualmente, no es algo simple, pero una amenaza a la fe que necesita recibir su debido cuidado. En su obra, *Ateísmo Remix*, Albert Mohler, llama la atención a este problema y afirma que el ateísmo sólo se volvió una fuerza intelectual después de la Ilustración, porque esta alteró, significativamente, las condiciones de creencia en el mundo occidental. Ya que la visión de los pensadores iluministas en relación a la creencia religiosa era de que ella sólo cumplía la función social de dar significado, coherencia y consuelo a la vida y, ya que la ciencia, la educación y la tecnología proporcionan satisfacción y seguridad, Dios entonces se volvió innecesario.

Cuando la sociedad europea se adentró al "mundo nuevo" retratado con entusiasmo por Geering, la teología desarrollada en el Período Patrístico fue totalmente rechazada por causa de la aceptabilidad acrítica por parte de los pensadores en relación a las teorías naturalistas del mundo moderno. Sin embargo, los teólogos se olvidaron que las verdades científicas son provisionales y sufren reconsideraciones. Eso significa que si ellos hubiesen tenido paciencia, verían con sus propios ojos que la arqueología moderna "prueba" —a pesar de que esta no es la finalidad de esta ciencia— la existencia histórica de David, Salomón y otras grandes figuras de la historia bíblica. Pero si la Ilustración y la secularización representaron un golpe a la fe cristiana, el próximo período en que Europa se adentró encierra lo que hay de más nocivo, sea para la religión, sea para la cultura en general. Si la "creencia" en la razón y, en su filosofía, el racionalismo, sucumbió juntamente con el proyecto iluminista, la posmodernidad trajo algo aún peor que es la indefinición acerca de cualquier cosa. Albert Mohler, dice que en el surgimiento de la posmodernidad, incluso "los propios cimientos del ateísmo fueron negados, así como todas las otras maneras fundamentales de pensar". Y continúa: "Dios es considerado un simple pensamiento entre muchos otros, un principio entre muchos, una realidad construida por la sociedad. Y, en medio de ello, surge el Neo-ateísmo".[311] Actualmente se vive con intensidad aquello que se puede llamar sociedad poscristiana. Entiéndase con esta expresión el fin de la metafísica (se vive entonces un tiempo de posmetafísica) y el fin de la religión (una época posreligiosa). Los pensadores actuales que son los más populares defensores de esta visión recibieron el epíteto de "Los cuatro jinetes del Apocalipsis": Richard Dawkins, Chistopher Hictthens, Daniel Dennett y Sam Harris.

Así, si la Ilustración, como decía Karl Barth, creía en la "omnipotencia de la razón" y trajo problemas a la expansión del Reino de Dios, la posmodernidad representa lo que hay de peor en la historia del occidente. Citando al filósofo Charles Taylor, autor del libro *La Era Secular*, Albert Mohler dice que si, en el período anterior a la Ilustración, "la creencia en Dios era parte integral e inseparable de la *Weltanschauung* de la sociedad, de su cosmovisión", en la posmodernidad, lo contrario es verdadero. Así, resumiendo el período anterior a la Ilustración, el siglo de las Luces propiamente dicho y, la época que estamos atravesando, el autor resume así el pensamiento del filósofo: "Salimos de un tiempo en que era imposible no creer en Dios, pasamos por un tiempo en que se volvió posible no creer y llegamos, ahora, a la situación en la que, en especial para las élites, se volvió imposible *creer*".[312] Para hacer todavía más difícil el trabajo evangelístico y

[311] MOHLER JR., R. Albert. *Ateísmo remix: um confronto aos novos ateístas* [Ateísmo remix: una confrontación a los nuevos ateos]. 1ª ed. San José de los Campos: Fiel, 2009, p. 30, 31.

[312] Ibid., p. 37, 38.

misiológico de la Iglesia, después del período de encanto y deslumbramiento del hombre con la supuesta "Edad de la Razón", vino la desilusión y la incertidumbre provenientes de la imposibilidad del tan sonado progreso humano. Este tiempo demarca el período en "que las sociedades entran en la edad denominada posindustrial", y es también el inicio de lo que, en el ámbito de las culturas, comienza a ser caracterizado como *posmodernidad.* Mientras el nuevo Mundo estaba todavía descubriéndose, el Viejo Mundo, incluyendo obviamente Europa que, cerca de fines de los años 50, ya vivía el fin de su reconstrucción, sufría también las influencias de esta nueva era. El francés Jean-Franzois Lyotard, uno de los filósofos más versados acerca de la posmodernidad, afirma que esta transición "fue más o menos rápida según los países y, en los países, según los sectores de actividad".[313] Es bueno saber, sin embargo, que ya en 1938, "Arnold Tonynbee utilizó la expresión 'posmodernismo' para caracterizar un nuevo ciclo histórico, que sería caracterizado por el fin del dominio occidental, por la decadencia del individualismo y del cristianismo".[314]

El historiador Latourette afirma que una "religión es, con frecuencia, parte integral de una cultura específica. Cuando una cultura desaparece, la religión asociada a ella también tiende a perecer".[315] Aun reconociendo que Europa y, particularmente, Alemania sean sumamente relevantes para el cristianismo mundial, incluso porque fue la cuna de la Reforma Protestante y de grandes avivamientos, es necesario entender que el cristianismo no es una religión europea, ni hebrea, no siendo exclusividad o que pertenece a cualquier otra nación. La fe cristiana es la manera que el Señor Jesucristo instituyó buscando el acercamiento de la humanidad con el Creador. Imagine la implantación del culto semita en otras naciones. Cuantos problemas surgieron. Definitivamente el cristianismo no es una religión étnica, sino

---

[313] LYOTARD, Jean-Franzois. *A condição pós-moderna [La condición postmoderna]*. 12ª ed. Río de Janeiro: José Olympio, 2009, p. 3.

[314] ÁLVAREZ, Vera Cíntia. *Diversidade cultural e livre-comércio: antagonismo ou oportunidade? [Diversidad cultural y libre comercio: ¿antagonismo u oportunidad?].* 1ª ed. Brasília: UNESCO, IRBr, 2008, p. 42.

[315] LATOURETTE, Kenneth Scott. *Uma história do cristianismo: volume: I até 1500 a.D. [Historia del cristianismo. Volumen: I hasta 1500 a. D.].* 1ª ed. São Paulo: Hagnos, 2006, p. 363.

multicultural en el mejor sentido de la expresión: respeta aquellos patrones culturales que son sólo la expresión social de un pueblo, siempre que eso no degrade el ser humano y lo reduzca a no-humano, sea por cuenta de la autolatría o de la idolatría. Por otro lado, aun no estando de acuerdo con la visión teológica del entonces cardenal Joseph Ratzinger, es oportuna la manera como respondió en su obra *Fe, Verdad, Tolerancia*, a la acusación de que el hecho de que la iglesia lleva a efecto la realización de su compromiso evangelístico y misiológico sea una forma de eurocentrismo o de irrespeto a la diversidad cultural:

> En los enfrentamientos en torno a la historia de la misión cristiana, hoy en día se volvió muy común afirmar que, con la misión, Europa (u occidente) intentó imponer su religión al mundo. Se trataría de un colonialismo religioso como parte del sistema colonial en general. Por lo tanto, la renuncia al eurocentrismo debería implicar también la renuncia a la misión. En primer lugar, hay algo que criticar en esta tesis sobre el punto de vista histórico. El cristianismo —como se sabe— no surgió en Europa, sino en Asia occidental, en el punto geográfico donde se tocan los tres continentes, Asia, África y Europa.[316]

Si se reflexiona con cuidado, es posible ver que la orientación del Maestro fue que, simultáneamente, se evangelizara Jerusalén, Judea, Samaria e incluso los confines de la tierra (Hch 1.8). Como se puede ver en el libro de Hechos, las empresas misioneras fueron tanto en el Oriente como en el Occidente. Siendo que con el apóstol Pablo es posible ver que el mensaje cristiano navega los mares y llega al occidente, ¡alcanzando, inclusive, Europa! ahora si la cuestión for probar que en Europa el cristianismo se volvió más vigoroso, tal discusión es innecesaria, porque se acepta que eso fue así. Si bien es un hecho que Europa haya sido la cuna de grandes acontecimientos del cristianismo, es también verdad que ella abandonó la visión cristiana del mundo. Sin embargo, es necesario que los europeos analicen con calma lo que acontece

[316] RATZINGER, Joseph. *Fé, verdade, tolerância: o cristianismo e as grandes religiões do mundo [Fe, verdad y tolerancia: el cristianismo y las religiones del mundo]*. São Paulo: Instituto Brasileño de Filosofía y Ciencia "Raimundo Lúlio" (Ramon Llull), 2007, p. 82.

cuando alguien excava el suelo sobre el cual su casa está construida y resuelve retirar una de las columnas del cimiento que la sostiene.

Filósofos aun no satisfechos con la situación en que se encuentra Europa proponen que se acabe rápidamente con lo que todavía resta de resquicios de la modernidad. Algunos, como el italiano Gianni Vattimo, afirma que "una de las más difundidas y confiables visiones de la modernidad es la que la caracteriza como la 'época de la historia', en oposición a la mentalidad antigua, dominada por una visión naturalista y cíclica del mundo".[317] Como se puede apreciar, esa tesis confirma los argumentos expuestos en la primera parte de este texto, cuando dije que la fe cristiana marcó una ruptura fundamental con la visión animista del mundo. En esta perspectiva, la tierra no era un lugar de habitación, sino algo sagrado que debería, inclusive, recibir adoración. Vattimo continúa su disertación y dice que es "sólo la modernidad que, desarrollando y elaborando en términos puramente mundanos y seculares la herencia hebreo-cristiana (la idea de la historia como historia de la salvación, articulada entre creación, pecado, redención, espera del juicio final), confiere un alcance ontológico a la historia, significado determinante para nuestra ubicación en el curso de esta".[318] La idea del pensador italiano es que mientras el "hombre y el ser fueron pensados, metafísicamente, platónicamente, en términos de estructuras estables que imponen al pensamiento y a la existencia la tarea de 'fundarse', de establecerse (con la lógica, con la ética) en el dominio no deveniente, reflejándose en toda una mitificación de las estructuras fuertes en cualquier campo de la experiencia, no será posible que el pensamiento viva positivamente aquella verdadera edad posmetafísica que es la posmodernidad".[319] En otras palabras, para Vattimo, el Occidente todavía no está viviendo este tiempo llamado posmodernidad, porque todavía existe mucho de la influencia judeocristiana en el pensamiento occidental. Eso sólo apunta a la

---

[317] VATTIMO, Gianni. *O fim da modernidade: niilismo e hermenêutica na cultura pós-moderna [El fin de la modernidad: nihilismo y hermenéutica en la cultura posmoderna]*. 2ª ed. São Paulo: Martins Fontes, 2007, p. VIII.

[318] Ibid., p. VIII.

[319] Ibid., p. XVIII.

verdad de que la desconstrucción del cristianismo en el contexto europeo no es una opción inteligente.

Por eso, cuando dije que los cristianos necesitamos tener cuidado para no dualizar o dicotomizar la fe, fue justamente con la preocupación de mantener lo que todavía queda de residuos del pensamiento en las diversas reparticiones. La exclusión, por ejemplo, del cristianismo de las discusiones académicas y de la orden del día, posiblemente apoyada por Lutero, fue justamente lo que provocó la dicotomía "público/privado", a que Francis Schaeffer llama la atención en sus obras. Esta acción de dualizar fue —¡y es!— la gran responsable por el hastío cristiano experimentado en la cultura europea. Eso apunta a la necesidad de un reencuentro de la dimensión amplia del cristianismo en rescatar culturas y no sólo individuos. A pesar de parecer una pretensión ambiciosa, si la iglesia no se lanza a este trabajo, la fe cristiana será relegada al campo de la personalidad y de la opción, o sea, será algo privado acerca del cual no cabe hablar. En su texto, *Una religión sin teístas y ateos*, el filósofo Santiago Zabala habla con entusiasmo acerca de esta "conquista" en la posmodernidad, diciendo que:

> El pensamiento débil sólo busca la compatibilidad con una fe religiosa que busque "privatizarse", no con fes (sic) religiosas que instituyan iglesias y asuman posiciones políticas. Si el laicismo no es más que el anticlericalismo, o sea, la tendencia a afirmar la completa autonomía de la vida cultural, política en relación a cualquier iglesia, el futuro de la religión, según Rorty y Vattimo, depende de la capacidad de las actuales autoridades eclesiásticas de dejar que la religión se transforme en algo privado.[320]

Si en la modernidad, la Ilustración eligió la razón como la autoridad máxima, en la posmodernidad, el "pensamiento débil" insistentemente citado por Santiago Zabala como uno de los conceptos clave para el entendimiento de la postura epistemológica de Rorty y Vattimo, significa la incapacidad de la razón (no aquella "incapacidad" que todos normalmente reconocemos porque

---

[320] ZABALA, Santiago. *O futuro da religião: solidariedade, caridade e ironia [El futuro de la religión: solidaridad, caridad, ironía]*. 1ª ed. Río de Janeiro: Relume Dumará, 2006, p. 36, 37.

sabemos que la razón no es infalible), o sea, la total imposibilidad de buscar la verdad porque esta no existe. El *pensamiento débil* postulado por Rorty y Vattimo, además de enorgullecerse de las incertidumbres y de su postura no investigativa, "diseña la nueva cultura posreligiosa, o sea, el futuro de la religión después de la desconstrucción de la ontología occidental".[321] Esta "nueva cultura posreligiosa", se deriva del "pensamiento posmetafísico [que, a su vez] busca principalmente una ontología del debilitamiento que reduzca el peso de las estructuras objetivas y la violencia de los dogmatismos."[322] En términos más claros:

> Dondequiera que exista una autoridad científica o eclesiástica, que impone alguna cosa como verdad objetiva, la filosofía tiene el deber de proceder en la dirección contraria, de mostrar cómo la verdad no es nunca objetiva, sino siempre un diálogo interpersonal que se realiza en la compartición de un lenguaje. Compartir un lenguaje no significa compartir objetividades, sino acordar preferencias.[323]

El proceso de "empequeñicimiento" a que la fe cristiana fue sometida la relegó y la redujo a una expresión de religiosidad "más" en el estante del mercado de las ideas. Por eso el cristianismo perdió su razón de ser en la sociedad europea, porque la fe cristiana siempre tuvo no solamente la pretensión, como también el *status* de "verdad absoluta", según se desprende de las palabras de Jesucristo en Juan 8.32 y 17.17 y, posteriormente, cuestionada por Pilato —"¿Qué cosa es verdad?"—, en el arbitrario juicio del Bendito Nazareno (Jn 18.38). Este aspecto es uno de los más criticados por la cultura posmoderna, porque en ella no existe verdad objetiva y, mucho menos, absoluta. En realidad, el filósofo Santiago Zabala demuestra que, si antiguamente una de las funciones de la filosofía era "encontrar" la "verdad última", en la posmodernidad "es exactamente la pérdida de la confianza en realidad y el hecho de alcanzar una equivalencia substancial de todas las posiciones que constituyen el mayor éxito obtenido con la desconstrucción de la metafísica".[324]

---

[321] Ibid., p. 43.
[322] Ibid., p. 31.
[323] Ibid., p. 30.
[324] Ibid., p. 33.

> La verdad que nos hace libres (Jn 8, 32) no es la verdad objetiva de la teología y de las ciencias naturales: la revelación escritural no contiene la explicación de cómo es Dios y de cómo podemos salvarnos a través del conocimiento de la verdad. La única verdad que el evangelio nos revela es el llamado práctico al amor, a la caridad. La verdad del cristianismo es la de disolución del propio concepto metafísico de la verdad. Un cristianismo sin Dios representa una fe liberada de la metafísica objetivista que piensa demostrar, con base en la "sana razón natural", la existencia de un ser supremo. [...] las discusiones sobre la demostración de la existencia de Dios o de los milagros siempre se moverán alrededor de la idea de que la verdad que liberta es la verdad objetiva.
> En la condición posmoderna, es justamente esta función doctrinal, oral y disciplinar que el cristianismo no puede desempeñar más; puede, como máximo, querer participar del enfrentamiento entre las culturas y las religiones, usando como palanca la propia y específica orientación a la laicidad.[325]

Los cristianos necesitamos saber cómo la fe es vista por los que son "de afuera", ¿porque no son a ellos a los que el mensaje del evangelio pretende alcanzar? ¿Cómo evangelizar personas en un mundo multicultural, donde no hay más lugar para verdades absolutas y metanarrativas?

> El relativismo cultural en las ciencias humanas se discute en conexión con el "multiculturalismo", concepto intelectual y político, que nació como teoría académica en los Estados Unidos, pero ganó aplicación e influencia en las políticas de educación e inmigración, en la diplomacia y en la política exterior americanas. La teoría del multiculturalismo volvió corriente la idea de que las culturas tienen el mismo peso específico y no deben sufrir imposiciones de valores unas sobre las otras, aunque, en la práctica, este mandamiento no sea obedecido. En los medios bien pensantes, el multiculturalismo nació con buenas intenciones. El corolario de este pensamiento es que un proyecto de universalización, teniendo como base la cultura occidental, debería ser evitado. El "universalismo iluminista" sería una demostración de presunción occidental

[325] Ibid., p. 39, 40.

> y los valores del cristianismo, sólo una más de las varias perspectivas religiosas válidas.[326]

Si una publicación con el sello de la *Organización de las Naciones Unidas a la Educación, la Ciencia y la cultura* piensa así, no podemos alimentar ilusión alguna entre nosotros de que la política será la gran esperanza de que el cristianismo vuelva a ser una unanimidad en la cultura europea. Le tocará a la iglesia hacer eso. ¿Pero cómo? ¿Por dónde iniciar?

El revestimiento de poder como condición fundamental para el cumplimiento del compromiso evangelístico y misiológico de la Iglesia

Ya que, como ya fue ampliamente discutido, Europa vive un momento históricamente complicado para el cristianismo y, conscientes de que se debe iniciar la proclamación del evangelio partiendo del punto "donde" las personas se encuentran, es inevitable la pregunta: ¿Por "dónde" comenzar? Charles Colson y Nancy Pearcey afirman que:

> Con frecuencia, los cristianos procuran evangelizar otras personas comenzando con la salvación —Juan 3.16 y el mensaje del evangelio. Para una generación más antigua, este enfoque funcionaba. La mayoría de las personas tenía algún tipo de experiencia eclesiástica en su pasado, aunque no tuviera convicciones personales fuertes. Sin embargo, en el mundo poscristiano de hoy, no entienden siquiera el significado de términos bíblicos cruciales. Por ejemplo, el término básico *pecado* no tiene ningún sentido para las personas si no tienen el concepto de un Dios santo que nos creó y, por lo tanto, está en el derecho de exigir ciertas cosas de nosotros. Y si las personas no entienden qué es pecado, ciertamente no comprenderán la necesidad de la salvación.[327]

---

[326] ÁLVAREZ, Vera Cíntia. *Diversidade cultural e livre-comércio: antagonismo ou oportunidade? [Diversidad cultural y libre comercio: ¿antagonismo u oportunidad?]*. 1ª ed. Brasília: UNESCO, IRBr, 2008, p. 47.

[327] COLSON, Charles; PEARCEY, Nancy. *E agora, como viveremos? [Y ahora... ¿cómo viviremos?]*. 2ª ed. Río de Janeiro: CPAD, 2000, p. 129.

En la realidad brasileña, los cristianos, principalmente los pentecostales, tenemos algunas expresiones que son características de este círculo evangélico. Ya que en el seguimiento neopentecostal algunas expresiones son incluso extravagantes, no tiene sentido usar este tipo de lenguaje al comunicarse con la sociedad, porque tal repertorio lingüístico es algo reservado a un grupo y, por consiguiente, de carácter bastante específico. Pero la gran cuestión incluso no se refiere a las expresiones peculiares de un grupo religioso, porque eso ya sería demasiado. El gran problema es que la estructura de pensamiento ha cambiado. Suponer que la visión del mundo judeocristiana todavía resuena en la sociedad, es arriesgarse y, sin duda, volverse incomunicable e incomprendido. Por eso, al continuar su argumentación, los referidos autores defienden el siguiente punto de vista:

> Consecuentemente, en el mundo de hoy, comenzar la evangelización con el mensaje de la salvación es como comenzar a leer un libro desde la mitad —usted no conoce los personajes, entonces la trama no tiene sentido. En vez de ello, debemos comenzar por el Génesis, en el cual el personaje principal, Dios, se presenta como el Creador y la "trama" de la historia humana revela sus primeros y cruciales episodios.[328]

Para actuar de esta forma, es imprescindible estar preparado para otros dos desafíos: ampliar el papel de discipulador que apenas conoce la Biblia, de acuerdo con el sesgo teológico de nuestra propia denominación y, segundo, conocer la controversia entre fe y razón o religión y ciencia. Ya que, como dijo el teólogo liberal Lloyd Geering, la Ilustración trajo, entre otras "novedades", una nueva visión del hombre, insistir en una predicación que sólo ve a las personas como *almas*, y no como seres integrales (recuérdese que hasta la concepción de la inmaterialidad o del "yo interior" es una incógnita en la sociedad poscristiana), por lo que dualizar o dicotomizar la realidad es, como mínimo, "pedir" para no ser oído.

Por último, es necesario estar atentos una cuestión crucial que impide la ejecución de la tarea de evangelización y del compromiso misiológico de la Iglesia: la omisión y el conformismo.

---

[328] Ibid., p. 129.

A finales del siglo XVIII y principio del siguiente, el británico Willian Wilberforce, considerado el principal responsable por la abolición de la esclavitud en el Reino Unido, ya advertía acerca de la laxitud que tomaba cuenta de los cristianos en aquel momento histórico. El inglés denunciaba la extinción del mensaje cristiano de las instituciones de enseñanza y decía que eso afectaba directamente a la educación cristiana de las familias. Su conclusión era que si los cristianos no dedicaban más de su tiempo a la enseñanza de las Escrituras a los miembros de sus propias familias, instruyendo así las nuevas generaciones, "serán todavía más indiferentes en cuanto a comunicar luz de la verdad divina a las naciones que 'todavía están asentadas en las tinieblas'".[329] La apatía y la falta de entusiasmo con el mensaje cristiano denunciados por Wilberforce, sólo pueden ser extirpadas de la Iglesia cuando esta se encuentra preparada para el desafío que le toca: la evangelización y el discipulado de todos los pueblos. Y es exactamente en este aspecto que la aceptación de los *charismatas*, es decir, de los dones del Espíritu Santo hace toda la diferencia. Es necesario recordar, sin embargo, que el Espíritu Santo y sus *charismatas* (1 Co 12.4-11), no nos son otorgados para beneficio propio o bendiciones religiosas, sino para lo que sea útil (1Co 12.7). Él sigue revistiendo la iglesia con el poder del Pentecostés que sostiene y envía a su pueblo a realizar la obra misionera. El Espíritu, inclusive, en lo que se refiere a la obra misionera, dirige y escoge, según su voluntad a la persona apropiada, el lugar y el momento (Hch 8.29, 39; 13.1-3; 16.6, 7; 20.23).

Las páginas Sagradas ofrecen el patrón, según el cual, la iglesia obtiene eficacia en el desempeño de su compromiso evangelístico y misiológico, cumpliendo las dos principales demandas de la Gran Comisión: Evangelizar y/o predicar (*kerigma*) y discipular (enseñar). A la Iglesia le compete la misión de ser una agencia de Dios a la evangelización del mundo (cf. Mt 28.19, 20; Mr 16.15, 16; Hch 1.8), y, un canal del propósito divino de edificar un cuerpo de santos perfeccionados a la imagen de Cristo (1 Co 12.28; 14.12; Ef 4.11-16). Este trabajo que debe hacerse, sólo

[329] WILBERFORCE, Willian. *Cristianismo verdadeiro: discernindo a fé verdadeira da falsa* [Cristianismo verdadero: discerniendo la fe verdadera de la falsa]. 1ª ed. Brasília: Palabra, 2006, p. 21.

podrá tener éxito si cuenta con la ayuda del Espíritu Santo, tanto en la ayuda y envío como en la habilitación espiritual.

Cabe finalizar diciendo que el trabajo de la Iglesia está situado en dos planos: (1) La proclamación del evangelio, tal como nos muestra el Señor Jesucristo en los Evangelios, así como sus apóstoles en Hechos, en las Epístolas y en el Apocalipsis. Esta es la constitución que fue denominada en esta reflexión como *kerigma*; (2) El discipulado tal como Él instituyó en la Gran Comisión, donde debemos enseñar todas las cosas y no partes de todo. Eso demanda conocimiento, tiempo y no es posible realizarla de forma ligera. Se debe iniciar con "leche", tal como nos enseñó el escritor a los Hebreos, para después pasar al alimento sólido, y como dijo Jesús a sus discípulos, Él no les diría todo en aquel momento, pero cuando viniera el Espíritu Santo, este enseñaría y guiaría a los apóstoles a toda la verdad (He 5.11-14; Jn 16.12-14). Y fue lo que ocurrió, y como legado tenemos el Nuevo Testamento, para que también podamos observar el patrón instituido por el Espíritu Santo en la continuidad de la misión de expandir el Reino de Dios.

Cuando leemos textos como 1 Corintios 4.15 y Gálatas 4.19, y vemos el cuidado de Pablo con los creyentes corintios y gálatas, nos parecece un tanto hiperbólicas sus palabras, sin embargo, están en consonancia con lo que el Señor Jesucristo dijo cuando habló acerca de por qué existía el colegio apostólico: "No me elegisteis vosotros a mí, sino que yo os elegí a vosotros, y os he puesto para que vayáis y llevéis fruto, y vuestro fruto permanezca" (Jn 15.16). El cumplimiento de la Gran Comisión y, de cierta forma, de la llamada Comisión Cultural, es este: dar frutos, más frutos permanentes. Eso indica que además de sembrar la buena semilla, es necesario después cultivarla. El trabajo de la Iglesia sólo puede considerarse completo, en la perspectiva de la Gran Comisión, cuando además de la proclamación *kerigmática,* que alcanza a los pueblos, da la debida atención a la cuestión educativa para el crecimiento y la edificación del cuerpo de Cristo representado a través de las iglesias locales y de los nuevos conversos. En caso contrario, estaremos haciendo todo menos siendo representantes del Señor en la faz de la tierra (1 P 2.9).

10

Que se abran las jaulas teológicas

Si yo fuera místico, tendría ahora que estar buscando un significado para lo que me pasó. Me explico. Todos los días, desde hace años, mantengo un ritual. Después de llegar a casa, antes de tomar un baño, debido al tiempo que paso en el sanitario antes de bañarme, aprovecho este período leyendo algún libro. Como el ambiente no es muy adecuado, llevo libros pequeños y no hago decisiones, sólo tomo alguno aleatoriamente del estante. Generalmente, opto por aquellas obras que adquirí, pero que aún no he tenido tiempo de leerlas.

La obra de la experiencia de ayer, se inicia con un prólogo del propio autor, producido veinte años después de haberla escrito:

> Vivo en un apartamento en el octavo piso. Mi hija Raquel, paisajista, me hizo un jardín de bromelias, follajes y bambúes en el pequeño espacio de mi balcón. Pero aquel jardín no me dio alegría. Los pájaros no lo visitaban. ¡Qué tristes son los jardines sin pájaros! Era como si los pájaros no me amaran. Transformé mi tristeza en una crónica para el diario. Tuve entonces, al día siguiente, una sorpresa: ¡aprendí que los pájaros leen diarios personales! Al entrar en mi apartamento me encontré con un colibrí que entró y no lograba salir. Tuve que tomarlo con la mano. Como nosotros, los humanos, somos los seres que perdieron la confianza de los pájaros, él tuvo miedo, huyó y se resistió cuando lo aseguré. Se resistió tanto que me dejó algunas plumas azules. Tomé las plumas, las amarre y las coloqué en el bambú. Desde entonces los colibríes y pequeños

> pájaros cuyo nombre no sé me visitan todo el día. Eso me da alegría. Nosotros, yo y los pájaros, tenemos sueños comunes. Soñamos con el vuelo y con la imensidad del cielo azul.[330]

Como coincidencia, al llegar al trabajo hoy[331] por la mañana, después del devocional volvimos todos a la sala y fuimos sorprendidos por un lindo colibrí volando sobre las mesas. Se sorprendió por nuestra presencia y terminó "molestando" a algunos colegas que, extrañamente, parecían tener un poco de miedo del pájaro. Como expajarero (en la década de los 80 tuve muchos pájaros), me sentía en la responsabilidad de coger el animalito, pues a pesar de que todas las ventanas fueron abiertas, él no lograba encontrar la salida. Después de "capturarlo", una compañera hizo tres fotos mías con el colibrí y rápidamente puse la mano en el exterior del edificio y lo solté. Fue hermoso verlo retomar su "vuelo" solitario. Extraño sentimiento, pues cuando criaba pájaros, muchas veces al tratar con alguno, lloraba al verlo escapar. Esto sólo me demuestra lo mucho que he cambiado. Ciertamente no soy más alguien que cría pájaros.

Si esta coincidencia con la experiencia del colibrí sorprendió, no menos diferente fue lo que ocurrió con la idea de la jaula. En el último fin de semana, participé en una escuela bíblica y, en un momento del mensaje, dije que los religiosos del tiempo en que Jesucristo ejerció su ministerio, parecían tener una "jaula teológica" y en ella encerraron al Señor Dios. Cualquier persona que estudia la narración de los Evangelios se da cuenta que Jesucristo de Nazaret fue rechazado, y quien lo hizo primeramente y de manera ostensiva fue la clase religiosa de su época. Ellos elaboraron paradigmas teológicos, preceptos de hombres y ay de quienes no se encuadraran (en el sentido más pleno del verbo) en esos límites. Como Jesucristo no sólo se negaba a ser aprisionado y cercado, más aun desconstruía tales jaulas teológicas, se volvió –sin querer– el adversario número uno de ellos. Así, mi sorpresa fue tan grande cuando comprobé que, después de contar su experiencia con el colibrí, Rubem Alves, dice que "Dios creó

---

330 ALVES, Rubem. *Dogmatismo & tolerância [Dogmatismo y tolerancia]*. São Paulo: Loyola, 2004, p. 8.

331 29 de julio de 2010.

los pájaros". Bien, hasta ahí ninguna novedad, porque la Biblia informa que en el principio Dios creó los cielos y la tierra y todo lo que en ellos hay. Sin embargo con su capacidad de metaforizar, en el párrafo siguiente dijo que las "religiones crearon jaulas". Tuve una mezcla de alegría y frustración, porque me di cuenta que mi abstracción no tendría más aires de "originalidad", porque el "contador de historias" se había anticipado (aunque sin que yo lo supiera), diciendo que las "jaulas creadas por las religiones son hechas con palabras. Ellas tienen el nombre de dogmas. Los dogmas son jaulas de palabras que pretenden prender al Pájaro [en su metáfora, una alusión a Dios]".[332]

En este aspecto, aprendo mucho de Job (libro que estoy volviendo a leer juntamente con los Evangelios), y veo cuánto de los argumentos que el Señor le presenta deberían enseñarse a los teólogos. Cuando el Eterno lo cuestiona en todo el capítulo 41, la metáfora del pájaro se sobrepone a la del leviatán:

> ¿Sacarás tú al leviatán con anzuelo, o con cuerda que le eches en su lengua?
> ¿Pondrás tú soga en sus narices, y horadarás con garfio su quijada?
> ¿Multiplicará él ruegos para contigo? ¿Te hablará él lisonjas?
> ¿Hará pacto contigo para que lo tomes por siervo perpetuo?
> ¿Jugarás con él como con pájaro, o lo atarás para tus niñas?
> ¿Harán de él banquete los compañeros? ¿Lo repartirán entre los mercaderes?
> ¿Cortarás tú con cuchillo su piel, o con arpón de pescadores su cabeza?
> Pon tu mano sobre él; Te acordarás de la batalla, y nunca más volverás.
> He aquí que la esperanza acerca de él será burlada, porque aun a su sola vista se desmayarán.
> Nadie hay tan osado que lo despierte; ¿Quién, pues, podrá estar delante de mí?
> ¿Quién me ha dado a mí primero, para que yo restituya?
> Todo lo que hay debajo del cielo es mío.
> No guardaré silencio sobre sus miembros, ni sobre sus fuerzas y la gracia de su disposición.

[332] Ibid., p. 8.

¿Quién descubrirá la delantera de su vestidura? ¿Quién se acercará a él con su freno doble?
¿Quién abrirá las puertas de su rostro? Las hileras de sus dientes espantan.
La gloria de su vestido son escudos fuertes, cerrados entre sí estrechamente.
El uno se junta con el otro, que viento no entra entre ellos.
Pegado está el uno con el otro; Están trabados entre sí, que no se pueden apartar.
Con sus estornudos enciende lumbre, y sus ojos son como los párpados del alba.
De su boca salen hachones de fuego; Centellas de fuego proceden.
De sus narices sale humo, como de una olla o caldero que hierve.
Su aliento enciende los carbones, y de su boca sale llama.
En su cerviz está la fuerza, y delante de él se esparce el desaliento.
Las partes más flojas de su carne están endurecidas; Están en él firmes, y no se mueven.
Su corazón es firme como una piedra, y fuerte como la muela de abajo.
De su grandeza tienen temor los fuertes, y a causa de su desfallecimiento hacen por purificarse.
Cuando alguno lo alcanzare, ni espada, ni lanza, ni dardo, ni coselete durará.
Estima como paja el hierro, Y el bronce como leño podrido.
Saeta no le hace huir; Las piedras de honda le son como paja.
Tiene toda arma por hojarasca, y del blandir de la jabalina se burla.
Por debajo tiene agudas conchas; Imprime su agudez en el suelo.
Hace hervir como una olla el mar profundo, y lo vuelve como una olla de ungüento.
En pos de sí hace resplandecer la senda, que parece que el abismo es cano.
No hay sobre la tierra quien se le parezca; Animal hecho exento de temor.
Menosprecia toda cosa alta; Es rey sobre todos los soberbios.

Dios se reveló lo que quiso, pero ciertamente no se agotó en su revelación. Si eso no abre un precedente para formulaciones fantasiosas acerca de Él, tampoco da derecho a nadie a circunscribirlo en una definición. ¡Cualquier intento de minimizarlo o, inversamente, maximizarlo (ambas cosas imposibles, pero absurdamente intentadas por los hombres), es pura arrogancia teológica! ¡Dominio que Él no le otorgó a ningún mortal! En otras palabras, un "Dios enjaulado en las jaulas de palabras llamadas dogmas es siempre menor que la jaula. Este Dios no es pájaro que vuela, es pájaro empalado".[333] De ser así, añadiría que este tipo de dios fabricado por la gran cantidad de teologías de los hombres, no corresponde al que interrogó al paciente Job. Aunque sean bellas y lógicas las construcciones teológicas que tratan de decir cómo es Él, de nada valen si dicen menos que la Escritura.

Así, afirmo que creo en Dios, no en el supuesto ADN que algún ser humano dice haber elaborado sobre Él. Creo en la Biblia, pero no ciegamente en lo que me dicen acerca de ella. La Palabra de Dios es la verdad, pero todas las teologías son versiones de esta misma verdad (lo que significa que ellas pueden ser más o menos fieles al texto bíblico). Como define el pastor Claudionor de Andrade, el dogma es una "declaración emitida por una entidad eclesiástica acerca de un principio de la fe" y en relación a la "Iglesia Cristiana, todos los dogmas deben tener por base las Sagradas Escrituras. En caso contrario: no es dogma; es tradición e incluso herejía".[334] E incluso, como afirmó el teólogo Alberto Roldán:

> Como evangélicos tenemos un postulado de fe básico e insustituible: la Biblia, como Palabra de Dios, es la única autoridad en materia de fe y doctrina, de modo que toda reflexión teológica debe estar abierta a la crítica por esta única Palabra de Dios. Una pregunta para pensar sería: ¿Qué debemos hacer cuando un texto bíblico amenaza el sistema teológico que adoptamos? Es obvio que hay dos alternativas: alterar el texto o alterar el sistema. Cada uno de nosotros tendrá que tomar su propia decisión.[335]

Cuando escucho a alguien decir que dejó de leer tal libro porque descubrió que el teólogo era calvinista, arminiano,

---

[333] Ibid., p. 10.

[334] ANDRADE, Claudionor Corréa de. *Dicionário teológico [Diccionario teológico]*. 7ª ed. Río de Janeiro: CPAD, 1998, p. 126.

[335] ROLDÁN, Alberto Fernando. *Para que serve a teologia? Método, história, pós-modernidade [¿Para qué sirve la teología?]*. 2ª ed. Londrina, PR: Descoberta, 2004, p. 53.

pentecostal, o adepto de cualquier otro sistema teológico, me pongo a pensar qué será que este pueblo piensa de la Reforma. Están, irresponsablemente, renunciando a lo que costó incluso la vida de mucha gente para que fuera conquistado. Lo peor es que muchos hacen eso como si fuera la cosa más "ortodoxa del mundo" (¡sea lo que eso quiera decir!). Cualquier persona que se relaciona conmigo y está de acuerdo con todo lo que yo diga, estaré seguro de una cosa: o yo soy dios o esta persona es falsa. No existen teologías perfectas, así como imperfectos son los seres que las formulan. Lamentablemente, las personas parecen no darse cuenta de que, a pesar de ser obvio, este pensamiento absurdo es una realidad. Nuestros ojos ven a Dios a través de jaulas teológicas y eclesiásticas. No importa quién sea usted o a que denominación pertenezca. Nadie huye o escapa a esta regla.

El gran problema, es que podemos estar envueltos en la adoración de alguna cosa, pero no de Dios. Y eso es algo antiguo, porque a la mujer samaritana el Señor Jesucristo le dijo: "Vosotros adoráis lo que no sabéis". ¡Cuánta frustración! Penitencias, ruegos, ayunos, oraciones, todas inviables y hechas en vano. Las personas necesitan reflexionar sobre ello. ¿Será que sirve de algo seguir religiosamente la gran cantidad de reglas, 613 preceptos denominacionales, imaginando que eso agrada a Dios y nos "hacen dignos del cielo", cuando el Eterno sólo espera que lo adoremos "en espíritu y en verdad"? Si su teología realmente refleja lo que la Biblia revela de Dios, no tenga miedo, abra la jaula teológica y contemple al eterno Dios de la forma como Él se autorreveló. No lo trate como un pajarillo o quiera prenderlo para dar shows circenses con cara de piedad o religiosidad, porque Él no admite ser usado. No espere la eternidad para descubrir que está equivocado acerca de Él. El Bendito Nazareno dijo que el conocimiento de la verdad liberta, y es exactamente eso que cualquiera puede constatar en la vida de la mujer samaritana. En el momento en que la "ficha cayó", ella se apresuró y se puso a anunciar las buenas nuevas a toda su ciudad, porque se dio cuenta de que el Dios que desde hacía años se le había presentado, preso en gran cantidad de reglas religiosas, nada tenía que ver con Aquel Hombre con quien ella dialogó a la orilla del pozo de Jacob. Ella descubrió que no necesitaba hacer peregrinación para adorarlo en un determinado lugar geográfico, porque Él trasciende todo eso y no se deja aprisionar en una jaula eclesiástica. Ninguna nación, iglesia, organización, o cualquier otra cosa, puede detenerlo o apropiarse de Él. El hecho más interesante en la liberación de la mujer es que todo ocurrió de manera muy simple y natural. Sin experiencia mística, sin neurosis, acusación, cumplimiento de reglas religiosas o terrorismo psicológico, porque es imposible "descubrir" la verdad y continuar oprimido, viviendo en pecado o con duplicidad de carácter. Es claro que todos pasamos por un proceso simbiótico (lo divino con lo humano, lo poderoso con lo mortal) de construcción del carácter cristiano. La libertad ocurre en un segundo; la transformación es trabajo de una vida. No hay actualización espiritual. Realmente la verdad liberta, pero las teologías... ¡Ah!, ellas pueden aprisionar, barnizar y adornar al ser humano, sin liberarlo nunca y sin haber sido transformado. Ejemplos abundantes y saludables están en toda la Biblia y van desde un Abraham (politeísta/ idólatra/religioso) hasta un Pablo (teísta/tradicionalista/religioso). Ahora Dios, ah, Dios fue —personalmente— en busca de cada uno, sin importar lo que los religiosos fueran a hallar de Él. ¡Que se abran las jaulas teológicas!

11

El camino de la madurez teológica

Una de las cosas más importantes que aprendí de la investigación científica es que ella debe hacer justicia al objeto de estudio. En realidad, la expresión no es correctamente "justicia", sino atribuirle los adjetivos correctos y reconocer aquello que el objeto, de hecho, es. Y aquí no va ninguna aseveración romántica o positivista acerca de la posibilidad de una aproximación sujeto-objeto, o investigador-objeto, sin supuestos o hipótesis.

En realidad, no es ninguna virtud hablar de lo que sabemos realmente que es (no hablar porque oí "decir"). Inicialmente es bueno reconocer que todo tipo de generalización es, por naturaleza, injusta. Porque comete el error de "jugar al bebé junto con el agua de la bañera".

Es claro que eso no debería considerarse una "virtud", sin embargo, como nuestros tiempos cambiaron, cualquier acto correcto —aunque no pase de nuestra obligación—, llega ahora a considerarse bondad. Cuando se trata de ciencia, lo más prudente es mantener la distancia adecuada: ni apasionado, ni adverso. Basta sólo alimentar por el objeto lo que se llama "escepticismo simpático". O, en otras palabras, tener una "duda atractiva" o "interés por lo incierto".

Lamentablemente, muchos son "escépticos" en relación con lo que no les agrada, pero extremadamente crédulos cuando se trata de lo que les interesa. Están predispuestos cognoscitivamente. En este aspecto, aprecio la postura de Dinesh D' Souza que, en su obra *Lo grandioso del cristianismo*, afirma:

> Mi *modus operandi* consiste en el escepticismo, al tomar las afirmaciones de la religión de la misma forma imparcial con que veríamos afirmaciones de cualquier otra naturaleza. La diferencia entre mí y mis oponentes ateos es que soy escéptico no sólo en cuanto a las afirmaciones supuestamente irracionales de la religión, sino también en cuanto a las afirmaciones irracionales hechas en nombre de la ciencia y del mismo escepticismo.[336]

En los que así proceden, falta escepticismo simpático en la epistemología y honestidad axiológica en los resultados. Afortunadamente, esta incoherencia no es algo generalizado y todavía existen los que se norman por la rigurosidad académica. Ejemplo claro de los primeros, son algunos sociólogos de la religión que, según denunció Robinson Cavalcanti, colocan "bajo la misma rúbrica de 'pentecostalismo' dos fenómenos distintos". Eso porque, según él explica:

> De un lado, el pentecostalismo propiamente dicho, tipificado, en Brasil, por las Asambleas de Dios; y del otro, el impropiamente denominado "neopentecostalismo", mejor tipificado por la Iglesia Universal del Reino de Dios. Un estudioso propuso denominar estas últimas como pospentecostales: un fenómeno que siguió a otro, pero que no se conecta con él, porque 'neo' se refiere a una manifestación nueva de algo ya existente. Corrientes de sociología argentina los han denominado "isopentecostalismo": algo que parece, pero no es.[337]

En la secuencia, Cavalcanti presenta un ejemplo de investigador que tiene compromiso con la verdad, y dice que "lucidez y valor tuvo Washington Franco, en su disertación de maestría en la Universidad Federal de Alagoas, cuando clasificó el fenómeno representando por la IURD de 'pseudopentecostalismo': algo que no es".[338] En realidad, según Cavalcanti, para

---

[336] D'SOUZA, Dinesh. *A verdade sobre o cristianismo [Lo grandioso del cristianismo]*. 1ª ed. Río de Janeiro: Thomas Nelson Brasil, 2008, p. 16.

[337] CAVALCANTI, Robinson. Pseudo-pentecostais: nem evangélicos, nem protestantes. [Pseudopentecostales: ni evangélicos, ni protestantes]. *Ultimato.* Año XLI, n. 314, Viçosa, MG: Ultimato, septiembre-octubre de 2008.

[338] Ibid.

ser honesto epistemológicamente hablando es necesario darse cuenta que:

> Un estudio cuidadoso de los tipos ideales, Asamblea de Dios e iglesia Universal del Reino de Dios, bajo una óptica sociológica, o una óptica teológica, nos llevará a la conclusión de que se trata de dos manifestaciones religiosas distintas, que no pueden —ni deben— ser colocadas bajo una misma clasificación. Al sumarse, a partir del Censo Religioso, estas dos agrupaciones, se tiene un alto índice de "pentecostales", constituidos, sin embargo por los que lo son y por los que no lo son. Equiparar ambos fenómenos no hace justicia a la Iglesia Universal y ofende a la Asamblea de Dios.[339]

El pentecostalismo convivió por muchos años con el estigma de no tener teología o de no gustarle pensar, ser extremadamente epidérmico y basarse en "experiencias" sensoriales y manifestaciones subjetivas. Negar un fondo de verdad en este hecho es ser deshonesto con la historia. Sin embargo, un nuevo paradigma se ha instaurado de algunos años para acá. Existe una búsqueda sincera de los pentecostales por el entendimiento teológico. Este no es un reconocimiento aislado. Hace pocos días, el obispo anglicano Robinson Cavalcanti afirmó en su excelente, y ya ampliamente citado, artículo bajo el título "Pseudopentecostales: ni evangélicos, ni protestantes", que "los pentecostales están redescubriendo el valor de la historia, de una confesionalidad y de una teología sólida".[340] Ya no era sin tiempo.

En *Simplemente Cristiano*, N. T. Wright, afirma que "a pesar del entusiasmo surgido en las últimas décadas en relación a nuevas experiencias espirituales, Dios no da a las personas el Espíritu Santo para que ellas disfruten de una especie de 'Disneylandia espiritual'".[341] Es necesario superar el umbral sensitivo y entender que, lejos de cualquier semejanza con el pragmatismo posmoderno, "a cada uno le es dada la manifestación del Espíritu para

---

339 Ibid.

340 Ibid.

341 WRIGHT, N. T. *Simplesmente cristão: por que o cristianismo faz sentido [Simplemente cristiano: el por qué tiene sentido el cristianismo]*. 1ª ed. Viçosa, MG: Ultimato, 2008, p. 134.

provecho" (1 Co 12.7), no útil para nosotros —lo que sería una locura—, sino útil para Él y para el cuerpo de Cristo.

Desafortunadamente, gran parte de los pentecostales, está acostumbrado al hecho de que Dios es un "office-boy cósmico", presto para atenderlos en un simple chasquido de dedos. Ellos han hecho eso al copiar modelos de los que se apropiaron de la práxis pentecostal y la amalgamaron a las más exóticas y ocultistas prácticas folklórico-religiosas afro-brasileñas. Sin mencionar el pragmatismo religioso que propicia toda la pavimentación necesaria a esta postura.

Mas un nuevo tiempo ha llegado. Eso se puede percibir en las producciones acerca del movimiento Pentecostal y en la cantidad de pentecostales que se están formando en instituciones de reconocida excelencia. Algunos se han convertido no sólo en maestros y doctores, también ya hay incluso posdoctorados entre nosotros. Sin embargo es extraño, muy extraño incluso, pero comienzo a pensar que hay alguien preocupado con el pentecostalismo. Me explico.

Como todos sabemos, hace años el pentecostalismo viene siendo acusado de ser un movimiento en busca de una teología. Nuestros pioneros encogieron sus hombros ante estas acusaciones y continuaron con el trabajo de evangelización. El resultado, aceptando el método empírico o no, está ahí.

Es evidente que, como en todo crecimiento, hayan surgido problemas y fisuras, excesos de legalismo y de espiritualización, negación del uso de la teología académica, etc. No obstante, ante muchas iglesias históricas estamos apenas comenzando, y eso sugiere alguna cosa.

Ocurre que una nueva etapa parece ahora estar dando inicio en el Movimiento Pentecostal Clásico. Una búsqueda por la profundización teológica, buscando una mayor actuación social y contextualización del mensaje del evangelio a la sociedad actual, son los nuevos valores que impulsan una también nueva generación.

Gente que piensa, pero que tiene compromiso con la Palabra de Dios. Gente que no tiene que dejar de creer en el contenido de las Escrituras para "estar a la moda". Gente que sabe que es necesario repensar su práxis para continuar hablando a este mundo plural.

Es evidente que esta postura no significa una homogeneización, porque no nace de un decreto eclesiástico o de una imposición, pero es una búsqueda espontánea que ya comienza a ser sentida, no solamente en los límites de la denominación, sino incluso fuera de ella. ¡Y este es el punto! Hace unos días un colega de posgrado me preguntó:

—¿De cuál iglesia es usted?

—De la Asamblea de Dios —respondí.

—Usted debe enfrentar la mayor crisis ahí adentro entonces —comentó él.

—Todo lo contrario —respondí y corregí—. En mi iglesia somos incentivados a estudiar.

Nuestras facultades y universidades necesitan de maestros y doctores que sean pentecostales. Si no estudiamos, seguiremos dependiendo de profesionales de otras confesiones teológicas (lo que no es malo por el aspecto de la diversidad y del diálogo, sino que denuncia aversión por el saber de nuestra parte).

El colega, que es de una iglesia histórica y cesacionista, quedó admirado del progreso que los asambleístas estamos haciendo, pues, al final, ¡nuestra especialización es en la PUC! Lejos de desviarse o algo parecido, estoy en busca de perfeccionamiento académico de excelencia para que pueda usar la metodología y la profundidad adquiridas en aquella institución, para servir a la iglesia que pertenezco. Tenemos pastores estudiando en instituciones de iglesias históricas que son conocidas por la excelencia en la enseñanza teológica. Como una iglesia relativamente nueva, existe una gran probabilidad de que el pensamiento teológico sea repensado no buscando su negación, sino claridad epistemológica, lucidez y coherencia en el pensar teológico.

Es claro que existen personas nuevas con posturas anacrónicas (teológicamente hablando), pero estas sólo piensan así por uno de estos dos motivos: "celo sin entendimiento" o conveniencia institucional en ostentar *performance.* Pero el hecho alentador es que el despertar de las consciencias ya se inició y tiende a volverse todavía más acentuado con el aumento del estudio, de la lectura, de la profundización y del ejercicio hermenéutico en los círculos pentecostales. Personas que descubrieron, no obstante, que la Biblia es la Palabra de Dios (¡y esta Palabra es la verdad!), lo que se dice acerca de ella es, como máximo, una versión de esta misma verdad. Y justamente por eso mismo y por haber sido producida en un período histórico, esta versión es pasible de desgaste y de no correspondencia o conexión con el tiempo actual. De ahí el porqué de la necesidad de que, en cada época, cada pueblo, repiense sus fundamentos teológicos y distinga lo que hay de Escritura o solamente de percepción humana falsamente denominada "doctrina bíblica".

Ninguna de las personas de los primeros años de nuestra era creía estar equivocada en su percepción de la Biblia (Antiguo Testamento). La convicción era —y es— la marca de los que se fían en prácticas religiosas (o en el tradicionalismo) como condición salvífica. Sin embargo, cuando surge aquel Hombre simple, pero contundente, proponiendo que la relación con Dios no se establece con la observación fría, mecánica e irreflexiva de mandamientos, sino con la motivación y el propósito correctos; no demoró mucho para que Él sufriera persecución, rechazo y fuera acusado de ser blasfemo, mentiroso e incluso el mismo demonio.

Pero, después de venir manteniendo por muchos años una postura antiintelectualista, las Asambleas de Dios vienen, primeramente a través de la literatura de su editora oficial —la CPAD—, sumada a algunas instituciones de enseñanza teológica, y también muchos púlpitos, fomentando el conocimiento bíblico-teológico como uno de los aspectos indispensables para un crecimiento sano. Es obvio que todo está apenas comenzando, mas los primeros destellos significativos ya están ahí y no se puede ni se debe minimizarlos, porque algunas confesiones están de tal forma cristalizadas que, si es para arrogar una teología que nunca tenga valor de repensarse, es mejor haber sido como nosotros que, lejos de querer imponer un imperialismo teológico, buscamos la reafirmación de las bases con el cuestionamiento y no con la convicción ciega e irreflexiva.

Hablar, por ejemplo, de hermenéutica, de su importancia y función en los círculos pentecostales, es un avance significativo. Por muchos años perduró entre nosotros un sentimiento separatista en relación al estudio científico del texto sagrado. El entendimiento común era de que la "letra mata y el espíritu vivifica". Desafortunadamente, esta porción bíblica es una "víctima" más de la no interpretación del texto.[342] Irónicamente, la misma

[342] Como escribí hace diez años, "al estudiar el contexto de este versículo, descubrimos que no se refiere a la enseñanza secular y mucho menos teológica y

mala interpretación o impericia hermenéutica de 2 Corintios 3.6 sirvió como base y fundamentación de la defensa y apología del oscurantismo.

Este hecho, conocido por los estudiosos, es mencionado por el teólogo e investigador pentecostal Paulo Romero:

> Aún no ha sucedido en la trayectoria histórica del pentecostalismo la conciliación entre hermenéutica y *kerigma*. Buena parte del movimiento no se preocupa por la interpretación científica del texto bíblico ni por las herramientas necesarias a la hermenéutica. A lo largo de las décadas, el pentecostalismo brasileño hasta mostró cierta aversión por la educación. Presbiterianos y metodistas invierten desde hace mucho tiempo en la educación. La Asamblea de Dios, la mayor denominación evangélica de Brasil, viene invirtiendo en educación en los últimos años.[343]

El reconocimiento de que la "Asamblea de Dios, la mayor denominación evangélica de Brasil, viene invirtiendo en educación en los últimos años" es algo sumamente positivo. No obstante, eso no sucedió de la noche a la mañana, es un proceso de concientización que se viene construyedo paulatinamente. Y este no es un reconocimiento aislado. Otro colega, pastor de una iglesia histórica, vino para felicitarme al saber que la iglesia a la cual pertenezco realizó un evento para repensar su teología[344] (¡o para definir una!), porque a la de él (¡según él mismo!) la teología vino, así como la revelación, ¡de una vez por todas! Así, mi conclusión es que, mejor que tener una tradición teológica (transformando proposiciones en verdades irrefutables y que pasan a ser canónicas) es tener valor de examinar la propia práxis.

Lamentablemente, creo que este es el punto que comienza a incomodar a algunas personas por ahí. Si el pentecostalismo clásico, en Brasil, ya crecía (en la visión de ellos) sin teología,

---

sí a la Ley mosaica". CARVALHO, César Moisés. Enseñanza/aprendizaje, responsabilidad recíproca. *Revista Educador Cristiano*, año 1, n. 4. Río de Janeiro: CPAD, oct/dic 2000, p. 12-14.

[343] ROMERO, Paulo. *Decepcionados com a graça* [Decepcionados de la gracia]. 1ª ed. São Paulo: Mundo Cristiano, 2005, p. 117.

[344] *Seminario de Reflexión Teológica del movimiento Pentecostal*, realizado en Campiñas (SP), en ocasión de las conmemoraciones del Centenario de las Asambleas de Dios en Brasil, realizado entre los días 26 a 28 de agosto de 2010.

¡imagine ahora! Creo que si la preocupación común fuera con el Reino de Dios ningún problema habría, al contrario, ya que el despertamiento teológico sería exactamente el objetivo de los que nos acusaban de "ateológicos" o "antiteológicos". Sin embargo, temo que el verdadero miedo sea el mismo de la lógica del mercado. Puedo estar siendo apasionado o demasiado utópico, pero creo en una progresión de esta mentalidad teológica en los círculos pentecostales asambleístas. Concuerdo con lo que dijo Jörn Rüsen, al afirmar que el "pensamiento utópico se define por la negación de la realidad de las circunstancias de la vida".[345] Sin embargo, no lo hago por no reconocer las contingencias, las restricciones y las dificultades que existen entre la idealización y su concreción, sino por creer que el futuro no tiene que inexorablemente ser así. Como dijo Paulo Freire, somos "seres *condicionados,* pero no *determinados*".[346] He ahí el porqué de creer en un gran cambio que ya está en curso. Caminamos rumbo a la madurez teológica.

[345] RÜSEN, Jörn. *História viva. Teoria da história III: formas e funções do conhecimento histórico.* [Historia viva. Teoría de la historia III: formas y funciones del conocimiento histórico]. 1ª ed. Brasília: UNB, 2007, p. 136, 137.

[346] FREIRE, Paulo. *Pedagogia da autonomia: saberes necessários à prática educativa [Pedagogía de la autonomía: saberes necesarios para la práctica educativa].* 22ª ed. São Paulo: Paz y Terra, 2002, p. 21.

PARTE II

Lo que vengo escribiendo después de aprender qué es posmodernidad

12

Hermenéutica pentecostal[347]

La narración como un camino hermenéutico para una teología pentecostal del Espíritu Santo

He aprendido a no acercarme a literatura alguna con prejuicios, pues es un error grave etiquetar a las personas y un pecado desacreditarlas por anticipado. En ese aspecto una de mis referencias, en los círculos pentecostales, es el teólogo estadounidense-canadiense Gordon Fee. Ministro ordenado por las Asambleas de Dios de Norteamérica, sorprende comprobar, por ejemplo, el endoso de Fee en la contraportada de la obra más reciente del teólogo James Dunn[348] que, para la mayoría de nosotros, sería considerado alguien de quien es necesario mantener distancia. Tampoco es inusual ver la obra de Gordon Fee ser citada por muchos teólogos respetados.

Peor que tener opinión formada respecto a libros es opinar sobre ellos sin al menos haberlos leído. Hace pocos días examiné la obra *Teología del Espíritu Santo*, del teólogo protestante Frederick Dale Bruner. Publicado originalmente en 1970, el libro llegó al Brasil por primera vez en 1983 (teniendo su segunda edición

[347] Una primera forma de este texto fue publicada en la revista *Obreiro Aprovado* (Año 36, n. 62, Río de Janeiro: CPAD, Julio-Agosto-Septiembre de 2013, p. 78-84) y también en la *Azusa,* Revista de Estudios pentecostales (v.V, n. 2, Joinville: Refidim, 2014, p. 9-22). Sin embargo, aquí el texto va completamente modificado, aumentado y ampliado en relación a las dos publicaciones anteriores.

[348] DUNN, J. D. G. *Jesus em nova perspectiva* [Jesús en nueva perspectiva]. 1ª ed. São Paulo: Paulus, 2013, 152p.

brasileña en 1986) a través de Vida Nueva y, después de veintiséis años, en 2012 la editora Cultura Cristiana la relanzó con traducción del hebraísta pentecostal Gordon Chown. Se trata de un trabajo exegético y teológico-sistemático que, en 432 páginas, pasa revista a la doctrina pentecostal —sobre todo la de matrices estadunidense y escandinava— proponiendo una confrontación de la experiencia pentecostal en relación al testimonio del Nuevo Testamento leído bajo la óptica de la teología reformada. Me interesé por la obra al leer la parte que la editora puso disponible en su página virtual. De forma responsable, el autor dice que procuró entender el "movimiento pentecostal y su experiencia del Espíritu". Para eso, él no se contentó con investigar la literatura sobre el asunto, sino que se lanzó al campo y frecuentó reuniones pentecostales y se hizo a sí mismo la pregunta: "¿Debo tener la experiencia pentecostal?".[349] Delante de tantos estudios de carácter sociológico[350] acerca del movimiento pentecostal, el mayor mérito de esta obra está en el hecho de ser un análisis teológico y exegético de la forma que el pentecostalismo lee e interpreta las Escrituras, principalmente en lo que se refiere a la experiencia pentecostal o a la llamada "doctrina de la evidencia".

Tal tarea, de acuerdo con lo que dijo Stanley Horton al discutir sobre la importancia del trabajo hermenéutico en la defensa de la "doctrina inicial", necesitaba ser realizada por los teólogos del propio Movimiento. En la época Horton afirmó que el "Presbiterio Ejecutivo de las Asambleas de Dios ha, de hecho, solicitado que la Logion Press anime a alguien a escribir un libro que presente una mejor apologética de la doctrina de la evidencia inicial. El Dr. Anthony Palma está ahora trabajando en un libro así".[351]

[349] BRUNER, F. D. *Teologia do Espírito Santo* [Teología del Espíritu Santo]. 3ª ed. São Paulo: Cultura Cristiana, 2012, p. 8.

[350] "La sociología ayuda a describir el 'qué', pero tiene dificultad en ayudarnos a entender el 'porqué'. Creo que esto es particularmente verdadero en lo que atañe al crecimiento del movimiento pentecostal actual, lo que apunta hacia fuera de los horizontes humanos, a un Dios que se deleita en trabajar en nosotros y la través de nosotros" (MENZIES, Robert P. *Pentecostes: essa história é a nossa história [Pentecostés: esta historia es nuestra historia]*. 1ª ed. Río de Janeiro: CPAD, 2016, p. 94).

[351] HORTON, S. M. *O avivamento pentecostal* [El avivamiento pentecostal]. 1ª ed. Río de Janeiro: CPAD, 1997, p. 76, 77.

Tres años después de esta solicitud, la obra referida por Horton fue publicada y, otros tres años después de su lanzamiento en los Estados Unidos, la CPAD la pubicó también en portugués.[352] Es interesante notar que el libro de Bruner, objeto de análisis de este texto, es mencionado en diversas ocasiones tanto por Anthony Palma, así como por John Wyckoff en su capítulo sobre "el bautismo en el Espíritu Santo" que integra la obra *Teología Sistemática,* editada por Stanley Horton. Wyckoff, por otra parte, inicia con una "reclamación" pertinente al citar a Willian Barclay y Carl F. H. Henry, ambos lamentando la inexistencia de tratados teológicos acerca del Espíritu Santo.[353] Si se pensara en un material así escrito por pentecostales entonces, increíblemente, la producción es prácticamente de cero. Esta es una dueda que nosotros los pentecostales, después de un siglo de instalación en Brasil, necesitamos saldar, produciendo una teología del Espíritu Santo.[354]

El problema hermenéutico

Alister McGrath dice que en "cierto sentido, la historia de la teología cristiana puede entenderse como la historia de la interpretación bíblica".[355] Esto es porque la producción teológica es resultado directo del ejercicio hermenéutico, entonces, es necesario conocer no sólo el método adoptado sino también los supuestos que fundamentan dicho método. Esa observación tiene importancia vital en la propuesta metodológica presentada en este capítulo. En el segundo capítulo de la *Teología Sistemática*, editada por Stanley Horton, los autores James Railey y Benny Aker, hablando acerca de la naturaleza y la función de la exégesis dicen,

---

352 PALMA, A. D. *O batismo no Espírito Santo e com fogo* [El bautismo en el Espíritu Santo y fuego]. 1ª ed. Río de Janeiro: CPAD, 2002, 128p.

353 WYCKOFF, J. W. El bautismo en el Espíritu Santo. En: HORTON, S. M. (Ed.). *Teologia sistemática: uma perspectiva pentecostal [Teología sistemática: una perspectiva pentecostal]*. 4ª ed. Río de Janeiro: CPAD, 1997, p. 431.

354 Algunas de las teologías sobre el Espíritu Santo que existen hoy en Brasil son de autores católicos, luteranos, bautistas y presbiterianos.

355 MCGRATH, A. *Fundamentos do diálogo entre a ciência e a religião* [Fundamentos del diálogo entre ciencia y religión]. 1ª ed. São Paulo: Loyola, 2005, p. 15.

entre otras cosas, que el "género literario interesa mucho al pentecostal debido a que la teología de la evidencia inicial, interpretación esta que depende parcialmente del género de Hechos".[356] Ellos explican que mientras los evangélicos "tratan Hechos como mera historia", los "pentecostales, por otro lado, argumentan que Hechos es de naturaleza teológica, muy semejante al Evangelio de Lucas, puesto que Lucas ha escrito ambos libros".[357] Railey y Aker argumentan que, a pesar de que hay diferencias entre el evangelio de Lucas y Hechos, generalmente la "hermenéutica aplicada a Hechos debe ser la misma aplicada a Lucas, porque se tratan de narrativas, en las dos obras", siendo que, finalizan, el "evangelio es narrativa episódica; mientras Hechos, narrativa sostenida".[358] La conclusión a la que ambos llegan es que se puede usar "Hechos como fuente originaria de doctrina".[359]

A pesar de este reconocimiento, tratándose de Brasil, Paulo Romero afirma que "aún no ha acontecido en la trayectoria histórica del pentecostalismo la conciliación entre hermenéutica y *kerigma*". Y añade que "Buena parte del movimiento no se preocupa por la interpretación científica del texto bíblico ni de las herramientas necesarias a la hermenéutica. A lo largo de las décadas, el pentecostalismo brasileño hasta mostró cierta aversión por la educación".[360] A pesar de que el referido autor tiene, por un lado, razón en apuntar el antiintelectualismo que predominó durante un buen período en el Movimiento Pentecostal, es necesario observar que la llamada "interpretación científica del texto bíblico", se refiere estrictamente a la exégesis cuyo método sigue sólo la estera de la diacronía (métodos históricos, tanto los críticos como los gramaticales) no siendo contempladas las otras posibilidades, entre ellas, la acronía y la sincronía (métodos que consideran el texto tal como se presentan a la lectura, por lo tanto, narrativos), esto es, los métodos estructuralistas. Este

[356] RAILEY, J. H. JR.; AKER, B. C. Fundamentos teológicos. En: HORTON, S. M. (Ed.). *Teologia sistemática: uma perspectiva pentecostal [Teología sistemática: una perspectiva pentecostal]*. 4ª ed. Río de Janeiro: CPAD, 1997, p. 57.

[357] Ibid., p. 57, 58.

[358] Ibid., p. 660.

[359] Ibid., p. 58.

[360] ROMERO, P. *Decepcionados com a graça* [Decepcionados de la gracia]. 1ª ed. São Paulo: Mundo Cristiano, 2005, p. 117.

reduccionismo es fruto de una visión hegemónica que reinó soberana durante muchos años en los círculos teológicos académicos, cuando sólo había doctores provenientes de las confesiones católicas o reformadas. Así, los métodos históricos predominaban como si fueran las únicas posibilidades de lectura del texto bíblico. No es por casualidad que Frederick Dale Bruner inicia su exposición explicando que ni "Hechos ni Corintios, y ni, en cuanto a eso, cualquier parte del Nuevo Testamento fue escrita teniendo en vista una cuestión específica del siglo XX o el pentecostalismo".[361] No obstante, al mismo tiempo en que él defiende que cada "documento [libro] fue dirigido a situaciones histórico-eclesiásticas distintivamente del primer siglo", pondera que, "de alguna manera, los testimonios en el Nuevo Testamento tienen que ser colocados en una relación con preocupaciones actuales —en nuestro caso, en una relación con el pentecostalismo".[362] Ese cuestionamiento se da "porque el pentecostalismo entiende y aplica los pasajes del Nuevo Testamento de modo específico dando, así, origen a la pregunta: ¿el pentecostalismo entiende y aplica correctamente estos pasajes?".[363] La pregunta retórica

[361] BRUNER, F. D. *Op. Cit.*, p. 15.

[362] Ibid., p. 15, 16.

[363] Ibid., p. 16. En la presentación de la primera edición de su obra, *Cheios do Espírito* [Llenos del Espíritu], Augustus Nicodemus dice que su "enfoque es abiertamente reformado", esto es, él afirma que abordaría los textos de Efesios 5.18—6.9, "procurando ser coherente con [su] convicción de que este tiene sólo un sentido, que es el pretendido por el autor humano, que el registró bajo la inspiración divina, y que el método para descubrirlo es el gramático-histórico, empleado por los reformadores" (1ª ed. São Paulo: Vida, 2007, p. 11). Puede verse que no hay, incluso entre los cesacionistas, uniformidad respecto al enfoque de la Biblia y su interpretación. Por otro lado, los pentecostales que insisten en utilizar el mismo método, llamado entre nosotros histórico-gramatical, llegan a conclusiones diferentes acerca de los mismos textos. Eso prueba que los supuestos, o premisas, condicionan la lectura del texto (de ahí la importancia de la propuesta de Anthony Palma que será presentada más adelante). Evidentemente que los cesacionistas dirán que el pentecostalismo nació en 1901 y ellos ya tenían más de 380 años de tradición diciendo las mismas cosas, afirmando los mismos puntos de vista, etc. Quien conoce la historia eclesiástica sabe que las cosas no son exactamente de esta forma, porque había una diversidad de pensamientos durante la Reforma, y que manifestaciones espirituales anteceden, en mucho, lo que aconteció en el inicio del siglo pasado en los EUA, siendo, por lo tanto, correcto decir que hay en el pentecostalismo una diversidad de presentación y configuraciones. Por otra parte, tales

contiene en sí misma la respuesta de que el pentecostalismo no sabe interpretar la Biblia y los cesacionistas son los únicos que lo saben y, por lo tanto, tienen el derecho de decir quién está en lo correcto y quién está equivocado. En este particular, me vuelvo a la opinión de John Stott que, hablando acerca de este aspecto, desaconseja "cualquier pretensión de infalibilidad" en el ejercicio de la interpretación bíblica. Mientras la "Palabra de Dios es infalible, porque lo que Él dice es verdad", continúa el mismo autor, "ningún individuo, grupo o iglesia ha sido o será intérprete infalible de la Palabra de Dios".[364] Eso por la simple verdad de que las "interpretaciones humanas pertenecen a la esfera de la tradición, y contra la tradición se puede siempre apelar a la propia Escritura que la tradición alega estar interpretando".[365]

Evidentemente que la falta de espacio no permite siquiera pensar en el análisis exegético de una sola perícopa de los varios textos bíblicos lucanos o paulinos acerca del bautismo en el Espíritu Santo, que fueron mencionados y trabajados por Bruner.[366] Justamente por eso la discusión se centrará únicamente en la dimensión metodológica y, consecuentemente, teológica de ambos (ya que esta es, en verdad, la cuestión envuelta en el

---

manifestaciones nunca desaparecieron, solamente no son consideradas en la "historiografía oficial" protestante, por razones obvias, es claro. Para una visión de este aspecto vea la "Cronología del pentecostalismo mundial" (ARAUJO, Isael de. *Dicionário do movimento pentecostal* [Diccionario del movimiento pentecostal]. 1ª ed. Río de Janeiro: CPAD, 2007, p. 231-247). A este respeto, consulte incluso MCGRATH, Alister. *A Revolução Protestante: uma provocante história do protestantismo contada desde o século 16 até os dias de hoje* [La Revolución Protestante: una provocativa historia del protestantismo contada desde el siglo XVI hasta los días de hoy]. 1ª ed. Brasília: Palabra, p. 416. En cuanto al hecho de que sólo hay un sentido en el texto bíblico y que este es lo que el autor pretendió que tuviera, estoy totalmente de acuerdo, sólo tengo duda si ese sentido único es lo que el cesacionismo, por una feliz "coincidencia exegética", da para los textos, porque tal coincidencia sería lo mismo que admitir que todo el mundo está equivocado y que sólo este movimiento es correcto.

[364] STOTT, J. *Entenda a Bíblia [Cómo comprender la Biblia]*. 1ª ed. São Paulo: Mundo Cristiano, 2005, p. 209, 210.

[365] Ibid., p. 210.

[366] Tal trabajo fue brillantemente realizado por Robert Menzies, sobre todo en los capítulos 2 y 3 de su obra *Pentecostes: essa história é a nossa história [Pentecostés: esta historia es nuestra historia]*. 1ª ed. Río de Janeiro: CPAD, 2016, p. 37-83.

debate entre cesacionistas y pentecostales). Antes de proseguir es imprescindible reconocer que una de las conquistas de este debate introducido por la pneumatología pentecostal en el cristianismo, fue haber colocado al Espíritu Santo como un nuevo enfoque hermenéutico en la discusión teológica que fue dominada, durante siglos, por los temas cristológicos y eclesiológicos. Como el propio Bruner afirma, el "pentecostalismo nos dio la oportunidad de ir hasta el propio centro —hasta el Espíritu— del Nuevo Testamento".[367] De esta forma, lo que los límites de este texto permiten no es nada más que una brevísima y sencilla mención del método exegético utilizado por Bruner y también una defensa de la presentación del método sugerido por Palma que, según él, "tiene afinidades con el enfoque pentecostal tradicional de la comprensión del bautismo en el Espíritu Santo con base en el libro de Hechos".[368]

En este caso específico, tanto del lado cesacionista como del nuestro, que por nuestra propia experiencia personal afirmamos la contemporaneidad de los dones, es inevitable no admitir lo obvio del conocido texto de Bultmann, cuyo título retóricamente cuestiona: "¿Será posible la exégesis libre de premisas?".[369] Sin embargo, lo hacemos en sentido contrario al de él, porque nadie se aproxima al "método" sin intenciones. Como racionalista que era[370], Bultmann cree en una exactitud hermenéutica y de ahí su tendencia historicista (aparentemente sin darse cuenta que

---

[367] Ibid., p. 140.

[368] PALMA, A. D. *Op. Cit.*, p. 12.

[369] BULTMANN, Rudolf. *Crer e compreender: ensaios selecionados [Creer y comprender: ensayos seleccionados]*. San Leopoldo, RS: Sinodal, 2001, p. 363-370.

[370] Aunque Bultmann también reconociera el hecho de que la "comprensión histórica siempre presupone una relación del intérprete con el objeto que se manifiesta directa o indirectamente en los textos". Siendo así, "la exégesis siempre presupone cierta comprensión de los objetos, basada en una relación vivencial, y en esta medida ninguna exégesis está exenta de premisas" (Ibid., p. 367). A este ejercicio le daba el nombre de "comprensión previa". Su conclusión es que el "cuadro histórico acaba falsificado solamente cuando el exégeta considera su comprensión previa como la comprensión definitiva". Él entonces finaliza diciendo que "para la comprensión histórica no tiene validez aquel esquema de sujeto y objeto, válido a la ciencia natural observadora" (Ibid., p. 368).

tales posturas igual condicionan la exégesis) y la utilización del método histórico-crítico. En el caso del cesacionismo, la utilización de tal método se vuelve conveniente, porque sus supuestos "antisobrenaturalistas" deconstruyen la lectura que el pentecostal hace de los textos bíblicos. Así, la cuestión del método, y sus implicaciones, anteceden la lectura del texto, puesto que, según reconoce Bultmann, "cada historiador individual siempre preponderará *determinado enfoque, determinada perspectiva*".[371] Este enfoque, a pesar de no ser absolutizado, ya determina el método escogido para realizar la lectura del texto. Lo único que tal vez los cesacionistas no observaron, es que Bultmann dice que la "relación existencial con la historia es la premisa fundamental a la comprensión de la historia".[372] Eso significa que, en las palabras del propio Bultmann:

> Lo que se ha dicho todavía implica un reconocimiento importante, es decir, de que *el conocimiento histórico nunca es definitivo y concluido* —en la misma medida en que esto también vale para la comprensión previa con que el historiador viene a investigar los fenómenos. Porque si los fenómenos históricos no son hechos que puedan ser observados de manera neutra, pero sólo muestran su sentido inquiridor movido, ellos solamente se vuelven comprensibles en cada momento presente, al hablar hacia dentro de cada situación actual. Después de todo, la indagación brota de la situación histórica, de la reivindicación del momento actual, de la problemática dada ahora. Por eso, la investigación histórica nunca está concluida, pero siempre necesita ser continuada. Es claro que existen conocimientos históricos que pueden pasar por definitivos, o sea, aquellos que se refieren sólo a datos cronológicos locales, como por ejemplo el asesinato de César o las tesis clavadas por Lutero. Sin embargo, no es posible determinar definitivamente las implicaciones por esos datos. Por eso, hay que decir que sólo en el futuro se podrá reconocer el evento histórico en su calidad de evento histórico. Por eso, también se puede decir que *del evento histórico forma parte de su futuro.*[373]

[371] Ibid., p. 366.
[372] Ibid., p. 368.
[373] Ibid., p. 368, 369.

En pocas palabras, los fenómenos y manifestaciones del Espíritu, experimentados y vivenciados en el pentecostalismo, deberían llevar a las personas a considerar el asunto con seriedad, porque la situación actual acabó demostrando la contemporaneidad de los dones. En este caso, la Biblia no es el pretexto, sino la legitimación de lo ocurrido.[374] Para el pentecostal, la "teología, la experiencia y el comportamiento están entrelazados", dice Robert Menzies, y lo "que creemos es impactado por la experiencia, pero también la orienta". Eso significa que nuestras "creencias dan significado, coherencia y dirección a la experiencia y, de este modo, impactan y moldean nuestro comportamiento".[375] En otras palabras, esta "interconexión de las creencias, experiencia y comportamiento", dice el mismo autor, demuestra "que las convicciones pentecostales son parte esencial de la experiencia y práctica pentecostal" y que, por eso mismo, no se puede "hablar de uno como si fuera totalmente independiente de los otros".[376] Así, aunque las personas relacionen el acontecimiento de la escuela Bíblica Betel, como marco del moderno movimiento pentecostal, vale recordar que las manifestaciones anteceden, en mucho tiempo, tal ocurrencia. Por eso, la explicación sociológica nunca podrá responder satisfactoriamente la cuestión teológica incluyendo el pentecostalismo.

Método histórico-crítico y evento histórico-redentor

Sobre el trabajo exegético de Bruner es interesante decir, sin distorsión o recorte arbitrario de su texto, que el método utilizado por él es el llamado "histórico-crítico", como el autor deja claro en las observaciones preliminares de la segunda parte de

---

[374] De acuerdo con Gordon Fee *apud* John W. Wyckoff, "la pragmática pentecostal, que basa doctrinas y experiencias en precedentes históricos bíblicos, es contraria a la 'hermenéutica científica'" (El bautismo en el Espíritu Santo. En: HORTON, S. M. (Ed.). *Teologia sistemática: uma perspectiva pentecostal [Teología sistemática: una perspectiva pentecostal]*. 4ª ed. Río de Janeiro: CPAD, 1997, p. 443). Pero, como ya se ha visto la "hermenéutica científica" no está desprovista de premisas, o supuestos, siendo así, la cuestión permanece sin resolver.

[375] MENZIES, Robert P. *Op. Cit.*, p. 94.

[376] Ibid., p. 95.

su obra.[377] Tal aclaración, inclusive, es una de las prácticas que los pentecostales necesitamos adoptar en nuestro trabajo: informar al lector cuál método estará siendo utilizado para llegar a las conclusiones de nuestros estudios de la Biblia. Debido a los supuestos del método histórico-crítico, el autor dice que su cuestión con el texto bíblico no es comprobar si "Lucas estaba en lo correcto o equivocado, era perspicaz o aberrante, exacto o imaginativo, pero sí: ¿el pentecostalismo comprende a Lucas de modo correcto o incorrecto, lo interpreta de modo exacto o equivocado, lo aplica de manera propia o impropia?". Y añade que se vio obligado, "en la mayoría de los casos, a tomar el texto según se presenta, con total seriedad y como teniendo autoridad".[378] A fin de que no haya duda acerca del pensamiento del autor, él aclara, en nota, que la propia utilización del "nombre 'Lucas' es meramente tradicional y conveniente; la relación entre el autor de Lucas-Hechos y el médico que era compañero de Pablo no se discute aquí". En la misma nota, Bruner añade que las "referencias a *dichos* de Jesús, Pedro, Pablo y otros en Hechos no pretenden negar el trabajo creativo de Lucas: una vez más, el artificio de la referencia tradicional busca al interés de la sencillez".[379] En términos directos, lo que Bruner está diciendo es que su análisis no parte del principio de la canonicidad, esto es, para él, Lucas no es el autor de Lucas-Hechos, lo que está escrito no tiene la autoridad y ni merece la seriedad dada por los pentecostales que, para los reformados, según se puede constatar a lo largo del libro de Bruner, y como ya se ha dicho, no saben interpretar la Biblia.[380]

---

[377] BRUNER, F. D. *Op. Cit.*, p. 139. Para conocer el método histórico-crítico lea la posición favorable de Joseph A. Fitzmeyr (*A interpretação da Escritura: em defesa do método histórico-crítico* [La interpretación de la Escritura: en defensa del método histórico-crítico]. 1ª ed. São Paulo: Paulus, 2011, 152p.) y la posición contraria al método de Eta Linnemann (*Crítica histórica da Bíblia* [Crítica histórica de la Biblia]. 1ª ed. São Paulo: Cultura Cristiana, 2009, 208p.).

[378] Ibid.

[379] Ibid., p. 385, (sin itálicas en el original). Para entenderse un poco más sobre los llamados "dichos" —frases no pronunciadas originalmente, sino colocadas por el autor en la boca del personaje— de Jesús, lea GRECH, P. El problema cristológico y la hermenéutica. En: COLLINS, Gerald O´; LATOURELLE, René (Orgs.). *Problemas e perspectivas da teologia fundamental [Problemas y perspectivas de teología fundamental].* 1ª ed. São Paulo: Loyola, 1993, p. 117-142.

[380] En realidad, el protestantismo reformado siempre se preocupó de las

De parte de Anthony D. Palma, y del pentecostalismo, los supuestos son igualmente claros. Los teólogos pentecostales no desconocen, por ejemplo, que el material de Lucas y Hechos sean no sólo teológicos, sino también históricos, sin embargo Palma dice que Lucas "usa la historia como un medio para presentar su teología".[381] Este es un aspecto importante a distinguir de entrada en la presente discusión. A pesar de que "Pablo, Lucas y Juan hablaron a una sola voz" que "el Espíritu es la propia fuente de la existencia cristiana", dice el teólogo pentecostal Robert Menzies, sus "estudios de las evidencias, sobre todo en Lucas-Hechos, lo llevaron a concluir que Pablo fue el primer cristiano en atribuir funciones soteriológicas al Espíritu y que sus percepciones distintas sólo impactaron los sectores no paulinos de la Iglesia Primitiva después que Lucas-Hechos fue escrito (cerca de 70 d.C.)". Así, el "punto clave" de su "estudio es la afirmación de que la teología de Lucas relativa al Espíritu es diferente de la teología de Pablo", esto es, contrariamente a "Pablo, que habla de la dimensión soteriológica de la obra del Espíritu, Lucas consistentemente describe el Espíritu como don carismático o, más precisamente, como don profético, la fuente de poder para el servicio".[382] En verdad, Menzies observa que "este énfasis misiológico extraído de Lucas-Hechos, es exclusiva de los pentecostales" y, por eso mismo, "mientras los pentecostales enfatizan el evangelio de Lucas y el libro de Hechos, otras iglesias protestantes destacan las epístolas paulinas".[383] De esta forma, para obtener una teología

posibilidades de interpretaciones que el texto bíblico enseña. Siendo así, como escribe Mark Noll, "la lectura de la Biblia, incluso entre los protestantes que colocaron la autoridad de las Escrituras por encima de todas las otras autoridades, era casi universalmente reconocida como una actividad comunitaria". Sin embargo, como él aclara a continuación, el cuidado era para que las personas fueran instruidas, o condicionadas, a leer la Biblia sólo por la vía oficial: "Lutero, Calvino y otros protestantes iniciales querían que los laicos y laicas leyeran la Biblia por sí mismos, pero ellos aun así esperaban que las interpretaciones bíblicas hechas por religiosos cultos y piadosos (como ellos mismos) fueran aceptadas por los fieles" (NOLL, Mark A. *Momentos decisivos na história do cristianismo* [Momentos decisivos en la historia del cristianismo]. 1ª ed. São Paulo: Cultura Cristiana, 2000, p. 246, 247).

381 PALMA, A. D. *Op. Cit.*, p. 11; sin itálicas en el original.

382 MENZIES, R. *Op. Cit.*, p. 41.

383 Ibid., p. 96.

bíblica del Espíritu Santo, sobre todo en la perspectiva pentecostal, es imprescindible que "la dimensión carismática del Espíritu a la cual Lucas da testimonio", afirma el mismo autor, sea "colocada al lado de la dimensión soteriológica que es tan prominente en los escritos de Pablo".[384] Eso debe hacerse, porque las "grandes verdades de la Reforma fueron, en gran parte, extraídas de Romanos y Gálatas y otros escritos de Pablo". Y, exactamente por eso, que "siguiendo el ejemplo de Lutero, Calvino y otros reformadores, las iglesias protestantes enfatizan las epístolas paulinas como textos fundamentales"[385]. ¿Dónde queda, sin embargo, la idea de que toda la Biblia es inspirada por el Espíritu Santo cuando unos textos reciben más valor que otros? El artificio es la "regla áurea" de la hermenéutica reformada de que la "Biblia interpreta la propia Biblia" y, de esta forma, los textos didácticos, o prescriptivos, tienen prominencia sobre los históricos, o descriptivos. Cabría sólo preguntar de donde viene esta idea. Ulrich Körtner, dice que el "triple 'solamente' (*solus*) de Lutero tiene como presupuesto que la Escritura es clara en sí y comprensible para todos" y, como consecuencia de ello, "la comprensión se concentra en Lutero cada vez más en el sentido literal".[386] Sin embargo está claro que la Biblia está lejos de ser un texto de fácil interpretación. Así, la idea que parece obvia al reformador alemán, que la "Escritura se interpreta a sí misma para aquel que, a partir de los textos cuyo sentido literal puede ser claramente determinado [y que el intérprete los usa para] interpretar las afirmaciones de textos ambiguos"[387], es en lo que consiste, por lo tanto, el principio hermenéutico de que la "Biblia interpreta la propia Biblia". ¿Cómo tales textos son decididos y seleccionados, a partir de cuál aporte interpretativo, cuál aspecto doctrinal?

En términos del Nuevo Testamento, la regla es leer los Evangelios y Hechos a la luz de las epístolas paulinas (no todas ellas, porque si dependiera de Lutero, la epístola de Santiago no formaría parte del canon). En las palabras de Menzies:

---

[384] Ibid., p. 42.

[385] Ibid., p. 96.

[386] KÖRTNER, U. H. J. *Introdução à Hermenêutica Teológica* [Introducción a la Hermenéutica Teológica]. San Leopoldo, RS: Sinodal/EST, 2009, p. 140.

[387] Ibid.

> Este énfasis paulino moldeó, en gran medida, el movimiento evangélico. En otro texto, esbocé que los evangélicos, en reacción instintiva a la erudición liberal que contestó y la confiabilidad histórica de los escritos de Lucas, rechazaron la noción de que Lucas era teólogo. Los evangélicos sostuvieron que Lucas y los otros evangelistas *no* eran teólogos; eran historiadores. En los círculos evangélicos, toda discusión sobre el propósito teológico de Lucas y su narrativa enmudeció. Los Evangelios y Hechos eran vistos como registros históricos, no narrativas que reflejan preocupaciones teológicas autoconscientes. Claro que este enfoque creó esencialmente un canon dentro del canon y, al dar a Pablo posición de honra como "teólogo" del Nuevo Testamento, tuvo un efecto significativamente paulino en la teología evangélica. Ahora los evangélicos están apenas comenzando a ponerse de acuerdo con la significancia teológica de las narrativas bíblicas.[388]

La conclusión de Menzies es que "una teología del Espíritu que es verdaderamente bíblica tiene que hacer justicia a la pneumatología de *cada* autor bíblico", pues, continúa el mismo autor, ese "reconocimiento de que la teología de Lucas relativa al Espíritu es *diferente* de la de Pablo es crucial para el entendimiento pentecostal del bautismo en el Espíritu".[389] Esta distinción tiene que hacerse, porque de acuerdo con los principios hermenéuticos reformistas, informa Menzies, la "tendencia en las iglesias protestantes es leer Lucas a la luz de Pablo".[390] De ahí por qué el pentecostal no puede seguir los métodos hermenéuticos de los liberales ni de los reformados, porque ambos se ajustan para basar las ideas y creencias de los dos grupos. Justamente por eso, en el item ocho (de los trece presentados por Anthony Palma en las cuestiones introductorias sobre las consideraciones hermenéuticas), aun reconociendo el valor del método utilizado por Bruner, el referido autor dice:

> Dentro de la estructura del método histórico-crítico de interpretar las Escrituras, la disciplina llamada crítica de la redacción ganó

[388] MENZIES, R. *Op. Cit.*, p. 96.
[389] Ibid., p. 42.
[390] Ibid., p. 54.

> larga aceptación en años recientes. Su premisa básica es que el escritor bíblico es un editor, y que sus escritos reflejen su teología. Él puede examinar el material que tiene en manos y adecuarlo de modo que presente su agenda teológica predeterminada. Básicamente, la crítica de la redacción es una óptica legítima y necesaria. Pero en su forma más radical, permite que el autor modifique y distorsione hechos, incluso para crear y presentar una historia como factual, con el objetivo de promover sus propuestas teológicas.[391]

Palma dice entonces que esta "forma radical de crítica de la redacción es inaceptable para aquellos que tienen una visión elevada de la inspiración bíblica".[392] Para reiterar, aun reconociendo que, "por naturaleza la redacción de la Historia es selectiva y subjetiva, siendo influenciada por el punto de vista y por las predilecciones del escritor", Palma dice que aunque también sea así con el libro de Hechos, hay que hacer "la salvedad de que la historiografía de Lucas, en última instancia, no es la suya propia, sino del Espíritu Santo".[393] Creyendo en la inspiración del texto, es evidente que todo el registro aconteció bajo la orientación y supervisión del Espíritu que, en el caso particular de Hechos, debe haber tenido todo el cuidado para que se registrara lo que de él mismo era dicho por Lucas.

En cuanto a la importancia del método histórico-crítico, los ya citados teólogos pentecostales Railey y Aker, comparten la misma opinión de Anthony Palma. Ellos dicen que tanto los "conservadores como los liberales igualmente trabajan" con la crítica bíblica y utilizan la crítica histórica o la crítica textual, "puesto que son necesarias en la exégesis".[394] La adición más relevante de esos dos autores en la presente discusión, sobre todo en el aspecto de las presuposiciones del intérprete y del teólogo, no es reafirmar la posición conservadora de la "inspiración verbal y plenaria", pero el hecho de que el propio pentecostal que tiene la

[391] PALMA, A. D. *Op. Cit.*, p. 11.

[392] Ibid., p. 12.

[393] Ibid.

[394] RAILEY, J. H. JR.; AKER, B. C. Fundamentos teológicos. En: HORTON, S. M. (Ed.). *Teologia sistemática: uma perspectiva pentecostal [Teología sistemática: una perspectiva pentecostal]*. 4ª ed. Río de Janeiro: CPAD, 1997, p. 58.

Biblia como su referencia última, a veces, no comprende que la lógica religiosa y sobrenatural del texto no puede ser sometida a la lógica racionalista moderna: "Lo que estamos sugiriendo aquí pertenece a la epistemología —modos de conocer y percibir la realidad. Lamentablemente los occidentales, tanto los conservadores como los liberales, sostienen una epistemología principalmente racional, inadecuada para los pentecostales".[395] Esto es así por el simple hecho de que, el "mundo de la Biblia no es el del racionalista, sino del que reconoce lo sobrenatural y las experiencias sobrenaturales otorgadas por Dios".[396] Gordon Fee denuncia la *hybris* del racionalismo Iluminista que también domina la mentalidad reformada diciendo que:

> Muchos evangélicos que se mostraron indignados con el racionalismo de Bultmann que con tanta indiferencia rechazaba las afirmaciones de Pablo acerca de las obras del Espíritu, adoptaron el mismo racionalismo para explicar la ausencia de tales fenómenos en sus círculos: limitando así esta clase de actividad del Espíritu a la era de los apóstoles.[397]

En este particular, es muy oportuna la observación de Antonio Magalhães al afirmar que las cuestiones fundamentales de la fe, en la práxis pentecostal, "no pueden ser entendidas solamente bajo la perspectiva de la teología como formulación racionalizadora y un tipo de sistematización que vigorizó en el pensamiento teológico occidental".[398] Para el mismo autor:

Decir, por ejemplo, que el pentecostalismo no tiene teología, significa suponer que sólo hay una forma de fomento de pensamiento teológico, basado en una comprensión de teología "... como formulación conceptual y sistemática de la doctrina. Eso exige un alto grado de institucionalización, expresado por la existencia de teólogos adecuadamente capacitados y de centros académicos que faciliten el desarrollo teológico." Esta

[395] Ibid., p. 663.

[396] Ibid.

[397] FEE, Gordon D. *Pablo, el Espíritu y el Pueblo de Dios.* 1ª ed. Miami: Editorial Vida, 2007, p. 177.

[398] MAGALHÃES, Antonio. *Uma igreja com teologia* [Una iglesia con teología]. 1ª ed. São Paulo: fuente Editorial, 2006, p. 58.

contraposición, por otra parte, entre teología considerada normativa y la experiencia religiosa de las personas apunta a la fuerte sospecha que muchas veces podemos estar sólo reproduciendo el conflicto entre el llamado laicado y la institución eclesiástica y, a veces, académico, preocupado en defender sus mecanismos e intereses.[399]

Y es exactamente eso lo que se manifiesta en toda esta discusión entronizada por el cesacionismo en relación al pentecostalismo. La lucha por el derecho de pronunciarse, conquistado por la Reforma, se diluyó en el derecho de sólo un grupo de pronunciarse, tal como antes ocurría en relación al catolicismo. El problema es que eso demuestra que toda la cuestión no pasa de ser preocupación y lucha por la hegemonía de una determinada expresión dentro de la religión cristiana. Por eso la necesidad de autoafirmarse y decir que los pentecostales no saben interpretar la Biblia, porque la leen de forma simplista. Pero recientemente, con el aumento exponencial de maestros, doctores y posdoctores en los círculos pentecostales, la crítica cambió de dirección, la acusación ahora es que somos "liberales". En fin, se trata de una guerra de poder que no acabará y no vale la pena gastar energía en ella. Lo que ahora hago en este capítulo es mostrar, intramuros, el camino que deberemos andar para producir teología sin depender de quien piensa que sólo ellos saben hacerla.

A la objeción del método histórico-crítico que afirma ingenuamente que es posible saber, con certeza, no sólo la "intención del autor"[400], pero incluso lo que había en la mente del autor,

---

[399] Ibid., p. 58, 59.

[400] Es lo que queda claro de la afirmación de Bultmann acerca del método histórico-crítico que, de acuerdo con él, "implica la premisa de que *la historia es una unidad* en el sentido de una contextura integrada de efectos, en la cual los eventos individuales están concatenados entre sí por la secuencia de causa y efecto. Esto no significa que el curso de la historia esté determinado por la ley causal y que no haya decisiones libres de las personas, cuyas acciones determinan el curso de la historia. Sin embargo, aún una decisión libre no sucede sin una causa, sin motivación, siendo tarea del historiador reconocer las motivaciones de las acciones. Todas las decisiones y todos los hechos tienen sus causas y consecuencias, siendo que el método histórico presupone que, en principio, es posible demostrar las mismas así como su concatenación, para así entender todo el curso histórico como un unidad integrada" (BULTMANN, R. *Crer e compreender: ensaios selecionados [Creer y comprender: ensayos seleccionados]*.

Palma responde que aunque se reconozca que el propósito de Hechos sea sólo histórico, esto es, consista en "registrar la propagación del evangelio por todo el mundo romano y no enseñar el bautismo en el Espíritu", es inevitable no cuestionar: "Aun así, ¿cómo puede la propagación del evangelio ser comprendida sin tenerse en cuenta el ímpetu que está detrás de ella —el poder del Espíritu Santo?".[401] En realidad, hablando específicamente del evento de Hechos 2.1-4, es perfectamente claro que "fue un evento único, histórico, sin repetición".[402] Sin embargo, esa

---

San Leopoldo, RS: Sinodal, 2001, p. 365). Horácio Simian-Yofre, observa que el "hecho de que el autor personal sea o no conocido por su nombre, o que sea más o menos exactamente fechable en la historia, es secundario y no modifica la naturaleza del texto, que tuvo un autor y quiso comunicar alguna cosa", o sea, la "dificultad de establecer la intención no quita la responsabilidad de buscarla" (Acronia: los métodos estructuralistas. En: SIMIAN-YOFRE, Horácio (Org.). *Metodologia do Antigo Testamento [Metodología del Antiguo Testamento]*. 1ª ed. São Paulo: Loyola, 2000, p. 122).

401 PALMA, A. D. *Op. Cit.*, p. 13.

402 Ibid., p. 28. Dicha verdad es tan evidente que sería innecesario cualquier desarrollo acerca del tema, sin embargo, por la tendencia teológica de cada lado, tanto del pentecostal como del cesacionista, se vuelve necesario. No obstante la alegación de utilizar el método de los reformadores (cf. nota 17), al leer la interpretación de Augustus Nicodemus, en su libro *El Pentecostés y el crecimiento de la iglesia*, acerca de este texto, se percibe tácitamente la negación de la literalidad de lo que ocurrió allí (p. 24-26). Al igual que nosotros los pentecostales, él afirma que lo ocurrido en Hechos 2 —en términos de manifestación visible de señales— fue un evento único e irrepetible. Sin embargo, la convergencia queda solamente en este nivel y su interpretación es completamente distinta e interpolada en relación a la lectura pentecostal del texto. A partir de ello, cada uno de los fenómenos pasa a ser utilizado como "símbolo", incluyendo las lenguas. Si bien estamos de acuerdo que el revestimiento de poder, según Hechos 1.8, es una forma de capacitación para el cumplimiento de la misión (algo que el propio Señor dijo), el "revestimiento de poder" y el ser "lleno del Espíritu" indican claramente allí una relación directa con el hablar en lenguas. La deshonestidad intelectual viene a continuación cuando el autor dice que "como el punto principal señalado en el pasaje se refiere a la plenitud del Espíritu, es necesario tener cuidado con la afirmación de que, cuando el Espíritu Santo viene sobre el pueblo de Dios, todos tienen que hablar en lenguas. Quien usa este pasaje para defender tal manifestación tiene que ser coherente y decir que el Espíritu, además de hacer que todos hablen en lenguas, trae consigo también el sonido del viento y las lenguas de fuego". Así, completa Nicodemus: "Tal vez motivadas por una lectura selectiva de las Escrituras, algunas personas parecen querer sólo la experiencia relativa a las lenguas, pero en aquel día hubo mucho más que eso. Debemos hacer una lectura completa del texto bíblico,

"venida del Espíritu fue profetizada especialmente por Joel (2.28, 29) y fue ratificada en la ascensión de Jesús (Hch 2.33)", además de haber sido objeto del mensaje de Pedro en aquel mismo día (Hch 2.14-36). En otras palabras, dice Palma, fue "un evento histórico-redentor". A continuación, el mismo autor explica que el "término "histórico-redentor" (o histórico-salvífico) es la forma adjetiva de 'historia salvífica', un importante concepto de la teología bíblica", pues, "enfatiza la actividad de Dios en la Historia y a través de ella, con el objetivo de alcanzar sus propósitos redentores a la raza humana".[403] Es lo que igualmente afirma Jürgen Werbick, al decir que la "*referencia de Dios a la historia* es considerada tema específico de la experiencia de Dios y de la teología en el ámbito judeocristiano", esto es, el "Dios de Israel y de Jesucristo se revela en la historia y actúa en ella". Como no podría dejar de ser, sólo "'sabemos quién es Dios' partiendo de los 'grandes actos' con que Dios 'dirige la historia de su pueblo'".[404] El mismo autor informa que a "partir de mediados del siglo XX, la teología volvió a reflexionar nuevamente sobre la dimensión histórico-salvífica del testimonio divino", o sea, "en los tiempos modernos se acordaron de ella después de larga represión".[405]

Así, un aspecto que no puede pasar desapercibido en esta discusión, es el innegable hecho de que, como resalta Anthony Palma, el "libro de Hechos es más que un registro de la Historia de la Iglesia Primitiva".[406] ¿Qué significa eso? Simple. La tradicional

---

y eso significa tener en consideración que el Pentecostés no se repitió en el libro de Hechos. En verdad, el acontecimiento tenía un propósito simbólico inicial, que era marcar la llegada del Espíritu Santo en la vida de la iglesia" (NICODEMUS, A. *O Pentecostes e o crescimento da igreja: a extraordinária* ação do Espírito Santo em Atos *2* [El Pentecostés y el crecimiento de la iglesia: la extraordinaria acción del Espíritu Santo en Hechos 2]. 1ª ed. São Paulo: Vida Nova, 2017, p. 29). Es evidente que el evento fue singular. ¿Pero y los demás eventos de Hechos en que las lenguas ocurren? ¿Y la carismática comunidad de Corinto? ¿Qué hacer con estos episodios? ¿Cómo pueden ser clasificados? ¿Qué hacer con ellos? Eso lo veremos a continuación.

403 Ibid.

404 WERBICK, J. Historia/Actuar de Dios. En: EICHER, Peter (Ed.). *Dicionário de Conceitos Fundamentais de Teologia [Diccionario de conceptos teológicos]*. 2ª ed. São Paulo: Paulus, 2005, p. 351.

405 Ibid., p. 351, 352.

406 PALMA, A. *Op. Cit.*, p. 27.

clasificación neotestamentaria que afirma ser "biografía" los Evangelios, y Hechos, "historia", no hace justicia a lo que estos documentos realmente son, porque todos sabemos que "ningún escrito histórico puede ser puramente objetivo", o sea, por su propia "naturaleza", dice el mismo autor, "el registro de la Historia es subjetivo y también selectivo".[407] Un ejemplo de la misma Biblia ilustra el punto. El apóstol Juan afirma, sobre su evangelio, que el Maestro realizó muchas otras señales en la presencia de sus discípulos que no fueron registrados, sin embargo, las siete señales destacadas por el apóstol del amor (Jn 2.1—11.57), "se han escrito para que creáis que Jesús es el Cristo, el Hijo de Dios, y para que, creyendo, tengáis vida en su nombre" (Jn 20.30, 31). En realidad, Juan afirma que "hay también otras muchas cosas que hizo Jesús, las cuales si se escribieran", dice él, "pienso que ni aun en el mundo cabrían los libros que se habrían de escribir" (21.25). Así, volviendo al razonamiento de Palma, obvio como es, el "escritor determina el propósito de sus escritos y entonces incluye materiales que van más allá de aquel propósito". El evangelio de Juan, por ejemplo, tiene 21 capítulos y no sólo los diez de la narración de las "siete señales". Por eso, continúa el mismo autor, el propósito del escritor es que "va a determinar el énfasis que se dará en los escritos". En otras palabras, de forma realista, incluso "una obra histórica refleja la predisposición consciente o inconsciente de un autor". Para señalar este punto, Palma afirma que en "relación al libro de Hechos, muchos de los eventos que él registra tiene un propósito teológico", el cual es, "mostrar la propagación del evangelio por todo el mundo mediterráneo por la capacitación del Espíritu Santo".[408] El énfasis de Lucas, en las dos obras, es acerca de la Persona del Espíritu Santo, como se puede ver en el pasaje del capítulo 11, versículo 13 de su Evangelio, comparándolo con el texto paralelo de Mateo 7.11, para quedar en sólo un ejemplo.[409]

---

[407] Ibid.

[408] Ibid.

[409] El teólogo y educador escocés, hijo de padres judíos, que pertenece a las Asambleas de Dios de Norteamérica, Myer Pearlman (1898-1942), aun siendo conservador, hablando acerca de los Evangelios Sinópticos, afirma que los "escritores no procuraron producir una biografía completa de Cristo, sino tomando en consideración las necesidades y el carácter del pueblo para el cual

No sólo esto, como dijera el biblista Rinaldo Fabris, comentando Hechos 2, la "*escena teofánica* o manifestación divina del Espíritu a través de dos símbolos clásicos de las teofanías, el viento (o tempestad) y el fuego (2,2-3);" tiene el propósito claro de evidenciar el paralelo encontrado en la "descripción del primer efecto del Espíritu, la reacción de los testigos del mundo humano universal: o hablar en 'otras lenguas' suscita asombro, admiración (2,4-8);" y al mismo tiempo, realzar "la universalidad y el ecumenismo, en los que se inserta la acción y el testimonio del Espíritu, [...] expresados por la lista de los pueblos(2,9-11)".[410] Se trata, en verdad, del "núcleo de la nueva humanidad reunida por la fuerza de cohesión y comunicación que tiene su fuente en el Espíritu". De esta forma, "Lucas creó el presupuesto a la intervención esclarecedora y la interpretación auténtica dada en el primer discurso de Pedro".[411] Si sólo el discurso de Pedro hubiese sido registrado, de forma "prescriptiva", o proposicional, sin el evento de Pentecostés, ciertamente se admitiría que se trata de "doctrina", ya que, por cuestión de sentido común nadie dirá que tal predicación tuvo, por parte de Lucas al registrarla, sólo una intención "histórica". Y aunque fuera sólo eso de parte de Lucas, ¿qué decir de la intención de Pedro al pronunciar el discurso? ¿Sería sólo "hablar de historia"? Por consiguiente, ya que el texto estaba reproduciendo algo décadas después del evento propiamente dicho, ese propósito no es meramente histórico, sobre todo como se entiende historia en la acepción occidental, sino arquetípico para lo que era igualmente una realidad en sus días (1 Co 12.1-31; 14.1-40). El hecho que "Lucas quiere realzar, retomando los motivos de la antigua tradición, es la universalidad que caracteriza el tiempo del Espíritu y la habilitación profética del nuevo pueblo".[412] Esto porque, en comparación con el Antiguo Testamento, todavía "más que los antiguos líderes, Moisés y Aarón, o que los profetas llamados por Dios, los miembros del

---

escribían, escogieron exactamente los acontecimientos y discursos que acentuaban su mensaje especial". *Através da Bíblia: livro por livro [A través de la Biblia: libro por libro]*. 2ª ed. 14.imp. São Paulo: Vida, 1991, p. 192.

[410] FABRIS, R. *Os Atos dos Apóstolos* [Los Hechos de los apóstoles]. 1ª ed. São Paulo: Loyola, 1991, p. 60, 61.

[411] Ibid., p. 61.

[412] Ibid., p. 62, 63.

nuevo pueblo mesiánico pueden proclamar con autoridad y fuerza lo que Dios hizo por la salvación de todos los hombres, esto es, *las grandes obras de Dios* (2,11)". Y ellos lo hacen con intrepidez no meramente respaldada en proposiciones teológicas o legislativas, porque lo "que fundamenta la identidad del nuevo pueblo no es la ley divina [al modo judaizante], ni una revelación codificable en una enseñanza [al modo cesacionista], mas la presencia y la acción de Dios mediante su Espíritu".[413] En pocas palabras, "se puede intuir la interpretación que Lucas da a la experiencia del Espíritu que se exterioriza en el *hablar otras lenguas* y en el entendimiento en la propia *lengua nativa*", teniendo en mente que:

> Él relee este fenómeno por medio de dos modos interpretativos: el hablar inspirado y conmovido de los carismáticos, llamado *glosolalia,* del cual hay ejemplos en las comunidades cristianas de origen paulina (cf. 1 Co 12,10; 14) y en las experiencias carismáticas de Hechos (cf. 10,46-47; 11,15-17; 19,6) y el modelo de comunicación en las lenguas de los diferentes pueblos. Esta última interpretación, sugerida por la antigua tradición judaica acerca del don de la ley en el Sinaí, es institucionalizada por Lucas, porque le permite resaltar la dimensión universal de la acción del Espíritu. Pero, "hablar en otras lenguas", de cualquier forma que se interprete, será una señal de que, como todas las señales religiosas, apela a la toma de posición del hombre: aceptada o rechazada. En otras palabras, el acontecimiento de Pentecostés no es un espectáculo que haga evidente la acción de Dios o el Espíritu. Esta acción de Dios que se manifiesta en los hombres transformados por ella hace surgir una pregunta: ¿qué significa esto? El autor repite tres veces esta pregunta, suscitada por la confusión asombro y admiración (2,7.8.12). La fe no es respuesta a una curiosidad cultural, no se nutre de emociones religiosas, aunque pueda partir de las interrogaciones humanas suscitadas por lo nuevo e inexplicable. La apertura y la búsqueda sincera son un primer paso a la acogida de la Palabra y del Espíritu. La conclusión apresurada de quien no está dispuesto a acoger lo nuevo y lo diferente pasa por los esquemas estereotipados y tiene respuesta pronta: ¡*están llenos de mosto*![414]

[413] Ibid., p. 63.
[414] Ibid., p. 64.

¿Y no es exactamente esto lo que el liberalismo teológico hizo en relación a los milagros, y los cesacionistas hacen ante lo sobrenatural de la experiencia pentecostal del Espíritu?[415] Así, Fabris concluye que "Lucas nos presentó dos comportamientos posibles delante de las 'señales' del Espíritu", y esto queda claro en la "palabra de Pedro en el discurso que se sigue [pues] desenmascara las mentiras de quien tiene miedo de lo nuevo y madura la pregunta de quien está abierto a la decisión de la fe".[416] De esta manera, aunque se admita como quiere el autor cesacionista, que "el libro de Hechos no se preocupa en explicar o definir la dinámica de la plenitud del Espíritu", pero "se limita, la mayoría de las veces, a registrar los hechos, sin exponer en detalles cómo ocurren las manifestaciones"[417], debiendo, por eso, entenderse que "Lucas escribió la historia de la Iglesia dentro de una estructura doctrinal, la cual, para un número creciente de estudiosos, es el concepto de *historia de la salvación*"[418], y que los eventos narrados por él, según el mismo autor, "no son eventos comunes, pero forman parte de una etapa distinta y específica de *la historia de la salvación* que ya se cerró". Así, su conclusión de que "no podemos considerar los eventos narrados allí y pensar que es la voluntad de Dios que se repitan del mismo modo en la historia de la Iglesia posapostólica en que vivimos"[419], es correcta, sin embargo, el presupuesto embutido está equivocado. Fue Stanley Horton quien dijo mucho antes que "no necesitamos reconstituir los acontecimientos de comienzos del siglo" y que "tampoco necesitamos copiar con exactitud lo que está relatado en el libro de Hechos".[420] Así es necesario considerar que Lucas no

[415] Aunque no sea sólo en relación a la experiencia del Espíritu, conforme el pentecostalismo vivencia, que haya incredulidad por parte de los cesacionistas (cf. NICODEMUS, Augustus. *O Pentecostes e o crescimento da igreja: a extraordinária ação do Espírito Santo em Atos 2* [El Pentecostés y el crecimiento de la iglesia: la extraordinaria acción del Espíritu Santo en Hechos 2]. 1ª ed. São Paulo: Vida Nova, 2017, p. 80, 81).

[416] Ibid., p. 64.

[417] NICODEMUS, Augustus. *Cheios do Espírito* [Llenos del Espíritu]. 1ª ed. São Paulo: Vida, 2007, p. 37.

[418] Ibid., p. 38.

[419] Ibid., p. 39.

[420] HORTON, Stanley M. *O avivamento pentecostal* [El avivamiento

es sólo historiador, sino teólogo y compositor, porque la "sabia distribución del material según los diversos géneros literarios y la estudiada dosificación de las varias secuencias narrativas, alternadas con las partes discursivas, revelan en el autor de Hechos las cualidades de un escritor hábil y atento".[421]

En cuanto al asunto de que Hechos es sólo "historia de la salvación", estoy de acuerdo con Eugene Boring que, comentando Lucas-Hechos, dice que "dentro de la historia universal, el plan salvífico de Dios se desarrolla en tres épocas entre la creación y la consumación", y que, por eso, "hay tres períodos distintos de la historia de la salvación"[422]:

I. El tiempo de Israel: el reino de Dios *prometido*.
II. El tiempo de Jesús: el reino de Dios *presente* en la vida de Jesús.
III. El tiempo de la Iglesia: el reino de Dios *proclamado.*[423]

De los tres períodos destacados por Boring, sólo el último será parcialmente considerado, ya que se refiere directamente a nuestra discusión. "La iglesia tiene su inicio en el Pentecostés en Hechos 2, cuando el Espíritu Santo desciende sobre los discípulos para orientarlos y capacitarlos a continuar la misión de Jesús".[424]

---

pentecostal]. 1ª ed. Río de Janeiro: CPAD, 1997, p. 78.

[421] FABRIS, R. *Op. Cit.*, p. 19.

[422] BORING, M. E. *Introdução ao Novo Testamento: história, literatura e teologia* [Introducción al Nuevo Testamento: historia, literatura y teología]. V. II. San Andrés, SP: Academia Cristã; São Paulo: Paulus, 2015, p. 1005.

[423] Ibid., p. 1006.

[424] Ibid., p. 1007. En este aspecto, Robert Menzies discrepa de Boring, y de los cesacionistas, sobre la historia de la salvación, porque para él, sólo "por la lectura de Lucas-Hechos a través de la lente de la teología paulina es que el Pentecostés puede ser interpretado como el momento en que los discípulos entran en el nuevo tiempo" (*Op. Cit.*, p. 33). Además, la adaptación del texto de Joel que aparece en el discurso de Pedro, "demuestra que, para Lucas, la historia de salvación presentada en su narrativa no puede ser rígidamente segmentada en períodos discretos. El Reino de Dios (o el nuevo tiempo cuando las promesas de la alianza de Dios comienzan a cumplirse) es inaugurado con el nacimiento milagroso de Jesús (o, a más tardar, con el ministerio público de Jesús, que fue marcado por milagros) y va siendo cumplido gradualmente hasta su segunda venida y de la consumación del plan redentor de Dios. El Pentecostés es un evento escatológico significativo, pero no representa la entrada de los discípulos en el nuevo tiempo. El Pentecostés es el cumplimiento del deseo de Moisés de que 'todo el pueblo del Señor fuera profeta' (Nm 11.29;

Misión que, dígase de paso, no concluyó en los "tiempos apostólicos", pero continúa por la simple verdad de que la historia todavía no ha sido consumada y Cristo todavía no ha vuelto. El Reino debe continuar siendo proclamado, porque el "tiempo de la Iglesia, como el tiempo de Israel, es un tiempo extenso, desde el primer Pentecostés hasta la *parousia*". Por lo tanto, no es el libro de Hechos una historia de la salvación o que simplemente narra la conclusión de esta, significando sólo el cumplimiento del Antiguo Testamento. Hechos, como máximo, muestra la historia de cómo se llevó a cabo la transición del segundo período destacado por Boring, hacia el tercero asumido por la Iglesia, porque el "entendimiento de Lucas acerca de la historia es menos prosaico y más dialéctico de lo que a veces se piensa". Así "como el tiempo de Israel", dice Boring, "el tiempo de la iglesia es parte integrante del plan de Dios, el momento en que la comunidad de discípulos capacitada por el Espíritu lleva el mensaje cristiano a los confines de la tierra". Él observa que, en el período del "tiempo de Jesús, el Espíritu había reposado sobre una sola persona", porque "Jesús recibió el Espíritu, pero no confiere el Espíritu sobre los otros hasta Pentecostés", cuando "los discípulos de Jesús son capacitados por el Espíritu y confieren eso a los otros". Este es el punto a destacar de este autor, él afirma que "aunque de un modo diferente de la cristología kenótica de Pablo, Lucas también tiene una forma de mostrar que el tiempo de la Iglesia

---

cf. Jl 2.28, 29; Hch2.17, 18) y representa la preparación de la iglesia a su misión divinamente designada. En suma, en este pasaje crucial, Lucas destaca la continuidad que une la historia de Jesús y la historia de la Iglesia Primitiva. La obra de dos volúmenes de Lucas representa 'una historia de Jesucristo', hecho que está implícito en las palabras iniciales de Hechos: 'En el primer tratado, oh Teófilo, hablé acerca de todas las cosas que Jesús comenzó a hacer y a enseñar' (Hch 1.1)" (Ibid.). Menzies añade que "otra implicación significativa emana de esta perspectiva: El nacimiento de la iglesia no puede ser fechado en el día de Pentecostés. En su monografía, Graham Twelftree argumenta que, para Lucas, el inicio de la iglesia debe ser rastreado hasta la selección de los Doce hecha por Jesús. Twelftree declara: 'Lucas no llamaría el Pentecostés como el nacimiento de la iglesia. Para él, los orígenes de la iglesia están en la llamada y comunidad de los seguidores de Jesús durante su ministerio'. Además, Twelftree afirma que 'el ministerio de la iglesia no es visto como diferente, sino como uno que continúa el ministerio de Jesús'. Estas conclusiones, tomadas en gran parte de la descripción que Lucas hace de los apóstoles, son apoyadas por la cita que Lucas hace de la profecía de Joel" (Ibid., p. 33, 34).

es todavía más pleno de obras poderosas de lo que fue la vida de Jesús".[425] Eso, claro, considerando el cuarto período de actuación del ministerio terrenal del Señor Jesús en relación al inacabado período de la Iglesia. Así, la conclusión de Boring es que:

> En el tiempo de Jesús, el Espíritu estaba presente en él, y Satanás es subyugado por el período del año de gracia del Señor. En el tiempo de la Iglesia, los cristianos tienen el Espíritu, mas la tentación y Satanás volvieron. El tiempo de la Iglesia es, por lo tanto, un tiempo dialécticamente "mixto" —un tiempo diferente de aquel antes de la venida de Cristo, y todavía no realmente cumplido, y un tiempo en que los discípulos de Jesús oran por el advenimiento pleno del Reino de Dios en la *parousia*. La mayoría de los autores del Nuevo Testamento reconoce este carácter "entre los tiempos" de la existencia cristiana, pero Lucas da la representación narrativa más explícita. Así, el propio presente de Lucas como el tiempo de la Iglesia no es otra cosa sino un suspiro después del pasado del Jesús terreno o un deseo de la consumación de la *parousia*. Es el tiempo de actividad continua de Dios, un tiempo de alegría y satisfacción, también un tiempo de salvación —aunque en un sentido diferente del tiempo de Jesús o la llegada de la consumación del reino.[426]

El mismo autor dice que Lucas "desea retratar el inicio [de la Iglesia] de una forma tal que su naturaleza universal, inclusiva se hace evidente" y, para eso, echa mano de "dos movimientos dramáticos: (1) aunque los oyentes del primer sermón cristiano sean todos judíos residentes en Jerusalén, ellos ya representan 'todas las naciones debajo del cielo' (2,5), y la promesa inicial es hecha para 'todos los que están lejos', esto es, 'para cuantos el Señor, nuestro Dios, llamare' (2,39). (2) Sólo aquí en el Nuevo Testamento el fenómeno de la glosolalia es interpretado como la capacidad dada por Dios de hablar poderosa e inteligiblemente en otras lenguas que el orador no había aprendido". El autor no sólo admite la xenolalia en Hechos 2, pero incluso dice, en nota a este segundo movimiento dramático, que como "1 Co 12—14 y en otros lugares en Hechos (10,46; 19,6), [...] la glosolalia no es una cuestión de lenguaje humano, sino experiencias espirituales expresadas en habla

[425] Ibid., p. 1008, para esta y desde la última referencia.
[426] Ibid., p. 1008, 1009.

ininteligible".[427] Si, por un lado Boring es un autor crítico y dialéctico, por otro, es infinitamente más honesto en su enfoque de Hechos que los autores cesacionistas, tanto liberales como "conservadores", porque reconoce el hecho innegable de la glosolalia como experiencia del Espíritu. Además, todavía acerca de la "historia de la salvación", es interesante entender que, debido a los graves problemas y persecuciones sufridos por los primeros cristianos ya en los días de Lucas, dice Jürgen Werbick, la "apocalíptica, para mantener la esperanza del Dios que opera salvación, ya no apeló a los acontecimientos pasados", esto es, la "apocalíptica se cruzó con la ilusión de una 'historia de la salvación' que se impondría sin cesar en Israel y desde Israel". El mismo autor dice que, de acuerdo con "esta visión apocalíptica, Yavé llevaría adelante su proyecto salvífico no 'en continuidad' con lo sucedido hasta el momento, sino en radical discontinuidad, y sería en favor de los que no se dejaran seducir por la perversidad de esta era". Sin embargo, ya "que la prédica y la práxis de Jesús estuvieron marcadas decididamente por el *ya* de la liberación a irrumpir de la buena creación de Dios de las cadenas del mal a través de todos los que se abren a la voluntad salvífica de Dios —al Espíritu de Dios—, también la expansión de la realidad salvífica escatológica puede ser afirmada y fundada ya en la antigua era que continuaba".[428] La historia de la salvación no concluyó en Hechos, al contrario, continúa a través de la Iglesia que, en el poder y en la dinámica del Espíritu, lleva adelante el proyecto divino del Reino anunciando las acciones de Dios demostradas a través de los eventos histórico-redentores (Nacimiento, muerte y resurrección de Jesús, el descenso del Espíritu en Hechos 2 y la inminente venida del Señor).[429] Los discípulos no llevan proposiciones teológicas, sino la narración del evangelio como evento histórico-redentor, porque como dice Pablo en 1 Corintios 2.4, 5: "y ni mi palabra ni mi predicación fue con palabras persuasivas de humana sabiduría, sino con demostración del Espíritu y de poder, para que vuestra fe no esté fundada en la sabiduría de los hombres, sino en el poder de Dios". A pesar de las dificultades de Pablo, dice el biblista

---

[427] Ibid., p. 1094, para esta y desde la última referencia.

[428] WERBICK, J. *Op. Cit.,* p. 353.

[429] Consignada en la conocidísima fórmula: "Jesucristo salva, sana, bautiza en el Espíritu Santo y pronto volverá".

Giuseppe Barbaglio, "Nunca faltó, sin embargo, un apoyo al apóstol, que venía no de sus recursos personales, sino del Espíritu de Dios", pues, "de hecho, la predicación fue acompañada de señales carismáticos"[430], o sea, en lugar de meramente "expresiones de forma humana, se comprobaron manifestaciones claras de la fuerza divina". Así, el "predicador y su palabra aparecen como puramente funcionales"[431], es decir, "determinantes son el Cristo crucificado, como contenido del mensaje, y el Espíritu, como fuerza sobrenatural que recomienda y garantiza la predicación".[432] Así, para cerrar con Fabris la cuestión de Hechos:

> Claro está, por lo tanto, que el autor no pretende hacer una simple reconstrucción historiográfica consultando los archivos de Jerusalén o de Antioquía o utilizando una crónica de las aventuras de Pablo. Por otro lado, él está consciente de que no puede ofrecer serias garantías inventando o manipulando de modo arbitrario los hechos y los testimonios históricos. Ciertamente, él no mira de forma neutral o distante estos acontecimientos y tradiciones históricas que tocan las substancias de su fe y empeño cristiano. El autor de los Hechos se preocupa en encajar los recuerdos y las tradiciones históricas dentro de una moldura teológica que les confiera unidad y significado. Del conjunto de la obra, es posible reconstruir en grandes líneas esta perspectiva histórico-teológica que responde a algunos centros de interés lucanos:
>
> - Mostrar *la continuidad histórica y teológica* entre la iglesia de los orígenes (el de los apóstoles, que se unen con la historia de Israel) y las nuevas Iglesias, surgidas fuera de Palestina, en otra área cultural sin una tradición y pasado histórico;
> - Hacer surgir *las raíces históricas y espirituales* de la Iglesia, que prolonga la herencia espiritual de Israel —las promesas— y se abre al mismo tiempo para el mundo ecuménico de los pueblos;
> - Enfatizar, en fin, *la unidad del designio salvífico de Dios*, esto es, de aquella salvación que se realiza en la historia, que fue prometida en el AT, es actuada en Jesús y se prolonga en la Iglesia.

---

430 "Cf. 1Ts 1,5" (Nota de Barbaglio).

431 BARBAGLIO, G. *As Cartas de Paulo (I)* [Las Cartas de Pablo (I)]. 1ª ed. São Paulo: Loyola, 1989, p. 190.

432 Ibid., p. 191.

> La continuidad de la unidad histórico-salvífica es garantizada por el Espíritu, don de Jesús resucitado a los creyentes, por la predicación viva y autorizada de la palabra, por la mediación histórica y continuadora de los testigos autorizados, los doce, los misioneros, los pastores-presbíteros que garanticen la comunión entre las Iglesias.[433]

Básicamente, esta triple finalidad de Hechos, en la óptica de Fabris, es parecida a la triple división de Boring acerca de la "historia de la salvación" y, así, la conclusión obvia de ambos es que tal historia no acabó, y continúa a través de la experiencia del Espíritu que llena a los discípulos de valor para llevar el testimonio del evangelio seguido por las señales prometidas por el Señor (Hch 4.1-31). Y es exactamente de esta forma que creen los pentecostales, porque en ningún lugar de la Biblia está escrito que las manifestaciones sobrenaturales del Espíritu acabarían con la muerte del último apóstol del Señor. Por otra parte, cuanto más pasa el tiempo, se vuelven todavía más urgentes y necesarias, sobre todo por causa del formalismo que viene amenazando el movimiento Pentecostal año tras año. Así, en las palabras de Robert Menzies:

> Pentecostés es un paradigma a la misión de la iglesia. Lejos de ser único e irrepetible, Lucas prevé que la historia de Pentecostés moldeará la experiencia de cada seguidor de Jesús. Lucas habla directamente a su iglesia y a la nuestra. Él nos llama a estar atentos al liderazgo del Espíritu, que se deleita en guiarnos por caminos arriesgados y sorprendentes. Lucas nos desafía a dar testimonio de Jesús con valor, independientemente de los obstáculos u oposición delante de nosotros, para que podamos apoyarnos en el poder del Espíritu para sostenernos y concedernos fuerza. Y Lucas nos anima a esperar que ocurran "prodigios y señales" en nuestro ministerio. Que nuestra oración sea la de la Iglesia Primitiva: "Ahora, Señor, [...] concede a tus siervos que con todo denuedo hablen tu palabra, mientras extiendes tu mano para que se hagan sanidades y señales y prodigios mediante el nombre de tu santo Hijo Jesús" (Hch 4.29, 30).[434]

---

[433] FABRIS, R. *Op. Cit.*, p. 25, 26.

[434] MENZIES, R. P. *Op. Cit.*, p. 34, 35.

El camino para mantener tal tradición, es exactamente el mismo del pasado: fe, humildad, oración, consagración, quebrantamiento y predicación evangelística seguida de enseñanza bíblica. Este último, por depender de nuestra lectura y estudio de las Escrituras, requiere de un método distinto de los utilizados por los liberales y cesacionistas.

Un método progresista con supuestos conservadores

Ya que es innegable la realidad del fenómeno glosolálico[435] y los efectos subsecuentes de este en la contemporaneidad cristiana,

---

[435] Este reconocimiento se da incluso por parte de no pentecostales, cf. BRUNER, F. D. *Op. Cit.*, p. 405. DUNN, J. *A teologia do apóstolo Paulo* [La teología del apóstol Pablo]. 2ª ed. São Paulo: Paulus, 2008, p. 472-503, 624-644. HURTADO, L. *Senhor Jesus Cristo [Señor Jesucristo]*. 1ª ed. San Andrés, SP: Academia Cristiana/ São Paulo: Paulus, 2012, p. 520-523. Hay todavía un testimonio insospechado del fenomenólogo holandés Johannes Jacobus van der Leeuw que, escribiendo en 1927, afirma que la "creencia en el Espíritu Santo y su actividad es una de las más fundamentales realidades del cristianismo; el modo por el cual Dios se manifiesta en el hombre es su sagrado Aliento [...], el Prodigador de la Vida, el Espíritu de Verdad, la verdadera inspiración (*inspirare:* inspirar). Así, en Pentecostés, el prometido Paráclito se volvió manifiesto a los discípulos, impeliéndolos a obras milagrosas, inspirándolos y auxiliándolos" (*A dramática história da fé cristã: desde seu início até a morte de Santo Agostinho. [La dramática historia de la fe cristiana: desde sus comienzos hasta la muerte de San Agustín]*. 1ª ed. São Paulo: Pensamiento, 1987, p. 28). Con su propósito de demostrar la espontaneidad de la religión cristiana en sus comienzos, el mismo autor dice que el "Espíritu Santo es la actividad Creadora de Dios, y cuando toca al hombre con su centella vivificadora, él se llena de una Vida mayor que la suya, absorbiendo la energía de una fuerza más poderosa que cualquier otra que hay en la Tierra, dotado de una sabiduría que viene a través de Él mas no emana de Él. El conocimiento de cosas que rebasan la percepción humana común, la orientación en asuntos espirituales y materiales, la realización de milagros, *el don de hablar en lenguas no conocidas por quien las habla*, todo eso y mucho más eran y son manifestaciones del Espíritu Santo en el ser humano y respuestas del Paráclito a su llamado" (Ibid., sin itálicas en el original). Él incluso reconoce que las "obras del Espíritu Santo no estaban exentas de peligros para la iglesia primitiva, e igualmente en los tiempos subsecuentes. Así como se oculta bajo el nombre de misticismo un vago sentimentalismo o incluso histeria, en detrimento de los verdaderos místicos, así también, lado a lado con la verdadera inspiración, encontramos una larga serie de experiencias psíquicas, mediúmnicas e ilusorias, que pretenden ser manifestaciones del Espíritu Santo.

Palma habla entonces de la teología narrativa[436], "un enfoque relativamente reciente para los hermeneutas" que, entre sus varios aspectos, posee uno llamado "analogía narrativa". Según él, debido a la valoración de la historia por la teología narrativa, dicha "'analogía' tiene afinidades con la aproximación pentecostal tradicional de la comprensión del bautismo en el Espíritu con base en el libro de Hechos".[437] A pesar de reconocer que "el método inductivo es un medio legítimo para intentar alcanzar una conclusión sobre el asunto" y que esa "metodología fue aplicada desde los días iniciales del movimiento pentecostal para demostrar que, con base en los registros de Hechos, las lenguas de hecho acompañaron la llenura inicial de alguien con el Espíritu", el autor resalta que los pentecostales "necesitamos utilizar cualquier aproximación metodológica legítima que venga a ratificar nuestra comprensión en cuanto a los asuntos relacionados a la actividad del Espíritu Santo en las Escrituras".[438] Para él, "eso incluiría una aproximación panbíblica, [...] y la utilización de disciplinas como teología narrativa y crítica de la redacción, correctamente aplicadas. Al final", completa el autor, "Lucas se especializó en narrativa como un medio de establecer verdades teológicas y, además, es cuidadoso al utilizar fuentes que van efectivamente a retratar

Leemos en las Epístolas que San Pablo tuvo que advertir a las primitivas Iglesias contra estos excesos y aberraciones; un siglo más tarde, la herejía Montanista amenazaría la vida de la Iglesia de modo semejante" (Ibid., p. 28, 29). A pesar del reconocimiento de los peligros que rodean la experiencia del Espíritu, van der Leeuw observa que, "sin embargo, el significado y el valor de las obras del Espíritu Santo en el ser humano eran y son profundos. Aunque la presencia física de Cristo ya no inspirase a sus seguidores, estos continuaban recibiendo, por medio del Espíritu Santo, su divina orientación, y la fundación y evolución de la nueva religión y de la nueva Iglesia no debería ser meramente una cosa hecha por el hombre" (Ibid., p. 29).

[436] Para explicaciones acerca de la teología narrativa lea GRENZ, S. J.; MILLER, E. L. *Teologias contemporâneas* [Teologías contemporáneas]. 1ª ed. São Paulo: Vida Nova, 2011, p. 225-243 y GRENZ, S. J.; OLSON, R. E. *A teologia do século 20: Deus e o mundo numa era de transição* [La teología del siglo XX: Dios y el mundo en una era de transición]. 1ª ed. São Paulo: Cultura Cristiana, 2003, p. 327-345. Una importante advertencia contra algunos postulados de la referida teología es presentada por DANIEL, S. *A sedução das novas teologias* [La seducción de las nuevas teologías]. 1ª ed. Río de Janeiro: CPAD, 2007, p. 75-93.

[437] PALMA, A. D. *Op. Cit.*, p. 12.

[438] Ibid., p. 56.

lo que él, bajo el liderazgo del Espíritu desea enfatizar".[439] Pero, dice Robert Menzies, a pesar de que nuestro análisis pentecostal de "Lucas-Hechos" esté "basado en métodos hermenéuticos modernos", por otro lado, el pueblo en sí consigue leer tranquilamente el texto y aplicar a su vida utilizando un "enfoque simple y directo".[440] Eso sucede, sobre todo, porque consideramos que la forma narrativa de leer, o sea:

> [...] esta lectura de Lucas-Hechos también destaca la importancia y significancia simbólica de las experiencias del Espíritu Santo que inspiran el hablar en lenguas. Ellas nos recuerdan de nuestra conexión experimental con la iglesia apostólica y nuestras llamadas semejantes. Su experiencia es nuestra experiencia; su llamada es nuestra llamada. Las verdades que describimos aquí no son sólo entendidas, pero pueden ser sentidas. La comprensión cognoscitiva y las experiencias que tocan las emociones son importantes; ellas se informan e influencian entre sí. Como vimos, el hablar en lenguas incorpora de manera única estas dos dimensiones. Sirve, de cierta forma, como sacramento. Es una señal exterior de una realidad espiritual. Cuando leemos el libro de Hechos, podemos apreciar más plenamente la verdadera significación de esta experiencia. La experiencia nos anima a afirmar con convicción que "estos [...] también recibieron, como nosotros, el Espíritu Santo" (Hch 10.47; cf. 19.2, 6). También nos invita a aceptar nuestra verdadera identidad en Cristo como profetas del fin de los tiempos (Hch 2.17, 18).[441]

Los ya citados teólogos pentecostales James Railey y Benny Aker, también mencionan el hecho de que "los intérpretes pentecostales vienen, ya algún tiempo, empleando lo que podemos llamar 'crítica narrativa' en su forma más simple". Eso porque, como se sabe, los cesacionistas dicen que Hechos no es material didáctico, o prescriptivo, sino histórico y apenas descriptivo, no siendo por eso fuente de doctrina o de enseñanza a la iglesia. Así, los mismos teólogos informan que los "defensores del bautismo en el Espíritu Santo argumentan en favor de una teología

439 Ibid.

440 MENZIES, R. P. *Op. Cit.*, p. 116.

441 Ibid.

de evidencia inicial en Hechos de los apóstoles, creyendo que el hablar en otras lenguas es normativa". Eso porque, la "narrativa menciona con frecuencia que el fenómeno ocurre cuando el Espíritu Santo llena a alguien con su plenitud". La conclusión de los autores es que las "repeticiones en la narración ofrecen paradigmas de comportamiento, dando fuerza y expresión a la teología", en términos directos, "lo que Lucas registró en Hechos fue con intención de demostrarnos que el hablar en otras lenguas no es solamente la evidencia inicial y física sino también la evidencia convincente que nos hace saber cuándo una persona fue realmente bautizada en el Espíritu Santo". Así, convergiendo con Palma, Railey y Aker, dicen que el "teólogo conservador cree que la narración está arraigada en la historia (la historia es el medio por el cual habría sido efectuada la revelación)" y, por eso mismo, al escribir "la narrativa, el autor sagrado fue orientado por el Espíritu Santo en la selección de lo que serviría a su propósito, omitiendo el resto".[442]

Dentro de esta perspectiva es que los referidos autores defienden la idea de que el capítulo dos de Hechos de los apóstoles se trata de una "narrativa específica", porque nos lleva "a distinguir sus límites dentro de los cuales es posible distinguir los personajes, la trama y el punto culminante", esto es, el "capítulo tiene tres partes: la venida del Espíritu Santo, la actitud del pueblo y el sermón de Pedro".[443] Railey y Aker hablan acerca de lo que significa interpretar el texto de Hechos 2 de esta forma:

> El núcleo de la narración (el mensaje de Pedro) explica la función teológica de las lenguas y de la venida del Espíritu Santo. Las lenguas son la señal de que la prometida era de la salvación y del Espíritu Santo ya había llegado; las lenguas evidencian que el Espíritu Santo ya revistió la iglesia de poder para testificar de Jesús. Además, el propósito primario de las lenguas es testificar que las Escrituras del Antiguo Testamento profetizaron respecto a la presente era del Espíritu. O sea: todo el pueblo de Dios recibiría el Espíritu y hablaría en otras lenguas, y que las lenguas serían la evidencia de que Dios resucitó a Jesús de entre los muertos y lo exaltó,

[442] RAILEY, J. H. JR.; AKER, B. C. *Op. Cit.*, p. 59 (para todas citas desde la última).
[443] Ibid., p. 60.

> ascendiéndolo al cielo. Ahí está Él ahora, derramando el Espíritu. Además, los que hablan en lenguas dan testimonio de la salvación y del evangelio de Jesús (cf. 1.8), de la venida del Reino de Dios que, ahora mismo, está enfrentando con señales y prodigios las potencias de las tinieblas. Lucas, inspirado por el Espíritu Santo, seleccionó los elementos principales del día de Pentecostés, y los describió en esta breve narrativa a fin de convencer a sus lectores a buscar el bautismo en el Espíritu Santo.[444]

Por esta razón, los autores concluyen que, debido al énfasis lucano en la venida del Espíritu con poder, es posible inferir "que los lectores de Lucas no habían recibido el bautismo en el Espíritu Santo, siendo este muy común en la Iglesia Primitiva". Y ellos necesitan de las lenguas para que tengan la comprobación de que recibieron el poder necesario para "lanzarse en el mundo como una comunidad poderosa de testimonio".[445] Es en este aspecto que Railey y Aker dicen entonces que el género literario de la "narrativa era común en la antigüedad, y todavía lo es en muchos lugares, especialmente en los países del llamado Tercer Mundo". Ellos todavía observan que esa modalidad instructiva "está en franca ascensión en el occidente", porque "comunica de modo indirecto", o sea, "el narrador expone sus argumentos a través de elementos tales como el diálogo y el comportamiento".[446] De esta forma, completan, "el comportamiento se vuelve paradigma de lo que los lectores deben valorar y seguir (en Hechos 2, recibir el Espíritu con el hablar en otras lenguas se hizo normativo)".[447] Ellos explican que este modo indirecto contrasta con el modo directo, según las epístolas, por ejemplo, donde "el autor enseña en la primera persona de manera proposicional". Así, los autores concluyen que la "Biblia contiene teología, tanto narrativa como proposicional".[448] Algo que para cualquier persona con sentido

[444] Ibid.

[445] Ibid.

[446] Ibid.

[447] Ibid., p. 60, 61.

[448] Ibid., p. 61. Harvey Cox informa que "algunos estudiosos del Nuevo Testamento hoy creen que el autor del evangelio de Lucas y de los Hechos de los apóstoles (una sola obra llamada 'Lucas-Hechos') usó como modelo la *Eneida* de Virgilio, en un intento de componer una épica cristiana" (*O futuro da fé [El*

común es obvio, esto es, un libro con tantos estilos literarios como la Biblia, escritos por una diversidad de autores en las circunstancias más diversas e inimaginables posibles, ciertamente no puede ser analizado con categorías clasificatorias actuales y, por consiguiente, arbitrarias.

El hecho innegable es que, como afirma Edgar Lee, los "credos tienden a ser abstractos y filosóficos" y, por eso, "apelan principalmente a los adultos interesados en refinar y transmitir los pilares teológicos claves de la fe". Por otro lado, continúa él, "Mucho de la vitalidad de la fe es transmitido en las narrativas de la Biblia, las cuales tienden a ser coloridas, dramáticas y [por eso mismo] fácilmente recordadas".[449] Por esta capacidad de las Escrituras y, por la falta de un Credo en los días apostólicos y, en la Iglesia del primer siglo, Pablo entonces dice que "Porque las cosas que se escribieron antes, para nuestra enseñanza se escribieron, a fin de que por la paciencia y la consolación de las Escrituras, tengamos esperanza." (Ro 15.4). Así, como correctamente dijera Lee, las "narrativas bíblicas nunca son solamente un fin en sí mismas", o sea, ellas "contienen lecciones teológicas o éticas importantes".[450] La prueba de ello es que "las historias simples, pero dramáticas, de Adán y Eva (Génesis 1—3) tratan de algunas de las cuestiones más vitales de la existencia humana".[451] ¿Quién se atrevería a no estar de acuerdo? La trascendencia divina, la creación como producto de Dios que, no debe ser confundida con Él, el llamado Mandato Cultural con la institución del trabajo, el relato de la Caída, son algunos de estos. El mismo autor finaliza esta cuestión diciendo lo siguiente:

---

futuro de la fe]. 1ª ed. São Paulo: Paulus, 2015, p. 220). El ministro pentecostal, Edgar R. Lee, va más lejos al decir que de "Génesis (el libro de los comienzos) al Apocalipsis (el libro de la revelación), la Biblia comunica sus mensajes en historias evocativas tan cautivantes como un drama shakesperiano o tan luminoso como una pintura impresionista" (el papel de la Biblia en la formación del pensamiento cristiano. En: PALMER, Michael D. (Ed.). *Panorama do pensamento cristão* [Panorama del pensamiento cristiano]. 1ª ed. Río de Janeiro: CPAD, 2001, p. 95).

[449] LEE, E. R. El papel de la Biblia en la formación del pensamiento cristiano. En: PALMER, Michael D. (Ed.). *Panorama do pensamento cristão* [Panorama del pensamiento cristiano]. 1ª ed. Río de Janeiro: CPAD, 2001, p. 94.

[450] Ibid., p. 94, 95.

[451] Ibid., p. 95.

> En el Nuevo Testamento, las narrativas del nacimiento de Jesús contienen elementos cruciales de la doctrina cristiana de la encarnación, en la cual Dios toma forma humana para redimir la posteridad caída de Adán. Las historias del bautismo, de la dotación del Espíritu, de la tentación y del ministerio de Jesús recuentan cómo Dios vivió entre los seres humanos, enseñando el camino de la salvación. La historia de la crucifixión es más que un relato triste de un error judicial trágico. Es la historia de cómo Dios perdona el pecado de la raza humana. La narrativa de la resurrección es el clímax de la historia del evangelio, mostrando cómo Dios venció la muerte de Jesús para completar la obra de la redención. La narrativa del libro de Hechos recuenta los comienzos de la Iglesia. En detalles fascinantes describe que el Dios vivo mora en el interior de aquellos que son de Él (y no en el Tabernáculo o en el Templo), y que Él los manda salir como socios responsables por la reconciliación del mundo. Las tramas del Apocalipsis cuentan la consumación de todas las cosas, con el juicio final a la bienaventuranza impenitente y eterna que pertenece a los redimidos.[452]

Lo que se puede concluir de todo o que se ha dicho acerca del aspecto narrativo de las Escrituras, es que aquello que debe ser normativo a la realidad actual, debe ser extraído del texto con discernimiento, porque incluso en las Epístolas hay cosas circunstanciales y específicas, que no deben ser observadas en los días actuales (1 Co 7.1, 36-40; 1 Ti 5.23; sólo para quedarnos con dos ejemplos). Además, de acuerdo con Jean Louis Ska, "los grandes momentos de la revelación nos fueron transmitidos bajo forma narrativa". Eso tiene mucha importancia, porque "uno de los elementos esenciales del género narrativo es su dimensión temporal" y eso significa que, dice el mismo autor, la "sucesión de los elementos en una narrativa se vincula a una cronología, no a una deducción lógica como en un tratado filosófico o teológico, o las estructuras de lenguaje como en la poesía, o las reglas de retórica persuasiva como en un discurso". Eso indica no sólo una forma diferente de interpretar tales textos, sino, más aún, dice Ska, la "narrativa se desarrolla en el tiempo, y el lector de

[452] Ibid., p. 95, 96.

un relato reconstruye dicha experiencia en el tiempo de su lectura".[453] En términos directos, debido a que la "narratología" subraya "en el texto los puntos interrogativos, las lagunas y las elipses que interrumpen el hilo de la narrativa" y, de acuerdo con el mismo autor, eso es "punto esencial de este método", eso indica que la narrativa "muestra cómo estos indicios son señales dirigidas al lector". Eso quiere decir que el lector es quien debe responder a tales interrogaciones y que, finaliza Ska, "sin su respuesta el texto queda incompleto".[454] Así, "la narrativa requiere contribución activa por parte del lector para volverse lo que realmente es", o sea, "esta contribución no es arbitraria, y la narratología le fijará las reglas, pero no por eso la parte del lector es innecesaria", porque las "narrativas duermen hasta que el lector viene a despertarlas de su sueño".[455] Para demostrar el porqué de la valoración pentecostal de la forma narrativa de lectura de la Biblia y, particularmente, de Hechos, basta comprobar lo que Ska dice acerca dos métodos de interpretación:

> Las escuelas son por cierto numerosas y las divergencias notables, y estamos lejos de querer minimizarlas. Ellas, sin embargo, convergen sobre un punto esencial: el sentido de una narrativa es el resultado de una acción, o sea, de un proceso de lectura. Eso significa que es imposible separar el sentido de un texto en general y de una narrativa en particular del "drama de la lectura", para emplear el vocabulario de M. Sternberg. Los métodos de la exégesis clásica, o sea, histórico-crítica, tienden a considerar el texto antes de todo documento que habla del pasado. El intérprete se sirve del texto para alcanzar el mundo que se esconde detrás del texto. La exégesis literaria influenciada por la así llamada *Nouvelle critique* ve en el texto ya no que un documento que conduce hacia un más allá de sí mismo, sino un monumento que merece toda la atención en sí mismo. Cualquier texto es un todo coherente de que es necesario elucidar las estructuras expresivas, sin ninguna referencia ni al universo del autor, ni al del lector, ni al mundo externo. El texto

[453] SKA, J. L. Sincronía: el análisis narrativo. En: SIMIAN-YOFRE, Horácio (Org.). *Metodologia do Antigo Testamento [Metodología del Antiguo Testamento].* 1ª ed. São Paulo: Loyola, 2000, p. 126.
[454] Ibid., p. 123.
[455] Ibid., p. 123, 124.

es un universo cerrado en sí mismo. Para el método narrativo, es un evento vivido por el lector. Así como la música de una partitura permanece muerta hasta que el intérprete la ejecuta, así también el texto permanece como letra muerta hasta que el lector le da vida por el acto de la lectura.[456]

La narrativa tiene entonces una importancia indiscutible, porque de los seis elementos destacados por Michael Palmer que componen una cosmovisión, la narrativa y la experiencia son dos de ellos. Después de hablar acerca de la ideología como el primero de los seis elementos, el referido autor dice que en las "cosmovisiones bien desarrolladas, el papel de la ideología es crucial, pero la persona común encuentra poco deleite o estímulo en navegar en sus complejidades y distinciones de detalles". No obstante, dice Palmer, "las narrativas, al contrario, atraen y capturan la imaginación. Inspiran no sólo la mente, sino también despiertan las emociones" y, justamente por eso, desafían a "los oyentes a ver y vicariamente sentir lo que sería experimentar el contenido ideológico de la cosmovisión".[457] Por esta capacidad, el mismo autor dice que:

> Las narrativas son una característica bien reconocida de las cosmovisiones religiosas. Todas las principales religiones del mundo están llenas de ellas. El elemento narrativo del cristianismo, por ejemplo, enfoca la creación del mundo; el primer hombre y la primera mujer alejándose de Dios; los subsecuentes pactos entre Dios y la humanidad; el nacimiento, la muerte y resurrección de Cristo; la formación de la Iglesia, y la promesa de que Cristo volverá a la tierra para orquestar los eventos finales de la historia.[458]

La disertación de Palmer es interesante porque él dice que "si las enseñanzas didácticas de Jesús y Pablo, Santiago y Pedro y el Credo Apostólico constituyen parte de la dimensión ideológica del cristianismo, entonces las parábolas y acciones de Jesús y *los relatos en Hechos* forman la parte crucial de su contenido

---

[456] Ibid., p. 125.

[457] PALMER, M. D. (Ed.). *Panorama do pensamento cristão* [Panorama del pensamiento cristiano]. 1ª ed. Río de Janeiro: CPAD, 2001, p. 38.

[458] Ibid., p. 37.

narrativo".[459] ¿Qué significa eso? Él entonces explica que las "narrativas pueden hacernos reír o llorar; pueden divertir o chocar nuestra sensibilidad", sin embargo, "ofrecen modelos —para el desarrollo del carácter y sobre cómo comportarnos, no para conformarnos a arreglos sociales aceptables, sino por lo que somos".[460] En este caso, cristianos, seguidores de Jesucristo y de su Evangelio. Así, el "deber de la narración es recontar los eventos centrales, pasados y futuros de un pueblo y su cosmovisión", o sea, la "función de la narración es reforzar ideologías centrales y proporcionar modelos para los partidarios de la cosmovisión".[461] Es obvio que la narrativa es una forma didáctica de enseñar valores y proporcionar modelos. Eso porque nos interesamos en "conocer nuestra historia, porque está en nuestros intereses conocernos a nosotros mismos".[462] Eso es verdad para el pentecostal, porque su experiencia del Espíritu es una forma de experimentar lo que los primeros seguidores de Cristo vivieron en el aposento alto en Hechos 2. No como una repetición del evento histórico-redentor en sí, sino como una forma de ser revestido por el mismo Espíritu que capacitó a los casi 120 del aposento alto y todos los demás que Hechos registra en los capítulos subsecuentes.

Habiendo demostrado el valor de la narración y su función en instruir, es necesario reconocer que, a pesar de las varias críticas pertinentes hechas por Bruner acerca de los equívocos teológicos de los pentecostales de principios del siglo pasado acerca del bautismo en el Espíritu Santo y de que estas hayan sido consideradas y debidamente respondidas por Palma (la diferencia entre separabilidad teológica y subsecuencia temporal, por ejemplo[463]), suena como algo extremadamente arrogante su afirmación de que el "pentecostalismo quiere ser tomado en

---

[459] Ibid., p. 38 (sin itálicas en el original).

[460] Ibid.

[461] Ibid., p. 39.

[462] Ibid., p. 42.

[463] A este respeto vea el capítulo 2, de la obra de Anthony Palma, p. 25-52. Acerca de este mismo asunto es importante consultar todavía WYCKOFF, John W. El bautismo en el Espíritu Santo. En: HORTON, S. M. (Ed.). *Teologia sistemática: uma perspectiva pentecostal [Teología sistemática: una perspectiva pentecostal]*. 4ª ed. Río de Janeiro: CPAD, 1997, p. 435-441.

serio como movimiento cristiano. Está en la hora de evaluarlo".[464] Es necesario entender que para el pentecostal, la "narrativa del derramamiento del Espíritu en el día de Pentecostés es paradigmática", volviéndose así "el modelo, o paradigma, para derramamientos posteriores del Espíritu". Eso está siendo cada vez más de esta forma por el simple e innegable hecho de que, al lado de la "aproximación inductiva, que ve el patrón de glosolalia en los bautismos en el Espíritu, está la contribución de una aproximación contemporánea a la interpretación, algunas veces, llamada narrativa teológica". Citando al teólogo Donald A. Johns, para quien "una técnica mundial y común de contar la historia es decir cosas en grupos de tres y que 'tres veces debería ser suficiente para decir cualquier cosa'", Anthony Palma concluye, con el referido autor, que el "'efecto paradigmático de estas historias deberían llevarnos a esperar las mismas cosas en nuestra propia experiencia con el Espíritu'".[465]

Así, por todo lo que fue discutido anteriormente acerca del problema de la fundamentación bíblica de la experiencia del Espíritu en el pentecostalismo, creo que esta metodología, aun siendo progresista, debe ser responsablemente pensada en nuestro contexto latinoamericano, así como ya se ha hecho hace años en los Estados Unidos, porque el fenómeno glosolálico (y sus congéneres), en muchas ocasiones, sólo puede ser constatado sin que sea posible explicarlo. Eso es así por la simple verdad de que las experiencias son únicas y diversas y, como reconoce Palma, las "Escrituras no dan una fórmula"[466] para el recibimiento del bautismo en el Espíritu Santo. Justamente por eso, es necesario tener mucho cuidado, porque tan y aun más nocivo que no reflexionar sobre el Espíritu Santo, es elaborar una teología equivocada de Él. El primer cisma de la Iglesia por causa de la cuestión del Filioque en el siglo XI debería ya habernos enseñado que, a pesar de nuestras teologías, el "viento sopla de donde quiere" (Jn 3.8).

---

[464] BRUNER, F. D. *Op. Cit.*, p. 19.

[465] PALMA, A. D. *Op. Cit.*, p. 78.

[466] Ibid., p. 94.

La Teología Narrativa[467] y su posibilidad para una teología de la experiencia del Espíritu en el pentecostalismo

La primera cuestión problemática con que cualquier estudioso se enfrenta se refiere a la definición del objeto a ser investigado, sea este un fenómeno, un campo de estudio e incluso una nueva ciencia. Respecto a la teología narrativa, tanto como de la posmodernidad, las definiciones son las más diversas, sin embargo, según Juan Manuel Duque, cuya posición es contraria a este enfoque y/o modalidad de hacer teología, "para más de una definición precisa, [es necesario] una discusión sobre el estatuto y la legitimidad teológica de la teología narrativa".[468] En otras palabras, además del problema de la definición, respecto a la teología narrativa se discute si ella es, o no, un enfoque legítimo. En la opinión del autor, la "aplicación del concepto propio y estricto de teología narrativa [se debe dar] sólo a aquella *teología que utiliza la forma lingüística de la narración como su forma de articulación en el lenguaje* (o su modo de ser *logía*)". De esta manera, la

---

[467] Es importante observar que no están entre las consideraciones de este último tópico la explicación de cómo se lleva a cabo un análisis exegético, o interpretativo, de un texto en una perspectiva "narrativa", estructuralista, acrónica o sincrónica. Aspecto importantísimo de la discusión, esperamos hacerlo en otro trabajo. Los que, sin embargo, quieran profundizar en el tema pueden consultar VV.AA. *Iniciação à análise estrutural* [Iniciación al análisis estructural]. 1ª ed. São Paulo: Paulinas, 1983, 104p. CASTELLI, Elizabeth A. (Org.). *Et al A Bíblia pós-moderna* [La Biblia posmoderna]. 1ª ed. São Paulo: Loyola, 2000, p. 77-124. SIMIAN-YOFRE, Horácio (Org.). *Metodologia do Antigo Testamento [Metodología del Antiguo Testamento].* 1ª ed. São Paulo: Loyola, 2000, p.109-148. BARTHES, Roland. *A aventura semiológica [La aventura semiológica].* 1ª ed. São Paulo: Martins Fontes, 2001, p. 103-152, 249-283. RÜSEN, Jörn. *Razão histórica: teoria da história: fundamentos da ciência histórica* [Razón histórica: teoría de la historia: fundamentos de la ciencia histórica]. 1ª ed. Brasília: UnB, 2001, p. 149-174. RÜSEN, Jörn. *Reconstrução do passado: teoria da história II: os princípios da pesquisa histórica* [Reconstrucción del pasado: teoría de la historia II: los principios de la investigación histórica]. 1ª ed. Brasília: UnB, 2007, p. 43-55. VOLLI, Ugo. *Manual de semiótica* [Manual de semiótica]. 1ª ed. São Paulo: Loyola, 2007, p. 91-132. VITORIO, Jaldemir. *Análise narrativa da Bíblia. Primeiros passos de um método* [Análisis narrativo de la Biblia. Primeros pasos de un método]. 1ª ed. São Paulo: Paulinas, 2016, 144p.

[468] DUQUE, J. M. *Para o diálogo com a pós-modernidade* [Para el diálogo con la posmodernidad]. 1ª ed. São Paulo: Paulus, 2016, p. 223.

teología narrativa, "en sentido estricto, es sólo en acción, esto es, en la medida en que narra y, de esta forma, se constituye *teo-logía*".[469] Sin embargo Duque presenta la dificultad de concebir la teología narrativa como "*trabajo científico de inteligencia de la fe*" en la esfera de lo que se entiende como "teología". Aunque hoy se sepa que, como ya se ha dicho, tal forma o perspectiva parta "de una concepción monolítica de teología", tal paradigma ya es consagrado y, por lo tanto, se basa "en varias características"[470] las cuales sirven de criterios, o referencias, para averiguar el problema del estatuto y de la legitimidad de un nuevo enfoque. No hay posibilidad de hacer una revisión en todas estas características, sin embargo, la más importante, y la primera de ellas, "tiene que ver con el hecho de que la teología es, siempre y exclusivamente, una actividad de *segundo grado* ('second order activity' en la terminología de la filosofía analítica), de índole reflexiva, por lo tanto, presuponiendo una actividad de *primer grado* ('first order activity'), sobre la cual se inclina, para analizar teóricamente". Considerando el asunto, la "actividad de primer grado sería, en el caso de la teología cristiana, la propia fe cristiana".[471] Eso significa que:

> [...] como la realidad de la fe —tal como cualquier otra realidad— no existe más allá o más acá de su propia articulación (lingüística o no), en estado puro, como "cosa en sí", entonces la fe presupuesta por la teología es, ya, una articulación de la experiencia. En el caso concreto, se trata de una articulación de la experiencia de Dios. Como tal, es simultáneamente articulación del propio Dios, ya que sólo en esta articulación es que él se vuelve experimentable y, por lo tanto, creíble. En este sentido, la articulación creyente de Dios, en la experiencia de fe, es considerada por la teología tradicional como *materia prima* u *objeto*, sobre la cual se inclina la teología, en trabajo reflexivo.[472]

Como "trabajo reflexivo", aquí ya en "segundo grado", continúa Duque, "es considerado, por lo menos a partir de la Edad

[469] Ibid., p. 225.
[470] Ibid., p. 226.
[471] Ibid.
[472] Ibid.

Media (siglos XII-XIII) como trabajo *científico*, en sentido especial, más propio". Esa concepción parte de la idea de la ciencia como "una actividad que aborda determinado objeto específico, utilizando métodos argumentativos y especulativos específicos". Como se puede ver, en el "núcleo de esta concepción, se encuentra una idea objetivista y metodológica de ciencia, que vendría a marcar toda la ciencia moderna". El problema es que la teología, concebida como "trabajo científico de inteligencia de la fe", dice Duque, se encuadra "en este mismo ámbito".[473] Y es justamente por eso que, dice Manuel Duque:

> Claramente se ve que, en el contexto de tal concepción de teología, no se podrá llamar a la teología narrativa, en el sentido estricto que antes le fue dado, una actividad propiamente teológica, ya que no constituye un trabajo de reflexión científico-argumentativo-especulativo-metodológico sobre determinado objeto (Dios, tal como es articulado en la experiencia de fe). Como tal, un primer punto de partida, para poder llegar a considerar la legitimidad teológica —y no sólo catequética, pastoral o pedagógica— de la teología narrativa, tendrá que ser constituido por una concepción pluridimensional de teología, que rebase esta concepción monolítica. Tal concepción no renuncia a la concepción que se refirió, mas considera otras dimensiones de la teología. Y una de estas dimensiones es, precisamente, aquella actividad de primer grado, que articula el propio Dios en nuestra experiencia y en nuestro lenguaje (teología en tanto que *teo-logía* y no sólo como *intellectus fidei*). Teología narrativa pertenece a esta primera dimensión de la teología constituyendo auténtica articulación (por la forma lingüística de la narración) de Dios, en la historia y en el tiempo.[474]

Justamente por causa de este último aspecto y de la dilatación del concepto de teología, esto es, no se circunscribe sólo a la "inteligencia de la fe" siendo igualmente "discurso sobre Dios", es que la teología narrativa se vuelve importante para el pentecostalismo y, al mismo tiempo, un problema para el protestantismo histórico, puesto que este ostenta una meta narrativa teológica absolutista que, por su dependencia del racionalismo, ignora

[473] Ibid.

[474] Ibid., p. 226, 227.

completamente los diversos contextos y las diferentes culturas[475] donde la fe cristiana se mantiene sosteniendo las grandes doctrinas de la tradición cristiana (que no es propiedad de ninguna de las expresiones del cristianismo, sino "patrimonio común" de la cristiandad occidental, por así decir[476]), mas expresándose de forma diferente en cuanto a detalles que no perjudican el núcleo principal de la fe cristiana, esto es, la divinidad de Cristo y su resurrección.[477] Otra cuestión importante de entender, todavía en el comienzo de esta discusión, es que la teología narrativa se inscribe dentro de un cuadro de superación del liberalismo teológico y de la ortodoxia reformada, siendo por lo tanto, una perspectiva de consideración de las Escrituras independiente de ambos extremos, de ahí su importancia para el pentecostalismo. Como correctamente afirma Harvey Cox, "la Biblia es demasiado importante para ser dejada a los críticos académicos o a los

---

[475] Este es el punto central de la cuestión en torno a la posibilidad del pentecostalismo de valerse de la metodología de "una teología narrativa actual", porque esta, dice Duque, "siquiera podrá reposar sobre una única y universal 'meta narrativa' ('métarécit'), como todavía pretendía la modernidad crítica y emancipadora, con base en una pretendida razón universal". Esto por el hecho de que la propia "crítica de la narrativa, emprendida por la modernidad, fue ella misma sujeta a la destrucción, dando origen a una nueva época narrativa, ya no precrítica, sino poscrítica ('posmoderna'); esto es, una época en que perdió fuerza *la narrativa* y ganaron pertinencia *las narrativas* plurales e inconmensurables". La conclusión del mismo autor es que "vivimos un nuevo brote del valor de la narración, sólo que en un mundo desfasado, basado sólo en el fragmento" y que, siendo de esta forma, una "teología narrativa de nuestro tiempo tendrá que vivir en constante dialéctica con el mundo precrítico, crítico y poscrítico, si no quiere sucumbir a ninguno de ellos" (Ibid., p.230). Este aspecto será abordado en el capítulo 15, al hablar del hecho de que el pentecostalismo es "premoderno, moderno y posmoderno".

[476] Este aspecto es reconocido incluso por Mark Noll que afirma que la "mayor parte de los pentecostales y carismáticos [neopentecostales] sostienen las convicciones tradicionales acerca de la Trinidad, de la pecaminosidad humana y de la autoridad de las Escrituras" (NOLL, Mark A. *Momentos decisivos na história do cristianismo* [Momentos decisivos en la historia del cristianismo]. 1ª ed. São Paulo: Cultura Cristiana, 2000, p. 315-317).

[477] En este particular, el mismo Mark Noll dice que, debido a que los pentecostales acentuaron "cuatro papeles interrelacionados [de Cristo] como el que salva, sana, bautiza en el Espíritu Santo y volverá como Rey", ellos acaban con "tales énfasis", dice el mismo autor, dando "gran relevancia al poder sobrenatural de Dios para derrotar las enfermedades y realizar otras intervenciones milagrosas en la vida común" (*Op. Cit.*, p. 317).

que lo único que hacen es blandirla"[478], esto es, sólo la usan como pretexto para atacar a otros.

Inicialmente es bueno decir, de acuerdo con Stanley Grenz y Roger Olson, que los proponentes de la teología narrativa ("como es el caso en las primeras etapas de muchas nuevas líneas teológicas"), esto es, "los miembros de esta coalición se mueven en direcciones bastante diversas"[479], o sea, no es un sistema teológico monolítico, con un representante y mucho menos con sólo una forma de presentación, antes, se trata de una propuesta nueva que todavía debe tomar varias formas, siendo una de ellas, la perspectiva pentecostal brasileña. Por lo tanto, no hay aquí ninguna defensa de algo prefabricado, pronto y acabado, que debe ser absorbido, religiosamente, por el pentecostalismo como si fuera una "camisa de fuerza". Primeramente debemos conocer las líneas maestras de la propuesta y ver, así como los pentecostales norteamericanos, cuanto podemos utilizar de lo que ya se ha hecho y lo que es posible construir específicamente para el contexto pentecostal brasileño, a fin de que podamos utilizar esta línea teológica. Eso es importante para el Movimiento Pentecostal puesto que, según James Dunn, citado por John Wyckoff, "los católicos enfatizan el papel de la Iglesia y de los sacramentos, y subordinan el Espíritu a la Iglesia".[480] Por su parte, los "protestantes enfatizan el papel de la predicación y de la fe, y subordinan el Espíritu a la Biblia". Ya los "pentecostales", concluye Dunn, "reaccionan a estos dos extremos —al sacramentalismo que puede volverse mecánico y a la ortodoxia biblista que puede volverse espiritualmente muerta— y reclaman una experiencia vital con el propio Dios en el Espíritu Santo".[481]

Así, debido a esta gran característica del pentecostalismo, esto es, el énfasis en la experiencia del Espíritu, es hora de dejar

[478] COX, H. *O futuro da fé [El futuro de la fe]*. 1ª ed. São Paulo: Paulus, 2015, p. 222.

[479] GRENZ, S. J.; OLSON, R. E. *A teologia do século 20: Deus e o mundo numa era de transição* [La teología del siglo XX: Dios y el mundo en una era de transición]. 1ª ed. São Paulo: Cultura Cristiana, 2003, p. 334.

[480] DUNN, J. Baptism in the Holy Spirit (Londres: SCM Press, 1970), p. 224, 225 apud WYCKOFF, J. W. El bautismo en el Espíritu Santo. En: HORTON, S. M. (Ed.). *Teologia sistemática: uma perspectiva pentecostal [Teología sistemática: una perspectiva pentecostal]*. 4ª ed. Río de Janeiro: CPAD, 1997, p. 431.

[481] Ibid., p. 432.

de tocar en la puerta de la "tradición-teológica-presbiteriana-calvinista-reformada-cesacionista" pidiendo asilo o un lugar para sentarse (como si ella fuera propietaria de la religión cristiana), porque la única manera de que nos sea franqueado, es deformando totalmente el Movimiento Pentecostal.[482] Por eso, cuando un pentecostal lee algo como lo que se encuentra en la obra de

[482] De las cinco implicaciones de lo que Augustus Nicodemus discute en su libro *Cheios do Espírito* [Llenos del Espíritu] (1ª ed. São Paulo: Vida, 2007, 86p.), dos de ellas ofrecen una idea de lo que se está diciendo aquí acerca de lo que significa para que el pentecostal se vuelva "reformado-calvinista": "1) *La plenitud del Espíritu es comprendida en el Nuevo Testamento más en términos colectivos que individuales.* [...] Aunque haya, en el Nuevo Testamento, el aspecto individual de la actuación del Espíritu en la vida del cristiano, el énfasis recae sobre su vida en comunidad. La plenitud del Espíritu es prometida al cristiano en el contexto del cuerpo de Cristo. Es por medio de las prácticas espirituales ejercidas 'unos a otros' que el cumplimiento de la promesa de la plenitud nos es garantizada. El reconocimiento de esta verdad sirve como provocación al concepto dominante en algunos cuarteles evangélicos que comprenden la llenura del Espíritu básicamente en términos individuales" (p. 82). A fin de que no quede duda alguna acerca de lo que se está diciendo, el autor explica el punto con un ejemplo: "El paradigma generalmente es de alguien encerrado en su cuarto, agonizando en oración por horas, generalmente en ayuno, suplicando (y a veces hasta exigiendo) de Dios que le dé una experiencia de poder. No podemos negar que cristianos famosos, en la larga historia de la Iglesia, tuvieron este tipo de experiencia, como Howell Harris, Charles Finney y Dwight Moody. Lamentablemente, la experiencia de esos hombres a veces se ha vuelto un paradigma en cuanto al modo por el cual debemos buscar la plenitud, cuando, en la realidad, deberían ser sólo un monumento de gratitud a la gracia de Dios" (p. 82, 83). La segunda que merece ser destacada dice lo siguiente: *3) La señal de la plenitud es santidad, no necesariamente agitación.* A veces quedamos pasmados delante de queridos hermanos nuestros que, por motivos que desconocemos, asocian insistentemente algún tipo de reacción fisiológica —como caer en el Espíritu, reír, danzar, entrar en trance o reacciones similares— a la acción de llenura del Espíritu. Es verdad que muchos de ellos negarán que consideran estas cosas como esenciales o incluso necesarias, pero acaban por parecer inconsistentes por admitirlas sin cualificaciones, cuando no las alientan en sus cultos o ministraciones, llegando incluso a buscar justificantes en supuestos ejemplos bíblicos. Es bueno que quede claro que reconozco la posibilidad de reacciones físicas por parte de los creyentes en ocasiones especiales de intensa actividad del Espíritu de Dios, actuando por la Palabra y volviéndola clara en sus mentes" (p. 84). La intención de estos dos fragmentos revela el desprecio por la experiencia del Espíritu como los pentecostales experimentamos y entendemos. Vea en la misma obra la parte que trata específicamente de las "reacciones físicas ante lo sobrenatural" (p. 26-36). Un detalle importante: no deje de observar la cubierta de la referida obra.

cuatro autores calvinistas, en vez de sentirse "elogiado", debería discernir lo que realmente se está diciendo en la crítica que se hace porque el pentecostalismo ha traído hacia el interior del cristianismo protestante formalista la oportunidad de la experiencia con el Espíritu (glosolalia), de experimentar la sanidad divina, las maravillas y también los milagros[483]:

> En realidad, el gran punto de disociación entre el pentecostalismo y el neopentecostalismo se dio en la comprensión de la doctrina de las Escrituras. El énfasis del pentecostalismo en la experiencia nunca llegó a enterrar totalmente la importancia de la Palabra y los puntos de tensión fueron resueltos, en muchas ocasiones, con la primacía de la propia Palabra. En este sentido, por ejemplo, la insistencia inicial en la total ausencia de estudio teológico formal (seminarios, institutos bíblicos) de los pentecostales, ya que la predicación vendría "por revelación", dio lugar a la visión más bíblica y más sobria, de la necesidad del estudio y en la aplicación de lo aprendido; las propias "cruzadas de milagros", populares en la década de 60, en Brasil, fueron reemplazadas por estructuras denominacionales más comprometidas con la evangelización a los segmentos más olvidados de la sociedad, al discipulado y a la formación

[483] "Fue el movimiento pentecostal que trajo a la escena evangélica lo inusitado y lo extraordinario como siendo no sólo parte de la realidad existencial, histórica y religiosa de la Iglesia, sino como objeto de anhelo y deseo en la vida individual de cada creyente. Las enseñanzas del pentecostalismo dejaron la expectativa de que sin estas experiencias algo estaría faltando en la vida del cristiano. Era necesario alcanzar un nivel superior, obtener una segunda bendición, elevarse por encima del nivel del creyente común. Se generó así una jerarquía de creyentes: los bautizados en contraste con los no bautizados por el Espíritu Santo, o, utilizando otra terminología: los receptores versus los "*que-todavía-carecían-de-una-segunda-bendición*". El autor incluso dice que la "cuestión de la sanidad divina, traída por el pentecostalismo, sigue a lo largo de líneas paralelas. Ella coloca a los creyentes en una escala jerárquica, calificando su cristianismo, haciendo una división entre los que alcanzaron ya un nivel de fe suficiente para volverlos receptores de sanidades milagrosas vs. aquellos cuya fe es insuficiente para el recibimiento de estas bendiciones, que estarían reservadas a los más anticuados espiritualmente" (NETO, Francisco Solano Portela. Evaluando las manifestaciones sobrenaturales. En: *et.al. Fé cristã e misticismo: uma avaliação bíblica de tendências doutrinárias atuais* [Fe cristiana y misticismo: una evaluación bíblica de tendencias doctrinales actuales]. 1ª ed. São Paulo: Cultura Cristiana, 2000, p. 29). Para entender claramente lo que el autor está diciendo, es importante leer la secuencia del texto hasta la página 33.

> de un carácter cristiano en los congregados. De "denominación de vanguardia" los pentecostales se fueron revelando conservadores en la gran cantidad de doctrinas y, en no raras ocasiones, ejercen la disciplina eclesiástica de forma coherente y bíblica.[484]

Lo expuesto anteriormente está lejos de ser un elogio, es antes una observación del formalismo que viene enfriando al movimiento pentecostal. Ese formalismo es producido por los ataques de los cesacionistas y nuestra condescendencia con sus censuras como si ellos fueran los baluartes de la verdad y habilitados para comprobar quien es, o no, cristiano. Las exageraciones y equívocos desde siempre fueron corregidos por nuestros antepasados[485], y eso siempre fue hecho con discernimiento basado

[484] NETO, Francisco Solano Portela. Evaluando las manifestaciones sobrenaturales. En: *et.al. Fé cristã e misticismo: uma avaliação bíblica de tendências doutrinárias atuais* [Fe cristiana y misticismo: una evaluación bíblica de tendencias doctrinales actuales]. 1ª ed. São Paulo: Cultura Cristiana, 2000, p. 33.

[485] Entre los numerosos ejemplos, destaco sólo uno, proveniente de un editorial firmado por el misionero noruego, Leif Andersen, en el que decía que la "generalización de todos los pentecostales como fanáticos e ignorantes puede haber sido hecha incluso por muchos integrantes de otras denominaciones". Sin embargo decía, en el "bautismo en el Espíritu Santo no existe fanatismo y tampoco en la doctrina enseñada por el apóstol Pablo que, por otra parte, fue quien más destacó esta verdad. No ignoramos la existencia de fanáticos, y sin duda ellos existen entre los pentecostales; ¿pero cuál es la iglesia o denominación que puede ponerse en un pedestal ante la multitud para presentarse como una organización que no los tiene? Por otro lado, hoy, no todos los fieles del catolicismo aceptan la infalibilidad papal o la perfección del mismo como acontecía antes. El pueblo esclarecido comprende que el fanatismo y la ignorancia ocurren entre algunos en una comunidad, sea iglesia o no. El capítulo 2 de Hechos no tiene responsabilidad por todas las personas, iglesias y denominaciones que se rotulan como *pentecostales*, incluso porque puede haber un profundo abismo entre él (Pentecostés) y aquel que se profesa *pentecostal...*". Dos párrafos después, Leif Andersen, advierte: "Queridos lectores, no se engañen ni se asusten. El *Espíritu Santo* no conduce a nadie a trances, fanatismos, éxtasis, egoísmos, shows, falsas interpretaciones de la Palabra, rituales o cualquier presentación personalista. El Espíritu Santo no impide o inhibe la inteligencia humana volviendo al hombre un desajustado, sin razonamiento y sentimiento". Y añade que el "Espíritu Santo lleva sanamente al hombre, sin perjuicio del intelecto, pensamiento, razonamiento y sentimiento, a la humildad y consagración en la Palabra para cumplirla" (Nosotros y el pentecostalismo. Tribuna Pentecostal: Órgano noticioso, informativo y doctrinal de las Iglesias Evangélicas "Asambleas de Dios" del Estado de Paraná. Curitiba: maio/junio de 1973, p. 3).

en la Palabra de Dios (1 Ts 5.20, 21), no con una evidente interferencia humana de "apagar el Espíritu" en la comunidad (1 Ts 5.19), como si hubiera algo que esconder.[486] Esta historia de que "en el *pentecostalismo*, hubo un cambio saludable, en los últimos años, *exactamente* porque no lograron dejar que las experiencias reemplazaran la Palabra escrita"[487], no es más que un intento de amoldarnos al formalismo de la "tradición-teológica-presbiteriana-calvinista-reformada-cesacionista". Observe, por ejemplo, la acusación de que el "segmento pentecostal y neopentecostal, al enfatizar un interés primario por las manifestaciones sobrenaturales, no sólo desprecia la doctrina de la providencia divina en el

[486] "La importante manifestación carismática de la Iglesia constituye el último campo de la solicitud del apóstol (1 Ts 5.19-22). En la comunidad de Tesalónica se estaba experimentando algún tipo de decaimiento del ímpetu profético suscitado por el Espíritu. El texto lo deja entrever, como observa con perspicacia Rigaux: '*mé*, con el imperativo presente en vez del conjuntivo aoristo, indica que es necesario parar una acción ya comenzada, y no un futuro que podría acontecer'. La espontaneidad de las manifestaciones del Espíritu Santo siempre trae, dentro de un cuadro ordenado, el fermento nuevo e imprevisible, provocando, de este modo, reacciones. La palabra viva del profeta, que en el Nuevo Testamento no anunció acontecimientos futuros, es la que identifica las señales de los tiempos y llama a los fieles a una fidelidad concreta y actual, pero siempre crea confusión cuando utiliza una palabra no usual. Se puede imaginar que en la comunidad tesalonicense hubiera algunos pretendidos profetas que actuaban en forma errada. Pablo reacciona con dos imperativos negativos que denuncian la acción sofocante iniciada en Tesalónica: 'No apaguen el Espíritu, no desprecien los dones de la profecía'. Por otro lado, exhorta a que se distancien de actitudes superficiales de credulidad ingenua y adhesión imprudente. El Espíritu, en sus manifestaciones, no es un dato evidentísimo siempre. Se puede errar y tomar por expresión carismática lo que no es más que cosa extraña, presunción, o emotividad epidérmica. Es necesario una evaluación seria: 'Examinadlo todo'. Ninguna exclusión apriorística, por lo tanto, tampoco ninguna adhesión indiscriminada, y sí una selección prudente, para hacer lo que es bueno y alejarse de lo que es malo. Aquí Pablo ofrece un criterio general —pero siempre procurando orientar— para discernir al verdadero del falso profeta. La auténtica acción profética se mide con el metro del bien, de lo que es bueno. Naturalmente, es necesario definir y especificar el bien, lo que es bueno. El apóstol, en esta carta, no lo hace. Pero en la Primera Carta a los Corintios (cf. caps. 12—14) él lo hará con profundidad. Queda, sin embargo, asegurado que el profeta es llamado a poner las cartas sobre la mesa, o sea, a probar la bondad de su acción" (BARBAGLIO, Giuseppe. *As Cartas de Paulo (I)* [Las Cartas de Pablo (I)]. 1ª ed. São Paulo: Loyola, 1989, p. 104, 105).

[487] NETO, F. S. P. *Op. Cit.*, p. 58.

gobierno soberano de todas las actividades, sino se amolda, en realidad, al misticismo característico de las masas".[488] Con eso, según el mismo autor, trajimos a la iglesia "una visión distorsionada de las prioridades de vida, que coloca las cuestiones físicas del hombre como objetivo de mayor preocupación que los problemas metafísicos existentes entre el hombre pecador y el Dios Santo que nos creó".[489] Me quedo pensando en cómo Jesucristo sería visto en este análisis, puesto que al ser cuestionado por los discípulos de Juan el Bautista, a pedido del último profeta del Antiguo Testamento, acerca de su mesianidad, el Señor no les ofreció una "respuesta-teológica-proposicional-metafísica", sino sólo llevó a cabo varios milagros y maravillas delante de ellos y dejó que los discípulos del Bautista llevaran el informe y que, delante de ello, él mismo sacara sus conclusiones (Mt 11.1-6; Lc 7.18-23). Además, esta forma pentecostal de leer la Biblia, dice Robert Menzies, y el propio:

> [...] mensaje pentecostal se centra en la salvación amplia encontrada en Jesús. Tiene por objetivo incentivar la fe y llevar esperanza a las personas que viven en medio de la desesperanza y el desespero. Los pentecostales no dudan en relacionar el evangelio a toda la gama de la necesidad humana, sea espiritual, física o material. Este enfoque holístico es una corrección actual de las teologías tradicionales que ignoran el cuerpo y sus necesidades.[490]

Por lo tanto, que quede claro que la idea aquí, es prudente hacer hincapié nuevamente, nada tiene de rechazo a las doctrinas maestras de la religión cristiana, sino sólo encontrar un enfoque para fundamentar nuestra experiencia del Espíritu en una lectura de la Biblia que no se pretenda absoluta y exhaustiva, como si sus misterios insondables pudieran ser agotados con un método hermenéutico racionalista o cualquier otro, porque a pesar de creer que los textos de la Biblia tengan sólo un sentido, los pentecostales no nos atrevemos a afirmar que nuestra forma de leerla sea autosuficiente y la única que puede estar correcta. Así, volviendo a la discusión anterior, según los teólogos Stanley Grenz y Ed

---

[488] Ibid., p. 35.

[489] Ibid., p. 35, 36.

[490] MENZIES, R. P. *Op. Cit.*, p. 105.

Miller, los proponentes de la teología narrativa "están preocupados en encontrar un modo de superar la crisis de identidad actual del cristianismo".[491] Para estos teólogos, "en el centro de esta crisis, [...], yace el silencio de la Escritura en la iglesia", y tal silencio, de acuerdo con ellos, "se debe, en parte, a lecturas individualistas de la Biblia". En términos directos, todo el problema se refiere a lecturas que no aventuran la hipótesis de estar equivocadas, puesto que son hechas por especialistas autorizados y no por personas comunes. Por eso mismo, no respetan la experiencia de otra expresión del cristianismo y, por eso mismo, perdieron cualquier posibilidad de contacto, resonancia o comunicación con las personas de hoy. Además, los autores también llaman la atención a la "desaparición de una percepción de la tradición teológica y la pérdida de importancia de la teología a la vida personal y comunitaria de los cristianos". Eso se da justamente por el hecho de que se hace una lectura racionalista de la Biblia, que no considera su innegable aspecto sobrenatural y la indispensable conexión con la realidad presente que, por señal, valora ampliamente la experiencia. Así, los "teólogos de la narración procuran superar esta dificultad recurriendo a la observación contemporánea de que los seres humanos son seres contadores de historias", porque como se sabe, "todas las tribus y personas expresan su interpretación de la realidad contando historias". Por eso, como todos los demás que ya reflexionaron acerca del valor de la narrativa, ellos destacan también el Génesis como ejemplo y dicen que "tales narrativas son producto de la necesidad del ser humano de sentir que el flujo del tiempo no es caótico y ni insignificante". Los teólogos de esta línea de interpretación dicen que las "narrativas llenan esta necesidad uniendo el pasado y el futuro al presente, esto es, comprendiendo el presente a la luz del pasado y del futuro".[492] Es lo que afirma Georg Wood, en el prólogo a la obra de Menzies, al afirmar que la "fusión de horizontes entre la promesa bíblica y la experiencia contemporánea es característica de los pentecostales en el mundo entero".[493] En verdad, el "punto fuerte de la

[491] GRENZ, S. J.; MILLER, E. L. *Teologias contemporâneas* [Teologías contemporáneas]. 1ª ed. São Paulo: Vida Nova, 2011, p. 231.
[492] Ibid.
[493] MENZIES, R. P. *Op. Cit.*, p. 11.

teología narrativa está en su afirmación de que la fe implica relacionar nuestras historias personales con la historia trascendente/ inmanente de la comunidad religiosa y, en su expresión máxima, con la gran narrativa de la acción divina en el mundo".[494] Esta es la gran tesis de la obra de Menzies que enfatiza el hecho de que:

> Nosotros, los pentecostales, siempre leemos la narrativa de Hechos, y particularmente la narrativa del derramamiento pentecostal del Espíritu Santo (Hch 2), como modelo para la vida. Las historias de Hechos son *nuestras* historias: historias de pescadores llamados para dar testimonio de Jesús con valor frente a una gran oposición; historias de campesinos perseverantes en medio de gran sufrimiento; historias de adversarios poderosos y demoníacos en el empeño de desalentar y destruir. Los pentecostales del mundo entero se identifican con estas historias, sobre todo teniendo en vista que muchos enfrentan desafíos semejantes. Este sentido de vinculación con el texto nos anima a permitir que la narrativa moldee nuestra vida, nuestra esperanza y sueños, nuestra imaginación. Las historias de Hechos son nuestras historias, y las leemos con expectativa y ansia. Historias del poder del Espíritu Santo, que capacita a los discípulos comunes a hacer cosas extraordinarias para Dios.[495]

Tal vez porque los pentecostales todavía enfatizamos la experiencia del Espíritu y debido a nuestra percepción de la intervención divina en la historia, inclusive personal, tal vez no nos parezca tan importante tal ejercicio. Pero, al persistir el proceso de "formalización espiritual" que viene tomando cuenta del movimiento, ciertamente es imprescindible que reafirmemos esta posibilidad. Incluso porque, creemos que la "historia divina, mediada por la comunidad de fe, trasciende nuestras narrativas individuales y finitas", no obstante, para que ella tenga sentido para el ser humano de hoy, así como aconteció en el momento de la revelación cuya experiencia la Biblia registra, es necesario entender que ella también "es inmanente en la historia del mundo y, por la fe, en el devenir de la historia de vida del creyente".[496] La historia divina no se quedó en el pasado, Dios no dejó de actuar entre la

494 GRENZ, S. J.; OLSON, R. E. *Op. Cit.*, p. 327.
495 MENZIES, R. P. *Op. Cit.*, p. 21.
496 Ibid.

humanidad. A través de su Espíritu Él sigue actuando en la historia general, pero también, e igualmente, en la historia personal del ser humano. Es justamente a fin de articular tal verdad teológicamente que, dice Grenz y Olson, "Teólogos narrativos cristianos se vuelven a acontecimientos específicos encontrados en los fundamentos de la fe cristiana, según las narrativas de la Biblia y de la tradición cristiana". Acontecimientos como el descenso del Espíritu Santo en el día de Pentecostés (Hch 2), por ejemplo. Para estos teólogos de la narrativa, "cuando los individuos toman para sí estas narrativas, ellas se vuelven la base de la identidad personal y la existencia".[497]

En un mundo carente de sentido como el nuestro, ¿cuánto añade tal perspectiva? En vez de un formalismo teológico impersonal que intenta encasillar a Dios en formalidades y escrúpulos religiosos, la experiencia del Espíritu, a ejemplo de lo que aconteció en Hechos 2 y en los primeros cincuenta años de las Asambleas de Dios en Brasil, transforma personas simples y tímidas en intrépidos testigos del evangelio de Jesucristo (Hch 2.14-41; 3.1—4.31; 6.7—7.60 etc.). Por eso, el "énfasis sobre contar la historia de una persona y entrelazar la vida de esta persona en la historia de una comunidad se basa en la afirmación contemporánea de que casi todas nuestras convicciones fundamentales, sean religiosas o no religiosas", registran Grenz y Olson, "están afirmadas sobre algún tipo de narrativa como contexto, en el cual tales convicciones adquieren significado". Sí, sin la narrativa de Hechos sería difícil entender lo que acontece en el medio pentecostal. Sin embargo, lo que sucedió a nuestros hermanos del primer siglo, se volvió paradigmático y, por eso mismo, identidad para el movimiento Pentecostal. No se trata de repetir lo que sucedió allá, porque ese fue un evento histórico-redentor, sino la continuidad de las manifestaciones, relatadas inclusive en el propio libro de Hechos, demuestra que la experiencia del Espíritu es lo que hizo, y todavía hace, toda la diferencia en la tarea de la proclamación del evangelio. Así, finalizan los mismos autores, "los teólogos narrativos afirman que la narrativa es esencial para la teología, porque tiene un papel central en la tarea de volver inteligibles y relevantes las convicciones religiosas que constituyen

[497] Ibid., p. 328.

el núcleo de la reflexión teológica".[498] Sí, si existe sólo una posibilidad de lectura de la Biblia, como defienden los cesacionistas, y esta es propiedad de ellos, ¿cómo sostener bíblicamente la experiencia actual del Espíritu?

Es importante saber que los "precursores de la teología narrativa", como informan los ya citados Grenz y Olson, "no afirmaban que la teología podía simplemente dispensar la tarea tradicional de presentar las formulaciones proposicionales abstractas". La tesis enfatizada por ellos, ya en el inicio de los años 70, es que "en su tarea de reflexión crítica, la teología no puede atreverse a olvidar las narrativas de donde ella toma su fuerza". En términos simples, "ellos enfatizaban que la teología debe moverse entre la narrativa y la reflexión sistemática sobre ella misma"[499]. Eso debe ser así porque el propósito de la teología es que ella comunique y vuelva asimilable la experiencia primaria de los receptores originales de la revelación. Esa afirmación es una advertencia para quien cree que "la teología [es] un hecho acabado, [y que así] solamente se trataría de adquirir y estudiar determinado tratado teológico", dice Alberto Fernando Roldán, que oportunamente observa que el "problema estaría, en este caso, en determinar cuál sería el tratado teológico definitivo e irrevisable"[500] (¡incluso porque hay miles de ellos!). A continuación, Roldán afirma que, "como evangélicos, tenemos un postulado de fe básico e insustituible: la Biblia, como Palabra de Dios, es la única autoridad en materia de fe y doctrina, de modo que toda reflexión teológica debe estar abierta a la crítica por esta única Palabra de Dios". De este modo, dice el mismo autor, una cuestión a pensar sería: "¿Qué debemos hacer cuando un texto bíblico amenaza el sistema teológico que adoptamos?", y responde: "Es obvio que hay dos alternativas: alterar el texto o alterar el sistema. Cada uno de nosotros tendrá que hacer su propia opción".[501]

De esta forma, la elección de la narrativa, explica un teólogo de esta línea, Stanley Hauerwas, se da porque la "narrativa es la

---

[498] Ibid.

[499] Ibid., p. 329.

[500] ROLDÁN, A. F. *Para que serve a teologia? M*étodo, história, *pós-modernidade [¿Para qué sirve la teología?]*. 2ª ed. Londrina, PR: Descoberta, 2004, p. 53.

[501] Ibid.

forma por la cual Dios quiso revelar su naturaleza", o sea, por causa del "carácter narrativo de la actividad divina, así como el carácter narrativo de nuestra vida, las narrativas bíblicas nos hablan de Dios y de nosotros mismos".[502] Su conclusión es que "la Biblia es fidedigna, porque contiene las narrativas por medio de las cuales conocemos la verdad". Así, finaliza, "recurrimos a la Biblia porque ella nos ayuda a recordar las historias de Dios, que nos guía en la medida que procuramos vivir como discípulos de Cristo".[503] Es prácticamente lo mismo que revivir la "experiencia fontal" de los discípulos que, en las palabras de Bruno Forte, "fue la experiencia de un encuentro" del Resucitado con ellos, generando transformación y, consecuentemente, testimonio y movimiento misionero.[504] Según el mismo autor, la "revelación, autocomunicación libre y liberadora de Dios al hombre, gracias a la cual 'los hombres por medio de Jesucristo Verbo hecho carne, en el Espíritu Santo tienen acceso al Padre y son hechos participantes de la naturaleza divina' [...], es la palabra, testimonio y encuentro, iniciativa del advenimiento que impregna palabras y eventos para alcanzar en ellos el corazón del hombre y hacerlo testigo del encuentro, que le cambió la vida".[505] Eso porque, dice Forte, "Todo tiene, en la experiencia de la revelación, carácter histórico y personal: es la historia eterna de las divinas Personas que se manifiesta y comunica a personas humanas, alcanzándolas y acogiéndolas en la concreción de su historia, para abrirlas al nuevo comienzo en sus vidas y en la historia del mundo".[506]

Como se puede comprobar, se trata de la experiencia de un encuentro real, no únicamente con un discurso teórico y religioso sobre Dios, Jesús o el Espíritu Santo.

Pero nosotros no sabríamos de nada de ello si no fuera el segundo aspecto importantísimo de la "experiencia fontal": aquellos que la vivieron "sienten la necesidad de anunciarla a otros".

[502] GRENZ, S. J.; MILLER, E. L. *Op. Cit.*, p. 236.

[503] Ibid.

[504] FORTE, B. *A teologia como companhia, memória e profecia: introdução ao sentido e ao método da teologia como história [La teología como compañía, memoria y profecía. Introducción al sentido y al método de la teología como historia]*. 1ª ed. São Paulo: Paulinas, 1991, p. 80, 81.

[505] Ibid., p. 81.

[506] Ibid., p. 81, 82.

Tal "necesidad se traduce en empeño y palabra: nace así la *formulación* de la experiencia fontal, que es el proceso de formación de los textos del Nuevo Testamento". En términos simples, "se trata de llevar a la palabra la experiencia del encuentro, que cambió la vida de los hombres de los orígenes cristianos, a fin de que alcance y cambie a otras vidas". Bruno Forte dice que hay "dos formas de este proceso, mezcladas con frecuencia una a la otra en la urgencia apasionada del testimonio: a una forma *narrativa* añade una forma más propiamente *argumentativa y analítica*".[507] En lugar de un enfrentamiento entre la forma narrativa (Evangelios) y la forma analógico-argumentativa (teologías lucana, paulina, juanina, petrina, etc.), el mismo autor explica que a esta "forma de tematización del nuevo comienzo influyó ciertamente la exégesis judaico-rabínica de la época, atenta, en la tradición del *tárgum* y de la *midrash*, en interpretar siempre nuevamente el texto sagrado para actualizarlo, redescubriendo su novedad y fuerza para hoy". Si no fuera de esta forma, ¿cómo el material tendría valor ya en aquella época (Lc 1.1-4)? Así, Forte defiende que lo "que constituye absolutamente lo propio del Nuevo Testamento es, sin embargo, que en él es el hoy de la experiencia fontal vivida por los discípulos que constituye la piedra de toque y la clave de lectura del pasado, del presente y del futuro".[508] Así, el autor concluye:

> Es aquí que se puede percibir la profunda unidad del testimonio del Nuevo Testamento: en la variedad de las formas expresivas, más narrativas o más lógico-argumentativas, el esfuerzo es siempre comunicar el advenimiento, o nuevo comienzo realizado en Jesucristo. Las palabras reenvían todas a la Palabra: la teología diferente de los diversos autores inspirados son todas alimentadas por la única revelación de Dios, de quien nacen y a quien pretenden conducir. "La variedad de las teologías neotestamentarias se construye a partir de la centralidad del misterio del Cristo sufriente y resucitado. Es, por lo tanto, encuentro con Cristo el evento hermenéutico nuevo que rige le articulación de la consciencia de la revelación. Todas las variedades teológicas neotestamentarias no se

[507] Ibid., p. 82.
[508] Ibid., p. 83.

pueden llevar a concordar sino a través de su común referencia de origen a aquel hecho que todo lo hace posible, la memoria creyente del Cristo resucitado, o sea, el encuentro actual con Él dentro de las varias situaciones que las comunidades atraviesan. Es esta memoria, no vacía, pero sustanciada por los rasgos característicos que los testimonios creyentes siguen transmitiendo, que impone, en la variedad de situaciones, reaccionar con multiplicidad de acentuaciones y creciente profundización de la raíz divina que es el Cristo". Todo el proceso formativo de las teologías neotestamentarias se podría resumir en el esfuerzo de pasar de la experiencia de la Palabra a las palabras que fielmente la transmiten, a fin que de estas palabras se pueda pasar siempre de nuevo bajo la acción del Espíritu, a la experiencia vivificante del encuentro con la Palabra del advenimiento divino.[509]

En este aspecto, la teología necesita encontrar su lugar, no obstaculizando el mensaje, sino proporcionando discernimiento y sensibilidad, con miras de llevar a los oyentes a encontrarse con la Palabra (Jn 1.1-14). Para eso, ella no debe desarrollarse con un paradigma opuesto al de la experiencia fontal, pero debe estar abierta a la novedad del Espíritu. En este particular, Bruno Forte aclara que "en sentido opuesto al objetivismo clásico y al biblicismo positivista van las concepciones de la razón teológica pensadas en el interior del primado de la subjetividad moderna: para ellas, el advenimiento es una dimensión del éxodo, o sea, de la historia del Espíritu que se va manifestando en las expresiones del sujeto humano".[510] Pensada de esta forma, la teología manual[511] y, por lo mismo, racionalista, no sirve al propósito de llevar las personas a experimentar lo que los primeros receptores del advenimiento vivieron. Es necesario otra forma de hacer teología, una forma que se ubique entre la "concepción objetivista y la reducción historicista". Esa forma, según Bruno Forte,

[509] Ibid., p. 83, 84.

[510] Ibid., p. 180.

[511] Para conocer un poco acerca de la teología manual o sistemática, vea CARVALHO, C. M. *Uma pedagogia para a educação cristã: noções básicas da ciência da educação a pessoas não especializadas* [Una pedagogía a la educación cristiana: nociones básicas de la ciencia de la educación a personas no especializadas]. 1ª ed. Río de Janeiro: CPAD, 2015, p. 229-323.

concibe la "razón teológica como razón histórica, o sea, abierta a la permanente circularidad de sujeto y objeto", o sea, de sujeto que se desarrolla y por causa de las experiencias de vida termina por cambiar su forma de ver las cosas, acabando por percibir el mismo objeto de forma diferente. De acuerdo con esta "perspectiva, la verdad del advenimiento no se sacrifica capturándola en las redes de la racionalidad absolutizada, ni separándola en la distancia de objetividad sin mordacidad". En tal "advenimiento", continúa el mismo autor, "el Dios vivo se volvió al hombre, no para aplastarlo, sino para entretenerse con él en el 'coloquio salutis': la dignidad del sujeto que conoce no es, pues, mortificada", antes, "la razón humana es reconocida como lugar de escucha, abierta a la novedad impensable del venir de Dios". De esta forma, y solamente de esta forma, dice Forte, el "silencio del estupor ante el advenimiento no es, entonces, mero vacío, mas cifra fiel de una condición estructural de la razón teológica: la de ser razón abierta, 'capax novi', susceptible de la maravilla, que solamente la absoluta novedad del milagro puede suscitar".[512] Tal modo de concebir el ejercicio teológico, no conduce a la irracionalidad, porque reconoce que es necesaria la racionalidad suficiente para entender el mensaje del advenimiento, pero, al mismo tiempo, es consciente de que esa racionalidad no puede agotarlo (puesto que el Misterio es insondable) y, por eso, exige su apertura a la novedad de que, para nosotros, todavía es desconocido, pero que puede ser desvelado en la próxima generación. De acuerdo con esta concepción, aclara Bruno Forte:

> Los modos, en que la razón teológica, concebida como "razón abierta", se ejercita, son la *narratividad* y la *analogía*. Gracias a la narratividad, el advenimiento puede traducirse en el presente sin ser capturado en él: la narración es siempre historia abierta, que "viene de" y "va para", sin agotar o fijar la vida, evocándola, y suscitándola, en vez de otra vez hacia el contagio práctico-crítico de las historias narradas. Mediante la narración, el pasado fontal, que la Escritura registra en gran parte justamente mediante narraciones, es percibido en toda su actualidad como evento acontecido, que acontece en el hoy de quien deja revivir en sí la intensidad de las

[512] FORTE, B. *Op. Cit.*, p. 181 para esta y desde la última referencia.

> palabras escuchadas y se abre a la acogida de la Palabra que lo habita. La fuerza crítico-performativa de narrar se vuelve instrumento privilegiado de irrupción del advenimiento divino, que en la Palabra opera lo que dice.[513]

El reconocimiento de Bruno Forte, de que el ejercicio teológico debe recorrer este camino, se da por una única e innegable verdad, la "razón teológica recurrirá a la narración no sólo haciendo memoria de las historias originales, pero también y especialmente redescubriendo la estructura narrativa de la economía del advenimiento y tendiendo a representarla en su hablar de Dios a los hombres, que le son contemporáneos, en la consciencia de que ellos están 'metidos en historias' no menos de lo que estuvieron los hombres que por primera vez hicieron la experiencia del encuentro con el Resucitado".[514] En otros términos, la teología deberá comunicar la verdad del advenimiento del Señor a personas reales, incrustadas en un mundo específico que, a pesar de no ser el mundo de los receptores originales del advenimiento, tienen necesidad de encontrar un sentido para el absurdo y el misterio de existir. De ahí la observación de Forte, de que la utilización del "recurso de la narración suscita nuevas narraciones", o sea, "la experiencia narrada de la experiencia fontal provoca nuevas experiencias...", y esas nuevas experiencias necesitan encontrar paralelos en que puedan respaldarse y así obtener sentido, por eso la necesidad de la analogía al lado de la narrativa. En la explicación de Bruno Forte, el "pensamiento analógico confronta lo diverso, manteniéndolo en su diversidad y al mismo tiempo percibiendo sus lazos de comunicación y unidad". Es por eso que él la llama "pensamiento de la presencia". Tal "pensamiento de la presencia", dice el mismo autor, "que no es posesión, y de la ausencia, que no es distancia, la analogía es particularmente adecuada a volver el encuentro siempre sorprendente del éxodo y del advenimiento", esto es, la experiencia del encuentro entre búsqueda del ser humano y la venida de Dios hasta aquel. Porque la analogía "respeta la trascendencia de Dios que entró en la historia, como también la inmanencia de la criatura peregrina rumbo a la vida, y se esfuerza

[513] Ibid., p. 181, 182.
[514] Ibid., p. 182.

por transmitir la relación, por la cual la absoluta prioridad divina se ofrezca sensata al camino del hombre y la contingencia inquieta del existir humano se abra a las posibilidades de lo nuevo, que viene de lo alto". Es por eso que, para él, la "razón histórica es por sí una razón analógica", porque "en la circularidad sujeto-objeto, ella no sacrifica ninguno de los dos polos, tomándolos en su relación dinámica y viva". No obstante, observa lo que "es específico de la razón teológica, como razón histórica", o sea, "el hecho de que establezca la relación de semejanza en la diversidad entre el advenimiento de Dios y el éxodo del hombre, entre la experiencia original y fontal del misterio y las experiencias y los conocimientos actuales del mundo".[515] Sin esta transposición y conexión, la fe se vuelve algo meramente teórico y proposicional que, por no comunicar ninguna práctica, acaba no encontrando sentido o razón para las personas de hoy. Bruno Forte finalmente retorna al inicio de su reflexión y concluye magistralmente su razonamiento mostrando la interdependencia entre narrativa y analogía:

> La analogía tiene, por eso, necesidad de la narración: es el testimonio de la historia fontal que ofrece el necesario y siempre subversivo término de enfrentamiento a la comprensión de las cosas presentes. Pero también la narración tiene necesidad de la analogía: ella ofrece la clave de interpretación ontológica, sin la cual la narración correría el riesgo de no respetar la justa distancia entre Dios y el mundo y de confundir los planes necesarios a la plena comprensión de los eventos salvíficos. En ciertos aspectos, la analogía sin la narración fontal es vacía, pero la narración, aunque originaria y *normativa*, sin la analogía, que la coloca en relación dinámica con las diversas situaciones humanas, puede quedar infecunda. La razón teológica como razón histórica se valdrá entonces al mismo tiempo de narratividad y analogía: es así que se volverá profecía, narración sensata e inteligencia fundada, capaces de pensar el advenimiento en el éxodo y el éxodo en el advenimiento, en la consistencia y en la reciprocidad de uno y otro.[516]

La "razón teológica" debe ser "histórica" porque histórica es no sólo la razón, sino el propio ser humano. De acuerdo con

[515] Ibid., para esta y desde la última referencia.
[516] Ibid., p. 183 (sin itálicas en el original).

un pastor protestante, la "razón no opera en el vacío"[517], esto es, la "facultad que llamamos razón, el poder que la mente humana tiene de pensar de modo coherente y organizar los datos de la experiencia de tal manera que puedan ser comprendidos en patrones significativos, está necesariamente envuelta en todo conocimiento de cualquier tipo".[518] Como ella se desarrolla con los seres humanos y estos están viviendo en un determinado período de la historia donde lo que es "racional" es definido según el conocimiento de la época (pensemos sólo un ejemplo, el de la "revolución copernicana"), se vuelve muy arriesgado que seres limitados hagan enunciados que se pretendan irrevisables sobre el Misterio. Así, una teología racionalista, que opera con la idea de una razón fuerte y suficiente, no concibiendo lo sobrenatural, genera el liberalismo teológico y el cesacionismo calvinista. Respeto tales pensamientos, pero como pentecostal tengo que admitir que ambos son inconsistentes y no me sirven. Eso fue percibido por los teólogos pentecostales estadounidenses y, justamente por eso, ellos están a la caza de un nuevo aporte teológico para fundamentar bíblicamente la experiencia del Espíritu. Para ellos la teología narrativa presenta esta posibilidad, de ahí la razón de su exposición en este último tópico. Es un hecho que habrá la acusación de que la teología narrativa, por ser contemporánea, es una propuesta innovadora y liberal, porque la única que puede ser aceptada es la teología desarrollada en los siglos XVII y XVIII, sin embargo es necesario recordar que en los tiempos de Jesús había una teología que afirmaba cosas completamente distintas de las que el Maestro enseñaba (cf. Jn 12.31-34). Ella no era cierta por ser "antigua", tener tradición o algo parecido, y ni Jesús estaba equivocado por enseñar una "nueva doctrina" (cf. Mr 1.27; Mt 7.28, 29).

Por lo tanto, cuando Stanley Grenz y Roger Olson informan, por ejemplo, que "los teólogos narrativos dieron prioridad a la narración sobre la doctrina en su trabajo", no es algo que tiene que alarmarnos, porque lo que ellos intentaron al "superar el énfasis tradicional en la doctrina como elemento central de la

---

[517] NEWBIGIN, Lesslie. *O evangelho em uma sociedade pluralista* [El evangelio en una sociedad pluralista]. 1ª ed. Viçosa, MG: Ultimato, 2016, p. 22.
[518] Ibid., p. 25.

revelación"[519], no fue nada más ni nada menos que reconocer lo obvio, esto es, sin la narrativa no habría prácticamente doctrina alguna. Sobre lo que Pablo, Juan, Pedro, Santiago y Judas, por ejemplo, reflejan, acerca de lo que enseñan, en las palabras de Stanley Hauerwas citado por Grenz y Olson, las "'doctrinas... no son el resultado de las narrativas; ellas no son el significado o la esencia de las narrativas. Por el contrario, son instrumentos... creados para ayudarnos a contar estas historias'".[520] Un solo ejemplo ilustra el punto: la Cena del Señor. Esta no fue una invención paulina (1 Co 11.23-32), sino la continuidad ritualista y, si quiere, "teologizada" de un acontecimiento histórico y concreto ocurrido en la última (¿o primera?) cena del Señor (cf. Mt 26.26-29; Mr 14.22-25; Lc 22.19, 20) que, incluso en aquel día, ya tuvo connotación ritual y celebrativa, y que era práctica corriente en la Iglesia del primer siglo de la cual Pablo pasó a formar parte.[521] Es en la estera de este mismo pensamiento que Alister McGrath, afirma que la "narrativa funciona como portadora de una tradición, que ilumina el presente y abre opciones para el futuro".[522] Como ejemplo, el mismo autor, cita la "afirmación neotestamentaria acerca de la conformidad del creyente con Cristo —que, por la fe, los que creen en Cristo son, de algún

[519] GRENZ, S. J.; OLSON, R. E. *Op. Cit.*, p. 329.

[520] Ibid.

[521] "El análisis exegético de los textos concuerda en observar que en los *sinópticos* la *narración* de la última cena de Cristo, sin perder nada de su valor histórico, revela, en el plano formal de la presentación literaria, una clara *formulación ritual*, visible en la rígida concordancia verbal y gestual que aproxima las tres diferentes narraciones, escritas en tiempos y lugares diferentes por autores diversos. Esto significa que los evangelistas en cuestión, al llegar a la 'última cena de Cristo', prefirieron no *narrarla* en pormenores, como es propio de la historia, sino presentarla en la misma formulación sintética ya en uso como *fórmula litúrgico-ritual* en la celebración de las Iglesias para las cuales escribían. Así, salva la esencia histórica del hecho, nos encuentra en el *plano litúrgico*, en cada celebración, el mismo acontecimiento que los fieles, por la audición de la Palabra y por la catequesis, conocían como histórico" (MARSILI, S. La eucaristía en la fe de la Iglesia Primitiva. En: *et. al. A Eucaristia: teologia e história da celebração* [La Eucaristía: teología e historia de la celebración]. 1ª ed. São Paulo: Paulinas, 1986, p. 19).

[522] MCGRATH, A. E. *A gênese da doutrina: fundamentos da crítica doutrinária* [La génesis de la doctrina: fundamentos de la crítica doctrinal]. 1ª ed. São Paulo: Vida Nova, 2015, p. 72.

modo, envueltos por él, de modo que la historia *de Él* se vuelve la historia *de ellos*— confiere fundamento teológico importante a esta correlación de narrativas".[523] Hablando directamente respecto a la identificación del creyente con Cristo, la "muerte de Él es la muerte de ellos, la vida de Él es la vida de ellos —y la narrativa de Jesús proporciona una descripción detallada de la existencia cristiana al alinear esta existencia a una vida de hecho vivida, a una persona histórica específica". Esto, como es sabido, ya es hecho en el propio período de elaboración del Nuevo Testamento (cf. Ef 4.11-16; 1 Jn 3.16 etc.). El hecho innegable es que las "narrativas se basan en la historia, en acciones, capacitándonos a pensar en el cristianismo no en el ámbito de las abstracciones universales, sino, en vez de ello, a fundamentarlo en las contingencias de nuestra existencia histórica". Eso para que la narrativa tenga sentido a las personas de hoy. Aquí McGrath recordó a Bruno Forte. Así, la "comunidad de fe, [...], se sitúa en el contexto de una tradición ininterrumpida con otra narrativa, que recuerda como *presupuesto* en su adoración (como *anamnesis*) y proclamación", o sea, la "narrativa de Jesucristo, mediada por las Escrituras y por la celebración eucarística, es presentada, proclamada y aceptada como narrativa fundacional y controladora de la comunidad de fe".[524] En las palabras del teólogo británico:

> Las Escrituras no asumen primordialmente el tipo de afirmaciones en forma de doctrina o de credo, aunque estas estén incuestionablemente entrelazadas en su estructura. Su principal preocupación —aunque de modo alguno *exclusiva*— se refiere a la narración de lo que ocurrió en momentos considerados especialmente importantes a la autodefinición de la comunidad de fe —momentos como el Éxodo de Egipto o la resurrección de Jesús de Nazaret. Las Escrituras nos presentan una narrativa que se propone discurrir sobre la relación de Dios con la humanidad, culminando con la historia de Jesús de Nazaret, aunque no termine con ella. Mientras la doctrina está interesada en lo que se debe creer, o en el que se cree, las Escrituras parecen interesadas, sobre todo, en la narración de lo que aconteció. (Aunque el Nuevo Testamento presente bastante

[523] Ibid., p. 72, 73.

[524] Ibid., p. 73 para esta y desde la última referencia.

> material de carácter no narrativo, se puede decir que se trata de material que representa el resultado de la interacción con la narrativa de Jesús de Nazaret.) Como el cristianismo está centrado en la persona Jesús de Nazaret, hay necesidad de un tipo de discurso capaz de expresar estructuralmente esta historia. Las Escrituras no proponen una serie de principios abstractos; ellas apuntan a una vida de hecho vivida, una existencia histórica específica como que, en cierto sentido, encarnando y dando sustancia a una serie de esos principios.[525]

Más claro es prácticamente imposible. Los insumos a la formulación doctrinal y teológica, en los propios escritos neotestamentarios, provienen de las narrativas fundacionales. ¿Por qué Pablo trata de la cena en la primera epístola a los Corintios? ¿Y de los dones espirituales en la misma epístola? Nuevamente con McGrath, las "Escrituras, por lo tanto, presentan la narrativa de una existencia histórica real y afirman respecto a ella que es de importancia fundacional a la comunidad de fe, encarnando tanto valores como ideas".[526] Obvio, sin embargo, es el hecho de que para hacer esta transposición las "narrativas exigen interpretación",[527] esto es, para "saltar" de la narración a la doctrina, era preciso "completar" lo que "faltaba a la narrativa, o lo que se podría decir que ella presuponía de forma plausible", y eso, en las palabras del mismo autor, "era proporcionado por una subestructura doctrinal".[528] Sin embargo, como el propio autor dice, la interpretación de la narración exige coherencia y, por eso, él cita la importancia del "análisis de la doctrina de Lindbeck como discurso regulador", diciendo que esta "desempeña un papel fructífero, garantizando una interpretación coherente de la narración bíblica", o sea, el "análisis de una narrativa genera una red de relaciones, exigiendo coherencia intrasistémica".[529] La obra de George Lindbeck, a que se refiere McGrath, *The nature of doctrine: religion and theology in a postliberal age*, publicada en 1984,

[525] Ibid., p. 74.
[526] Ibid., p. 75.
[527] Ibid., p. 77.
[528] Ibid., p. 76.
[529] Ibid., p. 78.

de acuerdo con Grenz y Miler, "se volvió punto de referencia del posliberalismo naciente".[530] ya que el liberalismo teológico trajo problemas a la ortodoxia reformada por causa del carácter cognitivo-presuposicionalista de esta, pero también tuvo problemas al darse cuenta que su desconstrucción historicista y racionalista de la Biblia estaba equivocada, porque ambos depositaban una confianza irrestricta en el racionalismo, nace entonces, como ya se ha dicho en el inicio de este tópico, este movimiento de teología posliberal de donde emergió la teología narrativa que, debido al tiempo en que estamos atravesando, ciertamente es un camino prometedor para que el pueblo de Dios continúe proclamando el evangelio. Eso deberá ser así, porque como afirma Maria Clara Bingemer, el "*lugar* donde Dios se revela es el tiempo, y la historia", dice la misma autora, "el modo de expresión privilegiado por el cual el ser humano articulará su discurso sobre el Dios de su fe deberá ser no tanto la teología conceptual, sino preferentemente la teología narrativa". Eso deberá ser así, no por moda o por capricho, sino por causa de lo que aclara la teóloga, que dice que actualmente, "una importante tendencia de la teología cristiana, católica o protestante, procura retomar la centralidad de la narración para articular su discurso, ya que el excesivo espacio que tomó dentro de este dominio absoluto de los conceptos abstractos apartó algunos de los tratados teológicos de la vida de la comunidad y de las personas".[531]

Este rumbo que la teología cristiana tomó embarcándose por los escenarios de la metafísica y del racionalismo, la alejó de su punto fundacional, esto es, las narrativas de las experiencias de los primeros discípulos, y la colocó en una dimensión atemporal, imposibilitando cualquier conexión con la realidad de las personas. La consecuencia de ello es que, dice Bingemer, "configurada ya no tanto como narrativa, sino en credos, elaboraciones filosóficas e ideas, la teología construyó igualmente una imagen de Dios donde la impasibilidad ganaba terreno sobre el movimiento, la atemporalidad se imponía sobre la revelación histórica y el

---

[530] GRENZ, S. J.; MILLER, E. L. *Op. Cit.*, p. 226.

[531] BINGEMER, M. C. *O mistério e o mundo: paixão por Deus em tempos de descrença* [El misterio y el mundo: pasión por Dios en tiempos de incredulidad]. 1ª ed. Río de Janeiro: Rocco, 2013, p. 361.

discurso se cristalizaba en conceptos que poco o nada tenían que ver con la revelación bíblica de Dios".[532] Es esta concepción de divinidad que las personas de los tiempos actuales ya no soportan ni absorben, porque el sufrimiento infligido indistintamente a todos, necesita de una explicación. Cuando encontramos un Dios que se vuelve humano, desciende de lo alto de su gloria para identificarse con nosotros y no reclama ninguna especie de privilegio, antes, como todos nosotros, sufre las penurias del drama humano (abandono, desprecio, traición, hambre, sed y, finalmente, la muerte), entonces las personas oyen y prestan atención, porque se dan cuenta que no son las únicas que sufren y que Dios no es insensible a su sufrimiento (Fil 2.5-8). Ellas se sorprenden al saber que los cristianos del pasado fueron también afligidos y que el sufrimiento era una forma de identificación mutua con los creyentes incluso del Antiguo Testamento (2 Co 1.3-11; 1 P 5.6-9). Queda claro, por lo tanto, que no son proposiciones que nutren la existencia, sino narrativas que, encarnadas en la realidad cruel, revelan que nadie está solo en el sufrimiento, hay una existencia entera sufriendo y esperando de Dios la redención (Ro 8.18-25). Y que para los que creen, hay un auxilio de una Presencia más que suficiente en las horas difíciles, el Espíritu Santo que intercede por nosotros con gemidos indecibles (Ro 8.26, 27). Leídos en esta óptica, incluso los peores acontecimientos hoy encuentran significado. Afirma Bingemer que "ahí está, pues, un camino importante para la fe cristiana en el mundo contemporáneo: recuperar la narrativa de Dios que genera la fe". Y más, "no menos" importante, dice ella, es "recuperar las narrativas que tejieron esta historia con su experiencia, su compromiso, su testimonio, su sangre". Para ella, "hay que encontrar la importancia de las narrativas de los místicos que experimentaron la presencia de Dios de manera fuerte y palpable y la dejaron narrada como legado a las generaciones futuras". ¿Y quién es el "místico"? La misma autora responde que "es alguien que experimenta en su vida el acontecimiento de la presencia de Dios, que lo invita a participar de su intimidad, al mismo tiempo que le habla y enseña".[533] Ella añade que la "locución que el místico escucha en su interior

[532] Ibid., p. 362.

[533] Ibid., p. 363.

puede tener la forma de palabras, toques, sentimientos"[534], es decir, son múltiples, tal como se dio originalmente la revelación que las Escrituras registran (He 1.1). Bingemer, sin embargo, dice que "el proceso de esta locución divina, siendo seguido de cerca, será perseguido por aquel o aquella que lo recibe, como una narrativa coherente, una escritura que el Espíritu de Dios realiza en su interior y que transforma su vida".[535] Es justamente de esta forma que el pentecostal entiende que Dios le habla, a través de su Espíritu, sea por medio de la Biblia, o de forma experimental y subjetiva, interiormente.

En la misma línea de lo que se está discutiendo, Paul Ricoeur nos recuerda que "Jesús no escribió nada, él habló". Por eso, el "diálogo es la primera materia de sus palabras", esto es, hay "siempre un interlocutor —Pedro, los discípulos, la multitud, Jerusalén—, y la toma de la palabra llama siempre una respuesta".[536] Por lo tanto, la narrativa es el vehículo importante escogido por Dios para dar a conocer su voluntad entre nosotros. Incluso respecto a Jesús, Ricoeur observa, oportunamente, que en "contraste con la historia oficial, que celebra las grandes hazañas, o los soberanos y señores, esta será una historia de sufrimiento", o sea, "Será la profecía del siervo sufriente puesta en narrativa".[537] Hablando de la importancia de la teología narrativa, el filósofo y teólogo francés, dice que primeramente es necesario entender que "el discurso teológico, por conceptual que pueda y deba ser, sólo puede elaborar el horizonte de significación implícito a las narraciones y símbolos constitutivos de las tradiciones judaica y cristiana".[538] En segundo lugar, "si el discurso teológico no consiste en extraer generalidades sin sustancia de las narraciones relatadas por las Escrituras, debe destacar la inteligibilidad inmanente a las narrativas contadas, a partir de nuestras propias historias y narrativas individuales y comunitarias".[539] En tercer y último lugar, "en

[534] Ibid., p. 363, 364.

[535] Ibid., p. 364.

[536] RICOEUR, P. *A hermenêutica bíblica* [La hermenéutica bíblica]. 1ª ed. São Paulo: Loyola, 2006, p. 274.

[537] Ibid., p. 277.

[538] Ibid., p. 285, 286.

[539] Ibid., p. 286.

contraste con una teología existencial que exalta el instante de la decisión, una teología narrativa toma en cuenta la larga duración de una historia de muchos milenios, tal como está concentrada en los dos Testamentos".[540] Ricoeur enumera los "principales recursos de la teología narrativa", diciendo que son cuatro "las prodigiosas adquisiciones que podemos constatar en el campo de la *narratología*, los cuales serán presentados parcialmente:

1) Primero, encontramos en el arte de tejer la trama el paradigma de todos los recursos literarios empleados por los narradores de manera a obtener una narrativa inteligible de una serie de acontecimientos o peripecias o, recíprocamente, para hacer que estos eventos o peripecias entren en la narrativa.[541]

2) El segundo campo de investigación abierto por la narratología se refiere al estatuto epistemológico de la inteligibilidad presentado por el acto configurativo de tejer de la intriga. Lo que defiendo aquí es que la inteligibilidad narrativa muestra más afinidad con la sabiduría práctica o el juicio moral que con la razón teórica. Esta tesis comporta un importante corolario sobre la relación entre narratología contemporánea y la inteligibilidad propia de poner en trama. Veo la narratología como la simulación de la inteligencia narrativa por medio de un discurso de segundo orden, que pertenece al mismo grado de racionalidad que las otras ciencias del lenguaje.[542]

3) El tercer rasgo que una teología narrativa puede retener del estado actual de la discusión corriente en el campo literario se refiere al papel de la tradición, no sólo en la transmisión, sino igualmente en la recepción y en la interpretación de las narrativas recibidas.[543]

4) El cuarto rasgo que quiero retener para nuestra discusión ulterior de la teología narrativa concierne a la "significación de una narración". Este tipo de "significación" no está confinada en un supuesto interior del texto. Surge en la intersección

---

[540] Ibid.

[541] Ibid., p. 288.

[542] Ibid., p. 289.

[543] Ibid.

entre el mundo del texto y el mundo de los lectores. Es sobre todo en la recepción del texto por los lectores que en la capacidad de la trama de transfigurar, la experiencia es actualizada.[544]

A pesar de no tener relación con el movimiento de teología narrativa estadunidense, las cuatro posibilidades adelantadas por Ricoeur, también encuentran resonancia para una teología pentecostal de la experiencia del Espíritu. Como filósofo de la narrativa, él explica un poco de este género literario, y muestra que esa modalidad obedece las reglas rigurosas de comunicación, tal como cualquier otro tipo de literatura o género literario. Llama la atención el hecho destacado por él en el punto 2, acerca de la inteligibilidad de la narración que tiene más relación, o afinidad, con la sabiduría práctica que con la razón teórica, no obstante, la intencionalidad del texto, cuyo autor decidió que fuera narrativo para comunicar su mensaje a un determinado destinatario con un propósito claro, siendo, por eso mismo, vista como portador del mismo "grado de racionalidad de las otras ciencias del lenguaje". Justamente por eso, la teología narrativa es eficaz en la transmisión de las tradiciones contenidas en la narración fundacional, pero es igualmente importante en el análisis crítico de la recepción e interpretación de estas mismas narrativas. Como Ricoeur se dedica a discutir más ampliamente el cuarto rasgo —"la significación de una narración"—, me detengo un poco más en este aspecto, porque "las narraciones bíblicas pueden ser vistas como manteniendo un juego complejo de relaciones con las narraciones en general". Acerca de este aspecto él dice que las narrativas bíblicas, en un "primer nivel ", [...] ilustran, de un modo que no es muy discordante, los principales rasgos comunes al conjunto de la familia de las narraciones".[545] El mismo autor dice que

[544] Ibid., p. 290. Ricoeur, explica lo que él entiende por "mundo del texto", diciendo que se refiere al "mundo desdoblado delante de él, por así decir, como el horizonte de la experiencia posible en el cual la obra desplaza a sus lectores". Ya con el "mundo del lector", él dice que entiende "el mundo efectivo en que la acción real es desarrollada en medio de una 'red de relaciones', para emplear una expresión de Hannah Arendt en *The Human Condition* [La condición humana]" (Ibid.).

[545] Ibid., para esta y desde la última referencia.

la "aplicación exitosa de la narratología a las narraciones bíblicas atestigua esta continuidad entre narraciones religiosas y no religiosas".[546] Ricoeur aclara que, en un "segundo nivel, las narraciones bíblicas intensifican algunos rasgos por encima de los cuales" él pasó en la sucinta caracterización general hecha de este cuarto rasgo. Él explica lo que entiende por *intensificación*, diciendo que "en cierto sentido las narraciones religiosas y, más específicamente, las narraciones bíblicas, hacen de su propia manera lo que todas las narraciones hacen —constituyen la identidad de la comunidad que cuenta una y otra vez la narrativa, y [así] la constituyen en su identidad narrativa". A fin de ilustrar este segundo nivel acerca de las narraciones bíblicas, citando al filólogo alemán Harald Weinrich que, dice Ricoeur, "no tiene ninguna dificultad en recordarnos que Jesús contó repetidamente las narrativas, y que Él es una persona respecto a la cual las narrativas son contadas y es el sujeto de la actividad narrativa por la cual las narrativas son contadas". En lo que se refiere "a la Biblia como un todo", Ricoeur informa que Weinrich dice que "'los textos más importantes, los que conviene mejor a la religión, son narrativas'". En realidad, dice el filósofo de la narrativa, "eso determina el estatuto de la tradición cristiana", y añade la importante observación de Weinrich, de que "'nosotros también nos volvemos parte de una tradición ininterrumpida de narraciones de la historia'", pues, añade, la "'cristiandad es una comunidad de contadores de historia'". Tal aspecto "es particularmente verdadero en cuanto a las narrativas de gran dimensión, que engloban narrativas fragmentarias".[547] Como ejemplo de tal narrativa de amplias dimensiones, Ricoeur dice que la:

> [...] obra de Lucas, añadiendo Hechos de los apóstoles al Evangelio, puede ser vista, según Hans Conzelmann, como fundación de la *Heilsgeschichte* cristiana, desarrollándose desde los profetas de la antigua alianza, a través de Jesús hasta la parusia, colocando la iglesia en "medio del tiempo". Eso es el comienzo del proceso que, por un endurecimiento progresivo, llevó a hipostasiar el "esquema cristiano" de que una teología narrativa puede tener que separarse.

[546] Ibid., p. 290, 291.

[547] Ibid., p. 291, para esta y desde la última referencia.

> Pero antes de producir efectos potencialmente desastrosos, la narrativa englobante genera una asociación, haciendo convergir nuestras historias parciales con la narrativa englobante.[548]

La cuestión crucial para una teología de la experiencia pentecostal del Espíritu en esta reflexión de Ricoeur, es que la narrativa sólo tiene eficacia si alcanza su finalidad que es hacer "convergir nuestras historias parciales con la narrativa englobante". ¿Cómo es posible esa convergencia? Sólo rompiendo con la idea cesacionista de que la Biblia encierra en Hechos y, como máximo con el resto de su canon, la "historia de la salvación". El equívoco, de cualquier perspectiva que se analice, puede ser visto en el hecho de que, incluso en términos del Antiguo Testamento, todavía está la gran cantidad de profecías no cumplidas. Ellas no se cumplieron en el ministerio terrenal de Jesucristo y, mucho menos, con la fundación de la Iglesia en Hechos 2. Por ser amilenialistas, los reformados calvinistas no ven sentido alguno en la continuidad de la historia de la salvación, o sea, ellos no la ven como abierta y teniendo todavía profecías por cumplir, por eso, su teología no hace relecturas del texto de acuerdo con la realidad, pero intenta forzar la realidad para adecuarse a su sistema teológico. En un mundo plural como el nuestro, es claro que eso no sucede. De ahí su lucha en crear un clima favorable a la vivencia de sus postulados teológicos. ¿Cómo es eso posible? Sólo hay dos formas: convirtiendo todas las personas y las diferentes expresiones del cristianismo a su forma de pensar o eliminando, o anatematizando, todos los que piensan diferente a ellos. Tanto es así que, los cuatro problemas, presentados por Ricoeur, a ser enfrentados por una teología narrativa, sólo existen por causa de la manera racionalista en que el protestantismo encara la realidad y el texto.[549] De estos, destacamos sólo el tercer y el cuarto problema, porque estos poseen, según el filósofo francés, "un rasgo distintivo con el cual toda teología narrativa debe enfrentarse". Tal "problema" consiste en el hecho obvio de que "ninguna narración bíblica funciona simplemente como narración", esto es, ella "recibe no sólo su significación, sino incluso su significación religiosa original,

[548] Ibid.

[549] Ibid., p. 293-299.

de su composición con otros modos de discurso".[550] A pesar de eso ya ha sido discutido por Bruno Forte, cuando él habla acerca de las formas de comunicación del texto bíblico y su interdependencia, siendo ellas la *narrativa* y las formas *argumentativa* y *analítica*, vale conferir la argumentación de Ricoeur:

> Las leyes transforman las narraciones en instrucción, y las narraciones transforman la ley en don. De la misma manera, somos también llevados a reconocer que a la tradición hebraica se le impidió volverse una ideología mistificadora debido a su relación dialéctica con la profecía. La profecía, por otra parte, revela en el seno de las propias narraciones el potencial de las promesas no cumplidas que reorienta la narrativa del pasado hacia el futuro: por otro lado, las narraciones ofrecen a la anticipación escatológica de la era "nueva" las imágenes y modelos. Este uso tipológico de las narrativas del pasado con el fin de proyectar el futuro, da a las propias narraciones una significación que es totalmente extraña al arte de contar ordinaria. Además de que, debemos tener en cuenta el impacto profundo de la literatura de sabiduría sobre las propias narraciones, impacto que imprime su marca de permanencia de los escritos sapienciales. Esta transfiguración de las narraciones por la sabiduría, unida al uso tipológico de las narrativas del pasado con el fin de anticipar la era por venir, coloca las narraciones bíblicas fuera de la corriente del arte narrativo popular. Finalmente, la reactualización de las narraciones en el contexto cultual y su reactivación por los salmos de alabanza, de lamentación y de penitencia, completan el complejo entrelazamiento entre los modos de discursos narrativos y no narrativos. La serie completa de los modos puede por lo tanto ser considerada como repartiéndose entre los dos polos de la narración y de alabanza.[551]

Ricoeur añade que esa "dialéctica entre expresiones de fe narrativas y no narrativas no está debilitada ni simplificada en los escritos del Nuevo Testamento". Contrariamente, "la 'nueva enunciación', para usar una expresión de Amos Wilder, genera nuevas polaridades como la de lo nuevo y de lo antiguo, del 'ya' y el 'todavía no', cuyas tensiones dan a las narraciones del Nuevo

[550] Ibid., p. 295.
[551] Ibid., p. 295, 296.

Testamento un estilo especial". Tales "tensiones", dice el mismo autor, "se vuelven notables cuando comparamos las narraciones mínimas de las expresiones puramente kerigmáticas de la fe y las narraciones desarrolladas de la tradición sinóptica". Y así, en dicha "tradición, la relación entre proclamación y narración puede aparecer como una retomada, en el seno del Nuevo Testamento, de la polaridad veterotestamentaria entre alabanza y narración".[552] Por lo tanto, la interpretación que considera Hechos como *sólo* historia y, por eso, solamente descripción de los hechos, sin ninguna verdad que comunicar, parece no ser sólo reduccionista, pero también ingenua. Al colocar esta cuestión, de los "modos no narrativos del discurso bíblico", llegamos al cuarto y más crítico problema de una teología narrativa, que es "*la transición del discurso narrativo al discurso explícitamente teológico*".[553] Ricoeur dice que, de cierta forma, "los modos no narrativos ya forman parte de este proceso de mediación: las leyes, las profecías, los dichos sapienciales, los himnos, contribuyendo a la plena significación de las narraciones bíblicas, inauguran la transferencia del simple acto narrativo a la captación del significado durable de las propias narrativas".[554] Sin embargo observa que, "al indagar las condiciones de la transferencia, debemos reconocer que algo todavía falta en este proceso en curso i.e., el reconocimiento del *principio* de la significación misma".[555] Como se ve, incluso los textos que son tenidos como *prescriptivos*, todavía necesitan de la narración y, no pueden ser aceptados sin que sean interpretados de esta forma. Para Ricoeur, quien enfrenta esta cuestión "en la obra que puede ser considerada como el primer ensayo en vista de una teología *narrativa*"[556] es Richard Niebuhr y se trata del libro *The Meaning of Revelation*, publicado en 1941. El hermano de Reinhold Niebuhr, también es mencionado por Grenz y Olson. Ellos dicen que en su libro, Richard Niebuhr, "procuró redirigir la atención de la teología hacia una característica olvidada, sin embargo obvia, de la fe cristiana, a saber, que la fuente

---

552 Ibid., p. 296.

553 Ibid.

554 Ibid., p. 296, 297.

555 Ibid., p. 297.

556 Ibid.

y el lugar de las convicciones fundamentales del cristianismo se encuentran dentro de una estructura histórica", o sea, "dentro de una estructura determinada por la narración bíblica". Su argumentación desarrolló la idea de que "la teología es implícitamente histórica y que la revelación de Dios ocurre por medio de la Historia". Los mismos autores dicen que al desarrollar "esta tesis, Niebuhr se convirtió en uno de los primeros pensadores en tratar claramente la importancia del hecho de que gran parte de la Biblia es presentada en la forma de narrativa".[557]

Una vez más lo sobresaliente de la posición de Niebuhr, y motivo principal de que su reflexión es utilizada por la teología narrativa, es haber hecho una importante distinción entre lo que "consideraba ser dos aspectos de la Historia: el exterior y el interior, o la historia vista de fuera y la historia vivida por dentro". La primera perspectiva "consiste en acontecimientos objetivos, mientras la historia interior se refiere a historias personales de los individuos y comunidades", o sea, al revés de la "historia exterior, la historia interior se refiere a la personalidad, a los valores y al tiempo como dimensión de la vida". Esa "visión bidimensional de la Historia creó el escenario para la visión de Niebuhr acerca de la revelación, porque ofreció un modo de comprender como los acontecimientos pueden ser fuentes de revelación —pueden ser obras de Dios—, y continuar siendo, al mismo tiempo, objeto del análisis del observador".[558] De esta forma, el teólogo americano resuelve la cuestión levantada por Paul Ricoeur de "¿Cómo el sentido del relato narrado puede ser transferido al relato de nuestra vida?".[559] La respuesta se encuentra en el concepto de revelación de Niebuhr que, citado por Ricoeur, dice que por "'revelación en nuestra historia queremos pues decir esa ocasión especial que nos ofrece una imagen por medio de la cual todas las ocasiones de la vida personal y común se vuelven inteligibles'". Con eso, dice el filósofo de la narrativa, "Niebuhr sigue afirmando que la inteligibilidad propia a ese tipo de 'imagen' difiere 'de los esquemas conceptuales de la razón del observador': no es otra cosa sino la tarea de volver el pasado inteligible, de interpretar nuestro

[557] GRENZ, S. J.; OLSON, R. E. *Op. Cit.*, p. 330.
[558] Ibid.
[559] RICOEUR, P. *Op. Cit.*, p. 297.

presente según la analogía de la vida y de la muerte de Cristo, y descubrir las potencialidades de nuestro futuro". Así, "la revelación 'ofrece a la razón práctica un punto de partida a la interpretación de la historia pasada, presente y futura'".[560] Solamente con esta relación es que "se puede decir que las narraciones bíblicas intensifican la cualidad narrativa de la experiencia"[561] personal e individual de cada uno. Aun teniendo en vista que la teología es un "discurso de segundo orden", Ricoeur cuestiona, aun haciendo una oposición entre la razón teórica y la razón práctica:

> La cuestión es saber si las oposiciones demasiado simples entre las "razones del corazón" y los "esquemas conceptuales de la razón del observador" no disimulan las condiciones de inteligibilidad del proceso práctico de interpretación aplicada al pasado, al presente y al futuro. Esta busca de inteligibilidad puede parecer inútil a las preocupaciones pastorales (aunque esta concesión pueda ser contestada por la dignidad de la propia acción pastoral) pero no puede ser eludida en el pensamiento teológico. En cuanto a eso, estoy enteramente de acuerdo con la fuerte afirmación de Dietrich Ritschl sobre el deber conceptual de la teología, que define por las tareas siguientes: una tarea de clarificación (en vista de la comunicación); una tarea de coherencia (en vista tanto de la ética como de la lógica); una tarea de reflexión sobre los límites de flexibilidad de las creencias tradicionales (en relación a las nuevas formulaciones y articulaciones modernas); y una tarea de estimulación (en vista de nuevas concepciones y de nuevos descubrimientos). Solamente la última de estas tareas puede fundamentarse en un puro "re-contar". Las otras tres exigen resúmenes, proposiciones reguladoras y modelos sistemáticos.[562]

A pesar de que las teologías tienen la capacidad de cristalizar en la vivencia de los individuos, la experiencia puede cambiarlas, porque esta provoca una reinterpretación de los acontecimientos, como en el emblemático caso de Job y de las equivocadas teologías de sus amigos (Job 38.1, 2; 42.7-9). Esta capacidad inusual es motivo de creencia para el pentecostal, puesto que creemos que

---

[560] Ibid., p. 298.
[561] Ibid., p. 293.
[562] Ibid., p. 298.

Dios nos habla, independientemente de lo que cualquier teología pueda teóricamente afirmar. Para el pentecostal, la teología es, de hecho, un "discurso de segundo orden" y, como dice el propio Ricoeur, ese discurso indiscutiblemente tiene "sus raíces en el discurso de primer orden", o sea, el "carácter acumulativo de las narraciones bíblicas (juntamente con el uso de la tipología en la interpretación de la historia) destaca un modelo, un estilo de coherencia narrativa que prepara el camino para sumarios que escogen las fórmulas de confesión de la fe y las doxologías (como el credo del Éxodo o el credo de la Resurrección)".[563] A pesar de que este punto ya ha sido abordado anteriormente, lo que se está diciendo, en términos directos por un autor más, es que tales "fórmulas confesionales, por su parte, son regidas por proposiciones reguladoras que presiden la selección y la colección de los documentos narrativos, prescriptivos, proféticos, sapienciales e hímnicos".[564] La cuestión añadida por Ricoeur en esta discusión no es reconocer que los propios hagiógrafos escribían y seleccionaban el material de acuerdo con sus propias intenciones o "proposiciones reguladoras", sino la idea de que incluso este aparente "ejercicio racional" con miras a la prescripción didáctica, dice él, "no es improbable que la sabiduría sea el factor más decisivo en la elaboración de tales proposiciones reguladoras".[565] En pocas palabras:

> Eso significaría, considerando la edad antigua de la sabiduría, que la narración bíblica nunca estuvo privada de algunos principios reguladores de la interpretación de la obra en la narración —en suma, que lo narrativo nunca existió sin un *pensamiento* teológico embrionario, exactamente como este nunca existió sin su polo correspondiente, la alabanza. La alabanza, la doxología y las proposiciones reguladoras constituyen una serie progresiva donde emerge la teología. Por consiguiente, no podemos acentuar ni la discontinuidad entre el puro "re-contar" y el pensamiento teológico, ni la continuidad asegurada por fuentes de mediación desde lo prescriptivo hasta lo hímnico, y, por los sumarios confesionales y

[563] Ibid.
[564] Ibid., p. 298, 299.
[565] Ibid., p. 299.

> las doxologías injertadas principalmente sobre la expresión sapiencial e hímnica de la fe. Pero la cuestión del origen de los conceptos reguladores permanece abierta.[566]

Ricoeur termina su texto sobre teología narrativa de la forma como alguien lúcido y consciente de sus límites al lidiar con texto bíblico debe hacer, o sea, no cerrando la cuestión, sino dejando abierto el asunto, puesto que no hay cómo hacer eso con certeza cuando se trata de interpretación bíblica. Que hay "conceptos reguladores" nadie lo duda, pero el origen de tales conceptos, esto es, lo que los motiva o dio origen a ellos, es materia de fe, porque no hay una respuesta. A pesar de ello, Ricoeur revela una perspectiva interesante en relación al papel de la devoción en la teología, diciendo que la ciencia de la fe, debidamente orientada, emerge también de aquel. Los pentecostales sabemos que doxología sin emoción, no es alabanza, y emoción sin entendimiento es fanatismo. De ahí por qué reconocemos que los grandes equívocos, tanto del pasado como de siempre, suceden justamente por no conocer las Escrituras ni el poder de Dios (Mt 22.29). Así, uno de los textos preferidos del verdadero pentecostal debe igualmente ser Romanos 12.1.

Finalmente, un último motivo para simpatizar con la narratología, es el hecho de que "el drama entero de la existencia", puede "también ser vivido por personas simples y no sólo por personajes que pertenecen a las clases privilegiadas", dice Ska, y este "es uno de los aspectos peculiares de las narrativas bíblicas".[567] Además, como ya se ha dicho, "narrar la historia en comunidad estuvo en el origen de las culturas y tradiciones".[568] Libanio afirma que ese "recurso humano sigue tan válido como ayer, adquiriendo en la posmodernidad mayor carga afectiva y efecto sobre la afirmación

---

[566] Ibid.

[567] SKA, Jean Louis. Sincronía: el análisis narrativo. En: SIMIAN-YOFRE, Horácio (Org.). *Metodologia do Antigo Testamento [Metodología del Antiguo Testamento]*. 1ª ed. São Paulo: Loyola, 2000, p. 127. 168.

[568] LIBANIO, J. B. Desafíos de la posmodernidad a la teología fundamental. En: GONÇALVES, Paulo Sérgio Lopes; TRASFERETTI, José (Orgs.) *Teologia na pós-modernidade: abordagens epistemológica, sistemática e teórico-prática* [Teología en la posmodernidad: enfoques epistemológica, sistemática y teórico-práctica]. 1ª ed. São Paulo: Paulinas, 2003, p. 167, 168.

de la propia identidad". Pero que se entienda, en la posmodernidad, la "fuerza transmisora de la narración depende de su credibilidad, que está en conexión con la verdad de los hechos con su verosimilitud factual, como las parábolas de Jesús en el evangelio".[569] Así, lo que adquiere valor en la posmodernidad son los aspectos didáctico y comunitario de esta forma de transmisión de contenidos, esto es, "la narrativa y la dramatización asumen importancia como forma de transmisión de enseñanza" y, en este contexto, la "narrativa tiene enorme fuerza de comunicación". En pocas palabras "la narrativa posee una fuerza heurística y hermenéutica enorme, ya que deja mayor campo de libertad interpretativa al oyente".[570] Ya que la "posmodernidad cuestionó radicalmente la gran narrativa, sea de la Ilustración, sea de la revelación, sea de la ciencia", pero al mismo tiempo pasó a valorar las "narrativas menores como medio didáctico-pedagógico de transmisión de la fe"[571], creo que no cabe duda de la importancia de que los pentecostales utilicemos la teología narrativa como un camino hermenéutico para una teología pentecostal del Espíritu Santo y, consecuentemente, de su experiencia. Y lo mejor, no siendo algo propuesto de acuerdo con una perspectiva racionalista, tiene en sí la apertura para nuevos desarrollos, siendo perfectamente posible su adecuación al pentecostalismo, cuyo presupuesto bíblico es conservador en un mundo donde cabe todo, menos un grupo que cree tener —teóricamente— la última palabra.

[569] Ibid., p. 168.
[570] Ibid.
[571] Ibid., p. 166.

13

La Iglesia en un mundo nuevo[572]

Un balance de los principales cambios del siglo XXI y sus implicaciones para la Iglesia

Invitado en 2010 a realizar conferencias en la *Deutsche-Brasilianische Gemeinde* (una pequeña iglesia compuesta por alemanes y brasileños) en Braunschweig y Wolfsburg, Alemania, la temática que me fue propuesta debería versar acerca del compromiso misiológico y evangelístico de la iglesia en una sociedad poscristiana. Durante los meses que antecedieron el viaje, me dediqué a investigar la situación del cristianismo en Europa. Fue entonces que me sorprendí y, sin ninguna restricción, puedo decir que a partir de este trabajo, y del ejercicio de esta investigación, fue que realmente entendí lo que significa secularización, una sociedad poscristiana y también lo que viene a ser la posmodernidad y su filosofía. Por eso mismo aseguro tranquilamente: todavía no hay, en el contexto brasileño, algo parecido con lo que se configuró de forma, más o menos, homogénea en Europa.

Basta ver los programas evangélicos en la televisión para darse cuenta que de poscristiano el Brasil no tiene nada. Nuestro país está en pleno desarrollo de un misticismo religioso que, en realidad, puede ser llamado un verdadero "cristianismo a la brasileña".

[572] Originalmente publicado en la revista *Obrero Aprobado* (Año 36, n. 70, Río de Janeiro: CPAD, Julio-Agosto-Septiembre de 2015, p. 24-34), aquí, sin embargo, el texto está ligeramente modificado y aumentado con notas explicativas.

Evidentemente que, tratándose de un país de proporciones continentales como el nuestro, no existe homogeneidad cultural y la pluralidad es un hecho. No obstante, sin esfuerzo alguno es posible comprobar que la sociedad brasileña es conservadora por su formación de matriz cristiana. Pero, ¿hay destellos de poscristianismo aquí? Sí, los hay. ¿De posmodernidad? De igual manera. Sin embargo también, paradójicamente, se puede afirmar que estamos en plena Edad Media religiosa y que desde hace tiempo se presenta, sobre todo en los círculos académicos, una especie de Ilustración brasileña, ya que es *cool* decir que quien "piensa" no tiene fe o no es religioso. Ahora, ¿el caso de Europa tiene algo de pedagógico y puede enseñar al cristianismo protestante y evangélico latinoamericano? Sin duda, porque parece que la religión cristiana tiende a repetir un ciclo que, al cabo de su cierre, acaba por representar las mismas características — entusiasmo, propagación, institucionalización, desilusión, ruptura, rescate de la originalidad o esencia (¿cuál?) y reinicio— que la originó en otro momento y lugar.

La permanente dificultad de la Iglesia en relacionarse

Si existió un mundo perfecto fue preadámico.[573] En cuanto a las primeras comunidades de fe, o como se acostumbra llamar a la "Iglesia Primitiva", ellas nunca fueron perfectas. Hay información suficiente sobre sus problemas en Hechos, en las cartas paulinas e incluso en el Apocalipsis para que nadie las idealice (Hch 15.1-39; Gá 2.9-14; 1 Co 5.1-13; Ap 2.1—3.22). Como no vivimos en una burbuja y no hay un *apartheid* que nos inmuniza ética, moral o socialmente de las influencias externas, lo más viable es que aprendamos a vivir nuestro propio tiempo. No hay de mi parte ninguna intención en reforzar el discurso que, de forma generalizada, anatematiza la realidad, diciendo que el mundo pertenece al

[573] "Antes de la creación y durante un período posterior no especificado, el pecado no existía, y todo era bueno" (MARINO, Bruce R. Origen, naturaleza y consecuencias del pecado. En: HORTON, Stanley M. (Ed.) *Teologia sistemática: uma perspectiva pentecostal [Teología sistemática: una perspectiva pentecostal]*. 4ª ed. Río de Janeiro: CPAD, 1997, p. 294).

Enemigo para, en el instante siguiente, en demostración del profundo y normal enraizamiento humano, solicitar oración para el restablecimiento de la salud o para que se "abran las puertas" a fin de adquirir la casa propia. Incluso reconociendo que enviaba sus seguidores para un verdadero "safari urbano" (Mt 10.16; Lc 10.3; y si los tales creyeran que quedando intramuros el problema se resolvería, craso error: cf. Hch 20.29), al orar, Jesús dijo: "No pido que los quites del mundo, sino que los guardes del mal" (Jn 17.15).

A propósito, tal vez la negación de la realidad, de forma acrítica e ingenua, haya sido el aspecto que trajo más perjuicios a la iglesia de este tiempo. Al omitir (y, en algunos casos privar a otros) del ejercicio de lectura de la realidad, no hubo ninguna preocupación en conocer los desafíos de los nuevos tiempos. Consecuentemente, la iglesia no se preparó para enfrentar los cambios que, generadas, nacidas e implementadas en Europa, llegaron a los Estados Unidos y, de allá hasta acá, no tanto por la proximidad geográfica, y sí por la sumisión *tupiniquim*, cada vez más se comprueba lo influenciable y volubles que somos.[574] El hecho es que cada época tiene que ser vivida, y enfrentada, con disposición por los diferentes actores y grupos sociales, sin que estos se autovictimicen, porque el existir implica vivir todo lo que es posible —y pasible— de ser experimentado, tanto en forma de alegría como de tristeza.

A los que insisten en la idea de que las cosas eran mejores en el primer siglo, basta imaginar a Pablo en Atenas, en el Areópago, teniendo que lidiar con los filósofos estoicos y los epicúreos (Hch 17.18). Todos los que ya se han preguntado acerca de uno de los principales dilemas de la humanidad (ese es filosófico e, inclusive, teológico, siendo tratado en el ámbito de lo que se conoce

[574] Aunque, en términos de cristianismo, como afirma Libanio, el "cristianismo europeo sufrió más el embate de la modernidad, porque venía de una tradición rígida, monolítica y monopolista. El impacto pluralista, subjetivista, individualista de la modernidad contra este monobloque compacto lo despedazó. En otros lugares, como en los EUA, el cristianismo consiguió convivir mejor con esta onda moderna corrosiva, ya habituado al pluralismo desde el nacimiento y al ejercicio de la libertad iluminista" (LIBANIO, Juan el Bautista. *Qual o futuro do cristianismo? [*¿Cuál es el futuro del cristianismo?*]*. 1ª ed. São Paulo: Paulus, 2006, p. 121).

como "teodicea"[575]), saben, aunque indirectamente, de Epicuro, porque fue él quien, por primera vez, trajo la incómoda pregunta: "O Dios puede y no quiere evitar el mal, y entonces no es bueno; o quiere y no puede, y entonces no es omnipotente". Ya que el Señor Jesucristo orientó a sus seguidores a que hicieran discípulos (Mt 28.19, 20), mantenerse enclaustrados sería imposible, porque por causa de la fe cristiana, o a pesar de ella, el contacto con las personas y el "mundo exterior" inevitablemente tendría que acontecer (1Co 5.9, 10). Así, a pesar de que muchos creen que la nueva visión del mundo que está emergiendo significa una invitación al recogimiento, estoy de acuerdo con el teólogo pentecostal Gordon Fee en la defensa de que la actual época "se parece mucho a la cultura del mundo grecorromano en la cual el evangelio surgió hace unos dos mil años".[576] Y eso es motivo para tener esperanza, porque fue el período en que el mensaje de Cristo floreció más.

Cambios del siglo XXI

Decir que el mundo ya no es el mismo se volvió algo común tan desgastado que posiblemente los principales cambios y desafíos surgidos ya en el inicio de este siglo sean ignorados. Es un hecho que el tiempo y el mundo en que vivimos son muy distintos de los originales en que la Iglesia nació. ¿Cómo vivir los mismos principios evangélicos que marcaron los primeros cristianos en situaciones tan diferentes? Este desafío sólo puede ser vencido con lo que Karl Barth decía acerca de que el cristiano carga en una de las manos la Biblia y, en la otra, el periódico. En términos directos, no podemos comunicar el mensaje del evangelio como si estuviéramos hablando a las personas del "siglo pasado", tenemos que hacer que tenga sentido a las de hoy. Para eso, se vuelve necesario reflexionar acerca de las principales áreas en que ocurrieron profundas transformaciones ya en este inicio del tercer milenio. Sin ninguna pretensión, una breve "lista" de los

[575] Acerca del asunto, vea MARINO, Bruce R. Origen, naturaleza y consecuencias del pecado. En: HORTON, Stanley M. *Teologia sistemática: uma perspectiva pentecostal [Teología sistemática: una perspectiva pentecostal]*. 4ª ed. Río de Janeiro: CPAD, 1997, p. 279-284.

[576] FEE, G. D. *Pablo, el Espíritu y el Pueblo de Dios.* 1ª ed. Miami: Editorial Vida, 2007, p. XXI.

principales cambios (y sus respectivos desafíos), ofrece una idea de lo que se está diciendo[577]:

Los principales cambios del siglo XXI		
ACONTECIMIENTOS	AÑO/ÉPOCA/ PERÍODO	DESAFÍOS
Intensificación del proceso de Globalización.	En 2004 diez nuevos países pasaron a formar parte de la Unión Europea. A partir de 2002, resurgió la discusión sobre el ALCA (Área de Libre Comercio de las Américas), que tendría su apogeo en 2005.	Otros continentes, como el americano, por ejemplo, acaban por seguir la misma tendencia, sin darse cuenta de que las diferencias económicas y sociales entre los países se agigantarán todavía más.
Terrorismo.	11 de septiembre de 2001. Iniciado tímidamente en 1999 como EIIL (Estado Islámico de Irak y el Levante), el surgimiento de la organización yihadista como Estado Islámico, se dio el 29 de junio de 2014.	De acciones aisladas a la exposición mediática, el terrorismo se configura actualmente como una amenaza real a la seguridad mundial, consiguiendo simpatía, inclusive, de los jóvenes que, extrañamente, encuentran en esta ideología inhumana, una razón no sólo para vivir, sino también por la cual están dispuestos a dar la vida.
Caída de regímenes totalitarios.	En 2011 el mundo asistió a los movimientos de liberación en los países árabes que siguieron a la llamada "Revolución de los Jazmines".	Las protestas siguen una tendencia presentada por el científico político Eduardo Viola, de la UnB. De acuerdo con la investigación, 20% de la población del planeta tiene propensión reformadora, o sea, es un fenómeno mundial que se muestra incluso en regímenes democráticos, y en grupos diversos.

577 La lista es sólo emblemática, sin ser necesariamente cronológica y mucho menos exhaustiva.

Ascensión económica y social.	En 2002, según el Datafolha, la clase C (Segmento con renta de dos a cinco salarios mínimos) era el 39% de la población brasileña. En 2014, según una nueva encuesta, la misma clase saltó al 56%.	El crecimiento de la clase media y el ascenso económico y social hacen que las personas dependan cada vez menos de la religión que, en Brasil, ha sido ofrecida como una forma de prosperar económicamente.
Información instantánea.	A pesar de existir desde hace años, fue solamente en 2006 y, masivamente en 2009, que la red inalámbrica (WiFi, Wireless) se popularizó para el uso del internet.	Los beneficios de la información traen efectos colaterales terribles como, por ejemplo, la indistinción entre verdad y mentira, o no tener tiempo para digerir la información y, peor, la formación de mentalidades de acuerdo con la eficacia de la técnica y no de la veracidad del contenido en sí.
Epidemias.	Sars (2003), gripe aviar (2005) y gripe porcina (2009).	Incluso con todos los recursos médicos y preventivos, debido al flujo de personas de un país a otro, las epidemias se diseminan mucho más rápidamente.
Avance científico.	Conclusión de la secuenciación del proyecto genoma humano (90% en 2001 y 100% en 2003).	Las posibilidades científicas se volvieron inimaginables. Luego, tenemos implicaciones en la ética, y en sus especificidades, en los campos de la bioética y de la biomedicina.
Catástrofes ambientales.	Tsunami "asiático" (2004), terremoto en Paquistán (2005), ciclón en Mianmar (2008), terremoto en China (2008) y terremoto en Haití (2010).	Aun cuando la intensidad de la catástrofe sea mayor, si el país posee más poder adquisitivo y es más estructurado que los otros, los daños son minimizados y la recuperación es más rápida.

Cambio de los valores morales y de la configuración familiar.	En 2001 Holanda fue el primer país del mundo en legalizar la unión civil entre personas del mismo sexo.	De 2001 para acá, dieciséis países implementaron la legalización de la unión civil entre personas del mismo sexo. El concepto de familia se extendió, pasando de ser exclusivamente heterosexual, a también homoafectivo. Como consecuencia de ello, vino también la discusión acerca de la homoparentalidad y la homofobia.
El nuevo escenario religioso.	El censo del IBGE de 2010 diseñó un cuadro muy diferente, y complejo, en relación a todo lo que ya se vio antes.	El fenómeno de la desilusión institucional, representado hoy en lo que provisionalmente ha sido llamado "desiglesiados", es algo que no puede ser ignorado y, mucho menos, entendido de forma ligera, simplista y obvia.
Sobre exposición mediática de la iglesia.	En los últimos quince años, sobre todo, con el advenimiento de las redes sociales, la exposición del movimiento evangélico, para el bien o para el mal, ha sido bastante agresiva.	La exposición expone mucho más que el mensaje, porque revela la fragmentación evangélica y también la guerra por adeptos. El patrimonio de líderes que viven sólo de la religión, y la disparidad entre estos y sus miembros, son también aspectos notorios.

Escapismo escatológico

Ante las cuestiones destacadas (que inclusive no serán consideradas, porque el análisis se alargaría mucho), la mayoría de nosotros apela a la escatología de forma escapista. Una postura que, además de desvirtuar el propósito de la escatología, acaba incidiendo justamente en lo contrario de lo que recomienda Jesús en Hechos 1.7, acerca de la prohibición de especular sobre el mañana echando mano de un peligroso ejercicio de futurología.[578]

[578] Una advertencia instructiva al respecto se puede encontrar en HORTON, Stanley (Ed.) *Teologia sistemática: uma perspectiva pentecostal [Teología*

Desafortunadamente, en el transcurrir de la historia, la escatología dejó de ser vista como la mayor de las esperanzas de aquellos que creen y fueron alcanzados por el Evangelio, volviéndose una fuente de exploración sensacionalista.[579] Por eso, rara vez se discutió el innegable hecho de que, antes de especular acerca de los acontecimientos y cambios, viéndolos como "señales de la venida de Cristo", era imprescindible preparar a los seguidores del Señor para interactuar en un mundo que ya no era el mismo (Ef 4.11-16). Sin embargo delante de los cambios y transformaciones, lo máximo que se ha hecho es pronosticar, dándose sólo al trabajo de encontrar un texto para encajar determinado evento en la Biblia.[580] El resultado es justamente este que se ha presentado a lo largo de los años, esto es, sobra especulación y falta actitud.

Tal omisión, además de colocarnos al margen y obligarnos a vivir a remolque de la historia, produce un sentimiento pesimista de acomodación: "Nada puede hacerse"; "Las cosas son como son", y muchas otras excusas. El problema mayor es que el corolario de este pesimismo, o del catastrofismo, escatológico es justamente la inmobilidad mental, social cultural e incluso mismo espiritual. Esto es, además de la famosa disculpa de que "si el mundo está destinado al caos, nada podemos hacer", hay otra peor, que es aquella que se pretende piadosa: "Es cumplimiento de la Palabra de Dios, tiene que ser así, porque es señal de la venida de Jesús". En esta lógica impera, aunque irreflexivamente, aquella idea de que "cuanto peor, mejor". De la esperanza pasamos al individualismo y al egoísmo.

A fin de restablecer la escatología a su lugar de derecho dentro del pensamiento cristiano, haciéndola volver a servir como apoyo al desesperanzado, es necesario "leer" la realidad con sabiduría,

---

sistemática: una perspectiva pentecostal]. 4ª ed. Río de Janeiro: CPAD, 1997, p. 613, 614.

579 Una breve muestra se puede encontrar en ARAUJO, Isael de. *Dicionário do movimento pentecostal* [Diccionario del movimiento pentecostal]. 1ª ed. Río de Janeiro: CPAD, 2007, p. 593-596.

580 A este ejercicio se da el nombre de "citación de textos-pruebas". El gran problema de este recurso es que los textos son retirados estratégicamente de sus contextos. Así, en su sentido original ellos no significan lo que parecen equivocadamente comunicar cuando, de forma arbitraria, son colocados para fundamentar estas reflexiones.

prudencia y, sobre todo, temor y reverencia a la Palabra de Dios. La recomendación del Maestro es clara: "[...] me seréis testigos" (Hch 1.8), o incluso otra, "Id por todo el mundo y predicad el evangelio a toda criatura" (Mr 16.15). Eso es lo que nos toca, pero especular acerca de la ocasión de la venida de Cristo, generando terrorismo psicológico en lugar de esperanza, definitivamente es algo que no encuentra respaldo alguno en las palabras de Jesús.

Viviendo el evangelio en un mundo nuevo

De forma bastante simplista e incluso obvia, es hecho conocido que todas las generaciones se enfrentan a cambios, más o menos sustanciales, que las hacen anhelar los tiempos pasados o se niegan a romper con el tiempo presente en caso que consigan trasponer el futuro. Tal enraizamiento es natural, sin embargo, la propia Biblia enseña —en el sentido de ruptura y cambio— que lo que se ha vuelto viejo, o superado, está cerca de acabar (He 8.13), aunque se quiera de todas las formas negar tal realidad. A pesar de que el texto alude a una verdad referente al cambio paradigmático de la antigua a la nueva Alianza, y de ese acto haber beneficiado a todos los que creen, es necesario recordar que, por causa de la "nueva fe" los seguidores del evangelio fueron perseguidos por los practicantes de la religión judaica y, posteriormente, por el Imperio. Siempre habrá resistencia a los cambios. Y evidentemente que no todo cambio es para mejor. Sin embargo, lo que se está poniendo bajo análisis aquí, es el hecho innegable de que vivimos en un nuevo tiempo. Este es el punto.

Ya que los desafíos de este momento histórico son diferentes de los que fueron enfrentados en el primer siglo, ¿cómo vivir entonces los principios del evangelio y comportarnos como ciudadanos del Reino en la época actual? Por otra parte, para entender esta cuestión es necesario que el problema sea mejor presentado. Para eso, es necesario "definir", aunque de forma no pretensiosa, lo que es el evangelio y el Reino de Dios. Incluso consciente de que no hay respuestas fáciles a estas cuestiones (sobre todo para el concepto de Reino de Dios[581]), de forma muy simple, por el

[581] Como informa Gary McGee, los "estudiosos evangélicos [tradicionales, reformados] influenciaron sustancialmente el punto de vista pentecostal en lo

que se desprende de lo que dijo el propio Cristo, el evangelio es la Buena Noticia de que el Reino de Dios ha llegado, está entre nosotros y es la manifestación y la incidencia amorosa del gobierno divino en medio de un mundo de desamor e insensible (Mt 11.1-6; Lc 7.18-23 cf. Mt 12.28; Lc 11.20; Hch 28.31). Sin embargo, de la misma forma es un hecho claro que el Reino de Dios no está activo en su plenitud, porque todavía tenemos estructuras inhumanas, crímenes, enfermedades y muerte, sólo para citar algunos males. Así, nace el concepto de "ya pero todavía no", y el porqué de la concreción de la esperanza escatológica, incluso estando en el futuro, tiene la capacidad de nutrirnos ahora en el presente. Como afirma Stanley Horton, acerca de la esperanza en relación a la venida del Señor, "es mejor vivir en la tensión

---

tocante a los aspectos presente y futuro del Reino de Dios, concepto este que había recibido mera alusión en la Declaración de las Verdades Fundamentales [el documento bíblico-teológico de 1916 de las Asambleas de Dios de Norteamérica que puede ser conocido en HORTON, S. M.; MENZIES, W. W. *Doutrinas bíblicas: os fundamentos da nossa fé [Doctrinas Bíblicas: Una perspectiva pentecostal]*. 5ª ed. Río de Janeiro: CPAD, 1996, p. 219-224]. Durante muchos años, la enseñanza de las Asambleas de Dios respecto a los eventos futuros había tenido fuerte orientación dispensacionalista (compartía la creencia en las siete dispensaciones, en el arrebatamiento antes de la Tribulación y en la interpretación premilenialista de las Escrituras, pero dejaba de lado una doctrina clave del dispensacionalismo: la separación entre la Iglesia e Israel). Esta doctrina fue popularizada y reforzada por los escritos de Riggs, Boyd, Dake, Brumback, John G. Hall y T. J. Jones. Las referencias en el Nuevo Testamento al 'Reino de Dios' (definido resumidamente como el señorío o gobierno de Dios) como realidad presente en los corazones de los redimidos, pasaron casi desapercibidas, mientras que su futura aparición milenial recibe extensa consideración" (MCGEE, G. B. Panorama histórico. En: HORTON, Stanley (Ed.) *Teologia sistemática: uma perspectiva pentecostal [Teología sistemática: una perspectiva pentecostal]*. 4ª ed. Río de Janeiro: CPAD, 1997, p. 32, 33). El mismo autor justifica que la "atención dedicada al estudio del concepto bíblico del Reino de Dios, contribuyó a una mejor comprensión de las enseñanzas éticas de los Evangelios, de la naturaleza y misión de la Iglesia, de la relevancia de las señales y prodigios en el evangelismo y del papel del cristiano en la sociedad" (Ibid., p. 34). A pesar de las controversias generadas por temas de esta naturaleza, McGee informa que actualmente "abundan las referencias al Reino de Dios en las publicaciones de las Asambleas de Dios" de Norteamérica y que, a pesar de no haber un consenso acerca del Reino de Dios, el "simple hecho del surgimiento de estas perspectivas demuestra que los pentecostales están preocupados en descubrir sus responsabilidades como cristianos en la sociedad" (Ibid, p. 35).

entre el 'en breve tiempo' pero 'todavía no', ocupándonos en su servicio, cumpliendo las tareas que Él nos encarga hacer, hasta que Él vuelva (Mr 13.33, 34; Lc 19.13)".[582]

Así, la respuesta a la indagación de cómo vivir los principios del evangelio y comportarnos como ciudadanos del Reino en la época actual, pasa por el entendimiento de lo que sea uno y otro. ¿Cómo se vivía esa realidad en el primer siglo? Con todas las dificultades y vicisitudes de aquel período y de todos los otros que le sucedieran y que ahora estamos igualmente enfrentando en nuestro propio contexto. Nunca existió tiempo favorable a la vivencia de los principios del evangelio y ni a los valores del Reino de Dios. Ni en la Edad Media, cuando la religión cristiana dominó el Occidente. Eso porque, como acertadamente reconoce el filósofo francés, Philippe Nemo, hablando acerca de la importancia ética del Sermón del Monte (Mt 5—7), "la moral preconizada en este texto lleva a cada uno a sentirse y aceptar ser responsable por todos los sufrimientos humanos, incluso por aquellos que no hayan sido por su causa; esta moral afirma los derechos de una *misericordia* más allá de cualquier *justicia*." Así, continúa el mismo autor, "en vez de desobligarse de deberes definidos de forma exhaustiva, a la manera de la justicia, el amor evangélico consiste en dedicarse siempre y cada vez más al prójimo".[583] ¿Cuándo vivir de tal forma fue fácil? ¿Cuál tiempo favoreció la vivencia de estos valores?

En pocas palabras, cuando se piensa acerca de estos asuntos, algo que debe quedar claro es que no hay receta para la vida y sus pequeñas situaciones, independientemente de la fase que se esté atravesando. Eso va de la madurez personal hasta la historia, sea ella local, regional, nacional o incluso universal. Por consiguiente, si se presenta una posible resolución para un único desafío, ciertamente habrá, por la gran cantidad de diferencias entre las etapas históricas y por las distintas percepciones personales, otros nuevos contornos y dimensiones del mismo problema que no podrían considerarse. Justamente por eso, es que la vivencia

---

[582] HORTON, Stanley (Ed.) *Teologia sistemática: uma perspectiva pentecostal [Teología sistemática: una perspectiva pentecostal]*. 4ª ed. Río de Janeiro: CPAD, 1997, p. 612, 613.

[583] NEMO, P. *O que é o Ocidente? [¿Qué es Occidente?]*. 1ª ed. São Paulo: Martins Fontes, 2005, p. 46.

del evangelio, y de los valores y principios del Reino de Dios, siempre estarán al frente de cualquier tiempo. Para nuevamente converger con Philippe Nemo, porque la "herida del amor [esté] preñada de una cascada de transformaciones históricas"[584], mientras subsista el mal en el mundo, los seguidores de Cristo deberán estar incómodos con él. Incluso porque, como dijo el teólogo pentecostal, Byron Klauss, "si vamos realmente a servir en el ministerio continuado de Jesucristo, este servicio deberá seguir el ejemplo de su ministerio".[585] Resta saber si estamos dispuestos a considerar como "doctrinales" los textos de las narrativas (Mateo, Marcos, Lucas y Juan) acerca de su vida y ministerio.

Adaptación, reacción y transformación

Habiendo distinguido el evangelio y el Reino de Dios, ya tenemos claro el hecho de que estos no pueden ser confundidos con religión y denominacionalismo. El próximo paso es aquilatar la posición pentecostal en relación a la realidad. ¿Cómo vemos el mundo? De la respuesta a esta pregunta depende la forma como se da —o se dará— nuestra interacción con la cultura a nuestro alrededor y en la cual estamos inmersos. Mi cuestionamiento tiene una única razón de ser. Cada vez que afirmamos que el mundo va de mal en peor y que nada puede hacerse, a no ser cruzar los brazos y asistir pasivamente al desamor, la perversidad, la destrucción, la miseria, la desigualdad social, el terrorismo y la inescrupulosa utilización de la Biblia para manipular a las personas, admitimos tácitamente nuestra dependencia del pensamiento reformado y de la teología calvinista, como si tales males fueran una camisa de fuerza de la voluntad directiva de Dios. A pesar de negar tal posición en la soteriología (donde reconocemos que hay voluntad humana o libre albedrío), la suscribimos en nuestra práctica y cotidiano, sobre todo en la lectura de la realidad.

En vísperas de completar quinientos años, nadie niega las conquistas de la Reforma. Sin embargo un solo segmento dentro

[584] Ibid., p. 48.

[585] KLAUS, Byron D. La misión de la Iglesia. En: HORTON, Stanley (Ed.) *Teologia sistemática: uma perspectiva pentecostal [Teología sistemática: una perspectiva pentecostal]*. 4ª ed. Río de Janeiro: CPAD, 1997, p. 604.

del protestantismo reclama para sí la posesión de quien forma parte, o no, de la tradición de la Reforma. La crítica a la cristalización dogmática del catolicismo romano, y del antiguo reclamo de este de ser el único y legítimo representante del cristianismo, acometió de igual forma a los protestantes. Y esto con tal intensidad que los calvinistas todavía debaten si el pentecostalismo puede considerarse parte de la religión cristiana.[586] La teología arminiana, o el arminianismo —corriente responsable por los fundamentos teológicos de los pentecostales—, para los reformados, es una perversión del evangelio.

Recientemente, Charles Finney, viene siendo duramente criticado por los calvinistas, porque el pentecostalismo ha descubierto la importancia de algunos aspectos del pensamiento de este importante abogado cristiano norteamericano del siglo pasado. Con énfasis en su lucha contra el dogmatismo reformado que, consignado en la Confesión de Westminster, se transformó en una versión textual y protestante del dogma de la infalibilidad papal.[587] Un simple ejemplo ilustra el punto. A pesar de que

---

[586] El "pentecostalismo quiere ser tomado en serio como movimiento cristiano. Está en la hora de evaluarlo" (BRUNER, Frederick Dale. *Teologia do Espírito Santo* [Teología del Espíritu Santo]. 3ª ed. São Paulo: Cultura Cristiana, 2012. p. 19).

[587] Finney decía que toda "tentativa no inspirada de esbozar para la iglesia un patrón de opinión que pueda considerarse una exposición incuestionable de la Palabra de Dios no sólo es impía en sí, sino también una admisión tácita del dogma fundamental del papado", y reveló sin medias palabras que la "Asamblea de Clérigos hizo más que admitir la necesidad de un papa para hacer leyes de las opiniones humanas; ella admitió crear una ley inmortal o, antes, embalsamar el credo que tenía y preservarlo como el papa de todas las generaciones; o es más justo decir que los que adoptaron aquella confesión de fe y catecismo como patrón autorizado de doctrina, adoptaron de manera absurda el más detestable principio del papado, elevando la confesión y el catecismo de ellos al trono papal y al lugar del Espíritu Santo. Que el instrumento forjado por esa Asamblea sea reconocido en el siglo XIX como el estándar de la Iglesia, o de un ramo inteligente de ella, no sólo es sorprendente sino, debo decir, por demás ridículo. Es absurdo en la teología como sería en cualquier otro ramo de la ciencia, y tan perjudicial y entorpecedor como absurdo y ridículo. Es mejor tener un papa vivo que uno muerto. Si necesitamos de un expositor autorizado de la palabra de Dios, que tengamos uno vivo, para no excluir la esperanza de progreso. 'Mejor es perro vivo de lo que león muerto' (Ecl 9.4), así, un papa vivo es mejor que una confesión de fe muerta y estereotipada, que obligue a todos los hombres a subscribir sus dogmas inalterables y su terminología

el pentecostalismo clásico no aprueba las prácticas extrañas de muchos que se dicen pentecostales, los calvinistas insisten en colocarnos bajo el mismo espectro de los adeptos de la "bendición de Toronto", por ejemplo. Ellos atribuyen a la culpa de tales distorsiones a Finney, porque de acuerdo con la acusación, "él marcó la transición de la supremacía de la teología calvinista hacia la teología arminiana en la iglesia". ¿Y qué causó eso? De acuerdo con el mismo autor, "cuando el arminianismo se volvió la fuerza dominante, trajo consigo el secularismo que, asociado al humanismo, ya presente en esta vertiente teológica, resultó en lo que hoy se ve".[588] Causa extrañeza en cualquier estudioso esa afirmación, puesto que desde Max Weber, los estudios apuntan justamente a la Reforma Protestante y, por consiguiente, el protestantismo histórico como responsable por la secularización, no simplemente de la "Iglesia", sino de Occidente.[589]

Todas las molestias de la iglesia evangélica son atribuidas a una única causa: el arminianismo. Por lo tanto, basta eliminar el arminianismo y los problemas desaparecerán. Sucede que para

---

invariable." (FINNEY, Charles. *Teologia sistemática [Teología sistemática]*. 1ª ed. Río de Janeiro: CPAD, 2001, p. 24).

588 SOUSA, Jadiel Martins. *Charles Finney e a secularização da Igreja* [Charles Finney y la secularización de la Iglesia]. 1ª ed. São Paulo: Edições Parakletos, 2002, p. 42. A pesar de que el autor da una interpretación muy particular para las expresiones humanismo y secularismo, la cuestión entera es que, incluso en su definición, ambas son filosofías negativas.

589 Peter Berger dice que "Comparado con la 'plenitud' del universo católico, el protestantismo parece ser una mutilación radical, una reducción a los elementos 'esenciales', sacrificando una amplia riqueza de contenidos religiosos. Eso es particularmente verdadero en lo que se refiere a la versión calvinista del protestantismo, pero, en muchos aspectos, también se puede decir lo mismo de la Reforma luterana e incluso de la anglicana" (*O dossel sagrado: elementos para uma teoría sociológica da religião* [El dosel sagrado: para una teoría sociológica de la religión]. 1ª ed. São Paulo: Paulus, 2012, p. 124). Después de algunos ejemplos entre catolicismo y protestantismo, el mismo autor dice que, "Simplificando los hechos, se puede decir que el protestantismo se despojó tanto como le fue posible de los tres más antiguos y poderosos elementos concomitantes de lo sagrado: el misterio, el milagro y la magia. Este proceso fue agudamente captado en la expresión 'desencantamiento del mundo' [Weber: 'Entzauberung der Welt'] (Ibid.). Más adelante, Berger afirma que, "se puede sostener, pues, que el protestantismo funcionó como un preludio históricamente decisivo a la secularización, cualquiera que haya sido la importancia de otros factores" (Ibid., p. 125).

que eso sea posible, sólo hay dos caminos: convertir a los arminianos al calvinismo o acabar con ellos. A pesar de que esta conclusión parece demasiado radical, basta observar la virulencia de la persecución en el inicio del moderno movimiento pentecostal y la reciente tentativa brasileña de "calvinizar" a los pentecostales, sin considerar, obvio, lo que aconteció en Ginebra bajo la influencia de tal pensamiento.

Por ostentar una apologética sumamente presuposicional, los reformados creen que la realidad debe subscribirse a la proposición. Por eso, condenan la práctica pentecostal y nos acusan de no tener teología y de ser sólo pragmáticos. Mientras la acusación proceda en parte, como dijera Isael de Araujo, la "diversidad mundial del pentecostalismo vuelve casi imposible hablar de 'una' teología pentecostal", pues, continúa el mismo autor, todavía no "consiguió madurar una teología de la fe cristiana bajo la perspectiva del pentecostalismo clásico".[590] Eso no significa, sin embargo, que el pentecostalismo clásico no tenga "doctrina". Las creencias principales del movimiento siguen la estela de las doctrinas maestras presentadas en la religión cristiana.[591] Ahora, un sistema teológico, de hecho, el grupo no lo tiene. Pero tal vez sea este justamente uno más de los factores de su crecimiento exponencial. Explico.

Ya que actualmente las grandes discusiones ya no ocurren restrictivamente en el ámbito de seminarios, universidades teológicas y libros de texto, y sí en el llamado "mercado de ideas", esto es, dice Alister McGrath en su explicación de la necesidad de una apologética específica para el siglo XXI, el "estudio de televisión, la prensa nacional, la cafetería de las universidades y el *shopping center* local constituyen los nuevos palcos de debates en los cuales las declaraciones de verdad por parte del cristianismo son juzgadas y probadas". Por eso, dice el mismo autor, el "cristianismo debe distinguirse por su relevancia a la vida, y no

---

[590] ARAUJO, Isael de. *Dicionário do movimento pentecostal* [Diccionario del movimiento pentecostal]. 1ª ed. Río de Janeiro: CPAD, 2007, p. 557.

[591] Este aspecto es reconocido incluso por Mark Noll que afirma que la "mayor parte de los pentecostales y carismáticos [neopentecostales] sostiene las convicciones tradicionales acerca de la Trinidad, de la pecaminosidad humana y de la autoridad de las Escrituras" (NOLL, Mark A. *Momentos decisivos na história do cristianismo* [Momentos decisivos en la historia del cristianismo]. 1ª ed. São Paulo: Cultura Cristiana, 2000, p. 315-317).

sólo por su racionalidad intrínseca". A pesar de que McGrath reconoce que "las grandes cuestiones globales, como, por ejemplo, el sufrimiento, continúan a la orden del día en esta nueva generación, una serie de problemas locales exige respuestas". Su conclusión es que tales "cuestiones locales nos obligan a desarrollar una apologética de sabor local, porque sólo así el cristianismo seguirá siendo una opción viva para cualquier lugar".[592]

Así, tener una teología, o un sistema teológico, donde las respuestas ya están preparadas, incluso antes de que las preguntas se hayan hecho, significa que las personas tendrán que forzar la realidad, "doblándola" para que esta se ajuste a las proposiciones presuposicionales. La cuestión es simple y práctica: ¿Es eso posible? No, a no ser para quien ya cree en tales presuposiciones y que, al altísimo costo de la negación de la realidad, sigue viviendo casi que de forma esquizofrénica. Así, el mejor ejercicio que podemos hacer es el siguiente: correctamente entendidos, aspectos positivos de la realidad pueden ser adaptados, mientras otros deben ser vehementemente negados, pero teniendo siempre la perspectiva de la misión cristiana de que prácticamente todo debe ser transformado. Tal ejercicio depende de nuestro "ver", nuestra forma de ver el mundo, de ahí la importancia de la recomendación paulina (Ro 12.2). Sí, de hecho, lo que nos motiva a predicar el evangelio es ver el Reino de Dios avanzando, porque cuanto más ciudadanos del Reino, menos espacio tendrá el mundo para ser dominado por filosofías, políticas y pensamientos que acentúan su hostilidad. Dios reina en los espacios en que los súbditos del Reino están insertos y estos se transforman en lugares agradables. Sin embargo, todos sabemos que la paz perfecta, completa y universal, sólo sucederá cuando el Señor establezca definitivamente su Reino en la faz de la tierra (Is 11.9; Ap 21—22).

Implicaciones para la iglesia

Los modernos sistemas de comunicación finalmente están transformando el mundo en una "aldea global". La globalización

---

[592] MCGRATH, Alister. *Apologética cristã no século XXI: ciência e arte com integridade* [Apologética cristiana en el siglo XXI: ciencia y arte con integridad]. 1ª ed. São Paulo: Vida, 2008, p. 12.

mirada con desconfianza por naciones altamente cerradas en sí, ha sido vista como la única opción viable de supervivencia económica. Ambas pueden ser consideradas como resultado, e incluso, un reflejo de una de las principales características humanas, que es la necesidad de vivir en grupo. Sin embargo desde la Torre de Babel, tal "unión" no significa solidaridad, sino altivez y orgullo en relación a Dios y una forma de expropiar todavía más al semejante.

Aparte de esta discusión, se vuelve imprescindible reflexionar acerca del hecho de que la globalización que estandariza, pone de moda y después crea necesidades para alimentar el consumismo, también proporcionó con la venta de las tecnologías del primer mundo, el conocimiento de culturas diferentes. El multiculturalismo, por su parte, revela que el mundo no es un bloque monolítico y, por eso mismo, no puede ser visto, e interpretado, de forma lineal, aligerada y simplista.

Debido a que el cristianismo es una religión y, por eso, ha nacido en una época específica de la historia, y que la teología protestante, se ha desarrollado igualmente en un momento histórico particular, "ser cristiano consiste", dice Alister McGrath, "casi siempre, en aceptar un conjunto de valores que se opone a los de la cultura dominante". Eso significa que los cristianos siempre serán "tachados de alienados, *outsiders* culturales, gente que no pertenece al mismo ambiente de sus compañeros". Sin embargo de acuerdo con el mismo autor, "presiones de este tipo no son de naturaleza intelectual".[593] McGrath ilustra el punto diciendo que el resultado de una investigación "reciente" realizada "entre estudiantes mostró que las dos principales razones al rechazo del cristianismo son: 'los cristianos son hipócritas' y 'los cristianos son muy exclusivistas'", es interesante notar que "ninguna de estas razones es de origen 'académico' o 'intelectual'".[594]

Como la historia sigue un curso, pero este madura, o se manifiesta, en cada lugar de acuerdo con su "época", es sorprendente saber que la obra de McGrath que está siendo citada es de 1992, y la investigación referida por él es de 1986. Sin embargo, porque este autor es británico y de saber que Europa enfrenta desde hace

[593] Ibid., p. 13.
[594] Ibid., p. 14.

muchos años un profundo proceso de desilusión con el cristianismo, se vuelve obvio este resultado. Mas pensando específicamente en términos de Brasil, ¿será que existe algo semejante de que preocuparse? Delante de números que daban cuenta de que en 1900 "se evaluaba en 1.800 el número de denominaciones cristianas en el mundo", y que hace 15 años, "este número pasó a 33.800"[595], siendo que el hemisferio sur es la parte del planeta donde está concentrada la mayor parte de este fenómeno, particularmente el nuevo y tercer mundo, parece no haber razón alguna.

A pesar de este crecimiento (que ahora debe ser aún mayor), y de la sobre exposición mediática de la iglesia evangélica, el Censo de 2010 del IBGE, presenta números bastante significativos, revelando una transformación substancial en el escenario religioso brasileño. Cualquier consideración de esos números exige un análisis aparte, porque no se puede interpretar tales datos de forma obvia o especulativa. Sin embargo, obras especializadas, en varios campos[596], y el aumento en la publicación de libros con la temática de la desilusión institucional demuestran, como mínimo, que hay una crisis en curso. Y todo indica que es amplia, profunda y sigue un ciclo histórico, como se puede fácilmente observar por todo lo que se ha dicho aquí y por los abundantes ejemplos de la historia.

El pentecostalismo ante los desafíos del siglo XXI

A pesar de todos los desafíos traídos por las amplias posibilidades de la ciencia y de la tecnología en el inicio del siglo XXI, el pentecostalismo, por su orientación dinámica, y capacidad de preservación doctrinal en ambientes distintos[597], si no se permite

[595] DELUMEAU, Jean. À Espera Da Aurora. *Um Cristianismo Para O Amanhã [El cristianismo del futuro]*. 1ª ed. São Paulo: Loyola, 2007, p. 43, 44.

[596] Sólo para dar un ejemplo, dos obras que tratan del punto de vista sociológico y teológico, respectivamente, de este asunto: MENEZES, Renata; TEIXEIRA, Faustino (Orgs.). *Religiões em movimento: o censo de 2010* [Religiones en movimiento: el censo de 2010]. 1ª ed. Petrópolis, RJ: Voces, 2013, 352p. ANDRADE, Paulo Fernando Carnero de; BINGEMER, María Clara Lucchetti (Orgs.). *O censo e as religiões no Brasil* [El censo y las religiones en Brasil]. 1ª ed. Río de Janeiro: PUC-Rio: Reflexión, 2014, 192p.

[597] Hablando acerca del asombroso crecimiento del pentecostalismo en el

ser otra cosa más de lo mismo, o sea, un movimiento dirigido por el Espíritu Santo que tiene como misión anunciar el evangelio puede ser, como lo ha demostrado, una alternativa para el proceso de desilusión institucional y religiosa en un mundo nuevo que valora la espiritualidad.

En una nueva introducción a su famosa obra *La ciudad secular*, Harvey Cox reconoce esta verdad y dice que el "pentecostalismo, la rama del cristianismo que más crece (principalmente en el mundo no occidental) se está expandiendo en parte porque ofrece a las personas una manera de ser al mismo tiempo 'moderno' e intensamente religioso (o 'espiritual')".[598] Esa capacidad del pentecostalismo se da por causa de la experiencia del Espíritu Santo y la creencia en lo sobrenatural. Cox añade que, "utilizando con provecho las más recientes tecnologías de comunicación y técnicas organizacionales, él lleva a las personas a salir de patrones religiosos tradicionales [...] —no hacia el secularismo— sino a un movimiento espiritual que ellos ven como moderno y liberador".[599] Sí, este siempre fue el gran desafío de los seguidores de Cristo, vivir en medio del mundo que se olvida de Dios, pero no entra en la misma onda secularizadora (Jn 17.9-26). Así, la conclusión de Cox es que, el "pentecostalismo, tal como un autor escribió, posibilita a las personas un 'suave aterrizaje en la modernidad'".[600]

---

mundo, Roger Haight dice que muchos "factores, más que cualquier motivo específico, contribuyen a explicar este fenómeno histórico y religioso". Con su peculiar prudencia y respetabilidad, dice que bajo "un prisma teológico, es difícil dudar que el poder de Dios en cuanto Espíritu no esté actuando en este fenómeno de grandes proporciones", pues, completa, "los efectos del Espíritu Santo se relacionan con los afectos de las iglesias pentecostales". No obstante, dice él que bajo "una perspectiva social, los [factores] más importantes pueden ser situados en las dimensiones de lo religioso y de lo psicológico (potencialización), de lo cultural (enculturación) y de lo organizacional (estructura eclesial)" (*A comunidade cristã na história: eclesiologia comparada* [La comunidad cristiana en la historia: eclesiología comparada]. V. 2. 1ª ed. São Paulo: Paulinas, 2012, p. 518).

[598] COX, H. *A cidade secular: a secularização e a urbanização na perspectiva teológica* [La ciudad secular: la secularización y la urbanización en la perspectiva teológica]. 1ª ed. Santo André: Academia Cristiana, 2015, p. 27, 28.

[599] Ibid., p. 28.

[600] Ibid.

Eso se da porque no necesitamos crear, o forzar al mundo, a ver las cosas de nuestra forma para que nuestro mensaje tenga sentido a las personas en una posible situación posmoderna. El desafío es mantener la consciencia instruida por el Espíritu de Dios en medio de la adversidad. Por eso, no instituimos una "geografía de la fe", fijando lugares, endureciendo liturgias o creando fórmulas prontas a la experiencia del Espíritu. El pentecostalismo desde siempre, y por experiencia propia, sabe que Dios es Espíritu y que busca adoradores que lo adoren en espíritu y en verdad (Jn 4.23, 24). Por eso, no se preocupa en que el mundo esté de *nuestra* parte para continuar creyendo en la actuación divina en nuestras vidas. El pentecostalismo, para creer en lo que cree, no depende de que las personas tengan una determinada "visión de mundo cristiana", porque cada creyente que tiene su experiencia del Espíritu cree en la actuación de Dios en su vida independientemente de lo que piensan las personas o incluso determinada teología. En este aspecto, es oportuna la reflexión del teólogo pentecostal, Robert Menzies que afirma estar agradecido con los pentecostales de todo el mundo porque celebraron el Reino de Dios, pues:

> La impresionante presencia de Dios en medio de nosotros, su bondadosa voluntad en conceder dones espirituales, su deseo de sanar, libertar y transformar vidas son temas bastante centrales a la piedad pentecostal y destacan el hecho de que el Reino de Dios está presente. Los pentecostales proclaman un Dios que es cercano, un Dios cuyo poder puede y debe ser experimentado aquí y ahora. Este elemento de la práctica pentecostal, en su mayor parte, ha servido del necesario correctivo de la vida de la iglesia tradicional, que perdió de vista la presencia manifiesta de Dios. En este punto, una vez más, los pentecostales tienen un rico legado para seguir adelante.[601]

Eso es importante que sea así, porque durante los días en que estuve en la Alemania, aprendí a pronunciar una de las expresiones más utilizadas en mis textos y conferencias, particularmente, en mis participaciones en aquella ocasión: *Weltanschauung*

[601] MENZIES, R. P. *Pentecostes: essa história é a nossa história [Pentecostés: esta historia es nuestra historia]*. 1ª ed. Río de Janeiro: CPAD, 2016, p. 92.

(cosmovisión). Totalmente común al europeo, el conocimiento proporcionado por las nuevas tecnologías, ya nos despertó a la innegable realidad de que es prácticamente imposible hablar de *una* visión del mundo cristiana en la miscelánea religiosa brasileña, o peor, en medio de la miríada de denominaciones evangélicas del país. Eso porque, cuando se menciona "cristianismo", como afirma Jean Ladrière, "se debe tener en cuenta la existencia de varias formas históricas, cada una representando una interpretación particular de un cierto núcleo originario, y se debe también tener en cuenta la dificultad de definir criterios de pertenencia o de fijar los rasgos de una identidad cristiana".[602] En verdad, el hecho de que existan varias denominaciones es uno de los mayores ejemplos de secularización (y desunión entre los que profesan la fe cristiana) y eso, increíblemente, acaba siendo uno de los desafíos para hacer una *teología* pública que busca adecuar el mensaje cristiano, en términos de lenguaje y forma, a las necesidades de las personas del mundo actual. Algo que, también desafía igualmente al pentecostalismo.

Hacer este camino, o sea, construir esa teología pública y no secularizar el evangelio es el gran desafío de la iglesia en este tiempo. Si se encierra en sí misma, podrá volverse sectaria, obsoleta e incomunicable a las personas que más necesitan de ella. No obstante, abrirse demasiado, llevará a la comunidad de fe al peligro de perder su identidad delante de las absorciones indiscriminadas de modelos que no sirven a su vivencia. Este es el desafío de la Iglesia en el siglo XXI. Y esta es la razón por la que los pentecostales, de forma todavía más intensa, deben animar a las nuevas generaciones a mantener viva la llama del Espíritu de Dios que es la fuente de vida de cada persona y, en última instancia, de todo el Movimiento.

---

[602] LADRIÈRE, J. *A fé cristã e o destino da razão* [La fe cristiana y el destino de la razón]. 1ª ed. San Leopoldo, RS: Unisinos, 2007, p. 157.

14

Las matrices teológicas del pentecostalismo clásico[603]

La diversidad teológica como necesidad de supervivencia

La imposibilidad de hablar en *una* matriz teológica del pentecostalismo clásico, no es sólo, como vulgarmente se piensa, falta de capacidad teórica. Antes, es consecuencia del innegable hecho de que el referido movimiento no está constituido por un bloque monolítico demográfico, sino que se trata de una expresión del cristianismo que tiene una gran cantidad de divisiones y orígenes. Cada una de estas divisiones posee sus propios razonamientos acerca de lo que significa ser cristiano, pentecostal y tiene un entendimiento específico acerca del papel de las lenguas —y sus corolarios— en el contexto actual. Paradójicamente, esta es una de las más fuertes características del carisma: ser indomable. Para un movimiento cuya experiencia es un factor fundamental y valioso, poseer un aparato teórico que lo restrinja y encasille, se vuelve algo contradictorio, porque es justamente contra este tipo de formalismo que el pentecostalismo se levanta. Mientras otros grupos, o segmentos cristianos, insisten en mantener el control de los adeptos a través de un aparato teórico, los que se abrigan bajo la expresión cristiana del pentecostalismo, no encuentran barreras para discordar de un entendimiento teológico

[603] Publicado originalmente en la revista *Enfoque Teológico* (V. 3, n. 1. Cuiabá: Feics; São Paulo: Reflexión, 2016, p. 35-71), aquí, sin embargo, va ligeramente modificado y aumentado con notas explicativas.

que tiene la pretensión de obligarlos a estrangular la experiencia que los nutren. Tales rupturas y divisiones, a diferencia de lo que se imagina, promueven el constante crecimiento cuantitativo del movimiento Pentecostal.

Después de la euforia inicial de su surgimiento e irrupción, todo movimiento, grupo u organización, precisa justificar su existencia y explicar su funcionamiento para subsistir. Para eso, se vale del lenguaje y se fundamenta en alguna fuente autorizada que pueda atestiguar su veracidad y carácter imprescindible. Así, aquello que tal vez inicialmente surgió de modo espontáneo, para poder reproducirse y perpetuarse, acaba siendo sistematizado y, consecuentemente, se institucionaliza. Sin embargo como ya fue acertadamente dicho, todo proceso de esta naturaleza contiene, en sí mismo, el germen de la deconstrucción, esto es, lo que en principio fue benéfico, podrá volverse en el futuro su mayor mal. Los factores que motivan esa problemática, para decir lo obvio, son varios, pero es digno de destacar que el estatuto teórico que garantizó supervivencia al comienzo, posteriormente, por no permitir actualización, acaba convirtiéndose en el peor estorbo. La posible explicación que buscaba justificar el fenómeno, no es capaz de prever, mucho menos dar cuenta de los inevitables cambios y, consecuentemente, de la pluralidad de las percepciones de los diferentes actores sociales a los cuales quedará expuesta. Así, cuando aquello que "explicaba" comienza a ser explicado, termina revelando inconsistencias teóricas que, en el momento histórico de su elaboración, no podrían ser vistas y, mucho menos, previstas.

Es sabido que primeramente se tiene el acontecimiento y/o la práctica y sólo después se busca una explicación. Por señal, el propio texto de Hechos 2.1-36 ilustra el punto. Después del evento de Pentecostés (vv.1-5), ante la perplejidad de los judíos (vv.6-12), "explicaciones" burlonas surgieron (v.13), motivando al apóstol Pedro a hacer su primer gran discurso (vv.14-36). En el intuito de "justificar" el fenómeno ocurrido allí, el apóstol recurrió a una fuente autoritativa —el libro del profeta Joel (2.28-32). Al mismo tiempo en que Pedro justificaba, él pretendía demostrar la veracidad del episodio, explicándolo de forma "racional" al mostrar que lo acontecido encajaba perfectamente dentro de lo que estaba previsto en el texto del Antiguo Testamento. El apóstol actuó correctamente, porque con la luz que poseía, interpretó el fenómeno de Pentecostés y mostró su lógica bíblica. Hasta hoy la controversia permanece: ¿el texto de Joel se refiere al episodio de Pentecostés o apunta a una época futura y más amplia? Depende de cómo se interpreta este texto que, a su vez, será leído de esta o de aquella forma por causa de los supuestos hermenéuticos que acaban "subordinando" el significado de las Escrituras a los contornos de la metodología exegética. En el primer caso, no hay problema. En caso de que se opte por el segundo, la cuestión persiste: ¿entonces el apóstol Pedro, se equivocó al decir que el episodio era el cumplimiento? No siempre la fórmula "o-o" es la mejor solución. En la época en que estamos atravesando, es posible que la mejor respuesta sea no esto *o* aquello, y sí esto *y* aquello.

Como se puede ver, la cuestión no es tan simple. Sobre todo, porque la cultura occidental fue moldeada para encontrar que ningún problema puede permanecer sin resolverse, todo debe ser respondido y no puede haber duda alguna. La *hybris* racionalista no soporta convivir con la idea de que algo no se pueda resolver. A esta mentalidad no le basta postular, ella necesita disecar, descomponer, explicar y así dar el veredicto final. Mas que se entienda, el resultado será el que determinado grupo (que posee un sistema que condiciona toda su percepción), entiende como correcto y verdadero. Y es justamente en este aspecto que el llamado pentecostalismo clásico (representado en este texto por las Asambleas de Dios), se ha equivocado continuamente. Una simple, sin embargo importantísima, observación de los teólogos pentecostales, James Railey y Benny Aker, evidencian el inicio del equívoco. Ellos afirman que, "desafortunadamente los occidentales, tanto los conservadores como los liberales, sostienen una epistemología principalmente racional, inadecuada para los pentecostales". Eso porque, dicen los mismos autores, el "mundo de la Biblia no es el del racionalista, porque aquel reconoce lo sobrenatural y las experiencias sobrenaturales otorgadas por Dios".[604] Ya que el racionalista no acepta lo sobrenatural, esto es,

[604] RAILEY, J. H. JR.; AKER, B. C. Fundamentos teológicos. En: HORTON, Stanley M. (Ed.). *Teologia sistemática: uma perspectiva pentecostal [Teología sistemática: una perspectiva pentecostal]*. 4ª ed. Río de Janeiro: CPAD, 1997, p. 663.

nada que no sea explicable y posible de probarse, su teología se presenta inadecuada para los pentecostales, porque estos creen que "Dios habla a su iglesia a través de los dones del Espíritu Santo a fin de corregir, edificar y consolar". Los autores finalizan el capítulo que trata acerca de los fundamentos teológicos del pentecostalismo en los siguientes términos:

> Teniendo en mente tales hechos, la teología (y la cultura) no tienen que inhibir el fervor espiritual. En realidad, no es la teología ni la cultura que inhibe la obra del Espíritu Santo, sino el punto de referencia teológica y educativa. Es importante, por lo tanto, interpretar la Biblia dentro de sus propias condiciones a través de un punto de referencia apropiado. De esta forma, tendremos una teología corroborada por la experiencia. Teología que, mediante la fe y la obediencia, pasa a ser una "realidad de la experiencia" basada en la Biblia, con eficacia en la vida diaria, al contrario de una teología que no pasa de mero motivo de discusión.[605]

Teniendo claro este primer aspecto, a pesar de que el propósito de este texto no es sociológico ni histórico, inevitablemente será preciso pasar por trabajos que aborden estas dimensiones. El momento en que este material es producido, por ejemplo, puede considerarse crucial e histórico, pues está siendo elaborada, por una pequeña comisión[606], una Declaración de fe de las Asambleas

---

[605] Ibid., p. 62.

[606] En el *Mensajero de la Paz* de agosto de 2015, un artículo informa tal hecho al hablar de una reunión llevada a cabo en la CPAD los días 18 y 19 de junio con esta finalidad. El artículo destaca el nombre de doce personas que componen una "Comisión Especial" siendo que seis de ellas son de la directiva (presidente; vicepresidente; secretario; subsecretario; relator y subrelator), y las otras seis son miembros de la referida Comisión. Está incluso la información de que "el texto de la Declaración de fe será trabajado por un colegiado de escritores, la etapa siguiente de la reunión fue la presentación de los nombres y del bosquejo que irá a dirigir a cada uno de ellos en la redacción del contenido. 'Presentamos el bosquejo con los temas, los capítulos, las sesiones y el título del capítulo y el título de las sesiones; el bosquejo fue perfeccionado, algunos sugirieron nuevas ideas, otros opinaron que algunos puntos deberían ser cortados, entonces se realizó un ajuste en este bosquejo y fueron escogidos los autores de cada tema. Estos autores recibieron informaciones, indicaciones bibliográficas, modelos de los credos ecuménicos y de las confesiones de fe, para que los analicen y hagamos un trabajo preciso y objetivo para que podamos atender la necesidad de la iglesia', explicó el pastor Esequias [Soares, presidente de la Comisión

de Dios, de acuerdo con la reformulación del Credo asambleísta. El *Mensajero de la Paz,* órgano oficial de las Asambleas de Dios en Brasil, presentó en la edición de noviembre de 2015, por primera vez, el nuevo Credo. En el mes siguiente, el antiguo *credo* asambleísta fue republicado al lado del nuevo, de forma que el lector pudiera compararlos, verificando las alteraciones realizadas. Puede verse, por lo tanto que, a pesar de que el nombre sea el mismo para las Asambleas de Dios de Norteamérica y las brasileñas, las diferencias en cuanto al aspecto teológico-formal entre ellas son muy claras. Mientras las primeras poseen este tipo de documento (llamado "Verdades Fundamentales") desde 1916, las brasileñas sólo tuvieron una sucinta lista con catorce artículos conteniendo las verdades centrales de la denominación en 1967, por lo tanto, cincuenta años después. Y ahora, con poco más de un siglo después de su fundación y noventa años después de las Asambleas de Dios de Norteamérica, es que la denominación presentará su Declaración de Fe.

Delante de esta decisión es perfectamente normal que surjan algunas cuestiones: ¿Cuál es la necesidad de una Declaración de Fe? ¿La Declaración legitimará la práctica centenaria de las Asambleas de Dios o tendrá la pretensión de modificarla? ¿Es posible normar de forma hegemónica la vivencia de una masa tan gigantesca —y heterogénea— como los asambleístas? En caso de que haya alguna divergencia doctrinal entre lo que unos liderazgos locales enseñan y lo que, oficialmente, la denominación pregona en su Declaración, ¿cuál medida será adoptada? ¿Y la gran cantidad de experiencias (que son la "marca registrada" del pentecostalismo), dejarán de ser legítimas si no se ajustan con el texto de la Declaración de Fe? ¿Pero no fue justamente este problema que el moderno Movimiento Pentecostal enfrentó por parte de las iglesias históricas o del "protestantismo histórico", o sea, discriminación y preconcepto por causa del choque entre la experiencia del Espíritu y el dogma protestante? Estas son sólo algunas de la gran cantidad de preguntas que deberán hacerse.

Especial] en una más de sus charlas" (Año 85; n. 1.563, p. 3). El mismo artículo informa que se llevarán a cabo cinco foros, siendo uno para cada región del país, para discutir el referido texto de la Declaración de fe con los pastores de todo Brasil.

No obstante, la propuesta de este texto es exponer las matrices teológicas que nutrieron a los fundadores del pentecostalismo clásico y por qué el movimiento sólo es posible en un contexto cuya realidad sea teológicamente plural y flexible.

Es posible hablar de una "Teología Pentecostal"

Primeramente es imprescindible reconocer lo obvio, o sea, que la "diversidad mundial del pentecostalismo hace casi imposible hablar de 'una' teología pentecostal", pues, "aún [no] se ha conseguido madurar una teología de la fe cristiana bajo la perspectiva del pentecostalismo clásico".[607] No obstante, como escribo en un artículo en la revista *Obrero Aprobado* (CPAD), "eso no significa, sin embargo, que el pentecostalismo no tiene 'doctrina'", porque como se sabe, las "creencias principales del movimiento siguen la estela de las doctrinas maestras presentadas en la religión cristiana". Sin embargo es necesario admitir que, "un sistema teológico, de hecho, no lo tiene el grupo".[608]

Aquí está la explicación del título de este capítulo. No es posible hablar de *una* matriz teológica del pentecostalismo clásico, porque su diversidad no lo permite. Examinando los datos históricos, se da cuenta que lo más apropiado es hablar de "matrices", en plural. Esto porque, a diferencia de los demás grupos o expresiones del cristianismo, el pentecostalismo no tiene un fundador. Alguien que, de manera individual, pueda reclamar su creación. Él es un movimiento (acontecimiento y/o postura) que parece inicialmente espontáneo, generado por la no aceptación de las mismas verdades y de la inercia religiosa, surgiendo generalmente de la iniciativa laica.

Así, no existe una teología pentecostal porque no hay un bloque monolítico llamado "Movimiento Pentecostal", sino una masa gigantesca de adeptos, con una multiplicidad de identidades, acomodada en las centenas de denominaciones que, a pesar

[607] ARAUJO, Isael de. *Dicionário do movimento pentecostal* [Diccionario del movimiento pentecostal]. 1ª ed. Río de Janeiro: CPAD, 2007, p. 557.

[608] CARVALHO, César Moisés. La iglesia en un mundo nuevo: un balance de los principales cambios del siglo XXI y sus implicaciones a la Iglesia. Revista *Obrero Aprobado*. Año 36, n. 70, Río de Janeiro: CPAD, jul/ago/set de 2015, p. 31.

de tener puntos centrales de convergencia, se vuelven muy diferentes en sus percepciones de la realidad, y pasan a reflexionar (¿teológicamente?) de acuerdo con su experiencia fundadora. Como ya es sabido, la experiencia fundadora acaba perturbando el dogma que antes parecía incuestionable. Por eso, gran cantidad de veces, durante la historia, el pentecostalismo fue acusado de no sólo no tener teología, sino de incluso no ser parte del cristianismo.[609]

Respecto a la cuestión "teología" y al tratarse de Brasil, es necesario recordar que las Asambleas de Dios son fruto de la actividad evangelística extranjera. Si sólo los dos nombres iniciales son considerados, se tiene una representación interesante: un liderazgo formal (Gunnar Vingren) y otro laico (Daniel Berg). Posteriormente, los liderazgos extranjeros que llegaron acá, exceptuando unos pocos, todos ellos fueron formados en instituciones teológicas y, por lo tanto, pensaban —y enseñaban— bajo la influencia de estas mismas instituciones. Al mencionar los fundadores del pentecostalismo clásico brasileño, a pesar de que estos eran suecos, a la época en que aportaron en Brasil, ambos vivían en los Estados Unidos y son, de alguna forma, fruto de los acontecimientos ocurridos allí a partir de 1901. Tales acontecimientos que conocemos como "moderno Movimiento Pentecostal" son, a su vez, resultado de, al menos, "dos avivamientos" ocurridos en el siglo XIX:

> El primero ocurrió en la Inglaterra, alrededor de 1830, durante el ministerio de Edward Irving; el segundo, en el extremo sur de la India, alrededor de 1860, mediante la influencia de la teología de los Hermanos de Plymouth y bajo el liderazgo del laico indio J. C. Aroolappen. Documentos contemporáneos respecto a los dos movimientos incluían referencias al hablar en otras lenguas y a la profecía.[610]

[609] Como escribió un teólogo reformado, el "pentecostalismo quiere ser tomado en serio como movimiento cristiano. Es hora de evaluarlo" (BRUNER, Frederick Dale. *Teologia do Espírito Santo* [Teología del Espíritu Santo]. 3ª ed. São Paulo: Cultura Cristiana, 2012, p. 19).

[610] MCGEE, Gary B. Panorama Histórico. En: HORTON, Stanley M. (Ed.). *Teologia sistemática: uma perspectiva pentecostal [Teología Sistemática: una perspectiva pentecostal]*. 4ª ed. Río de Janeiro: CPAD, 1997, p. 12.

Sin embargo, es obligatorio saber el cambio de énfasis llevado a cabo en el mensaje, por cuenta de la "llegada del reavivalismo, en el fin del siglo XVII y comienzos del siglo XVIII, en Europa y en América del Norte, de los predicadores calvinistas, luteranos y arminianos", o sea, ellos "pasaron a enfatizar el arrepentimiento y la piedad en la vida cristiana". Tal cambio, según McGee, se debe "especialmente a la doctrina de la perfección cristiana enseñada por Juan Wesley, el padre del metodismo y por su ayudante, Juan Fletcher". En 1760 Wesley "convoca a sus seguidores a buscar una nueva dimensión espiritual", denominada como "segunda obra de la gracia". Tal obra, ocurrida "posterior a la conversión, liberaría a los creyentes de su naturaleza moral imperfecta, que los ha inducido al comportamiento pecaminoso". McGee informa que esta "doctrina llegó a América del Norte, e inspiró el crecimiento del movimiento de Santidad".[611] A pesar de tal énfasis a la vida santificada, es importante observar que no se hace mención al "hablar en otras lenguas". Así, explica el mismo autor, en cuanto "a los que procuraban recibir la 'segunda bendición' se enseñaba que cada cristiano necesita 'esperar' (Lc 24.49) por la promesa del bautismo en el Espíritu Santo".[612] De esta forma, "sería quebrado el poder del pecado que domina a la persona desde su nacimiento, llevándola a vivir llena del Espíritu". McGee dice:

> La creencia en una segunda obra de la gracia no quedó confinada al círculo metodista. Charles G. Finney, por ejemplo, creía que el bautismo en el Espíritu Santo proveía el revestimiento del poder divino para obtener la perfección cristiana. Su teología, sin embargo, no encajaba ni en la categoría wesleyana, ni en la reformada. Aunque la teología de la Reforma haya identificado el bautismo en el Espíritu con la conversión, algunos reavivacionistas, dentro de esta tradición, aceptaban el concepto de una segunda obra de la gracia para revestir a los cristianos de poder de lo alto. Entre ellos se encontraban Dwight L. Moody y R. A. Torrey. A pesar de este revestimiento de poder, creían, la santificación se mantenía en su obra progresiva. Otro personaje clave, un ex presbiteriano,

[611] Ibid. Para esta y todas las demás citas desde la última.
[612] Ibid., p. 13.

> A. B. Simpson, fundador de la Alianza cristiana y Misionera, cuya forma de pensar tuvo gran impacto en la formación doctrinal de las Asambleas de Dios [de Norteamérica], enfatizaba claramente el bautismo en el Espíritu Santo.[613]

Se volvieron otra fuente de influencia del movimiento de Santidad en los EUA "las conferencias en Keswick, en la Gran Bretaña (que tuvieron inicio en 1875)". McGee informa que los "conferencistas en Keswick creían que el bautismo en el Espíritu Santo producía una vida de continua victoria (la vida 'más sublime' o 'más profunda'), caracterizada por la 'plenitud del Espíritu". El mismo autor dice que "esta vino a ser la interpretación preferida al concepto wesleyano, que sostenía que el bautismo en el Espíritu producía la perfección cristiana".[614] Sin embargo, todo cambió cuando "el predicador wesleyano radical de Santidad, Benjamin Hardin Irwin, comenzó, en 1895, a enseñar sobre las tres obras de la gracia, [ahí] los problemas comenzaron a surgir". El referido predicador comenzó a defender la idea de que "la segunda bendición iniciaba la santificación, y la tercera traía el 'bautismo del amor ardiente' (o bautismo en el Espíritu Santo)".[615] Sucede que la "mayor parte del movimiento de Santidad condenaba esta 'tercera bendición', clasificándola como herejía (la cual, entre otras cosas, creaba el problema de las evidencias distintivas entre la segunda y la tercera bendición)".[616] Sin embargo, como revela McGee, "la noción que Irwin tenía de una tercera obra de la gracia —o revestimiento del poder en el servicio cristiano— se afirmó como cimiento del movimiento pentecostal".[617]

McGee dice que, mientras "los evangélicos del siglo XIX adoptaron, en su gran mayoría, conceptos amilenialistas o posmilenialistas, era esto lo que captaba el espíritu de aquellos tiempos". En otras palabras, pensadores "de todas las tendencias, desde Charles Darwin hasta John Henry Newman y Charles Hodge, se sirvieron de los descubrimientos y del progreso de la ciencia en

613 Ibid.

614 Ibid.

615 Ibid., p. 14.

616 Ibid., pp. 14, 15.

617 Ibid., p. 15.

la formación de la doctrina y de la escatología, respectivamente". El mito positivo-racionalista del proyecto de la modernidad hacía que los pensadores —seculares o religiosos—, creyeran en un mejoramiento gradual del mundo y de la sociedad. No obstante, un grupo (premilenialista) pensó de modo diferente y defendió la idea de que el mundo degeneraría y, por lo tanto, era preciso repensar la manera como hasta entonces la evangelización mundial había sido encarada.[618] Cristo volvería pronto; ¿cómo salvar a los millones perdidos que no lo conocían? "El interés generalizado por el bautismo y dones del Espíritu Santo convenció a algunos de que Dios concedería el don de lenguas a fin de equiparlos con idiomas humanos identificables (*xenolalia*)", así, completa McGee, ellos podrían "anunciar el evangelio en otros países, agilizando la obra misionera".[619] El mismo autor informa que entre los que pensaban así, "se hallaba el predicador de Santidad, en Kansas, Charles Fox Parham y sus seguidores".[620] Nombre conocidísimo en los círculos pentecostales y también por todos los estudiosos del movimiento Pentecostal, McGee afirma:

> La distintiva contribución teológica de Parham al movimiento se halla en su insistencia de que el hablar en otras lenguas representa la "evidencia bíblica" vital de la tercera obra de la gracia: el bautismo en el Espíritu Santo, claramente ilustrado en los capítulos 2, 10 y 19 de Hechos de los apóstoles. [...] Aunque tal doctrina acabó por ser relegada a los grupos marginales del movimiento

[618] Llama la atención el hecho de que, actualmente, tal posición es oportuna: "Lo que Cristo realizó en su vida terrenal desveló la verdad del Reino de Dios y, también, desenmascaró la mentira de Satanás como falso deseo mimético. No se trata, en consecuencia, para el creyente evadirse del mundo, muy por el contrario. Se trata de anunciar el kerigma fundador del mundo nuevo que la iglesia de Cristo recibió como herencia. y, aunque ahora, en plena era de la modernidad tardía, estemos plenamente conscientes del fracaso histórico del cristianismo —y de su visión secularizada, que es la Ilustración—, hoy más que nunca *el anuncio del fin del mundo* y del *advenimiento de la salvación de parte de Dios se vuelven urgentes*" (MENDOZA-ÁLVAREZ, Carlos. *O Deus escondido da pós-modernidade: desejo, memória e imaginação escatológica. Ensaio de teologia fundamental pós-moderna [El Dios escondido de la posmodernidad: deseo, memoria e imaginación escatológica. Ensayo de teología fundamental posmoderna].* 1ª ed. São Paulo: es Realizaciones, 2011, p. 232).

[619] MCGEE, Gary B. *Op. Cit.*, p. 15, 16.

[620] Ibid., p. 17.

> Pentecostal, realmente levantó una cuestión que todavía perdura: la singularidad de la obra del Espíritu en aquellos que hablaban en otras lenguas en contraste con los que todavía no las hablaban.[621]

Históricamente es innegable que Topeka contribuyó —aunque de forma no intencional— "al avivamiento (que llegó a tener importancia internacional) de la calle Azusa, en Los Ángeles, California (1906-1909)".[622] Como se sabe, el líder principal de este movimiento fue William J. Seymour. Un negro que había estudiado en la escuela bíblica de Parham de forma nada cristiana, porque debido a las leyes segregacionistas del estado de Texas, dice Araujo, "Parham arregló un lugar para Seymour, supuestamente colocando a sus alumnos blancos sentados dentro del aula y permitiendo a Seymour oír en el exterior, en la entrada".[623] Aunque inicialmente hayan caminado juntos, en octubre de 1906 Parham "visitó la Misión de Seymour", informa Araujo, "y declaró que se enfadó con lo que vio". Charles Fox Parham "describió el trabajo de Seymour como un compuesto de 'animalismo', nada más que 'éxtasis, caer bajo el poder, santos rodando, danzando y bailando, sacudiendo, alboroto, murmullo, suspiro, y dando flujo a sonidos sin significados y ruidos'", finaliza él, tales "'como eran practicados por los negros de las tierras del Sur de los EUA'".[624] En las palabras de McGee, Parham y Seymour, dejaron los siguientes legados para el movimiento Pentecostal:

> Los temas de la inminencia escatológica y del poder evangelístico (el legado de Parham) trazaron el camino seguido por los pentecostales americanos en sus esfuerzos agresivos para predicar el evangelio "hasta lo último de la tierra" (Hch 1.8). Los pentecostales afroamericanos, por otro lado, resaltaron la reconciliación entre las razas y el derramamiento del poder sobre los tiranizados en Azusa. Reconciliación esta evidenciada por la composición interracial de los cultos, catalizada por el fruto del Espíritu (el legado de Seymour).[625]

---

[621] Ibid., p. 17, 18.
[622] Ibid., p. 18.
[623] ARAUJO, I. *Op. Cit.*, p. 780.
[624] Ibid., p. 781.
[625] McGEE, G. *Op. Cit.*, p. 18.

McGee dice que, en sus primeros dieciséis años, el movimiento Pentecostal enfrentó tres grandes controversias teológicas. La primera de ellas fue de naturaleza hermenéutica y tenía que ver con la decisión en cuanto a la modalidad literaria de los textos bíblicos utilizados para fundamentar la experiencia de las lenguas (¿Es Hechos narrativa o doctrina?). Es el problema de encontrar una fuente autoritativa para respaldar la experiencia observable. La segunda controversia teológica tenía que ver con la santificación: "¿Es instantánea o progresiva?", McGee dice que, como "se podía prever, la línea divisoria fue trazada entre los pentecostales con tendencias wesleyanas (tres obras de la gracia) y los pentecostales con tendencias reformadas (dos obras)".[626] Una tercera cuestión fue acerca de la naturaleza de la divinidad, o sea, ¿la fórmula correcta del bautismo es en el nombre de Jesús o la fórmula tradicional trinitaria? Así, surgieron los pentecostales de la unicidad. "Estos cristianos enfatizaban la 'unicidad', o unidad, de la Divinidad en contraste con el concepto cristiano ortodoxo de un sólo Dios en Tres Personas".[627] Es importante observar que, "desde el comienzo se formaron dos grupos dentro del movimiento de la 'unicidad': los que creen que la conversión y el bautismo en las aguas en el nombre de Jesús son seguidos por una segunda experiencia de revestimiento de poder" y, continúa McGee, los que "sostienen que los tres elementos de Hechos 2.38 (el arrepentimiento, el bautismo en el nombre de Jesús y el recibimiento del Espíritu Santo (hablar en otras lenguas)) convergen en un sólo acto de la gracia —o nuevo nacimiento".[628]

Como es posible darse cuenta, estas son algunas notas históricas, evidentemente que con alguna pasión, del sinuoso camino teológico de los comienzos del moderno Movimiento Pentecostal en los EUA. No es necesario decir que por cada controversia, hubo una división y, así, se formó un nuevo grupo que, aunque teniendo como motivación, y/o disculpa, la controversia teológica, posteriormente se convertía en una nueva denominación. Así fue con Parham que pensó que Seymour no tenía la capacidad de conducir el movimiento de Azusa 312, y por eso fundó una

---

[626] Ibid., p. 20.

[627] Ibid.

[628] Ibid., p. 20, 21.

nueva denominación a cinco cuadras de allí. Posteriormente, en uno de sus viajes, que duraron de 1907 hasta 1919, afirma Araujo, "en 1911, Seymour invitó a William H. Durham, para realizar una serie de cultos en su Misión". Araujo dice que "Durham, pensando que Seymour no era capaz de liderar el avivamiento por mucho tiempo, usó la oportunidad para tratar de asumir el control de la Misión".[629] Aun habiendo sido impedido de llevar a cabo su intento, Durham, al igual que Parham, creó una denominación a pocas cuadras de Azusa 312. Es necesario aclarar que Durham ya era responsable por una iglesia en Chicago. Inclusive, Araujo revela que importantes futuros líderes del pentecostalismo tuvieron contacto con el trabajo de Durham, sobre todo después de 1907, cuando este experimentó el fenómeno de las lenguas en su primera visita en la Azusa Street Mission. Entre estos, se destacan Daniel Berg, Gunnar Vingren y Luigi Francescon (pionero del movimiento pentecostal en Italia y pionero de la Congregación cristiana en Brasil): Fundadores del pentecostalismo clásico brasileño.[630]

A pesar de que el origen pentecostal de los tres es prácticamente el mismo, las diferencias de práctica y, por consiguiente, de matriz teológica, son evidentes. Es consenso general que la "mayoría de los pentecostales tiende al sistema arminiano de teología teniendo en vista la necesidad del individuo en aceptar personalmente el evangelio y el Espíritu Santo".[631] Mientras Berg y Vingren eran evangelistas que esparcían el mensaje por dondequiera que fueran, Francescon, por lo que se desprende de la Congregación Cristiana en Brasil (CCB), adoptó otra postura. Los dos primeros parecen haber heredado el estilo wesleyano y conversionista del movimiento de Santidad, mientras el último siguió una tendencia más "reformada". Tanto que la CCB hace un trabajo de proselitismo y habla con los miembros de otras denominaciones acerca del "don de la fe", o sea, la persona sólo

---

629 ARAUJO, I. *Op. Cit.*, p. 782.

630 No está, en pauta, el llamado proto-pentecostalismo brasileño. Acerca del asunto, consulte ARAUJO, Isael de. *Dicionário do movimento pentecostal* [Diccionario del movimiento pentecostal]. 1ª ed. Río de Janeiro: CPAD, 2007, p. 582, 583, 719.

631 RAILEY, J. H. JR.; AKER, B. C. *Op. Cit.*, p. 54.

será salva si tiene este don y pertenece a la CCB.[632] Además, la CCB tiene un importante trabajo de asistencia social para con sus miembros. Lo que, una vez más, indica la gran diferencia entre los dos grupos que forman el pentecostalismo clásico. En otras palabras, los primeros resaltan más la vida "más allá de la tumba" e insisten en la inminencia de la venida de Cristo, y el último, valora la calidad de vida de sus miembros, aquí y ahora, y poco habla acerca del segundo advenimiento.

Raíces reformadas del pentecostalismo

En ocasión del centenario del Avivamiento de la calle Azusa ocurrido en 2006, la revista *Manual del Obrero* (CPAD), publicó una serie de artículos acerca del pentecostalismo. El primero de ellos, del teólogo pentecostal asambleísta, norteamericano, William Menzies, trató de la "identidad teológica" del moderno Movimiento Pentecostal. Antes de revelar el gran pilar que distingue el pentecostalismo de otras expresiones del cristianismo (expresiones estas que antecedieron incluso el moderno Movimiento Pentecostal en la creencia acerca de la necesidad de una experiencia con el Espíritu), el autor expone las "diferentes visiones en la doctrina de la santificación dentro de la tradición pentecostal".[633] A pesar de que este punto ya ha sido mencionado anteriormente, es importante recordar que "las tres obras de la gracia" (salvación, santificación y bautismo en el Espíritu Santo) adoptadas por los primeros pentecostales, posteriormente acabó no satisfaciendo al movimiento, llevando a algunos a optar por la llamada "'visión reformada (o bautista) de la santificación'", cuya explicación para

[632] Nilmar Pellizzaro, dice que son "dos [las] matrices teológicas de la clásica Congregación Cristiana en Brasil (CCB): el pentecostalismo, con la comprobación inmediata de la santificación mediante la experiencia emocional del Espíritu Santo; y el calvinismo, con énfasis en la doctrina de la predestinación y el exclusivismo de Dios en la justificación del creyente" (Predestinados y santificados: consideraciones sobre la iglesia Congregación cristiana en Brasil. En: PASOS, J. D. (Org.). *Movimentos do Espírito: matrizes, afinidades e territórios pentecostais* [Movimientos del Espíritu: matrices, afinidades y territorios pentecostales]. 1ª ed. São Paulo: Paulinas, 2005, p. 187).

[633] MENZIES, William. Las raíces: los orígenes teológicos del moderno movimiento pentecostal. Revista *Manual del Obrero.* Año 28, n. 33, Río de Janeiro: CPAD, ene/feb/mar de 2006, p. 22.

el proceso de conversión consistía de lo siguiente: "[...] la salvación debería ser seguida por la definitiva crisis de la experiencia del bautismo en el Espíritu, mas desde el momento del nuevo nacimiento, el Espíritu Santo era retratado como operando en el creyente para moldear al individuo más y más en la imagen de Cristo", así, explica Menzies, "la santificación era concebida como un proceso y no como un solo momento decisivo".[634] Sin esfuerzo alguno, esta última idea es fácilmente identificable en las Asambleas de Dios en Brasil. Inclusive, ese punto fue tratado en 2006, como parte de las celebraciones de los cien años del moderno Movimiento Pentecostal, en la revista *Lecciones* Bíblicas de la CPAD, comentada por el pastor Antonio Gilberto, considerado el mayor teólogo de la denominación.[635] La cuestión a destacar es que, como dice David B. Barrett:

> Los principales pentecostales clásicos, que predican la "obra consumada" o dos experiencias dramáticas (conversión y bautismo en el Espíritu Santo), están entre las 390 denominaciones de 210 países. Diversas denominaciones pentecostales trazan su origen entre 1906 y 1909, durante el avivamiento de la calle Azusa, en Los Ángeles, Estados Unidos. Liderado por el obispo W. J. Seymour, cuando miles de personas hablaron en lenguas por primera vez. Sin embargo la doctrina de la "obra consumada" —que mezcla conversión con santificación, la "segunda bendición"— de W. H. Durham, de 1910, hizo que muchos pentecostales del Norte de los Estados Unidos que predicaban las tres experiencias dramáticas wesleyanas pasaran a adoptar la idea de las dos experiencias dramáticas, conocida como pentecostalismo "batístico". Las Asambleas de Dios, fundadas en 1914, fueron la primera denominación en defender esta idea.[636]

---

[634] Ibid.

[635] El referido comentario fue publicado bajo el título *Las Doctrinas Bíblicas Pentecostales. Centenario del movimiento Pentecostal* (1906-2006), y la lección a la cual nos referimos fue la del número 6, cuyo título era "el cristiano y su santificación".

[636] BARRETT, David B. El avivamiento mundial del Espíritu Santo. En: SYNAN, Vinson (Org.). *O século do Espírito Santo: 100 anos do avivamento pentecostal e carismático [El siglo del Espíritu Santo: cien* años de *renuevo pentecostal y carismático]*. 1ª ed. São Paulo: Vida, 2009, p. 525. Acerca de este aspecto, Roger Haight, registra que tal "controversia dividió el pentecostalismo

Si la doctrina de la santificación asambleísta viene de Durham, el principal aspecto teológico del pentecostalismo, "lo que lo constituyó", en las palabras de Justo González, es justamente "su teología, al insistir en el bautismo del Espíritu Santo como una experiencia que va más allá de la conversión"[637], y este punto, como ya se ha dicho viene de Parham. En verdad, retomando el artículo de Menzies, "Parham fue el primero en dar una definición teológica clara a la experiencia pentecostal".[638] Si antes del predicador del movimiento de Santidad algunos ya utilizaban la expresión "bautismo en el Espíritu Santo", dice Menzies, como por ejemplo, "A. J. Gordon, un evangélico bautista, también identificó esta experiencia separada del nuevo nacimiento, como un 'revestimiento para el servicio'". A pesar de la utilización del término, "Gordon y muchos otros como él en este tiempo no veían una conexión entre este revestimiento de poder y el hablar en lenguas". Y es ahí donde el razonamiento de Parham se vuelve decisivo, porque el "'acompañamiento de señales', el hablar en otras lenguas, como los testigos que de hecho entraron en la experiencia completa del libro de Hechos, es lo que Charles F. Parham proveyó". Así, completa el mismo autor, "la enseñanza del bautismo pentecostal fue lo que verdaderamente colocó aparte a los primeros pentecostales de sus contemporáneos".[639] No obstante, Menzies dice que:

> [...] poderosos casos muestran que hubo erupciones pentecostales en muchas partes del mundo, muchas después de 1900. Podría ser erróneo decir que el conjunto del movimiento Pentecostal debe totalmente su origen a Parham o Seymour. Antes, sería mejor decir que personas alrededor del mundo experimentaron el pentecostés antes, mas sin entender lo que les acontecía. Ahora, fue la enseñanza de Parham y Seymour la que dio forma a estas múltiples experiencias reportadas en varios países.[640]

---

en cerca de dos líneas de santidad: la calvinista y la wesleyana" (*A comunidade cristã na história: eclesiologia comparada* [La comunidad cristiana en la historia: eclesiología comparada]. V. 2. 1ª ed. São Paulo: Paulinas, 2012, p. 517).

637 GONZÁLEZ, Justo. *Breve dicionário de teologia* [Breve Diccionario de teología]. 1ª ed. São Paulo: Hagnos, 2009, p. 250.

638 MENZIES, W. *Op. Cit.*, p. 22, 23.

639 Ibid., p. 23.

640 Ibid.

Nuevamente es posible comprobar la preocupación acerca de la busca de una fuente autoritativa para fundamentar y, también, explicar, el fenómeno o la experiencia de las lenguas. Y, al utilizar la Biblia para solucionar este problema, se tiene en el futuro una serie de dificultades. Esto porque, en las palabras un tanto prejuiciosas de Justo González, "aunque sea correcto que los pentecostales tiendan a ser literales en sus interpretaciones de la Biblia, no es correcto llamarlos 'fundamentalistas'".[641] Eso es así, porque de acuerdo con el mismo autor, el fundamentalismo fue un movimiento cuya reacción fue intencional, y consciente, en el combate a las posturas liberales en la cuestión de la interpretación de la Biblia. Sin embargo, para él, la mayor parte de los pentecostales, en diversos lugares del mundo, "no tiene idea alguna de que existió el liberalismo y, por lo tanto, no están reaccionando contra él, sino simplemente leyendo e interpretando el texto en lo que podía ser llamado una interpretación 'inmediata' o 'inocente'".[642] De esta forma, cuando los "exégetas profesionales" del protestantismo histórico resolvieron analizar, no el texto de Hechos, y sí la interpretación de los pentecostales acerca de Hechos, las cosas se complicaron.[643] A pesar de ello, retomando la cuestión de la santidad y de la experiencia con el Espíritu Santo, Menzies explica que, alrededor de 1895, Charles Finney juntamente con Asa Mahan, así como el ya mencionado A. J. Gordon había

[641] GONZÁLEZ, J. *Op. Cit.*, p. 250.

[642] Ibid.

[643] Al respecto, escribe Alister McGrath: "Muchos consideraran [las lenguas] una cuestión sin sentido y vacía. La sabiduría teológica de la época asumió el 'cesacionismo', ampliamente enseñado por pesos pesados de la teología protestante. En esta percepción, los dones activos del Espíritu Santo, como el 'hablar en lenguas', pertenecían a la época del Nuevo Testamento y ya no estaban disponibles ni en operación. Así, el Nuevo Testamento debía leerse a partir de una estructura un tanto racionalista, reflejando las ideas de la Ilustración, que ya había determinado que estos fenómenos espirituales eran cosa del pasado". Frente a esto, la respuesta de los pentecostales, continúa el mismo autor, "tal vez fácil de descartar como ingenua y simplista, era que la lectura directa de los textos bíblicos sugería que este don carismático todavía era una posibilidad y que podía ser identificado por el hablar en otras lenguas" (MCGRATH, Alister. *A Revolução Protestante: uma provocante história do protestantismo contada desde o século 16 até os dias de hoje* [La Revolución Protestante: una provocativa historia del protestantismo contada desde el siglo XVI hasta los días de hoy]. 1ª ed. Brasília: Palabra, 2012, p. 382).

hecho alrededor de 1890, "estaban articulando el entendimiento de ellos sobre la obra del Espíritu Santo en lenguaje y substancia que fue un poco diferente de las enseñanzas metodistas wesleyanas". El mismo autor explica el porqué de esta diferencia:

> Ellos enseñaban que, naturalmente, había una experiencia subsecuente a la salvación disponible para los creyentes que buscaban una experiencia que era una "investidura de poder" para testimonio cristiano y servicio. ¿Cómo eso fue relacionado a la doctrina de la santificación? La mayoría de esos maestros, seguía el entendimiento reformado o calvinista del *ordo salutis*, o de los pasos lógicos de la salvación, retratando el nuevo nacimiento como la experiencia crítica que marca la entrada, o inicio de la jornada en la vida cristiana. Santificación, para ellos, era un proceso gradual, no necesariamente un momento decisivo. Bautismo en el Espíritu Santo era una experiencia disponible a todos los cristianos, desde que, como afirmaban, ninguno de nosotros es realmente merecedor del don gratuito de Dios y estamos todos en diferentes etapas de "crecimiento" en Cristo. El único requerimiento para recibir este don de Dios era una determinación del corazón lleno de fe.[644]

En verdad, el autor quiere destacar que "el avivamiento pentecostal no apareció en el vacío", o sea, sus "conceptos han sido tomados de los precursores teológicos, con excepción del acompañamiento de la señal de hablar en lenguas como única experiencia plena y bíblica del bautismo pentecostal".[645] Lo que queda insinuado en este primer artículo, posteriormente aparece de forma explícita en otro texto, donde Menzies expone la "deuda" del movimiento Pentecostal para con la Tradición Reformada. Contrariando la tendencia entre los estudiosos, Menzies no cree que el movimiento Pentecostal haya sido más influenciado por el Avivamiento Wesleyano. Él reconoce que, en la primera década, es innegable la influencia wesleyana sobre el movimiento Pentecostal. La segunda década del moderno Movimiento Pentecostal, o sea, de 1910 a 1920, Menzies muestra el fundamentalismo como la primera de las "influencias no wesleyanas" sobre el pentecostalismo. El autor describe el fundamentalismo como

[644] MENZIES, W. *Op. Cit.*, p. 24.
[645] Ibid., p. 25.

"producto de una coalición de la Teología Reformada Escolástica centrada en el Princeton Theological Seminary y el dispensacionalismo de Scofield". Este último, explica él, se trata de "un sistema hermenéutico que contaba con una escatología premilenial".[646] En este artículo Menzies cita todavía la influencia de las conferencias realizadas en la parroquia anglicana de Keswick, Inglaterra, a mediados de 1870, donde se cristalizara, mucho antes de Durham, la idea de santificación progresiva. Así, la conclusión del teólogo pentecostal norteamericano, es que "en la década de 1890, por influencias sobre todo keswickianas, una teología de apoyo al avivamiento pentecostal ya estaba bien desarrollada, con prácticamente todo en su lugar, excepto la propensión pentecostal para insistir en las lenguas extrañas como evidencia física inicial".[647] Hablando sobre la Declaración de Verdades Fundamentales de las Asambleas de Dios de Norteamérica, Menzies afirma que esta "declaración doctrinal fue en gran parte el producto de un individuo, D. W. Kerr, un ex pastor de la Alianza Cristiana y Misionera".[648] En otras palabras, "las Asambleas de Dios en su formulación inicial, usó prestada, y al por mayor, casi todo el aparato doctrinal de la Alianza Cristiana y Misionera". Él, sin embargo, destaca que el liderazgo de las Asambleas de Dios tomó el cuidado de lidiar con la experiencia de las lenguas, algo que la Alianza creía, sin embargo de forma desvinculada de la idea de ser la evidencia del recibimiento.

> En resumen, es evidente que por lo menos una parte significativa del movimiento Pentecostal moderno deriva mucho de fuentes no wesleyanas. Un libro estándar de enseñanza doctrinal ampliamente utilizado en todas las Asambleas de Dios en los EUA desarrolla una soteriología claramente basada en una comprensión reformada, más que en la wesleyana. Eso es evidente, por ejemplo, en la declaración sobre justificación, que pasa a destacar tres resultados de la justificación la "justicia posicional": la pena del pecado ha sido tratada, el creyente es restaurado al favor divino y, finalmente, al creyente le ha sido imputada la justicia de Jesucristo. Eso

[646] MENZIES, W. Las raíces reformadas del pentecostalismo. *Revista Manual del Obrero.* año 35, n. 56. Río de Janeiro: CPAD, 1° trimestre de 2012, p. 68.
[647] Ibid., p. 71.
[648] Ibid.

> corresponde muy bien a un libro de teología reformada estándar comúnmente usado en aulas de facultad.[649]

Menzies cita, finalmente, como fuente de influencia del moderno Movimiento Pentecostal, algunos nombres de reformados. Los tres nombres citados son del siglo XVIII: el holandés Theodore Frelinghuysen; el escocés Edward Irving y el americano Charles G. Finney. Con eso, el teólogo pentecostal finaliza el artículo diciendo que el "Movimiento Pentecostal moderno debe mucho a la tradición reformada". De esta forma, insistía en la idea de que era "una simplificación afirmar que el pentecostalismo es sólo una extensión del movimiento de Santidad wesleyano". Para él, "parte significativa del movimiento Pentecostal, exhibido por grupos como las Asambleas de Dios, y otros, parten más de una tradición reformada que de la tradición wesleyana".[650] El hecho es que, para decir lo obvio, juntamente con el teólogo pentecostal peruano, Bernardo Campos, "en un sentido histórico y social, el pentecostalismo es una parte del protestantismo heredado de la Reforma", o sea, tanto el "pentecostalismo, así como la gran mayoría de las iglesias evangélicas de la América Latina y del Caribe, es heredero —en diversas vertientes— de la teología y de la vida amplia y compleja de la Reforma Protestante".[651] Algo, sin embargo, que es obligatorio destacar, es que al hablar de protestantismo y de la Reforma Protestante, no se está hablando de alguna cosa homogénea, porque es necesario "reconocer una variedad de tendencias en la propia Reforma Protestante, comenzando por la distinción clásica entre Reforma oficial y Reforma radical y siguiendo con las distinciones de lugar y énfasis en Europa". De esta forma, al hablar "de los *protestantismos* en plural", dice Campos, "debemos reconocer una serie de vertientes dentro de la propia Reforma Protestante". El mismo autor dice que "eso no significa que hay diversas reformas protestantes o diversos

[649] Ibid., p. 72.

[650] Ibid., p. 74.

[651] CAMPOS, Bernardo. *Da Reforma Protestante à Pentecostalidade da Igreja: debate sobre o Pentecostalismo na América Latina [De la Reforma Protestante a la Pentecostalidad de la Iglesia: debate sobre el Pentecostalismo en América Latina]*. 2ª ed. San Leopoldo, RS: Sinodal, 2002, p. 12.

protestantismos, a tal punto diferentes como para disociarlos o creer que existen identidades antagónicas". Él defiende "que hay, en general, *una* Reforma Protestante y *un* protestantismo —amplio, complejo y plural—, del cual, queriendo o no, formamos parte, ya que no somos católicos".[652] Hace eco de esta opinión Alister McGrath, al afirmar respecto al pentecostalismo, que su "origen histórico y sus creencias fundamentales se ubican firmemente en los límites del protestantismo".[653] Suena incluso extraño tener que hablar de algo tan obvio, sin embargo, todavía hoy existen protestantes reformados que piensan que el movimiento Pentecostal no es ni una expresión legítima de la religión cristiana.

La pluralidad de matrices teológicas y los nuevos razonamientos surgidos de la práctica pentecostal

A pesar del orgullo del pentecostalismo estadunidense en decirse heredero de la Reforma, el historiador del movimiento Pentecostal, Vinson Synan, afirma que "muchos estudiosos, historiadores y teólogos pentecostales sintieron que los pentecostales pagaron un precio exorbitante para acercarse a las principales denominaciones [históricas]". En términos directos, a fin de ser aceptados, "ellos cambiaron su base teológica original, añadiendo características que no formaban parte de su cultura teológica ni de la tradición pentecostal". Como consecuencia de ello hubo, como no podría dejar de ser, "un pequeño declive en la manifestación de los dones del Espíritu en diversas iglesias pentecostales y una mayor vinculación con posturas políticas que defendían los derechos de los cristianos". En este sentido, cualquier semejanza con Brasil no es mera coincidencia, pero sí la repetición de lo que aconteció en los EUA. Por otro lado, Synan revela que, "en 1990 parecía haber una 'pentecostalización' paralela en las principales denominaciones evangélicas, mientras la adoración carismática

---

[652] Ibid.

[653] MCGRATH, Alister. *A Revolução Protestante: uma provocante história do protestantismo contada desde o século 16 até os dias de hoje* [La Revolución Protestante: una provocativa historia del protestantismo contada desde el siglo XVI hasta los días de hoy]. 1ª ed. Brasília: Palabra, 2012, p. 409.

era cada vez más aceptada en todas las iglesias".[654] Tratándose de nuestro país, varias "pentecostalizaciones" sucedieron, generando las "iglesias renovadas". Ya alguna flexibilización llevada a cabo en las iglesias históricas, en este sentido, parece ser algo más de carácter pragmático que intencional. No obstante, McGrath dice que el "asombroso crecimiento [del pentecostalismo], vitalidad espiritual y capacidad de adaptarse a la situación local están forzando al protestantismo a revisar su centro y sus límites".[655]

El hecho es que el aporte teológico protestante, específicamente norteamericano (u otro), negando o corroborando la práctica pentecostal, no puede simplemente destruir el movimiento (aunque pueda cambiar el perfil de una iglesia local o denominación pentecostal). Porque, lo que se tiene por teología en el llamado pentecostalismo clásico, como ya se ha dicho y demostrado, tratándose de Brasil, no es algo específicamente norteamericano, sino una mezcla de varias matrices teológicas, algunos hasta de énfasis escandinavo[656]. En verdad, la práctica pentecostal es siempre "acomodada" al texto bíblico canónico, de la forma más simple posible.[657] Justamente por eso, el creyen-

---

[654] SYNAN, Vinson. Corrientes de avivamiento en el final del siglo. En: SYNAN, Vinson (Org.). *O século do Espírito Santo: 100 anos do avivamento pentecostal e carismático [El siglo del Espíritu Santo: cien* años de *renuevo pentecostal y carismático]*. 1ª ed. São Paulo: Vida, 2009, p. 464.

[655] MCGRATH, A. *Op. Cit.*, p. 409.

[656] Sólo para dejar constancia, Samuel Nyström, pastor sueco, fue enviado en 1916 al Brasil como misionero de la Iglesia Filadélfia de Estocolmo, liderada, en esa época, por Lewi Pethrus. Nyström fue el teólogo "concurrente" de Frida Vingren en la formación teológica pentecostal asambleísta en sus primeros años (cf. ALENCAR, Gedeon Freire de. *Matriz pentecostal brasileira: Assembleias de Deus 1911-2011* [Matriz Pentecostal Brasileña: Asambleas de Dios 1911-2011]. 1ª ed. Río de Janeiro: nuevos Diálogos, 2013, p. 118-137. ARAUJO, Isael de. *Frida Vingren: uma biografia da mulher de Deus, esposa de Gunnar Vingren, pioneiro das Assembleias de Deus no Brasil* [Frida Vingren: una biografía de la mujer de Dios, esposa de Gunnar Vingren, pionero de las Asambleas de Dios en Brasil]. 1ª ed. Río de Janeiro: CPAD, 2014, p. 102-180).

[657] Robert Menzies destaca que el "enfoque simple y la narrativa del libro de Hechos", por ejemplo, "es uno de los mayores puntos fuertes del movimiento pentecostal. Es, sin duda, sólida razón para el rápido crecimiento pentecostal en todo el mundo. La sencillez de leer el texto como modelo a nuestra vida, sin la ansiedad sobre lo milagroso o como todo se armoniza en los sistemas teológicos complejos, permite claramente que el mensaje sea entendido con

te que experimenta un fenómeno y tiene una experiencia, fuera del ámbito eclesiástico-institucional, no tiene mucha dificultad en contemporizar el texto bíblico con lo que él ha experimentado.[658] Sin embargo al estudiar el fenómeno religioso, fácilmente se concluye que esta parece no ser una práctica exclusivamente pentecostal, aunque el pentecostalismo actualice en la realidad existencial, casi en todo momento, esta "experiencia fundante". En las palabras del teólogo e investigador de las religiones, Juan Décio Pasos:

> El principio del carisma funda y expande, permanentemente, el grupo y democratiza los papeles; los sujetos religiosos construyen el sistema religioso a partir de sus experiencias religiosas personales, eliminando cualquier referencia a la apostolicidad, como fuente teológica de poder religioso, y a la tradición, como sistema doctrinal; la interpretación del texto está igualmente referida al horizonte cultural de los sujetos religiosos, produciendo mayor erudición producto de las ciencias bíblicas e, incluso, de un tratamiento lógico-lingüístico básico. Esta popularización del cristianismo abrió, de hecho, un frente en su historia de tal forma que extrapolará las fronteras establecidas de sus territorios institucionales, constituidos originalmente sobre los distintivos de la institución religiosa judaica y del pensamiento griego y, a partir de la Reforma, sobre algunos pilares de la propia Modernidad, sobrevivieron por dentro de la dinámica de racionalización que marca la historia de Occidente. El principio de la razón —*logos*— estructuró la doctrina y su estudio, la organización y su legitimación, los

facilidad por personas de culturas pre o semianalfabetas, personas que se desarrollan en culturas más experimentales y menos cognitivas. No nos olvidemos de que estas personas representan la mayoría de los habitantes de nuestro planeta. Presentan también poca preocupación con historias llenas de milagros, pero de inmediato se identifican con ellas" (MENZIES, R. P. *Op. Cit.*, p. 23).

[658] En verdad, como observa Roger Haight, hablando acerca de la predicación pentecostal y, consecuentemente, del tipo de lectura que el pentecostal hace de la Biblia, que el "discurso no transmite una exégesis histórico-crítica de la Biblia; por el contrario, utiliza libre asociación de ideas y aplicaciones a la situación actual. Los personajes de la narración bíblica ofrecen modelos para ser imitados, metáforas o metonimias susceptibles de aplicación inmediata a lo que pasa en el mundo de hoy" (*A comunidade cristã na história: eclesiologia comparada* [La comunidad cristiana en la historia: eclesiología comparada]. V. 2. 1ª ed. São Paulo: Paulinas, 2012, p. 532).

ritos y sus rúbricas, la ética y sus códigos disciplinares, creando y recreando las llamadas iglesias históricas cristianas. El cristianismo popular pentecostal rompe, al menos en sus intenciones fundadoras, con esta regla de racionalización de las instituciones cristianas, estando referenciado más por la experiencia emocional, a partir de la cual la vivencia y la organización de los grupos se dan por el goce de sentimiento continuo de la experiencia mística inmediata de los sujetos.[659]

Este último aspecto, contrario a lo que se piensa, y como apuntan las recientes investigaciones acerca del fenómeno pentecostal, ha traído a la luz algunos paradigmas que perduraron por años como consenso. Uno de ellos es el hecho de que siempre se pensó, en "un modelo de desarrollo pentecostal que, en esencia, es el de la adaptación del modelo norteamericano a otros contextos".[660] Sin embargo, la criticidad y el rigor de la investigación no pueden aceptar pasivamente este tipo de explicación. Así, las nuevas investigaciones revelaron que "el origen histórico del pentecostalismo parece tan complejo como el de la propia Reforma protestante original", pues, continúa el teólogo anglicano de Oxford, "un número de movimientos contemporáneos con creencias y expectativas compartidas, relativamente reconocibles, surgió en la primera década del siglo XX, pero sin ninguna indicación evidente de causalidad recíproca".[661] ¿Qué significa eso? Que el fenómeno pentecostal, por así decir, no es un producto estadunidense y no puede ser atribuido, y reducido, a *una* causa histórica específica y todavía menos a *un* lugar. En las palabras de McGrath:

> El cuadro que, ahora, comienza a volverse claro es que una serie de "pentecostalismos" locales surgió en la primera década del siglo XX. El avivamiento, de 1906, de la calle Azusa fue uno de ellos. En Pyongyang, hoy Corea del Norte, ocurrió el avivamiento de 1903; el avivamiento de 1905-7, de la misión Mukti, de Pandita Ramabai, fue en Poona, India; el avivamiento en Machúuia, en China,

[659] PASOS, Juan Décio. *Pentecostais: origens e começo* [Pentecostales: orígenes y comienzo]. 1ª ed. São Paulo: Paulinas, 2005, p. 52, 53.
[660] MCGRATH, A. *Op. Cit.*, p. 416.
[661] Ibid.

> aconteció en 1908; en la ciudad de Valparaíso, en Chile, hubo un avivamiento en 1909; los avivamientos que irrumpieron en Costa de Marfil, en la Costa Dorada y en Kru, Liberia, en 1914; y avivamientos ocurridos en Noruega, China, Venezuela y en otros lugares. Cada uno de esos avivamientos presentaba características pentecostales, aunque no haya clara conexión entre ellos. Lo que hoy podemos reconocer como pentecostalismo estaba bien establecido en la India, antes que alguien hubiera oído hablar de Charles Parham, de la calle Azusa o de William Seymour.[662]

Eso demuestra que la actuación del Espíritu no sucede por causa de la teología, sino *a pesar* de esta, porque ciertamente había razonamientos teológicos, diversos y divergentes, en todos estos lugares y, a pesar de ello, en todos ellos el Espíritu Santo actuó. En este caso, exceptuando la creencia de que tal irrupción es obra del Espíritu, se puede pensar que existe un paralelo muy grande entre el movimiento reformista y el movimiento Pentecostal. Surgen "múltiples orígenes para el movimiento [reformista] a medida que aumenta la evidencia histórica a la historia fundamental y la heterogeneidad intelectual del movimiento —cuyas manifestaciones, sin embargo", dice McGrath, "comparten una base en común suficiente para permitir colaboración, negociación y apoyo mutuos".[663] Hoy ya se sabe que no hubo un evento único llamado "Reforma", pero sí el último rompimiento de una estructura que ya no soportaba la presión del movimiento reformista. De forma semejante, el teólogo anglicano dice que "los mismos mecanismos que llevaron a la consolidación y a la relevante —mas no total— convergencia de reformas individuales que propagaron la 'Reforma' llevaron a la colaboración e incluso a la convergencia de esos emergentes pentecostalismos".[664] Él reconoce la posibilidad de que "el modelo norteamericano [tal vez haya] ejercido más influencia que otros en la estructuración del pensamiento, estructura y expectativas del emergente movimiento —mas no se puede decir que el modelo norteamericano es la causa o fuente del movimiento". Para McGrath, el

[662] Ibid.
[663] Ibid., p. 416, 417.
[664] Ibid., p. 417.

reconocimiento de que "este cuadro es cada vez más complejo y lleno de matices permite presentar un punto críticamente importante: el tema de la 'diversidad con unidad' estaba presente desde el origen del movimiento".[665]

Si bien las expresiones católicas, anglicanas, ortodoxas, históricas y protestantes del cristianismo poseen muchos puntos de convergencia entre sí, los rasgos que distinguen, y caracterizan el pentecostalismo, dice McGrath, "de todas las otras formas de cristianismo es su insistencia y énfasis en el encuentro inmediato con Dios por medio del Espíritu Santo y la subsecuente transformación del individuo".[666] Ese aspecto no es de modo alguno de poca importancia, porque "iguala" las personas que, de otra forma, estarían imposibilitadas de tener una relación interpersonal.[667] Tesis con la cual concuerda el teólogo pentecostal Robert Menzies que dice haber "un fuerte sentido de igualdad en la comunidad pentecostal, con cada uno siendo motivado a contribuir", y añade que eso se da "por el énfasis en los dones del Espíritu y simbolizado en el hablar en lenguas, que pueden ser vistos como sacramento que no es limitado o controlado por el clero".[668] Tal aspecto, inclusive es visto bajo la perspectiva católica como una fragilidad estructural que el pentecostalismo heredó del principio reformista, pero que en el contexto pentecostal se presentó de forma exponencial, porque "el derecho de los laicos de entrar en contacto directo con la divinidad, sin pasar por la mediación de los especialistas"[669], subvierte un sistema de control de la religión que siempre estuvo en las manos de los dirigentes. Más intrigante todavía es darse cuenta que, al hacerse miembros de

---

[665] Ibid.

[666] Ibid., p. 418.

[667] Gedeon Alencar observa que, en la "teorización teológica pentecostal, hay igualdad entre hombres y mujeres. Simples: *el Espíritu Santo actúa indistintamente en los géneros*" (*Matriz pentecostal brasileira: Assembleias de Deus 1911-2011* [Matriz Pentecostal Brasileña: Asambleas de Dios 1911-2011]. 1ª ed. Río de Janeiro: Nuevos Diálogos, 2013, p. 117).

[668] MENZIES, R. *Op. Cit.*, p. 106.

[669] BARRERA, Paulo. Distintivos protestantes del pentecostalismo. En: PASOS, J. D. (Org.). *Movimentos do Espírito: matrizes, afinidades e territórios pentecostais* [Movimientos del Espíritu: matrices, afinidades y territorios pentecostales]. 1ª ed. São Paulo: Paulinas, 2005, p. 88.

denominaciones pentecostales, muchas personas más acomodadas, aceptan tranquilamente tener sobre ellas líderes provenientes de clases sociales menos favorecidas, tanto económica como intelectualmente hablando. McGrath observa que "aunque este éthos igualitario se haya perdido en muchas secciones del pentecostalismo, por medio del surgimiento de varias formas de elitismo, permanece como un ideal que desafía y atrae en casi igual medida".[670] El teólogo anglicano de Oxford añade:

> Junto con esta tendencia en dirección al igualitarismo —y posiblemente como condición fundamental para él— el pentecostalismo insiste en la accesibilidad como condición fundamental universal a lo divino. El experimentar a Dios no está restringido a la élite espiritual; Él no depende de la excelencia intelectual ni académica; ni es algo inalcanzable en el presente, postergado para el encuentro con Dios después de la muerte en las regiones celestiales. El pentecostalismo, como determinadas formas de pietismo o secciones de la tradición de santidad, resalta la realidad de este experimentar a Dios y su importancia para el crecimiento espiritual y la reflexión teológica. La "fe viva" (tomando prestado el lenguaje de la tradición pietista) no se refiere a la integridad doctrinal ni a la precisión teológica, sino al experimentar a Dios como una realidad viva en el alma del creyente.[671]

Si, en términos ideales y, que pertenece a un pasado ya casi distante, eso podía ser dicho del pentecostalismo clásico brasileño, ya no puede decirse hoy como algo homogéneo.[672]

McGrath revela que la desconfianza con la intelectualidad y el estudio académico, últimamente cambió y "el creciente sentido

---

[670] MCGRATH, A. *Op. Cit.*, p. 421.

[671] Ibid.

[672] Gedeon Alencar divide la identidad asambleísta en tres períodos. El primer de ellos va de 1911 a 1946 y, en lo tocante a la "educación teológica", dice que el "reconocimiento es del Espíritu Santo". El segundo período abarca los años de 1946 a 1988 y, en términos de "educación teológica", afirma que el "reconocimiento es de la tradición". Finalmente, el último período, que va de 1988 a 2011, según Alencar, tratándose de "educación teológica", el "*reconocimiento* es del MEC" (*Matriz pentecostal brasileira: Assembleias de Deus 1911-2011* [Matriz Pentecostal Brasileña: Asambleas de Dios 1911-2011]. 1ª ed. Río de Janeiro: Nuevos Diálogos, 2013, p. 109-115; 184-187; 230, 231).

de confianza en el movimiento lo lleva a interesarse más en cuestiones técnicas de interpretación bíblica, en teología sistemática y en cuestiones culturales más amplias". En otros términos, el autor dice que los pentecostales "están cada vez más conscientes del potencial de su tradición para tratar con cuestiones interpretativas que llevaron el protestantismo norteamericano a un callejón sin salida al comienzo del siglo XIX". No obstante, concluye el teólogo anglicano, "resta observar si este envolvimiento intelectual y cultural embotará la capacidad del pentecostalismo de actualizarse en nuevos contextos o si la aumentará".[673] Como pentecostal, me arriesgo a decir que eso dependerá de la capacidad de "trascendencia" cultural, filosófica, teológica e intelectual de los pentecostales, pero también, sobre todo, de la valoración de la experiencia individual con el Espíritu Santo. Si el pentecostalismo clásico (léase, las Asambleas de Dios), se "reforma", así como las llamadas iglesias históricas que se "pentecostalizaron", ciertamente perderá sus características peculiares. Eso no amenaza el Movimiento Pentecostal, que no es representado por una sola denominación, pero seguramente convertirá a esta iglesia específica en algo que no puede más presentarse bajo la rúbrica de pentecostal.

Eso es así por el simple hecho de que, a pesar de que un sinnúmero de autores reformados combate el secularismo, dice McGrath, "el énfasis del protestantismo tradicional en el conocimiento indirecto de Dios, mediado por medio de la lectura de la Biblia, llevó a la 'desacralización'", o sea, dice el mismo autor, "a la creación de una cultura sin sentido ni expectativa de tener la presencia de Dios en su medio".[674] Esta observación es algo que ha sido "enfatizado por una serie de sociólogos —entre ellos, Max Weber, Charles Taylor y Stephen Toulmin— que, de diferentes maneras, muestran que el protestantismo fue el medio por el cual una sociedad que, originalmente poseía un fuerte sentido de lo sagrado, quedó 'desencantada'". Sorprendentemente, McGrath concluye diciendo que el "resultado inevitable de ello fue la secularización —la eliminación final de Dios del mundo".[675] El corolario de esta observación es que, como consecuencia

---

[673] MCGRATH, A. *Op. Cit.*, p. 422.
[674] Ibid., p. 422.
[675] Ibid.

del "desencantamiento del mundo", en la expresión weberiana, provocado no sólo por el racionalismo filosófico, sino también teológico, surgió el ateísmo con toda fuerza "como una seria fuerza cultural". En verdad, dice McGrath, la "ausencia de toda expectativa de encuentro directo con lo divino por medio de la naturaleza o de la experiencia personal anima inevitablemente la creencia en un mundo sin Dios", esto es, produce, o favorece, el surgimiento de un "tipo de cultura que vive *etsi Deus non daretur* ('como si Dios no existiera')". Aunque de manera indirecta, el teólogo anglicano está afirmando que el racionalismo teológico, o el "escolasticismo protestante", para usar una expresión de Battista Modin[676], proporcionó las condiciones para el ateísmo. Al predicar la imposibilidad de tener una experiencia directa con Dios, y limitar el conocimiento de Él a la letra de la Biblia, algunas formas clásicas de protestantismo hicieron un gran daño a la fe. En las palabras de McGrath:

> En verdad, algunas secciones del protestantismo, muchas veces sumamente influenciadas por el racionalismo de la Ilustración, continúan hasta hoy enfatizando la "corrección teológica", resaltando la amplia importancia de tener las ideas correctas sobre Dios. Estas nociones correctas sobre Dios han de ser determinadas por la lectura de la Biblia, entendida principalmente como un libro de estudio doctrinal. Así, la fe se vuelve un conocimiento *indirecto* de Dios, declarado en términos de creencias respecto a Dios que, por más correctas que puedan ser hasta el punto en que alcanzan, transmiten la impresión de que el cristianismo es un poco más que teorización abstracta sobre un Dios cuya voluntad es revelada en la Biblia.[677]

Por más escalofríos que, no sólo reformados puedan tener al leer este fragmento, pero también, incluso, pentecostales, McGrath cita como ejemplo al escritor presbiteriano norteamericano, Henley Thronwell (1812-62) que, según el referido autor, "no tenía duda sobre el peligro de los enfoques excesivamente

[676] MONDIN, B. *Os grandes teólogos do século vinte* [Los grandes teólogos del siglo XX]. 1ª ed. São Paulo: Teológica, 2003, p. 20, 21.
[677] MCGRATH, A. *Op. Cit.*, p. 423. Todas las citas, desde la última referencia, son de esta misma página.

racionalistas o intelectualistas de la Biblia", porque esta actitud de exponer "'la verdad, desnuda y cruda, en su realidad objetiva sin ninguna referencia a las condiciones subjetivas las cuales, bajo la influencia del Espíritu, esta verdad fue calculada para producir'"[678], hace creer que la revelación aconteció sin mediación cultural y humana, y pasa la falsa impresión que la Biblia cayó, literalmente, del cielo en las versiones más populares en español con zíper y todo. Además del absurdo representado por esta creencia, tal postura imposibilita a las personas del futuro de que sus vidas sean nutridas por una auténtica y necesaria experiencia que, a pesar de su subjetividad y personalidad, son más eficaces que la fría e impersonal letra de una teología producida hace siglos. Además, priva a las personas de entender que el texto bíblico (fuente principal de la teología), es en su mayor parte, fruto de experiencias de sus hagiógrafos con Dios, o sea, la Biblia es el registro de las experiencias de la revelación. Al no considerar eso, se privilegia una sola forma de interpretación del texto y el creyente se cierra al conocimiento experimental, limitándose a la lectura de la Biblia, bajo aquella óptica, o perspectiva que, dígase de paso, condiciona su entendimiento en una sola dirección. De ahí por qué el drama de muchos con los descubrimientos científicos. Cada vez que los científicos descubren algo que entra en conflicto con la interpretación que se cree ser la única, se vive un drama y surge una oleada de obras "apologéticas". Una vez más coincido con McGrath que dice:

> Es exactamente lo que Harvey Cox describe como "creyentes orientados por el texto" —o sea, los protestantes que creen que sólo se puede acceder a Dios (y, así, en limitada extensión, en la forma de ideas religiosas abstractas) por medio de la lectura de la Biblia o de oír un sermón expositivo. Para Cox, el pentecostalismo celebra el resurgimiento de la "espiritualidad primitiva" y se niega totalmente a permitir que la experiencia de Dios quede limitada al mundo enrarecido de las ideas. Dios es experimentado y conocido como una realidad personal, transformadora y viva.[679]

[678] Ibid.

[679] Ibid., p. 424. El propio McGrath observa que, no obstante las diferencias, el "movimiento [pentecostal] incuestionablemente es una forma de protestantismo: el cual surgió históricamente de la tradición de santidad norteamericana y

La conclusión de McGrath es que, el gran servicio prestado por el pentecostalismo, no sólo al protestantismo, sino a la propia religión cristiana y al occidente, es justamente posibilitar la "'re-sacralización' de la vida diaria" y, de esta forma, contener el avance del ateísmo. Alejando la idea de un Dios que no se comunica hoy y que, completa McGrath, enseña la idea de un "Dios permanentemente ausente que pronto puede convertirse en un Dios muerto", el pentecostalismo puede cambiar la realidad en varios sentidos. En términos directos, afirma el teólogo de Oxford, el "pentecostalismo, al abrir de nuevo la posibilidad de una realidad trascendente, prácticamente aislada por el modernismo, inyecta la presencia de Dios en la vida diaria —por medio de la acción social, política y del evangelismo".[680] Así, al no tener *una* teología, el pentecostalismo, como defendí en el artículo anteriormente mencionado, acaba siendo una opción, pues "por su orientación dinámica y capacidad de preservación doctrinal en ambientes distintos, si no se permite ser otra cosa más allá de él mismo, o sea, un movimiento dirigido por el Espíritu Santo que tiene como misión anunciar el evangelio puede", finalicé, "como ha demostrado ser, una alternativa para el proceso de desilusión institucional y religiosa en un mundo nuevo que valora la espiritualidad".[681] Como afirma McGrath, el "pentecostalismo, sin tener sus ideas y expectativas modeladas por la noción de cristiandad y por la respuesta protestante tradicional a ella, estaba libre para desarrollar sus propios paradigmas de poscristiandad y, con frecuencia", completa el autor, "retomó estrategias precristiandad sin siquiera percibirlo".[682] Tal capacidad, según el teólogo anglicano de Oxford, es una ventaja, pues:

> De forma semejante, el pentecostalismo se adaptó a la posmodernidad sin haber sido antes modelado por el modernismo. Su surgimiento en una unión cultural le permitió adaptarse como le

enfatiza el lugar de la Biblia en la vida y en la tradición cristianas. El pentecostalismo, como una forma distintiva y específica de interpretación del texto que confiere particular importancia al papel del Espíritu Santo en la interpretación de la Biblia y en la orientación y capacitación del individuo" (Ibid., p. 426).

680 Ibid., p. 425.

681 CARVALHO, C. M. *Op. Cit.*, p. 33.

682 MCGRATH, A. *Op. Cit.*, p. 430.

> parecía mejor a la cultura local predominante sin tener que descartar ni modificar un conjunto de presuposiciones y de actitudes heredadas, las cuales los tradicionalistas tienden a considerar normativas. Por eso, el pentecostalismo puede responder con rapidez y empatía a las culturas locales sin haber reprimido presuposiciones occidentales modernistas sobre cómo eso debe hacerse. Como observamos muchas veces, el pentecostalismo es la religión global más bien adaptada al propio proceso de globalización.[683]

Por no tener un sistema teológico, o una bula papal y eclesiástica para someterse, el pentecostalismo va adaptándose a los diversos ambientes en donde está inserto o llegue a surgir. A pesar de que, en la época del artículo producido en 2015, aún no había tenido contacto con este material de McGrath, es gratificante darse cuenta que la línea de razonamiento desarrollada converge con la suya. Por supuesto que él tiene un texto más depurado y mejor elaborado, sin embargo, la idea es la misma. Es interesante notar, como último aspecto a ser señalado, el ejemplo de interacción del pentecostalismo con la posmodernidad:

> La resonancia del posmodernismo en el pentecostalismo es probablemente más bien observada en el campo de la interpretación bíblica. Los pentecostales, aunque afirmen posiciones protestantes tradicionales de la accesibilidad de la Biblia y del derecho de todo creyente de interpretarla, enfatizan las múltiples dimensiones de sentido que surgen —no por causa de la naturaleza indeterminada del texto, sino por cuenta de la "conducción del Espíritu" en el verdadero sentido del texto, que este mismo Espíritu inspiró originalmente.[684]

Eso es visto todos los días por miles de personas simples que toman un versículo de las Escrituras y, en medio del sufrimiento, suplican a Dios que aquella palabra se vuelva realidad en sus vidas. El hecho es que ellas son atendidas, demostrando que el Espíritu de Dios no está ni un poco preocupado con cuestiones hermenéuticas o exegéticas, y sí con la "adoración en Espíritu y en verdad" (Jn 4.23). Así, queda claro que, a pesar de no despreciar

---

[683] Ibid.

[684] Ibid., p. 431.

las matrices teológicas que nutren el moderno Movimiento Pentecostal, el pentecostalismo clásico promueve la hipótesis de que el Espíritu Santo da un nuevo sentido al texto, aplicándolo a las necesidades inmediatas del creyente, haciendo que de este entendimiento, surjan nuevos razonamientos y, consecuentemente, posibilidades de experimentar la fe en un mundo cada vez más frío e impersonal.

La presente reflexión no tuvo pretensión alguna de agotar el asunto y, mucho menos, de atacar el protestantismo. La modesta propuesta fue justamente demostrar la capacidad de supervivencia del pentecostalismo clásico no a pesar de, pero sí, justamente debido a la diversidad de matrices teológicas que lo nutrió a lo largo de sus más de cien años. Cuanto esto será posible, es una cuestión que las nuevas generaciones precisan garantizar. No es el cambio el problema del pentecostal, porque la imprevisibilidad es propia de su naturaleza (Jn 2.8), la duda es: ¿Estamos dispuestos a continuar cambiando, sin cerrar la cuestión y sin crear dogmas que se vuelvan ídolos y, por eso mismo, obstáculo a la supervivencia de este movimiento del Espíritu?

15

Revelación, experiencia y teología en la perspectiva pentecostal[685]

Aun habituándose a hacer teología de calidad, la tradición pentecostal tiene que mantener viva la experiencia del Espíritu

Ya se dijo con propiedad que la teología es una ciencia atrasada.[686] En nuestro terrón *tupiniquim* la idea parece reflejar fielmente el fenómeno que ha vivido. Mientras la ciencia se percata de lo mucho que desconoce[687], porque lo que se descubrió

[685] Una primera forma de este texto fue publicada en la revista *Obrero Aprobado* (Año 38, n. 75, Río de Janeiro: CPAD, Octubre/noviembre/diciembre 2016). Sin embargo, aquí está publicado con añadidos textuales considerables y notas explicativas.

[686] SALLES, Walter Ferreira. Antropología, lugar de toda teología. En: HIGUET, Etienne A. *et ál. Teologia e modernidade* [Teología y modernidad]. São Paulo: fuente Editorial, 2005, p. 137.

[687] "Lo que vemos del mundo es una ínfima fracción de lo que existe. Mucho de lo que existe es invisible a los ojos, aun cuando aumentamos nuestra percepción sensorial con telescopios, microscopios y otros instrumentos de exploración. Al igual que nuestros sentidos, todo instrumento tiene un alcance limitado. Como mucho de la Naturaleza permanece oculto, nuestra visión del mundo se basa apenas en la fracción de la realidad que podemos medir y analizar. La ciencia, nuestra narrativa describiendo aquello que vemos y que conjeturamos existir en el mundo natural, es, por lo tanto, necesariamente limitada, contándonos sólo parte de la historia" (GLEISER, M. *A ilha do conhecimento: os limites da ciência e a busca por sentido* [La isla del conocimiento: los límites de la ciencia y la búsqueda de sentido]. 1ª ed. Río de Janeiro: Record, 2014, p. 13, 14). Algo

no pasa de cuatro por ciento del universo (el 96% restante se divide entre 23% de materia oscura y 73% de energía oscura, cosas que los físicos no saben con certeza lo que son ni para lo que sirven), y los ateos más virulentos sucumben al inevitable reconocimiento de la intrínseca dimensión espiritual de nuestra humanidad[688], los teólogos, esto es, aquellos que deben enarbolar la bandera del misterio de la espiritualidad, condescienden con un racionalismo superado y sin ninguna resonancia con nuestra realidad cuántica.[689]

---

parecido ya decía Emílio Conde al afirmar, de acuerdo con el conocimiento de que disponía en su época "que, a pesar de las maravillas de los rayos gama que el Radium nos proporciona, sólo 2% son perceptibles al cerebro humano, restando, por lo tanto 98% que ocultan a nuestros sentidos y a nuestra visión misterios invisibles de indescriptible belleza y de fuerza no calculable" (*Nos domínios da fé* [En los dominios de la fe]. 1ª ed. Río de Janeiro: CPAD, 1962, p. 32). Como defiende el Premio Nobel de Química, Ilya Prigogine, "tanto en la dinámica clásica como en la física cuántica, las leyes fundamentales expriмen ahora posibilidades y ya no certezas. Tenemos no sólo leyes, sino también eventos que no son deducibles de las leyes, pero actualizan sus posibilidades". En la práctica, dice el mismo autor, "Llegamos [...] a las fronteras de nuestros conocimientos, pero en una área en que el razonamiento físico y especulación difícilmente se demarcan. Sin duda, es prematuro hablar de demostración o de prueba, pero es interesante analizar las posibilidades conceptuales" (*O fim das certezas: tempo, caos e as leis da natureza [El fin de las certidumbres]*. 2ª ed. São Paulo: Unesp, 2011, p. 13).

688 Recientemente el combativo ateo, Sam Harris, escribió la obra *Despertar: um guia para a espiritualidade sem religião [Despertar: una guía para una espiritualidad sin religión]*. 1ª ed. São Paulo: Compañía de las Letras, 2015, 264p.

689 "Ya que la representación clásica del mundo fracasó, otra debía tomar su lugar", escribe el proponente de la teoría cuántica, Max Planck, hablando acerca del cambio de la física newtoniana, diciendo que la "nueva representación del mundo, traída por la física cuántica, brotó directamente de la necesidad de encontrar un medio de conciliar el *quantum* de acción con el principio de un determinismo riguroso. El elemento tradicional y primordial de la representación del mundo —el punto material— tuvo que ser despojado de su carácter elemental, disolviéndose en un sistema de ondas materiales. Estas ondas de materia constituyen los elementos de la nueva imagen del universo" (PLANCK, M. *Autobiografia científica e outros ensaios [Autobiografía científica y* últimos escritos]. 1ª ed. Río de Janeiro: Contrapunto, 2012, p. 49). Hablando acerca de revolución física, Ilya Prigogine, dice que la "cuestión del tiempo y del determinismo no se limita a las ciencias, pero está en el centro del pensamiento occidental desde el origen de lo que llamamos racionalidad y que situamos en la época presocrática. ¿Cómo concebir la creatividad humana o cómo pensar la ética en un mundo determinista? Esta cuestión traduce una tensión profunda

Tal percepción es captada por el teólogo pentecostal Gordon Fee:

> Los cristianos de hoy tienen razones para preocuparse. En un mundo cada vez más secular, individualista y relativista —calificado de "poscristiano" en los años 60 y llamado ahora "posmoderno"— la iglesia es sistemáticamente considerada irrelevante, en la mejor de las hipótesis y, en la peor, un ente pre histórico. Francamente, gran parte de la culpa cabe a la propia Iglesia, especialmente aquellos de nosotros que nos enorgullecemos de ser ortodoxos, tanto como se refiere a la fe histórica. Eso porque, muchas veces, nuestra ortodoxia se diluye en una alianza profana con una agenda política particular, o se diluye, ahora en ética relativista, o en legalista, ambas completamente extrañas al carácter de Dios, o se volvió ineficaz por una profunda racionalidad en un mundo que se está volviendo cada vez menos racionalista.[690]

Ante esta realidad, muchos se preguntan acerca del futuro de la fe cristiana y del cristianismo como religión institucional. Sin embargo, la cuestión no se refiere a la supervivencia de la religión cristiana, antes se refiere a sus características. ¿Qué tipo de cristianismo podrá sobrevivir en una época completamente distinta de todo lo que se ha vivido antes? Por otra parte, ¿sobrevivirá el cristianismo? ¿Hay espacio para él en la sociedad de la información y de la comunicación instantánea? El multiculturalismo, sea virtual o concreto, ya está ahí y los que pensaban que

---

en el interior de nuestra tradición, que se pretende, al mismo tiempo, promotora de un saber objetivo y afirmación del ideal humanista de responsabilidad y de libertad. La democracia y las ciencias modernas son ambas herederas de la misma historia, pero esta historia llevaría a una contradicción si las ciencias hicieran triunfar una concepción determinista de la naturaleza, mientras que la democracia encarna el ideal de una sociedad libre. Considerarnos extranjeros a la naturaleza implica un dualismo extraño a la aventura de las ciencias, así como a la pasión de inteligibilidad propia del mundo occidental. Esta pasión consiste, segundo Richard Tarnas, en 'reencontrar su unidad con las raíces de su ser'. Pensamos situarnos hoy en un punto crucial de esta aventura, en el punto de partida de una nueva racionalidad que ya no identifica ciencia y certeza, probabilidad e ignorancia" (*O fim das certezas: tempo, caos e as leis da natureza [El fin de las certidumbres]*. 2ª ed. São Paulo: Unesp, 2011, p. 14).

[690] FEE, Gordon D. *Pablo, el Espíritu y el Pueblo de Dios.* 1ª ed. Miami: Editorial Vida, 2007, p. XXI.

el todo el mundo tenía que pensar exactamente como su grupo de pertenencia, descubrirán que eso no es solamente irreal pero también imposible. Sin embargo, hay un aspecto en medio de todo este universo de diversidad que permanece: La humanidad de hoy, como de otrora, todavía busca sentido y significado para su existencia. Tal sentido y/ el significado que se procura no es necesariamente una proposición que se pretenda respuesta final.

En realidad, puede ser incluso una experiencia que advierte el misterio de existir, pero que nutra la vida, que traiga esperanza y acompañe la persona por toda la existencia, dándole fuerzas para seguir, compañía para luchar y razón para vivir.

El misterio de existir

Por más evidente que pueda parecer a cada uno que cree en Dios, la existencia de todas las cosas, inclusive, la nuestra no es algo obvio.[691] Después de hablar acerca del "principio de la razón suficiente" de Leibniz, que afirma que "nada existe o es verdadero sin causa o sin razón", y reconocer que debido a que el mundo no se explica a sí mismo y de no ser necesario, pero contingente, o sea, él podría no existir, el filósofo André Comte-Sponville dice entonces que "tiene que haber una causa o una 'razón suficiente' que no" el propio mundo.[692] La duda, que a nosotros parece infundada, en verdad no lo es. Imagínese, sólo por un instante,

[691] Emílio Conde dijo que el biólogo francés, "Alex Carrel interpretando el sentimiento del mundo científico, habló por todos en su libro; 'El Hombre, ese desconocido'", diciendo que después de "una carrera brillante y un éxito pocas veces igualado para un hombre de ciencia, Carrel llegó a esta conclusión: La vida es un misterio inexplicable para el hombre; el hombre no se conoce a sí mismo". Conde entonces pregunta retóricamente: "De hecho, el hombre no se conoce a sí mismo; y si eso acontece, ¿cómo puede, entonces penetrar en los misterios del origen de la vida? ¿Sabrá alguien describirle las características? ¿Cuánto pesa la vida? ¿Cuáles son sus dimensiones? ¿Dónde comienza? ¿Dónde termina? A pesar de todo, la vida existe, tan exuberante y tan prodigiosa que la propia naturaleza le dedica una eterna canción. El hombre no puede animar la simple y minúscula hoja de un árbol. Sin embargo la vida sabe diseñarla, darle forma, tejer sus nervios, determinar su aroma y animarla con colores" (*Nos domínios da fé* [En los dominios de la fe]. 1ª ed. Río de Janeiro: CPAD, 1962, p. 36).

[692] COMTE-SPONVILLE, André. *O espírito do ateísmo [El alma del ateísmo]*. São Paulo: Martins Fontes, 2007, p. 81.

viviendo en un mundo sin noción alguna de revelación. Para soportar el peso del misterio de existir, y no contentarse con lo que ve, el ser humano comienza a indagar dando inicio a un proceso de búsqueda de la realidad. Esa postura es fundamental, porque "sin la experiencia absoluta de la realidad, no hay humanidad".[693]

Tal actitud produjo la religión y la ciencia. La misma actitud originó la devoción y el trabajo. Evidentemente que el ser humano primero fue tomado por una reverencia que, por su parte, proviene del sentimiento de ser criatura[694], o sea, el existir lo coloca delante del misterio. Misterio que no solamente André Comte-Sponville, que puede ser clasificado como un "ateo-creyente", o sea, alguien que reconoce que tanto como la *creencia* de que Dios existe, el ateísmo es una "creencia negativa", porque

---

[693] PANASIEWICZ, Roberlei. Secularización: ¿el fin de la religión? En: ANDRADE, Paulo Fernando Carnero de; BINGEMER, Maria Clara (Orgs.). *Secularização: novos desafios* [Secularización: nuevos desafíos]. Río de Janeiro: Editora PUC-Rio, 2012, p. 19.

[694] Rudolf Otto, famoso investigador del fenómeno religioso del siglo pasado, habló del "*sentimiento de criatura*" asociándolo al concepto de "*mysterium tremendum*", o sea, "el misterio escalofriante". Él explica así lo que viene a ser este "misterio escalofriante": "Esta sensación puede ser una suave marea e invadir nuestro ánimo, en un estado de espíritu que se asocia en profunda devoción meditativa. Puede pasar a un estado del alma, a fluir continuamente, en temblor permanente, hasta desvanecerse, dejando el alma nuevamente en lo profano. Pero también puede eclosionar del fondo del alma en brotes y convulsiones. Puede inducir extrañas excitaciones, embriaguez, delirio, éxtasis. Tiene sus formas salvajes y demoníacas. Puede decaer hacia el horror y estremecimiento como ante una aparición. Tiene sus manifestaciones y estados preliminares salvajes y bárbaros. Así como también tiene su evolución hacia lo refinado, purificado y transfigurado. Puede venir a ser el estremecimiento y enmudecimiento de la criatura que se humilla delante —bien, ¿delante de qué? Delante de lo que está contenido en el inefable *misterio* encima de toda criatura" (OTTO, R. *O Sagrado [Lo sagrado]*. 1ª ed. San Leopoldo, RS: Sinodal/ EST; Petrópolis, RJ: Voces, 2007, p. 43, 44). Él añade a continuación que "eso para por lo menos decir *alguna* cosa. Inmediatamente, sin embargo, queda evidente que con eso, en rigor, no estamos diciendo nada, o al menos que también en este caso nuestro intento de definición por medio de un concepto es una vez más estrictamente negativo. *Conceptualmente,* misterio designa nada más que lo oculto, o sea, lo no-evidente, no-aprendido, no-entendido, no-cotidiano ni familiar, sin designarlo más precisamente según su atributo. Pero el *sentido intencionado* es algo positivo por excelencia. Su aspecto positivo es experimentado exclusivamente en sentimientos. Y estos sentimientos ciertamente podemos explicitar en formulaciones sugestivas" (p. 44).

no *sabe* si Dios existe, pero que cree que Él no existe[695], admite: Incluso un ateo combativo como Sam Harris, al comienzo de su principal obra, anunció: "Existe, sin duda, una dimensión sagrada en nuestra existencia, y llegar a un buen entendimiento con ella tal vez sea el propósito más elevado de la vida humana".[696] Innegablemente, una de las dimensiones de la vida es el misterio. Este, puesto que "forma parte de la condición humana", dice Comte-Sponville, "no pertenece a nadie".[697] No es propiedad exclusiva de religiosos ni de irreligiosos, de creyentes o de ateos, porque el mismo hecho de existir y los intentos de explicar este mismo hecho dependen de la micro visión que recibimos, en primer lugar, de nuestra familia nuclear que, por su parte, la recibió de la suya que, principalmente, la recibieron de la sociedad en que estaban inmersas en una determinada cultura, de una determinada época y así indefinidamente.

No habiendo posibilidad de existir sin un significado a la vida, o sea, acosado por su ser criatura o su "sentimiento de criatura", esto es, "el sentimiento de la criatura que se funda y desvanece en su nulidad ante lo que está encima de toda criatura"[698], el hombre sin Dios inventa historias, narrativas míticas que puedan servir de explicación a la existencia de todo. Así nacen los mitos (divinidades paganas, fruto de la imaginación) y los mitos

---

[695] COMTE-SPONVILLE, A. *Op. Cit.*, p. 75. "Creer en Dios requiere un acto de fe, así como no creer en él también lo requiere. Ninguna de las dos posturas se basa en certeza absoluta. Aceptar a Jesús exige un salto de fe, pero lo mismo sucede con la decisión de rechazarlo. Aceptar el cristianismo requiere fe, y eso vale también para rechazarlo. Las dos posiciones reposan en la fe, ya que nadie puede probar con certeza absoluta que Jesús es el Hijo de Dios, o Salvador de la humanidad resucitado, exactamente como nadie puede probar lo contrario con certeza absoluta. La decisión, cualquiera que sea, reposa en la fe. Hay un elemento de duda en cada caso. Toda actitud con relación a Jesús (¡excepto la decisión de no tomar ninguna actitud!) envuelve fe y no certeza" (MCGRATH, Alister. *Como lidar com a dúvida: sobre Deus e sobre você mesmo* [Cómo lidiar con la duda: sobre Dios y sobre usted mismo]. 1ª ed. Viçosa, MG: Ultimato, 2008, p. 27).

[696] HARRIS, S. *A morte da fé: religião, terror e o futuro da razão [La fin de la fe: religión, terror y el futuro de la razón]*. 1ª ed. São Paulo: Compañía de las Letras, 2009, p.15.

[697] COMTE-SPONVILLE, André. *Op. Cit.*, p. 101.

[698] OTTO, Rudolf. *O Sagrado [Lo sagrado].* San Leopoldo, RS: Sinodal/EST; Petrópolis, RJ: Voces, 2007, p. 41.

cosmológicos[699] (narrativas), fuentes de las religiones arcaicas. Alrededor de estos se crean prácticas cúlticas, o sea, el rito. Se constituye igualmente una casta especial para administrar la religión y nacen las instituciones. Después de ello un fenómeno curioso tiene lugar. Las generaciones posteriores, imposibilitadas de contacto con el mito fundador de sus orígenes religiosos, se vuelven refractarias a todo tipo de cambio, ya que aquello que fue proclamado y definido como "sagrado" por alguien, parece ahora haberse autosacralizado, no pudiendo ser cuestionado ni visto de otra forma.[700] Aquí nace el dogma, es decir, aquel razonamiento indiscutible que sostiene toda estructura de la referida religión. El dogma, como se sabe, es resultado de elaboración teórica y su producto final. En este momento, existe una "teología", o sea, un habla sobre (o acerca de) la divinidad que nadie puede cuestionar, porque se entiende que el acceso a lo sagrado es exclusividad de la clase sacerdotal. En sociedades más abiertas, como la egipcia y la babilónica, por ejemplo, el propio Faraón y sus reyes eran divinidades, y solamente personas autorizadas podían presentarse ante ellos.

Autorrevelación, revelación y experiencia

Es curioso notar que no se mencionó nada acerca de la revelación, ni siquiera de la autorrevelación divina, y mucho menos de la experiencia. Eso fue así sólo para demostrar cuanto es posible y que la teología, como teorización de lo sagrado o discurso sobre la divinidad, puede muy bien sobrevivir sin ninguna necesidad de experiencia y de revelación. No obstante, el ejercicio teológico

---

[699] "El mito cosmológico, hasta donde sabemos, es generalmente la primera forma simbólica creada por las sociedades cuando rebasan el nivel de organización tribal. Aun así, los varios casos de su aparición son suficientemente variados para permitir la distinción de estilos de mito inconfundiblemente mesopotámicos, egipcios o chinos" (VOEGELIN, Eric. *Ordem e História: Israel e a Revelação* [Orden e Historia: Israel y la Revelación]. V.1. 1ª ed. São Paulo: Loyola, 2009, p. 60).

[700] Es la tesis de Peter Berger en su obra *O dossel sagrado: elementos para uma teoría sociológica da religião* [El dosel sagrado: para una teoría sociológica de la religión]. 1ª ed. São Paulo: Paulus, 2012, 198p. Él explica ese proceso con su tríada objetivación-interiorización-exteriorización.

correctamente desempeñado tiene su génesis en lo que el conocido evangelista Bernhard Johnson, afirmó, citando "cierto erudito de la Biblia", o sea, que la "'primera palabra en Teología es MISTERIO'".[701] Misterio que a partir del momento en que se da cuenta que las cosas no son obvias, reclama una respuesta. Esta puede ser especulativa o mínimamente respaldada en la realidad. Todo, sin embargo, cambia en el mundo antiguo con la decisión divina de autorrevelarse. Como se ha dado, en sus diversas circunstancias, no lo sabemos, pues desde que el ser humano había perdido el contacto con Dios (Gn 3), exceptuando el período antediluviano donde parece haber habido una búsqueda (Gn 4.26, 5.24, 6.8, 9), de ahí en adelante se ve a menudo la iniciativa divina en su disposición para autorrevelarse (Gn 25.22,23; 28.10-22; Ex 3—4). Eso no sólo por lo que tenemos de relato, como por ejemplo, el de Abraham (Gn 12.1-9), sino también los que desconocemos por no haber nada registrado (Gn 14.18-24; He 5.6, 10; 6.20; 7.1-28 cf. Am 9.7). De esta forma, no es posible decir cuánto Dios se reveló, con cuántos lo hizo y cómo lo hizo (He 1.1). Lo único de lo que se puede tener certeza es que su autorrevelación tuvo lugar por amor (Lc 2.14).

El mundo antiguo ciertamente caminó bajo la influencia de las religiones arcaicas, con creencias animistas, teniendo a la naturaleza y sus fenómenos como divinidades (dios sol, dios luna, dios del trueno, etc.), además de las "religiones políticas", cuyos gobernantes eran divinidades, por mucho tiempo, hasta que la revelación rompiera el dique del engaño y de la superstición.[702] Justamente por eso, hay pensadores, como el conocidísimo sociólogo Peter Berger y también el teólogo bautista Harvey Cox, que

---

[701] ¿Hay misterio en la encarnación? En: *Mensageiro da Paz* [Mensajero de la Paz]. Año LIII, n. 1160. (Suplemento Especial). Río de Janeiro: CPAD, diciembre de 1983, p. 5.

[702] Trabajan de forma detallada este aspecto el historiador romano de las religiones, Mircea Eliade, en sus obras, sobre todo, *O sagrado e o profano: a essência das religiões [Lo sagrado y lo profano: la esencia de la religión]*. 2ª ed. São Paulo: Martins Fontes, 2008, 192p.; el sociólogo francés de las religiones, Yves Lambert, en su obra *O nascimento das religiões: da pré-história às religiões universalistas* [El nacimiento de las religiones: de la prehistoria a las religiones universalistas]. 1ª ed. São Paulo: Loyola, 2011, 520p., y el alemán Eric Voegelin, en el primer volumen de su colección *Ordem e História: Israel e a Revelação* [Orden e Historia: Israel y la Revelación]. 1ª ed. São Paulo: Loyola, 2009, 590p.

defienden la idea de que el "desencantamiento del mundo", para utilizar una expresión de Max Weber[703], inicia en el Antiguo Testamento y no solamente en la modernidad (asunto al cual regresaré más adelante). Ambos demuestran la profunda ruptura provocada por la fe de Israel en relación a los demás pueblos, sobre todo mesopotámico y egipcio, puesto que para el pueblo escogido, su Dios era Yahweh, el Dios que lo había liberado (Ex 20.2), y no la naturaleza, una imagen de escultura o un ser humano.[704]

Sin embargo, no es este aspecto el que pretendo resaltar en el análisis del asunto en una perspectiva pentecostal, sino la forma que la revelación es recibida. Antes, sin embargo, es necesario recordar que la tradición cristiana, a través de sus expresiones oficiales, definió revelación de diversas formas. Mientras que el concepto general es que "la revelación es la manifestación que Dios hace de sí mismo por gracia", y que, en esta "revelación, Dios se manifiesta por acciones y palabras"[705], existen diferencias de énfasis entre las expresiones de la religión cristiana que acaban imposibilitando cualquier respeto mutuo entre sí. No siendo posible abordar las diversas y complejas cuestiones que envuelven la revelación, basta sólo recordar que la tradición protestante la dividió en dos categorías: general y especial.[706] La primera sería

---

[703] A pesar de que comúnmente se atribuye la expresión al sociólogo alemán, Rubem Alves informa que Weber tomó prestada la "expresión 'desencantamiento del mundo'" de Friedrich Schiller y se refiere a la idea de que, "para el hombre moderno, la realidad es autoexplicativa y no admite la intrusión de hipótesis mágicas" (ALVES, R. *O enigma da religião [El enigma de la religión]*. 7ª ed. Campiñas: Papirus, 2008, p. 36).

[704] Cf. BERGER, P. L. *O dossel sagrado: elementos para uma teoría sociológica da religião* [El dosel sagrado: para una teoría sociológica de la religión]. 1ª ed. São Paulo: Paulus, 2012, p. 117-138. COX, H. *A cidade secular: a secularização e a urbanização na perspectiva teológica* [La ciudad secular: la secularización y la urbanización en la perspectiva teológica]. 1ª ed. San Andrés, SP: Academia Cristiana, 2015, p. 48-68.

[705] SCHELKLE, Karl Hermann. *Teologia do Novo Testamento: Deus estava em Cristo [Teología del Nuevo Testamento. Dios estaba en Cristo]*. V. 3. 1ª ed. São Paulo: Loyola, 1977, p. 11, 13.

[706] HIGGINS, John R. La Palabra Inspirada de Dios. En: HORTON, S. M. (Ed.). *Teologia sistemática: uma perspectiva pentecostal [Teología sistemática: una perspectiva pentecostal]*. 4ª ed. Río de Janeiro: CPAD, 1997, p. 73-85. ERICKSON, Millard J. *Teologia sistemática [Teología sistemática]*. 1ª ed. São Paulo: Vida Nova, 2015, p. 137-187.

la realidad total, el cosmos y, la segunda, las Sagradas Escrituras. Como la primera categoría puede, como máximo, evidenciar que existe un Creador, pero no asegura al ser humano cómo relacionarse con Él, la prioridad recae sobre la segunda categoría que presenta tales informaciones objetivas. Así, según los teólogos pentecostales James Railey y Benny Aker, "la revelación de Dios tiene su efecto en la totalidad de la persona humana".[707] En otros términos, y según otro autor pentecostal, la revelación es tanto proposicional como existencial.[708]

Sin entrar en el mérito del porcentaje entre las formas de la autorrevelación de Dios registradas en la Biblia, el hecho es que el acto de Él darse a conocer, en sí mismo, es siempre un encuentro con el ser humano, receptor por excelencia de la revelación. Dios como emisor, soberanamente, define el medio que utilizará para revelarse, pero el receptor, por ser finito, dependiente y limitado, necesita que el Creador "descienda" a su nivel para poder recibir el mensaje, porque de otra forma la humanidad continuaría en la ignorancia. Así, sea de forma proposicional o existencial, el acto de recibir la revelación es siempre una *experiencia*. Y eso no podría ser diferente puesto que, en las palabras de Edward Schillebeeckx, "¿cómo sin experiencia humana puede, pues, la 'revelación' ser percibida y en consecuencia afirmada significativamente por hombres"?[709] La respuesta es obvia y no necesita ser desarrollada. No obstante, según los teólogos pentecostales James Railey y Benny Aker, eso significa que "la Biblia presenta sus verdades en medio de los acontecimientos históricos en lugar de presentarnos una lista sistematizada de sus doctrinas".[710] Con esta conclusión, admitimos que la vivencia de sus principios sólo es posible después de un trabajo de interpretación y

---

[707] RAILEY, James H. JR.; AKER, Benny C. Fundamentos teológicos. En: HORTON, S. M. (Ed.). *Teologia sistemática: uma perspectiva pentecostal [Teología sistemática: una perspectiva pentecostal]*. 4ª ed. Río de Janeiro: CPAD, 1997, p. 48.

[708] HIGGINS, John R. La Palabra Inspirada de Dios. En: HORTON, S. M. (Ed.). *Teologia sistemática: uma perspectiva pentecostal [Teología sistemática: una perspectiva pentecostal]*. 4ª ed. Río de Janeiro: CPAD, 1997, p. 66.

[709] SCHILLEBEECKX, E. *História humana: revelação de Deus* [Historia humana: revelación de Dios]. 2ª ed. São Paulo: Paulus, 2003, p. 33.

[710] RAILEY, J. H. JR.; AKER, B. C. *Op. Cit.*, p. 43.

sistematización. Reclamamos entonces la necesidad de una actividad teórica que corresponde a una ciencia específica: la teología.

La tarea y los límites de la teología

A pesar de que la teología se ha vuelto prácticamente propiedad de la religión cristiana, es importante saber que fue el filósofo Platón quien, según Werner Jaeger, utilizó por primera vez la expresión en su obra *La República* y, posiblemente, fue su creador. Platón lo hizo para distinguir lo que decía "'la tradición mítica y el estudio racional y natural del problema de Dios'".[711] Tal actividad es un marco, no sólo del mundo antiguo, sino de la propia cultura occidental que, como informan Manfredo Oliveira y Custodio Almeida, "está marcada por un acontecimiento fundante: el establecimiento de la razón demostrativa en el centro simbólico de la cultura griega, lo que llevó a su articulación en la forma de lo que más tarde se convino en llamar *Teología racional*".[712] Lo que se percibe es que, en algunos círculos, la teología cristiana parece haber heredado también esta vocación del habla que se pretende absoluta sobre Dios. La gran cuestión es que, como dice Blaise Pascal, el dios de Platón, o de los filósofos, no es el Dios de Abraham, Isaac y Jacob.[713] Así que, por haber sido pensado por los filósofos, acaba siendo manipulable, ya que por más racional que se considere, su imagen no fue revelada, sino inventada.

En este punto es interesante volver al razonamiento de los teólogos pentecostales Railey y Aker, de cómo se lleva a cabo el proceso teológico, esto es, cómo se "pasa de la Biblia a la teología sistemática: (1) la exégesis y la interpretación de los textos individuales; (2) la síntesis de estas interpretaciones de conformidad

---

[711] JAEGER, W. *apud* TERRA, Juan Evangelista Martins. *O Deus dos indo-europeus: Zeus e a proto-religião dos indo-europeus* [El Dios de los indo-europeos: Zeus y la proto-religión de los indo-europeos]. 2ª ed. São Paulo: Loyola, 2001, p. 599.

[712] ALMEIDA, C.; OLIVEIRA, M. (Orgs.). *O Deus dos filósofos modernos* [El Dios de los filósofos modernos]. 1ª ed. Petrópolis, RJ: Voces, 2002, p. 7.

[713] "'Dios de Abraham, Dios de Isaac, Dios de Jacob' (Éxodo 3.6) no de los filósofos y de los sabios" (PASCAL, Blaise. *Mente em chamas: fé para o cético e indiferente [Una mente encendida: fe para el escéptico e indiferente]*. 1ª ed. Brasília: Palabra, 2007, p. 47).

con algún sistema de teología bíblica; y (3) la presentación de esas enseñanzas en el lenguaje del propio teólogo sistemático, buscando sus propias necesidades y las de su pueblo".[714] Acerca de esos tres momentos vale decir lo siguiente: (1) no existe exégesis sin presupuestos, porque hay intención en quien interpreta y, como se sabe, no siempre la decodificación de las palabras resuelve la cuestión implicada, porque la Biblia es la misma, por ejemplo, para los cesacionistas y los que creen en la actualidad de los dones espirituales, sin embargo, ambos interpretan de manera completamente distinta los textos de Hechos y de las epístolas que tratan del asunto; (2) cualquier sistema teológico que no reconozca el aspecto sobrenatural del mundo de la Biblia, no está respetando el contexto original en que se dieron todos los eventos; y (3) si el resultado de la labor teológica es producir algo que sirva de auxilio, tanto para sí, como para su comunidad de fe, urge que el pentecostalismo produzca teología propia.

Que quede claro que la propuesta de una producción teológica pentecostal, no está sugiriendo una reinvención de la rueda, como si el pentecostal fuera a tener en poco la tradición cristiana, común a todas las expresiones del cristianismo occidental. Eso es reconocido incluso por un autor reformado como Mark Noll, al afirmar que la "mayor parte de los pentecostales y carismáticos [neo pentecostales] sostienen las convicciones tradicionales acerca de la Trinidad, de la pecaminosidad humana y de la autoridad de las Escrituras".[715] Podría añadir que eso se da simplemente porque somos cristianos y no hay motivo alguno para no creer en doctrinas básicas que no son propiedad de ninguna de las expresiones del cristianismo, o sea, no son católicas, anglicanas, protestantes, evangélicas o pentecostales, sino simplemente cristianas. Lo que se está proponiendo acerca de la necesidad de tener una teología pentecostal, se refiere al hecho de que quedamos a merced de teólogos que no creen, y ni respetan, las creencias de la tradición pentecostal, sobre todo, las que se refieren a la experiencia del Espíritu. Por eso es necesario producir teología

[714] RAILEY, J. H. JR.; AKER, B. C. *Op. Cit.*, p. 56.

[715] NOLL, M. A. *Momentos decisivos na história do cristianismo* [Momentos decisivos en la historia del cristianismo]. 1ª ed. São Paulo: Cultura Cristiana, 2000, p. 315-317.

y suplir las necesidades del movimiento Pentecostal. Evidentemente que, en este proceso, debido a que el pentecostalismo es un Movimiento que cree en la actuación sobrenatural de Dios, tal como se encuentra en las Escrituras, inclusive en términos de milagros y demás fenómenos, él tendrá que dialogar con autores que, si no concuerdan en todo con nosotros, al menos respetan nuestra espiritualidad y hallan legítima nuestra experiencia del Espíritu. Desafortunadamente, tales autores, en su mayoría, no se encuentran en los círculos protestantes reformados. Si bien estos últimos son cristianos que, teológicamente hablando, se presentan como conservadores, "lamentablemente", como escriben los ya citados teólogos pentecostales Railey y Aker, tanto ellos "como los liberales, sostienen una epistemología primordialmente racional, inadecuada para los pentecostales". Tal inadecuación ocurre porque el "mundo de la Biblia no es el del racionalista, porque aquel [mundo] reconoce lo sobrenatural y las experiencias sobrenaturales otorgadas por Dios".[716] Por eso, es imprescindible "que el pentecostal tenga una base y un punto de referencia realmente bíblicos y pentecostales", eso significa que él "debe creer en el mundo sobrenatural, especialmente en Dios, que opera de forma poderosa y se revela en la historia".[717] De acuerdo con los mismos autores, en términos directos y simples, el "pentecostal no es materialista ni racionalista, pero reconoce la realidad de la dimensión sobrenatural".[718] En este aspecto, estoy de acuerdo con Bruno Forte en cuanto al camino inevitable de una teología pentecostal que, increíblemente, tuvo sus bases lanzadas por la neo-ortodoxia:

> A una teología "moderna" liberal y progresista, infectada por la seducción del proyecto emancipador, el cambio dialéctico de K. Barth contrapuso el retorno a la *viva vox evangelii*, a la palabra de revelación, en la cual se presenta el advenimiento de aquel que es el totalmente otro, lo indecible viene para darse un nombre. Con el riesgo de un "positivismo de la revelación", que salta simplemente sobre la consistente mediación histórica, R. Bultmann contrapuso

[716] RAILEY, J. H. JR.; AKER, B. C. *Op. Cit.*, p. 663.
[717] Ibid., p. 61.
[718] Ibid.

> el proyecto de una hermenéutica dirigida al encuentro entre el hombre y el Dios vivo. Entre estas dos almas, cuyo riesgo extremo es respectivamente celebrar la gloria de Dios al precio de la muerte del hombre, o de celebrar la gloria del hombre al precio de la muerte de Dios, la teología buscó una síntesis más elevada: en el común rechazo del *Deus mortuus* de la razón liberal y del *Deus otiosus* de la escolástica decadente, la parábola del siglo XX teológico se fue abriendo hacia una teología de la narración y de la analogía[719], con tendencia a evocar al inefable en el respeto de su sencillez y al mismo tiempo para responsabilizarse por las imperfecciones y por las esperas producidas por la razón moderna y por las aventuras de la diferencia. A esta teología se pide que hable de Dios como sierva humilde y no como patrona, que camina hacia Él como peregrina rumbo a la luz, guiada por la estrella de la redención aparecida en la noche del tiempo, sin seducciones de acabado y de posesión. Se pide a esta teología que esté, como toda la iglesia debe estar, "en unión con el crucificado, el acontecimiento de la caída de los dioses".[720]

Esa teología es correctamente llamada "narrativa y analógica al mismo tiempo", puesto que habla al mundo de un Dios "Crucificado-Resucitado"[721], locura y escándalo en el primer siglo, así como lo es todavía hoy para cualquiera que piense de forma racional la realidad. En esta perspectiva, "dioses" como la razón instrumental, la posesión objetiva de lo real que, al modo de la desmitologización y del cesacionismo, piensan en Dios, Jesús y el Espíritu Santo dentro de una estructura rígida y absolutista, no sirven al pentecostalismo, porque este, a diferencia de los que creen que es posible agotar la revelación a través de las técnicas hermenéuticas (métodos histórico-crítico e histórico-gramatical), debe admitir aquello que fue captado por el llamado "apóstol de la prensa pentecostal brasileña", Emílio Conde que, cierta vez escribió: "Dejemos que la Biblia hable y revele no sólo la

---

[719] Este aspecto fue discutido en el capítulo 12, justamente en diálogo con Bruno Forte.

[720] FORTE, B. *Nos caminhos do Uno: metafísica e teologia* [En los caminos del Uno: metafísica y teología]. 1ª ed. São Paulo: Paulinas, 2005, p. 196.

[721] Ibid., p. 197.

mitad de la sabiduría, de la riqueza y de la gracia, sino que nos transporte al reino de la revelación y de la inspiración, donde todas las virtudes y los dones de la gracia desfilan ante nuestra perplejidad".[722] Sí, dejémonos arrebatar por la contemplación del misterio divino que además de rescatarnos, mantiene una relación con nosotros a través de su Espíritu, comunicando muchas verdades que no pueden ser traducidas en palabras, sino sólo vividas y experimentadas en nuestra más profunda intimidad.[723]

"El desencantamiento del mundo" y el racionalismo teológico protestante

Ya está claro por qué el paradigma teológico antisobrenatural del protestantismo histórico, o sea, su sistema teológico, no sirve para el pentecostalismo. El Movimiento Pentecostal cree en la actuación divina en los días de hoy, tal como en los tiempos bíblicos, en términos de sobrenaturalidad. Este aspecto imprescindible y valioso para el pentecostalismo fue completamente descartado en los siglos XVII y XVIII con el surgimiento del racionalismo, porque para este paradigma, únicamente la razón, y nunca la experiencia, es la vía de acceso legítima y segura para el conocimiento.

No es sin propósito que el secularismo prevaleció después de la Reforma, porque esta, aunque involuntariamente, fue una de las mayores fuerzas que contribuyeron a su florecimiento. Mientras la revelación de Dios en el mundo antiguo haya desmitificado la realidad, porque el animismo era predominante y al revelarse distinto y Creador de las cosas, Dios, de hecho, *desencantó* aquel mundo de un encantamiento pernicioso, no puede decirse lo mismo acerca del proceso de desencantamiento ocurrido en la modernidad. Al asumir la radicalidad del racionalismo con todas sus implicaciones, el protestantismo, escribe Alister McGrath,

---

[722] CONDE, E. *Estudos da Palavra* [Estudios de la Palabra]. 2ª ed. Río de Janeiro: CPAD, 1979, p. 6.

[723] "'No es el conocimiento que ilumina el misterio, es el misterio que ilumina el conocimiento. Sólo podemos conocer gracias a las cosas que nunca conoceremos'" (P. Evdokimov, *La donna y la salvezza del mondo*, Jaca Book, Milano, 1980, p. 13 *apud* FORTE, Bruno. *Teologia em diálogo: para quem quer e para quem não quer saber nada disso* [Teología en diálogo: para cualquiera y para quien no quiere saber nada de ello]. 1ª ed. São Paulo: Loyola, 2002, p. 79).

contribuyó significativamente para que floreciera el "secularismo y el ateísmo".[724] Así, según el propio Peter Berger, la "Reforma Protestante [...] puede ser comprendida como una poderosa reemergencia precisamente de aquellas fuerzas secularizantes [...] no sólo volviendo al Antiguo Testamento en este proceso, sino yendo decisivamente más allá de él".[725] Sin duda que fue mucho más allá, porque en toda la Biblia el aspecto sobrenatural está presente, sobre todo, cuando se trata de la acción divina. El mundo de la Biblia no fue desencantado de la sobrenaturalidad, sino sólo del animismo y de la superstición pagana. Ya la modernidad, fruto de la Reforma, desacreditó completamente lo sobrenatural, de ahí por qué el protestantismo histórico sea cesacionista, independientemente de lo que la Biblia dice y de los fenómenos vistos a ojos desnudos en la actualidad.

Por lo tanto, es clara y evidente, la imposibilidad de que el pentecostalismo se fundamente en la teología reformada. Basándose completamente en el racionalismo para producir su teología, hay casi una nulidad completa del aspecto sobrenatural en sus líneas. Eso porque, como no podría dejar de ser, toda actividad intelectual se desarrolla en el clima epistemológico del momento. Como explica un pastor protestante, la "razón no opera en el vacío"[726], esto es, la "facultad que llamamos razón, el poder que la mente humana tiene de pensar de modo coherente y organizar los datos de la experiencia de tal manera que puedan ser comprendidos en patrones significativos, está necesariamente implicada en todo conocimiento de cualquier tipo".[727] Justamente por eso, el teólogo pentecostal Gary McGee, informa que, en el siglo XIX, "Escritores de todas las tendencias, desde Charles Darwin

[724] MCGRATH, Alister. *O pensamento da Reforma: ideias que influenciaram o mundo e continuam a moldar a sociedade* [El pensamiento de la Reforma: ideas que influenciaran el mundo y continúan moldeando la sociedad]. 1ª ed. São Paulo: Cultura Cristiana, 2014, p. 298.

[725] BERGER, P. L. *O dossel sagrado: elementos para uma teoría sociológica da religião* [El dosel sagrado: para una teoría sociológica de la religión]. 1ª ed. São Paulo: Paulus, 2012, p. 137. Vale destacar que Berger se está refiriendo al profetismo y no al Antiguo Testamento como un todo.

[726] NEWBIGIN, Lesslie. *O evangelho em uma sociedade pluralista* [El evangelio en una sociedad pluralista]. 1ª ed. Viçosa, MG: Ultimato, 2016, p. 22.

[727] Ibid., p. 25.

hasta John Henry Newman y Charles Hodge, se sirvieron de los descubrimientos y del progreso de la ciencia en la formación de la doctrina y de la escatología, respectivamente".[728]

Es fácil entender por qué Lesslie Newbigin afirma que la forma en que los defensores del cristianismo del siglo XVIII desarrollaron sus teologías estaba equivocada. El absurdo puede verse en la afirmación de Charles Hodge de que "es prerrogativa de la razón juzgar la credibilidad de una revelación",[729] y que "la fe sin evidencia es irracional o imposible".[730] Aparte de que eso contradice frontalmente la principal fuente o fundamento de la fe cristiana —la resurrección—, ignora incluso lo que los teólogos pentecostales Railey y Aker observan acerca de que "durante siglos, la teología sistemática en Occidente ha sido dispuesta según un sistema coherente que refleje el idealismo racional (cf. la búsqueda por parte de los teólogos de un centro unificador)".[731] Ocurre, sin embargo, que el "uso de un solo centro, sin embargo, tiene limitaciones, por ejemplo, no toma en cuenta las paradojas que prevalecían en el mundo antiguo".[732] Querer analizar la sobrenaturalidad de los eventos de la Biblia, ignorando sus "paradojas" (la resurrección ya era, en aquel tiempo, vista como algo imposible, cf. Job 20.24-29; Hch 17.18; 1 Co 15.12-20; 2 Ti 2.18), forzándolos para que encajen en el idealismo racional de "amplia coherencia" significa no creer en las Escrituras, porque si sólo puedo creer en aquello que puedo probar, ver, tocar y evidenciar, entonces creeré en pocas cosas relatadas en la Palabra de Dios y creídas por la fe cristiana.[733] Gregory Miller es enfático al decir que "como cosmovisión, el modernismo secular colisiona

---

[728] MCGEE, Gary B. Panorama histórico. En: HORTON, Stanley M. *Teologia sistemática: uma perspectiva pentecostal [Teología sistemática: una perspectiva pentecostal]*. 4ª ed. Río de Janeiro: CPAD, 1997, p. 15.

[729] HODGE, C. *Teologia sistemática [Teología sistemática]*. 1ª ed. São Paulo: Hagnos, 2001, p. 38.

[730] Ibid., p. 40.

[731] RAILEY, J. H. JR.; AKER, B. C. *Op. Cit.*, p. 659.

[732] Ibid., p. 659, 660.

[733] Como reconoce Alister McGrath, "Seamos bien claros: no es posible probar el cristianismo con certeza total" (*Como lidar com a dúvida: sobre Deus e sobre você mesmo* [Cómo lidiar con la duda: sobre Dios y sobre usted mismo]. 1ª ed. Viçosa, MG: Ultimato, 2008, p. 29).

con el cristianismo en su doctrina más básica: la realidad de lo sobrenatural".[734]

La gran verdad es que el cesacionismo encara la fe con los mismos supuestos del "liberalismo teológico" que ellos tanto critican. Aunque los primeros parezcan querer defender la fe y los segundos no creerla, en realidad, sus razonamientos racionalistas llegan a las mismas conclusiones acerca de los milagros, por ejemplo. Mientras el liberalismo teológico usa el racionalismo para analizar la realidad total, inclusive, la de los tiempos bíblicos y así niega que hayan ocurrido milagros en cualquier época, los cesacionistas, a través de un artificio "cronológico", afirman que los milagros cesaron con la era apostólica.[735] En realidad, ellos no pueden creer en milagros para los días actuales porque su teología racionalista no permite esta creencia. Así, "se aíslan" los milagros en los tiempos bíblicos, pero se niega su posibilidad y contemporaneidad actual. La diferencia de incredulidad entre ambos es sólo de delimitación en el tiempo.

En este particular, una de las mayores paradojas descubierta por la tradición pentecostal, es que los pensadores críticos y los teólogos dialécticos, son los principales productores de insumos, o *insights*, para una teología pentecostal.[736] Mientras los

---

[734] MILLER, G. Voces del pasado: tentativas históricas para formar un pensamiento cristiano. En: PALMER, Michael D. *Panorama do pensamento cristão* [Panorama del pensamiento cristiano]. 1ª ed. Río de Janeiro: CPAD, 2001, p. 143.

[735] "Mientras los teólogos evangélicos [reformados], siguiendo los pasos de B. B. Warfield, procuraban explicar por qué debemos aceptar la realidad de los milagros registrados en el Nuevo Testamento, pero, al mismo tiempo, no esperar que ocurran hoy, los pentecostales estaban [...] testificando que Jesús operaba 'prodigios y señales' contemporáneos cuando estableció la iglesia" (MENZIES, Robert P. *Pentecostes: essa história é a nossa história [Pentecostés: esta historia es nuestra historia]*. 1ª ed. Río de Janeiro: CPAD, 2016, p. 22).

[736] "Históricamente es innegable el fenómeno de las comunidades cristianas que han nacido bajo el *hablar en lenguas*, como ya es relatado en Hechos 2 respecto al primer Pentecostés. También difícilmente podremos contestar que los movimientos avivacionistas en la cristiandad fueron acompañados por este tipo de fenómenos. Por último está fuera de duda que hoy las comunidades pentecostales y carismáticas están creciendo por todas partes y difundiéndose, no sólo en los países de las iglesias jóvenes, sino también en los países cristianos. Como no tengo ninguna experiencia personal con este fenómeno, no estoy en condiciones de explicarlo ni de contestarlo. Sólo puedo describirlo

protestantes históricos temen tales pensadores por causa de la dependencia epistemológica que la teología reformada tiene del racionalismo, el pentecostalismo nada tiene que temer, porque sus principios no están amenazados por una posible instauración de la filosofía posmoderna. Aunque tal filosofía no esté en vigencia en un país como Brasil, no se puede cerrar los ojos a la posibilidad de una, para utilizar la expresión de Lyotard, "condición posmoderna" aportar por aquí.

Así no debemos, de ninguna forma, renunciar a nuestros distintivos por causa de acusaciones como neo-ortodoxia, movimiento sin teología, o a la búsqueda de una, pues, como reconoce el ya citado Gregory Miller: "Ninguna cantidad de pensamiento cristiano habría mantenido las iglesias por los años difíciles de este siglo [XX] de no ser por estos creyentes [pentecostales] que reconocieron la necesidad de la experiencia cristiana y de la realidad de la intervención directa y sobrenatural de Dios en la vida

por fuera, por el efecto que ejerce sobre los alcanzados. Lo considero una tan fuerte conmoción interior por el Espíritu que su forma de expresión rebasa la esfera del lenguaje inteligible y se expresa por la glosolalia, de la misma forma como un dolor intenso se expresa por un lloro desinhibido, o una intensa alegría se manifiesta por saltar y danzar" (MOLTMANN, Jürgen. *O Espírito da Vida: uma pneumatologia integral [El espíritu de la vida: una pneumatología integral]*. 2ª ed. Petrópolis, RJ: Voces, 2010, p. 178). El teólogo pentecostal, Robert Menzies, cita, por ejemplo, positivamente a Karl Barth, Hermann Gunkel, Gonzalo Haya-Prats, Rudolf Bultmann, James Dunn y Joseph Fitzmyer, sólo para quedar en algunos ejemplos (*Pentecostes: essa história é a nossa história [Pentecostés: esta historia es nuestra historia]*. 1ª ed. Río de Janeiro: CPAD, 2016, p. 40, 41, 68, 74, 76). Menzies dice que la "apropiación única de Lucas-Hechos no es sólo lo que distingue a los pentecostales de sus hermanos evangélicos y carismáticos, sino también destaca la significativa diferencia que los separa del ala liberal de la iglesia protestante. Observemos que muchos liberales, al contrario de sus congéneres evangélicos, dan más atención a los Evangelios, y particularmente a Jesús, que a Pablo. Algunos liberales van tan lejos al afirmar que Pablo distorsionó u oscureció las enseñanzas "puras" de Jesús. Parece, por lo menos con el énfasis en las narrativas evangélicas, que los liberales y pentecostales pueden hallar un terreno común. Pero aquí nos encontramos con una gran diferencia. Tomando en cuenta que los liberales procuran entender a Jesús a la luz de los estudios críticos que descuentan la posibilidad de lo milagroso, los pentecostales, sin ninguna duda, aceptan al Jesús operador de milagros del Nuevo Testamento, que es al mismo tiempo plenamente humano y plenamente divino. La diferencia es profunda. Una tiene una fe apostólica que proclamar. El otro queda con pocas, pero piadosas trivialidades. No es difícil ver por qué uno es un movimiento misionero y el otro no" (Ibid., p. 98).

de las personas". Y eso aconteció, según aclara el mismo autor, "en medio de una cultura que tiende a ser dominada por la racionalidad".[737] Lo que el autor está diciendo es que no fue la teología (o las teorizaciones racionalistas) la que mantuvo el cristianismo vivo en medio de un período de descrédito religioso y de completo escepticismo en relación a la posibilidad de lo sobrenatural en la historia, pero sí la experiencia del Espíritu (conversión, regeneración, llenura, dones, milagros, etc.) en la vida de las personas.

Cuando el bloque monolítico del racionalismo comenzó a desmoronarse y, con eso, la modernidad se enfrentó con la amenaza de un nuevo paradigma conocido como posmodernidad que pasó a "reencantar al mundo" al probar que la razón y, consecuentemente, la ciencia no tenía todas las respuestas, y que el aspecto sobrenatural es una realidad, las expresiones del cristianismo que actuaban basadas en el racionalismo comenzaron a tener grandes problemas. Por eso, al reconocer que el "modernismo es una cosmovisión que ya está en declive", y preguntar: "¿Cómo los evangélicos responderán a los nuevos desafíos de nuestros tiempos?"[738], obtenemos una respuesta de que el pentecostalismo "no sólo ha ayudado a formar la cosmovisión cristiana por la 'desoccidentalización' del cristianismo, pero también legó una fe vibrante y sobrenatural al cristianismo global en esta coyuntura importante de la historia del mundo".[739] ¿Renunciaremos a nuestra característica imprescindible, y bíblica (Mr 16.17-20), por causa de acusaciones de los cesacionistas?

El valor de la experiencia para una teología pentecostal

La experiencia religiosa o del Espíritu —la tabla de acusación de los reformados respecto a los pentecostales—, está en el origen de todo pensamiento teológico y también del inicio de cualquier religión, inclusive y, sobre todo, de las monoteístas y bíblicas (judaísmo y cristianismo). Sin la experiencia fundante no habría reflexión verdadera. En realidad, según aclara Alessandro Rocha, la

[737] MILLER, G. *Op. Cit.*, p. 143.

[738] Ibid., p. 144.

[739] Ibid.

experiencia es "una forma de conocimiento muy primitivo, el más primitivo, o sea, original, primigenio". No obstante, continúa el mismo autor, es por tal forma de percepción de la realidad que "se inaugura el conocimiento".[740] Ahora, es un hecho que, como vimos anteriormente, la teología puede ser meramente teórica, inventar teontologías, o sea, imágenes de Dios e incluso de dioses, a partir de idealizaciones. Sin embargo, en términos de revelación bíblica, estamos hablando de actuación divina en la historia. Es la respuesta a la pregunta retórica de Abraham Heschel: "¿Cómo el hombre eleva los ojos para ver un poco más alto que a sí mismo?". El mismo teólogo judío responde, diciendo que la "*gran premisa* de la religión es que *el hombre es capaz de superarse a sí mismo*", esto es, "el hombre, que es parte de este mundo, puede establecer una relación con Él, que es mayor que el mundo" y, continúa, profundizando su reflexión defendiendo que "el hombre puede elevar su mente y ligarse al absoluto". El autor finaliza diciendo que "el hombre, que es condicionado por una multiplicidad de factores, es capaz de vivir con exigencias que son incondicionadas".[741] Si eso no fuera de esta manera, ¿Cómo podría la humanidad relacionarse con el Creador? ¿Y cómo podría obedecer preceptos que, socialmente, ya no son más posibles de seguir, porque la permisividad actual no ve en ellos sentido alguno?

Así, volviendo al tema de la revelación, y analizándolo desde el punto de vista de la fe, no es más que la comunicación divina en el lenguaje y en la realidad humana. Es una especie de abdicación divina, porque como afirma Heschel, "ningún hombre está capacitado para oír la voz de Dios como es ella".[742] Por otro lado, la "revelación no acontece cuando Dios está solo"[743], o sea, él habla *con* alguien o *a* alguien. De las veces en que habló, relatado en las Escrituras, salvo rarísimas excepciones, él no gritó proposiciones desde su habitación, antes, se inmiscuyó en medio de los seres humanos e interactuó con ellos, haciendo posible que estos

---

[740] ROCHA, A. R. *Razão e experiência: por uma teologia da percepção da realidade* [Razón y experiencia: por una teología de la percepción de la realidad]. 1ª ed. Río de Janeiro: nuevos Diálogos, 2014, p. 39.

[741] HESCHEL, A. J. *Deus em busca do homem* [Dios en busca del hombre]. 1ª ed. São Paulo: ARX, 2006, p. 42.

[742] Ibid., p. 103.

[743] Ibid., p. 102.

distingueran entre devaneos derivados de abstracciones paganas y comunicación y encuentro real, a través de una experiencia sensorial, realista y palpable, generando convicción y seguridad.[744] De ahí en adelante se ve hablar en Dios de Abraham, de Isaac y de Jacob. ¿Pero cuál de ellos oyó "hablar" teóricamente o, si se prefiere, teológicamente de Dios? Cada uno de ellos tuvo su propia experiencia con el Dios de su padre a fin de poder tener seguridad y fe.

En realidad, la experiencia del llamado de Abraham y de Moisés (Gn 12.1-9; Ex 3.1—4.17), para quedar en solo dos casos, confirma la tesis de Heschel, de que el "sentido de la revelación es concedido a aquellos que tienen la mente desarmada para el misterio, no para aquellos que tienen mentes literales".[745] Las personas destacadas por la Biblia, indistintamente, experimentaron el poder de Dios en sus vidas por causa de la fe en lo imposible y no por ser ordinarias y "sensatas" como las otras personas de su tiempo (He 11). La visión que tuvieron rebasó el límite de lo natural y, por eso pudieron vivir lo sobrenatural. Eso es así, porque "aparentemente, Dios no es 'razonable' a la manera de los hombres", porque su "misterio es más grande para nosotros".[746] Felizmente, el "acto de la revelación es un misterio", escribe Joshua Heschel, pero "el registro de la revelación es un hecho literario, redactado en el lenguaje del hombre".[747] Por lo tanto, al experimentar la presencia, la orientación y la dirección del Espíritu en los días de hoy, por lo que leemos en las Sagradas Escrituras, tenemos seguridad de que Dios no está alejado de la humanidad, mas desciende a nuestro nivel y habla con nosotros.

---

[744] Como afirma Jean Louis Ska, "una parte esencial de la revelación cristiana no se presenta bajo la forma de dogmas claramente definidos o de demonstraciones precisas". incluso porque, dice el mismo autor, la "Biblia no contiene tratados de teología" (Sincronía: el análisis narrativo. En: SIMIAN-YOFRE, Horácio (Org.). *Metodologia do Antigo Testamento [Metodología del Antiguo Testamento]*. 1ª ed. São Paulo: Loyola, 2000, p. 126).

[745] Ibid., p.100. Aunque, Søren Kierkegaard, filósofo danés, afirme que Abraham, en la época, en la experiencia del sacrificio de Isaac haya sido racionalista, es importante entender el concepto de lo que sería ser racional en aquel momento histórico del patriarca (cf. *Temor e tremor [Temor y temblor]*. 1ª ed. São Paulo: Hemus, 2008, 115p.).

[746] DELUMEAU, Jean. *As razões de minha fé* [Las razones de mi fe]. 1ª ed. São Paulo: Loyola, 1991, p. 24.

[747] HESCHEL, A. J. *Op. Cit.*, p. 100.

Así, los pentecostales, tenemos la opinión de que la "Biblia será en gran parte irrelevante si el Dios de quien ella habla no se revela a los seres humanos en el propio tiempo y espacio de ellos".[748] Eso es así, porque como afirma Edgar Lee, "el que algo sea verdad, o un hecho, no lo vuelve relevante y significativo".[749] El mismo autor afirma que la "autoridad de la Escritura sólo es cabalmente demostrada cuando la persona abre su corazón para un encuentro personal con el Dios de las Escrituras".[750] Sin la conversión y, consecuentemente, el encuentro con el Espíritu Santo de Dios, la Biblia permanece para las personas que no creen, así como o el Corán para nosotros. Exactamente eso es lo que enseñaba Jonathan Edwards, al distinguir "conocimiento *doctrinal*" de "conocimiento *espiritual*". Él decía que el "conocimiento doctrinal envuelve solamente el intelecto, sin embargo el conocimiento espiritual es un *sentimiento del corazón* por el cual vemos la belleza de la santidad *en* la doctrina cristiana". En otras palabras, la "persona [puede] saber intelectualmente en su mente, pero no conocer espiritualmente en su corazón".[751] Y si eso fuera así, la obediencia no se dará únicamente por la vía del intelecto, sino de la voluntad, de la disposición obediente de quien respondió al llamado del evangelio y ahora vive bajo la influencia del Espíritu. En las palabras de Robert Menzies:

> Muchos en la era moderna se esconden del entusiasmo de la iglesia apostólica, viéndola como reacción primitiva y relativamente grosera a la verdad religiosa. Sienten que personas iluminadas y civilizadas deben reaccionar de forma más cognoscitiva y serena. Pero nada de ello disuade a los pentecostales de aceptar el registro bíblico y buscar un profundo encuentro con Dios en Cristo por medio del Espíritu Santo. Este enfoque permite que el movimiento pentecostal, por lo menos en los tiempos actuales, concentre su énfasis en la experiencia con el compromiso con la autoridad de

---

[748] LEE, Edgar R. El papel de la Biblia en la formación del pensamiento cristiano. En: PALMER, Michael D. (Ed.). *Panorama do pensamento cristão* [Panorama del pensamiento cristiano]. 1ª ed. Río de Janeiro: CPAD, 2001, p. 87.

[749] Ibid., p. 87, 88.

[750] Ibid., p. 88.

[751] EDWARDS, J. *A genuína experiência espiritual* [La genuina experiencia espiritual]. 1ª ed. São Paulo: PES, 1993, p. 80.

> la Biblia. En vez de ver estos dos temas como competidores entre sí, la mayoría de los pentecostales los visualiza como complementarios. Claro que los pentecostales afirman la importancia de la comprensión cognoscitiva de las verdades básicas y fundamentales. Así, los pentecostales fundan miles de escuelas bíblicas en todo el mundo. Sin embargo, los pentecostales no tienden a mirar los credos o declaraciones doctrinales para la verificación de la fe verdadera. La comprensión cognoscitiva de la verdad doctrinal es útil e incluso necesaria, mas no es prueba de vitalidad espiritual. Los pentecostales ven la oración fervorosa, la disposición de sufrir por el evangelio y el profundo sentido de la dirección de Dios como señales de la verdadera vida espiritual. La teología pentecostal es, en su núcleo, una teología del encuentro. La doctrina pentecostal —con énfasis en el bautismo en el Espíritu, hablar en lenguas y dones del Espíritu— y la práctica pentecostal reflejan esta realidad.[752]

En realidad, como oportunamente observa Roger Haight, "cuando la experiencia pentecostal es actualizada como en un culto, es [como si fuera] una participación en el reino trascendente de Dios,", o como se dice entre nosotros, somos "renovados en el Espíritu" o cuando el "Espíritu Santo nos visita", completa Haight, ocurre "una participación en la realidad del Reino que se encuentra más allá de la historia, los *eschata*, una experiencia de trascendencia; algo que se encuentra más allá del yo".[753] Así, como lúcidamente captó el teólogo norteamericano:

> [...] la doctrina del Espíritu Santo provee el enfoque central de la fe pentecostal; la experiencia del Espíritu, tal como se registra en Hechos 2,1-4, se sitúa en el comienzo de la experiencia cristiana paradigmática, de modo que el bautismo del Espíritu Santo es una experiencia análoga a aquella experiencia cristiana primada [...]. La doctrina del Espíritu, tal como es incorporada en una espiritualidad, constituye el fundamento para una comprensión teológica de la iglesia. El pentecostalismo ofrece "un tipo dinámico y entusiasta

[752] MENZIES, R. P. *Pentecostes: essa história é a nossa história [Pentecostés: esta historia es nuestra historia]*. 1ª ed. Río de Janeiro: CPAD, 2016, p. 109, 110.
[753] HAIGHT, R. *A comunidade cristã na história: eclesiologia comparada* [La comunidad cristiana en la historia: eclesiología comparada]. v. 2. 1ª ed. São Paulo: Paulinas, 2012, p. 524.

> de espiritualidad moderna" [...]. Más específicamente, el Espíritu, de la forma como se experimenta en el culto, por lo general proporciona el referente implícito a la eclesiología. En otras palabras, la propia iglesia se actualiza plenamente en la asamblea cúltica. De la misma manera como la "categoría de la experiencia es esencial a la comprensión de la espiritualidad de los pentecostales, y por lo tanto para su culto" [...], así también la asamblea para el culto es la clave para el entendimiento teológico de la iglesia. Las asambleas de los pentecostales para el culto "tienen por objetivo establecer el contexto para un *encuentro* místico, para una experiencia con lo divino. Este encuentro es mediado por el sentido de la inmediata presencia divina [...]; los gestos, las acciones rituales y los símbolos funcionan todos dentro de este contexto para hablar de la presencia manifiesta". Esta base de la asamblea llena del Espíritu da surgimiento a varios constructos teológicos fundacionales a la caracterización del entendimiento teológico de la iglesia. Dos de esos constructos son la "confraternidad carismática" y la comunidad llena del Espíritu.[754]

Alguien dirá que no es posible tener este tipo de experiencia con Dios hoy. Bien, el testimonio del Nuevo Testamento, y de la historia, prueban justamente lo contrario (1 Co 14). A través del Espíritu Santo los que creen pueden —y deben— tener su propia experiencia con Dios. El hecho es que la experiencia individual nada añade a la "revelación especial", pero ciertamente clarifica, actualiza y traduce el mensaje bíblico volviéndolo más practicable , generando confianza y fe (Ro 10.17). Originariamente, la experiencia siempre sucede a la teología, pero la última acaba sobreponiéndose porque representa el intento de dar sentido a lo que aconteció, procura sistematizar la revelación especial en forma de doctrina e incluso la propia religión como un todo.[755] Sin

[754] Ibid., p. 525.

[755] "Es claro que la secuencia no es cronológica. La religión, las tradiciones religiosas y la teología preexisten a mi experiencia personal y colectiva hoy. Ellas son el resultado de una experiencia histórica y colectiva. La tradición estaba presente mucho antes del mi despertar a la fe. Sin embargo, la religión y la teología son validadas solamente por mi ingreso en la experiencia religiosa que ellas expresan" (RENSHAW, Richard. La experiencia como fundamento para una posible teología interconfesional. En: VIGIL, José Maria (Org.). *Por uma*

embargo si una teología parte de un presupuesto racionalista, antisobrenatural y cesacionista, ese paradigma y/o sistema teológico, es incompatible con el pentecostalismo, porque este valora la experiencia y cree en lo sobrenatural. Siendo así, cualquier ejercicio teológico en sus círculos, debe tener la Palabra de Dios como fundamento, sin perder de vista que ella representa una brújula que indica el camino, la dirección, pero que, igualmente, muestra un Dios que interactúa con nosotros, habla a nuestro corazón, de diversas maneras, y todavía realiza milagros, maravillas y prodigios entre nosotros. Tenemos que continuar reafirmando este aspecto, para evitar el peligro que ronda el Movimiento Pentecostal, porque "todo gran movimiento comienza con la inspiración y acaba en el dogma"[756], esto es, se pasa de la espontaneidad al formalismo y de este, al secularismo y la incredulidad.[757]

El peligro del desprecio por la experiencia del Espíritu en el Movimiento Pentecostal

Ya es de larga data, y no constituye ningún secreto, la interacción del pentecostalismo con el evangelicalismo, el protestantismo

teologia planetária [Hacia una teología planetaria]. 1ª ed. São Paulo: Paulinas, 2011, p. 202).

756 LEEUW, J. J. Van Der. *A dramática história da fé cristã: desde seu início até a morte de Santo Agostinho [La dramática historia de la fe cristiana: desde sus comienzos hasta la muerte de San Agustín]*. 1ª ed. São Paulo: Pensamiento, 1987, p. 59.

757 Ese "miedo" no es desproporcionado, porque como observa Roger Haight (ciertamente refiriéndose a la denominación como un todo y no sólo a la Iglesia en cuestión), la "Asamblea de Dios de la ciudad de Belém de Pará, en Brasil, dejó de ser un grupo de iglesias carismáticas para volverse una iglesia denominacional. Durante un período de veinticinco años, el pastor-presidente 'transformó una iglesia carismática que era poco organizada en una institución religiosa burocrática. En sus programas de formación teológica y musical, en la división burocrática del trabajo y en la profunda preocupación con el *status* civil, la Asamblea de Dios se asemeja ahora más a sus principales hermanas que las denominaciones pentecostales independientes de las regiones pobres' (RAC, 129130 [R. Andrew Chestnut. *Born Again in Brazil: the pentecost boom and the pathogens of poverty*. New Brunswick, N. J., Rutgers University Press, 1997])" (*A comunidade cristã na história: eclesiologia comparada* [La comunidad cristiana en la historia: eclesiología comparada]. v. 2. 1ª ed. São Paulo: Paulinas, 2012, p. 522).

histórico, en la otra América.[758] Personalmente, simpatizo con cualquier tipo de relación entre hermanos que se respetan y saben convivir con las diferencias de las varias expresiones del cristianismo. Este parece ser el caso en los Estados Unidos. De época más reciente, la relación en suelo brasileño adquirió contornos muy distintos. La simbiosis vía "interacción teológica" —lecturas, conferencias y redes sociales—, ha traído gran enfriamento espiritual, ya visiblemente verificable por la desaparición de las experiencias. Por otra parte, este aspecto desde siempre fue objetivo de ataques de los cesacionistas y todos los que pasan a comulgar con su teología, se ponen a negar, paulatinamente, la posibilidad y la legitimidad de las experiencias. Algunos, que un día hablaron en lenguas extrañas, hasta ridiculizan las experiencias y, por eso, se creen "modernos" y "racionales", entrando en el juego del análisis sociológico e inexperimentado de los investigadores cesacionistas.[759]

[758] MCGEE, Gary B. Panorama histórico. En: HORTON, Stanley M. *Teologia sistemática: uma perspectiva pentecostal [Teología sistemática: una perspectiva pentecostal]*. 4ª ed. Río de Janeiro: CPAD, 1997, p. 31-36. Vide incluso RAILEY, James H. JR.; AKER, Benny C. Fundamentos teológicos. En: HORTON, S. M. (Ed.). *Teologia sistemática: uma perspectiva pentecostal [Teología sistemática: una perspectiva pentecostal]*. 4ª ed. Río de Janeiro: CPAD, 1997, p. 55.

[759] "El pentecostalismo introdujo en el culto elementos inhibidores del racionalismo protestante. Por lo menos dos o tres elementos característicos del culto pentecostal permiten analizar la cuestión. En el origen del pentecostalismo se encuentra la experiencia de la *glosolalia*, o el 'hablar en lenguas extrañas'. Incluso en los estudios teológicos, que acostumbran tener un tono apologético, es poco común defender la hipótesis de que en la glosolalia se transmite algún mensaje. Su sentido no está en el contenido, sino en el mismo hecho de experimentarla. Se trata de algo incomprensible a la razón. Es un hecho de emoción sin apelar al intelecto. Ella adquiere sentido en el campo de las emociones no en el campo del ejercicio racional. Más aún, es necesario que la razón permanezca quieta, liberando el camino al flujo de las emociones. La glosolalia es exactamente lo opuesto del sermón, no tiene lógica ni estructura, su semántica no es gramatical, y así sucesivamente. Las profecías y los milagros, característicos del pentecostalismo, también forman parte de un campo no accesible a la razón. El efecto de esos fenómenos no es la producción de ideas claras, sino de certezas, de convicciones consecuencia del impacto inmediato de la experiencia vivida" (BARRERA, P. Distintivos protestantes del pentecostalismo. En: PASOS, J. D. (Org.). *Movimentos do Espírito: matrizes, afinidades e territórios pentecostais* [Movimientos del Espíritu: matrices, afinidades y territorios pentecostales]. 1ª ed. São Paulo: Paulinas, 2005, p. 96).

Es imprescindible, sin embargo, que sean preservadas las características pentecostales, pues, mientras sea discutible la forma de tener la experiencia del Espíritu, porque hay instrucciones bíblicas claras acerca del ejercicio de la glosolalia, sobre todo en el culto (1 Co 12—14), la única cuestión a ser destacada es que tal acontecimiento experimental nos caracteriza y no se puede perder, porque los que entran en el juego del racionalismo cartesiano, en realidad, ya están atrasados y obsoletos, histórica y filosóficamente hablando, porque como afirman pensadores no pentecostales, "vivimos simultáneamente lo premoderno, lo moderno y lo posmoderno, que se mezclan y establecen intercambios entre sí"[760], o sea, coexiste en nuestra realidad lo "premoderno (encantamiento), moderno (desencantamiento) y posmoderno (reencantamiento)".[761] Eso porque, en un país de proporciones continentales como el nuestro, y tan mezclado, ciertamente no hay posibilidad alguna de tener un paradigma cultural único para todos. Así, para Décio Pasos, tales categorías no explican el asombroso crecimiento del pentecostalismo, porque el papel de este en la urbanización del país, y en medio de la misma urbanización, indica que el:

> [...] proceso de urbanización brasileña no autoriza, pues, una transposición simple de la teoría de la secularización o del desencantamiento para explicar la dinámica de los grupos religiosos metropolitanos o hacer previsiones de ellos. La racionalización del espacio y, de cierta forma, de las instituciones sociales y políticas, ocurrida, sobre todo, con la expansión de las metrópolis no tuvo paralelos en el ámbito de la cultura y, *a fortiori*, de la cultura popular. La misma conclusión se aplica a la idea de superación de la Modernidad desencantada y al advenimiento de un reencantamiento como explicación de la multiplicación de grupos religiosos en las grandes ciudades. La categoría del reencantamiento no designa, por sí sola, los verdaderos procesos culturales y religiosos

---

[760] PASOS, Juan Décio. Cambio social y estudio de la religión: el caso del pentecostalismo en el contexto urbano. En: SOTER, Sociedad de Teología y Ciencias de la Religión (Organización). *Religião e transformação social no Brasil hoje* [Religión y transformación social en Brasil hoy]. 1ª ed. São Paulo: Paulinas, 2007, p. 239.

[761] Ibid., p. 237.

> experimentados por los metropolitanos y urbanizados, de forma que no explica suficientemente el crecimiento de los grupos pentecostales y, a nuestro ver, de ningún otro grupo religioso, por súper moderno que sea en su cosmovisión y estrategias. La ausencia de un cambio lineal y homogéneo en nuestro paso de lo rural a lo urbano exige, al contrario, que veamos el proceso de crecimiento de los grupos religiosos, en general —y los pentecostales en particular—, con otros parámetros que rompan con la secuencia lineal: encantamiento-desencantamiento-reencantamiento. La adopción, o, más precisamente, la importación de este esquema teórico exógeno puede más ocultar que develar los procesos históricos de formación de nuestra cultura rural-metropolitana y de nuestra religión popular.[762]

Lo que el autor acaba de decir es que la existencia del pentecostalismo, con su énfasis en la realidad sobrenatural, no puede ser explicada con la simplificación lineal traducida en la tesis "encantamiento-desencantamiento-reencantamiento". Como correctamente dice, al hablar del proceso realizado por el protestantismo en Brasil, que era completamente dominado por el catolicismo, Décio Pasos dice que, "históricamente, estuvimos en el reverso de la secularización homogénea y lineal, en un largo recorrido teogónico que sufrió cambios y adaptaciones con la metropolización acelerada. Por otra parte, desde la llegada de los europeos es que se profana lo que era sagrado y se sacraliza lo que era profano en el choque con la cultura local".[763] Sin embargo, su énfasis recae sobre un grupo específico del protestantismo —el Movimiento Pentecostal—, por eso, él dice que, "desde entonces, lo sagrado", que era de dominio católico y, posteriormente, del protestantismo histórico, viene siendo "interterritorializado y permanentemente rehecho sobre sí mismo en un campo de creación religiosa, fuertemente marcado por la autonomía del agente laico".[764] Sí, este siempre fue el diferencial práctico y responsable por el crecimiento del Movimiento Pentecostal clásico en Brasil, sobre todo, en sus primeros sesenta años. No son

[762] Ibid., p. 241.
[763] Ibid., p. 239.
[764] Ibid.

sólo los oficiales quienes están autorizados a predicar. Antes, la experiencia del Espíritu, llevaba a todos —independientemente de ser obreros—, hombres, mujeres, niños, adolescentes, jóvenes y ancianos, a convertirse en evangelistas que propagaban la fe cristiana en todo lugar. Por más laica que la persona fuera, ella se sentía encargada, por el Espíritu Santo, de la responsabilidad de predicar el evangelio.[765]

Es innegable el hecho de que en los comienzos las Asambleas de Dios eran más pujantes en la evangelización. Si hoy tenemos más recursos para llevar el mensaje, nos queda una duda: ¿Por qué no crecemos en la misma proporción? Una pista decisiva es el decrecimiento del trabajo laico y voluntario. Pero si los templos continúan llenos, ¿qué explica la falta del trabajo de evangelización? Aquí se encuentra la clave de la cuestión para el pentecostalismo. Poco se oye respecto a la necesidad de la experiencia del Espíritu, del recibimiento de la promesa. Y cuando hay, me parece haber un equívoco motivacional. Son experiencias prefabricadas, sin autenticidad y espontaneidad —marcas inconfundibles de la actuación del Espíritu Santo.

La advertencia al respecto viene de lejos, pero en época reciente, en el final del siglo pasado, el mayor nombre de la teología

---

[765] Aquí vale la pena mirar al tema de la "confraternidad carismática" (mencionado antes) que, de acuerdo con Haight, "proporciona la Kärkkäinen aquello que él considera el modelo básico de la iglesia", o sea, la "confraternidad es instituida por el Espíritu Santo; es formada por una experiencia común del Espíritu que integra las personas en el cuerpo de Cristo. Como distinta de una eclesiología de la palabra (protestante), de la eucaristía o de la actividad cúltica (católica), una eclesiología típicamente pentecostal gira alrededor de una comunidad reunida en el Espíritu. Por ser una comunidad reunida por el Espíritu, ella es esencialmente dinámica y carismática, con un laicado activo, participativo. Pero los *charismata* no son resaltados a expensas de la estructura y de la institución. Esta comprensión de la iglesia envuelve la potencialización de los individuos por parte del Espíritu, activa participación de las personas en el culto, participación de los laicos en el ministerio de la iglesia y en el mundo, experiencia de acciones carismáticas de Dios, restauración de las señales apostólicas: sanidad, milagros, profecía, el hablar en lenguas e inculturación en los valores y significados de un pueblo (VMK, 77-78 [VelirMatti Kärkkäinen. *An introduction to ecclesiology: ecumenical, historical and global perspectives*. Downers Grove, Ill., InterVarsity Press, 2002.])" (*A comunidade cristã na história: eclesiologia comparada* [La comunidad cristiana en la historia: eclesiología comparada]. V. 2. 1ª ed. São Paulo: Paulinas, 2012, p. 525, 526).

asambleísta brasileña, pastor Antonio Gilberto, se expresó así acerca del cuidado en el enfriamiento del fervor pentecostal: "Dijo un gran predicador, hace pocos años, preocupado por el rebajamiento constante de la calidad espiritual del Movimiento Pentecostal Mundial, que hombres poderosamente usados por Dios lideran este Movimiento, pero, por negligencia y autoconfianza, pueden hacer de él una máquina programada, la cual, por no tener vida, se transforma en un monumento histórico". A continuación, arremetió: "En resumen: (1) Los hombres y el Movimiento; (2) La máquina y el Monumento. ¡Que eso no suceda en Brasil!".[766] Es triste constatar que el tan temido secularismo

[766] GILBERTO, Antonio. Oh Señor, aviva tu obra. Estudio sobre avivamiento. *Lições bíblicas. Jovens e Adultos* [Lecciones bíblicas. Jóvenes y Adultos]. 1° trimestre de 2000. Río de Janeiro: CPAD, p. 47. En la presentación de la misma revista, el presidente de la Convención General de las Asambleas de Dios en Brasil (CGADB), pastor José Wellington Bezerra da Costa, afirmó: "Si comparamos nuestra Iglesia con otros movimientos y denominaciones, tendremos la impresión de estar bien adelantados espiritualmente. Pero si volvemos a nuestros orígenes, hemos de constatar tristemente: ya estamos perdiendo la pujanza del movimiento para transformarnos en una denominación. Y si no tenemos cuidado, dejaremos de ser un organismo para convertirnos en una organización" (p.1). En realidad, la advertencia del pastor Antonio Gilberto estaba reverberando lo que él escribiera años antes, en un editorial, en ocasión de los 80 años de las Asambleas de Dios en Brasil, al presentar una vislumbre de un sermón acerca del movimiento Pentecostal que fue predicado en los EUA. De los cuatro aspectos del referido sermón (el hombre, el movimiento, la máquina y el monumento), vale destacar algunos puntos que explican por qué los líderes y teólogos pentecostales rechazaron la idea de que la iglesia se volviera una denominación u organización. Primeramente Dios levanta un líder que dará inicio a un "movimiento [de renovación espiritual] dentro de la Iglesia", porque no hay necesidad de fundar o "dar origen a un nuevo trabajo, [pues Dios lo usará] para despertar y renovar una denominación que se apartó del camino bíblico en que Dios se agrada en derramar continuamente su Espíritu". Este "movimiento es algo vivo, dinámico, creciente, poderoso, celoso de Dios, de la santidad y de la evangelización en busca de los perdidos". Pero el peligro es que dicho movimiento "puede transformarse en una máquina, en el caso que no sea conducido dentro de los moldes establecidos en la doctrina del Señor, conservando la ferviente renovación espiritual en todos sus aspectos". Y el rechazo de volverse una máquina se da porque esta "funciona solamente dentro de los límites para los cuales fue fabricada, programada y montada", porque la "máquina no tiene vida propia", y "hace siempre lo mismo, del mismo modo". Este, sin embargo, "No es el caso de un movimiento originado y dirigido por el Espíritu de Dios dentro de la Iglesia". El pastor Antonio Gilberto hizo entonces su observación más incisiva y específica: "La Asamblea de Dios en el principio

en la Iglesia sea producto justamente de la negación del poder del Espíritu para los días actuales. Como ya se ha dicho, de acuerdo con teólogos y pensadores no pentecostales, la secularización es producto y resultado directo de esa postura.

En este particular, me llama la atención la advertencia del ya citado "apóstol de la prensa pentecostal brasileña", Emílio Conde, que en su opúsculo *Iglesias sin brillo*, aclara en la introducción por qué critica, en algunos capítulos de la obra, la teología y la sabiduría humana: "Eso no quiere decir que seamos enemigos sistemáticos de estas ciencias. Por el contrario, favorecemos lo que esté en nosotros la educación religiosa o secular. La educación es necesaria a la vida y al progreso del hombre, siempre que haya equilibrio en la aplicación".[767] A continuación, él explica que la idea es combatir "el abuso y la inversión que se hace en este sentido", esto es, en la "iglesia, la gran autoridad es el Espíritu Santo, sin embargo cuando los teólogos y los sabios se instalan en ella, el Espíritu no tiene nada más que hacer, porque los 'poderosos' y los 'infalibles' comenzaron a mandar, a imponer, a dictar medidas y a dar órdenes". El resultado de ello también lo explica al decir que lo que "sucede, entonces, es el alejamiento de las fuerzas espirituales y el florecimiento de un sistema religioso más, frío como tantos otros".[768] ¿Quién se atreve a discrepar cuando se sabe que exactamente eso es lo que sucede? Conde entonces remata su argumento aclarando que la:

> [...] prueba de nuestras afirmaciones es el testimonio de la historia. Nunca la teología o el intelectualismo contribuyeron a ningún despertamiento o avivamiento espiritual, pero han contribuido al enfriamiento de casi todos los movimientos. Hemos observado que los despertamientos surgen espontáneamente, cuando las

surgió como un movimiento levantado por Dios en todos los continentes, comenzando en América del Norte en el inicio del siglo XX, pero actualmente ella está en gran parte transformada en una máquina programada, despreciando el potencial infinito del Espíritu, para depender de la capacidad humana que sólo cuida del endiosamiento del hombre" (El movimiento pentecostal actual: una reflexión. *Mensageiro da Paz* [Mensajero de la Paz]. Año LXI, n.1252. Río de Janeiro: CPAD, junio de 1991, p. 2).

[767] CONDE, E. *Igrejas sem brilho* [Iglesias sin brillo]. 3ª ed. Río de Janeiro: CPAD, 1985, p. 14, 15.

[768] Ibid., p. 15.

> comunidades se entregan a la oración. Se desarrolla maravillosamente, sin la intervención de auxilio humano. Sin embargo, después de algunos años, los "grandes" comienzan a introducir innovaciones o interpretaciones a su modo, los despertamientos desaparecen: queda solamente el formalismo.[769]

Quien es autor de una obra como *Tesouro de conhecimentos bíblicos* [Tesoro de conocimientos bíblicos][770], no puede estar contra la erudición y la teología, porque lo que se condena aquí es un tipo específico de teología —aquella que estrangula la sobrenaturalidad, asfixiando la experiencia del Espíritu. Así, Emílio Conde dice que es, pues "contra la imposición y la dictadura de la falsa ciencia y de la mal aplicada teología en la iglesia que nos levantamos". Y completa, diciendo lo obvio, o sea, que la "sabiduría y la teología pueden existir y ser útiles siempre que no pasen de los límites trazados por el sentido común. En la iglesia, la primacía y la dirección suprema pertenecen al Espíritu del Señor".[771]

Sí, en la perspectiva pentecostal, siempre fue de esta forma. Ya que el Espíritu de Dios no es propiedad de nadie, los laicos siempre tuvieron lugar y voz, cumpliendo integralmente lo que se propuso con el "sacerdocio universal de los creyentes", pilar de la Reforma al lado del libre examen de las Escrituras. ¿Pero qué sucede cuando una teología que, por ser racionalista, pretende tener la palabra final y absoluta acerca de la Biblia y del propio Ser de Dios? A los laicos, voluntarios y demás personas se les impide pronunciarse, predicar, testificar y enseñar, generando una casta especial, contrariando lo que ordena la propia Palabra que nos enseña que los dones ministeriales fueron dados a la iglesia (y no la iglesia a ellos) para enseñarla, trayendo madurez bíblica y espiritual, para que el cuerpo de Cristo no sea presa fácil de engañadores, antes, esté preparado para hacer la edificación de este en amor (Ef 4.11-16). Así, uno de los principales motivos

---

[769] Ibid.

[770] Inicialmente lanzada en tres volúmenes, en 1987 fue relanzada en volumen único, teniendo 728 páginas y con varias ediciones, es utilizada hasta hoy por los obreros asambleístas.

[771] CONDE, E. *Op. Cit.*, p. 15, 16.

por el cual debemos preservar la experiencia pentecostal es que, en palabras de Robert Menzies:

> En un mundo lleno de personas que desean tener una experiencia con Dios para sentir su presencia y lo encuentran en un nivel profundamente personal y emocional, este tipo de culto de adoración dinámico es muy atrayente.[772] El enfoque en gran parte cognitivo y tranquilo de las iglesias tradicionales no se relaciona con estas necesidades. En realidad, para muchos analfabetos o semianalfabetos que pueblan nuestro planeta, un enfoque cerebral es prácticamente incomprensible. Ellos desean tener un encuentro con Dios: un Dios que es tangible, cuya presencia puede ser sentida y cuyo impacto puede ser visto y oído —un Dios que tiene poder sobre los espíritus malignos y que puede cambiar vidas. Los pentecostales proclaman que este es el Dios que se revela en Jesús. El contraste con el formalismo frío y litúrgico y la orientación en gran parte cognoscitiva de las iglesias tradicionales es evidente.[773]

En la esfera de este mismo pensamiento, el "apóstol de la prensa pentecostal brasileña" dice que el "peligro para la iglesia es la conducta de hombres que se dicen iluminados por el saber, que se consideran ángeles de luz, pero cuyos cerebros están exacerbados por las cuestiones y solamente ven en el cristianismo un sistema de doctrinas". Su tesis es que el "cristianismo tiene una misión positiva; es más que un sistema de doctrinas: es una dádiva de libertad y de amor que Dios legó a la iglesia para hacerla brillar entre los hombres". Con eso, Conde concluye su defensa de forma correctísima con lo que se entiende, inclusive actualmente, acerca del papel de la teología en relación a la iglesia, porque afirma que la "iglesia debe continuar siendo iglesia, desempeñando la misión que le fue confiada por Cristo, conservando la libertad espiritual que la gracia otorga" y, en cuanto a la teología, ella "que se contente con el lugar que le compete desempeñar, sin entrometerse donde no le compete, imponiendo una autoridad

[772] Scotland observa que, aunque "el evangelicalismo occidental era mucho más una cuestión unidimensional en que la clase media [...] procuraba la 'sana doctrina'", el movimiento carismático, con su enfoque experiencial, atiende el creciente deseo de "satisfacción emocional y espiritual más profunda" (*Charismatics*, p. 24).

[773] MENZIES, R. P. *Op. Cit.*, p. 110, 111.

que sólo la Biblia posee; así podrá vivir y ser útil sin crear embarazos y sin hacer prisioneros".[774] El punto no podría ser mejor abordado, la teología tiene su lugar, mas este, sin duda, no puede quitar la libertad y la espontaneidad que, inclusive, la generó. Eso significa que la teología siempre será secundaria y provisional. Sin embargo, una teología racionalista no permite esta libertad, porque ella necesita controlar todas las cosas, por tanto, se mata la espontaneidad y la libertad de la experiencia del Espíritu. Es en este aspecto que, dice Libanio:

> La posmodernidad presta excelente servicio a la teología fundamental, volviéndola más creativa y abierta, ya que insiste fuertemente en el carácter condicionado del conocimiento por causa de la influencia del tiempo histórico, del lugar geográfico, de la cultura de quien percibe la verdad. Y de ahí las personas llegan a conclusiones diferentes. Una teología fundamental rígida no da cuenta de este rasgo consensual de la cultura posmoderna.[775]

Una vez más, por coincidencia (¿o providencia?), porque el pentecostalismo no tenga un sistema teológico, él no sufre las crisis de un sistema que no se reconsidera, porque no encuentra la Biblia infalible, pero sí la interpretación de ella y el producto final que de este ejercicio resulta. En la perspectiva pentecostal, todo ejercicio teológico es, no sólo secundario a la fe, sino provisional, puesto que, el pentecostal sabe que la experiencia modifica la forma de ver las cosas y, por eso, no cierra la cuestión alrededor de la experiencia del Espíritu. Pensando de esta manera, el pentecostalismo ejerce una fascinación por parte de las personas de este tiempo, porque la fe en Cristo y la experiencia del Espíritu hacen que las personas no simplemente asimilen proposiciones, sino que experimenten la realidad del Espíritu encontrando sentido para sus historias y dramas particulares.

---

[774] Ibid., p. 81.

[775] LIBANIO, João Batista. Desafíos de la posmodernidad a la teología fundamental. En: GONÇALVES, Paulo Sérgio Lopes; TRASFERETTI, José (Orgs.) *Teologia na pós-modernidade: abordagens epistemológica, sistemática e teórico-prática* [Teología en la posmodernidad: enfoques epistemológica, sistemática y teórico-práctica]. 1ª ed. São Paulo: Paulinas, 2003, p. 168.

La Iglesia soñada para "mañana" de varias expresiones del cristianismo, es la iglesia que el pentecostalismo siempre fue

Al final del siglo pasado e inicio de este, debido al emblemático paso del año 2000[776], muchos pensadores, filósofos, teólogos, se ocuparon del tema e hicieron sus previsiones en el campo político, económico, artístico y religioso. Muchos de estos análisis no pasaron de ser meros devaneos, otros quedaron por debajo de lo que está aconteciendo y, otros, fueron demasiado futuristas y rayaron en la ficción científica. Sin embargo, algunos fueron acertivos y, entre estos, destaco un análisis que data de 1998 y fue hecho por un fraile, Clodovis Boff, que, en un opúsculo de apenas 40 páginas, intitulado *Uma igreja para o novo milenio* [Una iglesia para el nuevo milenio], presentó cinco características que la iglesia tendría que tener para el nuevo tiempo que se avecinaba, porque en 2001 iniciaría un nuevo milenio. La primera característica es que la iglesia para este tercer milenio debería ser una iglesia espiritual.

En esa época, al iniciar el primer capítulo, Clodovis Boff, dijo que, con "iglesia espiritual" él se refería "a la experiencia de Dios, a la unión con Él en el fondo del corazón". En seguida, el mismo autor afirma que la "espiritualidad responde a una demanda aguda de los tiempos actuales" y, como uno de los ejemplos de esta verdad, él cita el "avance del pentecostalismo".[777] El mismo autor, prosiguiendo en su exposición decía que si la "Iglesia quiere responder, en primer lugar, a su vocación más íntima; si quiere responder eficazmente al mundo de hoy, tendrá que redescubrir su identidad más profunda, que es la de ser 'misterio'".[778] Lo que el autor está diciendo al hacer esta colocación es que, a pesar de la inevitable institucionalización, la iglesia tiene que preservar su aspecto espiritual, no puede volverse una organización burocrática y sin vida. Eso debe ser así, porque como él correctamente

---

[776] Aunque el siglo XXI haya comenzado oficialmente apenas el 1° de enero de 2001.

[777] BOFF, C. *Uma igreja para o novo milenio* [Una iglesia para el nuevo milenio]. 5ª ed. São Paulo: Paulus, 2003, p. 7.

[778] Ibid., p. 8.

explica, es "de su profundidad mística que la iglesia recibe su 'fuerza de atracción', su fascinación y su encanto".[779]

Es interesante entender lo que el autor quiere transmitir con la expresión "mística". Él aclara que "una Iglesia adecuada al siglo XXI y, sobre todo, adecuada a su esencia íntima y a su vocación fontal, será una iglesia 'mistérica'", esto es, "una Iglesia impregnada de la irradiación del Espíritu, resplandeciente de Dios, transfigurada en la luz taborítica".[780] Eso decía, puesto que, en su análisis, en el amanecer del "nuevo milenio, crecerá con nuevo vigor el aspecto mistérico, místico, misterioso de la Iglesia"[781], o sea, se le reclamará que sea "más viva y vivida su dimensión interior, sobrenatural".[782]

Eso porque, como dijera Décio Pasos, el "reencantamiento está para la posmodernidad así como el desencantamiento estaba para la Modernidad".[783] Debido al uso popular, e indiscriminado, de la expresión "misticismo" que, a veces, es confundido con esoterismo, tal vez sea interesante entender lo que explica el ya citado Gregory Miller acerca de la importancia de los místicos cristianos del pasado:

> Un *místico cristiano* busca una experiencia o un encuentro directo y no mediato con Dios. Contrario al misticismo oriental, el misticismo cristiano apoya la trascendencia última de Dios. Por ejemplo, cuando los místicos cristianos hablan de una consciencia de la "identidad con Dios" o "posesión por Dios", no están queriendo decir una absorción que destruye el yo o la distinción entre los seres humanos y Dios. Varias formas de misticismo cristiano estuvieron presentes a lo largo de la historia de la Iglesia.[784]

Los místicos son tan importantes, que Miller, enfatiza que ellos "ayudaron a formar la cosmovisión cristiana promoviendo la experiencia directa con un Dios amoroso y, sin embargo

---

[779] Ibid., p. 9.

[780] Ibid., p. 8. Su referencia a la "taborística" ciertamente se refiere al evento ocurrido en el Monte Tabor, durante la Transfiguración de Cristo (Mt 17.1-13; Mr 9.2-13; Lc 9.28-36).

[781] Ibid.

[782] Ibid., p. 9.

[783] PASOS, J. D. *Op. Cit.*, p. 235.

[784] MILLER, G. *Op. Cit.*, p. 127.

Todopoderoso".[785] De esta manera, lo que Clodovis Boff está prescribiendo al decir que la iglesia deberá ser "mística" o "mistérica", es que ella deberá ser una "Iglesia pneumática", es decir, una "Iglesia del Espíritu Santo, y no sólo del Cristo 'según la carne'", esto es, un Cristo definido y, por eso, limitado por teologías racionalistas. En otras palabras, para este mismo autor, la iglesia del nuevo milenio, si quiere comunicarse con las personas, tiene que ser "una Iglesia más soplo que eficiencia, más inspiración que institución, más carisma que poder, más amor que ley, más comunión que organización, más comunidad que sociedad".[786]

Sigue de esta primera característica, la segunda presentada por Clodovis Boff, que es el hecho de que la iglesia del nuevo milenio, obligatoriamente, deberá ser una iglesia kerigmática, anunciadora de las Buenas Nuevas. Para que la iglesia "'reencante' la existencia de los seres humanos, es necesario que esté poseída por una 'llama' verdaderamente mística". Con esto quiere decir que la iglesia no puede ser fría, formalista y sin vida. Él aclara entonces que, "para poder calentar, la iglesia deberá arder: arder con el fuego del Espíritu". Para que eso sea posible, es necesario "un 'descubrimiento' deslumbrante", porque sólo esto es capaz de hacer las personas "comunicar y clamar", o sea, solamente "un 'encuentro' luminoso hace hablar".[787] Lo que me asombra en la disertación del fraile católico, es justamente el hecho de que nosotros los pentecostales, hemos iniciado exactamente así. La experiencia del Espíritu compungía a los que eran "sellados con la promesa" y estos se convertían en evangelistas en el mismo

---

[785] Ibid.

[786] BOFF, C. *Op. Cit.*, p. 9. Es curioso como los pentecostales de la primera generación estaban contra el denominacionalismo, porque sabían que el formalismo institucional, no la organización, expulsa la espontaneidad, la sencillez y la humildad, llevando la iglesia al enfriamiento espiritual. Vea la entrada "Pentecostalismo en los Estados Unidos de América", específicamente la parte VII que habla acerca del "antidenoninacionalismo", en ARAUJO, Isael de. *Dicionário do movimento pentecostal* [Diccionario del movimiento pentecostal]. 1ª ed. Río de Janeiro: CPAD, 2007, p. 591, 592. Más "recientemente", el pastor Alcebíades Pereira Vasconcelos, dijo, en un artículo, refiriéndose a la Asamblea de Dios, que ella "no es una denominación y sí un movimiento del Espíritu Santo" (Iglesia y denominación. *Mensageiro da Paz* [Mensajero de la Paz]. Año LIII, n.1157. Río de Janeiro: CPAD, septiembre de 1983, p. 6).

[787] Ibid., p. 14.

instante. Así nacieron, crecieran y se formaron las Asambleas de Dios en Brasil. Una iglesia llena del Espíritu que anunciaba el evangelio.

El hecho extraño y paradójico en todo lo que dijimos, es que grupos que no nos consideraban ni cristianos estén ahora copiándonos para sobrevivir en este nuevo milenio y, proporcionalmente, algunos entre nosotros estemos dirigiéndonos al formalismo del protestantismo histórico, rumbo a una modernidad que, como todo indica, ya dio señales claras de su falencia. Además de atrasados y obsoletos, ignoran la vitalidad espiritual imprescindible para este tiempo. Mi oración es que los nuevos teólogos no caigan en el engaño del formalismo, ya que la inteligencia de la fe puede —y debe—, coexistir con la experiencia del Espíritu y, por lo tanto, no tiene que separarse de la piedad y, mucho menos, el fervor espiritual de la reflexión profunda, porque como el Maestro enseñó: “Erráis ignorando las Escrituras, y el poder de Dios” (Mt 22.29).

16

La experiencia religiosa y del Espíritu como instrumentos de transformación de la forma de creer y de pensar

La experiencia es un fenómeno multidimensional que reclama el análisis de diversas ciencias.[788] Este último capítulo busca únicamente demostrar, de manera sucinta, cuánto la experiencia es una forma legítima de conocimiento. Y cómo, particularmente, la experiencia religiosa es importante para una transformación de la forma de creer y de pensar, no sólo la realidad, sino incluso el mismo concepto que se tiene de Dios. La tesis se fundamenta

[788] Según James Dunn, la "'experiencia' es un término muy general y amplio. Cualquier análisis minucioso tendría que comenzar dividiéndola en categorías más específicas, como estados de consciencia, sentimientos, sensaciones, disposiciones, percepciones, consciencias y así sucesivamente. y, una vez más, cualquier énfasis en la experiencia precisa recordar y mantener el equilibrio/tensión entre Ilustración y Renacimiento Romántico en la cultura occidental, y no dejar que la experiencia sea explorada con excesiva facilidad contra la racionalidad, ni la 'experiencia religiosa' ser definida por lo extraordinario o limitada a esto. Y no es menos importante recordar que ninguna experiencia es enteramente 'pura', porque toda experiencia es moldeada o determinada, por lo menos en gran medida, por la constitución física, herencia, creación y educación, condicionamiento social y así sucesivamente. 'Hay siempre una interdependencia de percepción e interpretación en la experiencia', porque todo intento de 'captar' una experiencia, inevitablemente, envuelve algún tipo de conceptualización, inclusive su conceptualización como una 'experiencia'" (DUNN, J. *A teologia do apóstolo Paulo* [La teología del apóstol Pablo]. 2ª ed. São Paulo: Paulus, 2008, p. 487, 488).

sobre el culto del cristianismo del primer siglo cuyo Dios adorado no era más sólo el Dios de Abraham, Isaac y Jacob, sino también Jesucristo, el maestro y profeta que se presentó como "Hijo del Hombre" y sucedió a Juan el Bautista y que fue seguido primeramente por los discípulos de aquel, siendo, después de la resurrección, reconocido definitivamente como Señor y, comenzando con Tomás, seguido por Pedro y los demás, pasó a ser adorado. Sin embargo, no por eso los judíos que aceptaron el evangelio dejaron de ser monoteístas y los cristianos gentiles, de igual manera, no continuaron siendo politeístas y no tuvieron que hacerse seguidores del judaísmo para servir al Dios de Israel. ¿Cómo aconteció esto? La respuesta a este cambio radical, de acuerdo con la línea seguida, está en las experiencias religiosas vividas por aquellos que pasaron a formar parte del seguimiento del Señor. Tales experiencias también hicieron que estas personas cambiaran completamente la forma de creer y pensar. Así, la experiencia es, sin duda, una de las formas de conocimiento más antiguas y comprobadamente eficaces. Esa forma, desde el racionalismo del siglo XVII quedó bajo sospecha y ya que la teología reformada se desarrolló en este período, el protestantismo acabó dependiente de la razón como la única, legítima y exclusiva forma de hacer teología. Un nuevo tiempo, sin embargo, ha llegado y con él no sólo la posibilidad, sino también la urgencia de hacer teología a partir de la realidad y no solamente de la abstracción idealista racional.

Escribo este texto bajo el impacto de la noticia del fallecimiento de uno de los filósofos contemporáneos más conocidos, el polaco Zygmunt Bauman, fallecido a los 91 años, el referido filósofo dejó un legado de más de 60 obras. Con la expresión "modernidad líquida", sustituyendo la conocidísima y desgastada "posmodernidad", el pensador polaco definió el tiempo presente mostrando el carácter transitorio de todas las cosas, no sólo de las ideas, sino incluso y, sobre todo, de las relaciones. A pesar de lo que se puede imaginar, como marxista, él no era un entusiasta de esta forma de ser y pensar, pero esto no le impidió reconocer la inexorabilidad de lo que está emergiendo. Decir esto no significa afirmar que la posmodernidad o, en la expresión de Bauman, la "modernidad líquida", sea una forma "reciente" de pensar la realidad, porque de acuerdo con Gianni Vattimo, "Se puede sostener legítimamente que la posmodernidad filosófica nace en la obra de Nietzsche".[789] De entre las características principales de la modernidad y, consecuentemente, del racionalismo que van perdiendo el sentido en una postura filosófica y epistemológicamente posmoderna, están las determinaciones que la metafísica atribuyó al hombre y al ser. Esas "determinaciones", en las palabras de Vattimo, "son, ante todo, las cualificaciones de sujeto y objeto, que constituyeron el cuadro en que se consolidó la propia noción de realidad".[790]

Hoy, muchos científicos, incluso agnósticos, son lúcidos respecto a las limitaciones de la ciencia y ya no se aventura la hipótesis de que es realmente posible transformar todas las cosas en objetos y que, igualmente, los seres humanos no pueden siempre ser sujetos, observadores neutros que se "apartan" y "ven desde afuera", de forma positivista, o sea, exacta, lo que está investigando.[791] En cualquier investigación, cualquier búsqueda, no importa de qué orden o ciencia sea, el envolvimiento, como mínimo en forma de "interés", ya es una especie de "contaminación" de los datos. Por lo tanto, esta nueva forma de pensar y sentir la realidad, fuerza cualquier postulado a volver a ver sus conclusiones que, a pesar de haberse dado en otra época, si se pretenden todavía válidas, deben ser sometidas a los rigores epistémicos de la nueva postura científica.

La revelación que para el creyente no necesita ser sometida a la criba científica y para el científico no puede ser objeto de investigación, lamentablemente fue "evidenciada" de forma apologética y racionalista por el protestantismo en el período del siglo XVII. En su expresión "especial" —tal como definió la tradición protestante— la Biblia fue, de forma "concordista", combinada

[789] VATTIMO, G. *O fim da modernidade: niilismo e hermenêutica na cultura pós-moderna [El fin de la modernidad: nihilismo y hermenéutica en la cultura posmoderna]*. São Paulo: Martins Fontes, 2007, p. 170.

[790] Ibid., p. 189.

[791] Como forma de demostrar, el físico brasileño Marcelo Gleiser, cita como ejemplo de algo incognoscible, el hecho de que un "ordenador no puede incluirse en una simulación. Por lo tanto, es imposible construir una simulación que englobe el universo como un todo, dado que la simulación forma parte del universo" (*A simples beleza do inesperado* [La simple belleza de lo inesperado]. Río de Janeiro: Record, 2016, p. 73).

a la física newtoniana. Cuando, al comienzo del siglo pasado, esa física cambió bajo el modelo einsteiniano y, posteriormente, con la física cuántica, todo lo que se había basado en aquel modelo sufrió revisiones. ¿Y la teología producida en aquella época? En una nueva postura epistemológica o, como diría Thomas Kuhn, en un cambio de paradigma o "revolución científica", cuya valoración no está únicamente sobre la razón, sino también en la experiencia, es urgente repensar una teología que se asegure de responder a los anhelos de este tiempo. Eso no significa seguir alguna moda, pero sí no perder el contacto, o conexión, con la sociedad a la cual la "ciencia de la fe" se destina.

La experiencia como forma de percibir y conocer la "realidad"

De manera análoga, la historia de la ciencia, particularmente de la astronomía y de la física, es instructiva para el propósito de este texto. Desde Aristóteles, pasando por Ptolomeo que, basándose en el Estagirita, elaboró un sistema de funcionamiento geocéntrico para el universo, la física experimenta revoluciones y no sólo cambios en sus postulados. El modelo ptolemaico, o geocéntrico, de funcionamiento del universo, se mantuvo intacto, por largos catorce siglos, debido a dos grandes motivos. El primero era que combinaba con la observación a simple vista y, el segundo, es que con el ascenso del cristianismo y su lectura literalista del texto, como por ejemplo, la batalla de Josué cuya narrativa afirma que la oración del general fue para que el sol y la luna se detuvieran (Jos 10.12-14), garantiza que el pensamiento y todas las demás áreas de la vida se mantuvieran bajo el control religioso.

Desafiando esa visión, Nicolás Copérnico, propuso su teoría heliocéntrica que, a pesar de dividir opiniones modernas, ha sido considerada como una revolución, porque quitó la centralidad de la Tierra. Aún habiendo sido, se registra, como cualquier teoría, posteriormente, corregida por Tycho Brahe y Johannes Kepler, la visión copernicana del mundo transformó completamente la forma de estudiar el universo. Como cualquier propuesta científica, se volvió motivo de intenso debate e investigación, generando no sólo desafíos, sino perfeccionamientos. El hecho es que ella sirvió como plataforma para que otros astrónomos y pensadores perfeccionaran no sólo la propia teoría, sino proponer nuevos desarrollos.

Entre estos estaba uno que, aún siendo católico, y teniendo justamente el texto de Josué como objeción a sus pruebas de que la propuesta heliocéntrica de Copérnico tenía todo el sentido, refutaba la interpretación de la Iglesia, como puede ser visto en una carta dirigida a un clérigo, don Benedetto Castelli, el 21 de diciembre de 1613. En la referida misiva, Galileo Galilei dijo lo obvio, es decir, "que las Escrituras, en muchos pasajes, no sólo admite, sino que necesita necesariamente de exposiciones diferentes del significado aparente de las palabras".[792] Es conocida la leyenda de que, después de ser forzado por la Iglesia a retractarse de que la tierra gira, al salir del tribunal respondió: "*¡Eppur si muove!*" ["Sin embargo se mueve"]. El llamado "caso Galileo" tiene repercusiones hasta hoy, porque pasados trescientos años de su condenación, finalmente, en 1983 fue absuelto por el papa Juan Pablo II que, diecisiete años después, emitió un pedido formal de disculpas por los excesos cometidos por el Santo Oficio donde, una vez más, incluyó al astrónomo italiano.

Completando la llamada "revolución científica", tenemos la figura ilustre de Sir Isaac Newton, un astrónomo también cristiano, conocidísimo por descubrir y demostrar la ley de la gravedad, así como otras leyes que son responsables por establecer las bases de la mecánica clásica. Como buen racionalista, Newton evalúaba y probaba de modo matemático las hipótesis físicas que había en su época. En su obra *El sistema del mundo*, hablando acerca de la fuerza que mantiene los planetas en sus espacios, y desafiando las hipótesis de su tiempo, Newton afirma que lo hará "*de modo matemático* a fin de evitar cuestiones sobre la naturaleza o la calidad de esta fuerza, la cual," decía él, "no pretendemos determinar por ninguna hipótesis".[793]

Es claro que hay muchos otros nombres que fueron omitidos y que un análisis de la historia de la ciencia, a partir de los

---

[792] GALILEI, G. *Ciência e fé* [Ciencia y fe]. São Paulo: Unesp, 2009, p. 19.

[793] NEWTON, I. *Principia. Princípios Matemáticos de Filosofia Natural. Livros II e III. O Sistema do Mundo [Principios Matemáticos de la filosofía natural. Libros II y III. El Sistema del mundo]*. São Paulo: Unesp, 2008, p. 337.

nombres aquí citados, exige mucho más de lo que se ha dicho.[794] Sin embargo, la idea fue sólo demostrar cuánto es posible modificar convicciones que parecían intocables en otras épocas. Si esto tuvo lugar, por un lado, de forma científica, por otro, no es posible negar que fue la observación de la realidad y su confrontación con las hipótesis que estaban disponibles en la época. Y a pesar de que la discusión es científica, como observa Marcelo Gleiser, "Científicos seculares también creen", en otras palabras, tienen *fe*, "si bien que su creencia es de naturaleza muy diferente de aquella de las tradiciones religiosas".[795]

Es así que el físico brasileño recuerda de la resistencia en relación a una nueva revolución científica que tuvo lugar al comienzo del siglo pasado:

> Como ilustración, vamos a volver al inicio del siglo XX, durante los años dramáticos que marcaron el nacimiento de la teoría cuántica, cuando los mayores físicos del mundo intentaban desesperadamente encontrar algún tipo de orden en medio del caos. En la década de 1920, Einstein, Max Planck, Erwin Schrödinger y otros lucharon para encontrar algún tipo de explicación para el aparente azar que, según decenas de experimentos, parecía caracterizar el mundo atómico. Estos hombres creían en la visión del mundo de la física clásica, establecida desde los días de Galileo y Newton, una visión de la Naturaleza basada en el determinismo causal, en que procesos ocurren continuamente, respondiendo a relaciones simples de causa y efecto. (Un objeto va de un lugar a otro siguiendo una trayectoria bien definida entre los puntos, determinada por fuerzas que actúan sobre él.) Esta visión del mundo sigue una lógica bien establecida, mecánica, que permite la elaboración de teorías precisas, capaces de describir el movimiento de los planetas y de los objetos de nuestro día a día. El sueño era extender esta visión a todos los fenómenos naturales, volviéndolos accesibles a la mente humana, sin secretos inescrutables. "Dios es sutil, pero no malicioso", dijo Einstein. El mundo de los átomos, sin embargo, parecía

[794] Quien se interesa y quiere profundizar en el asunto, lea BERTRAND, Joseph. *Os fundadores da astronomía moderna* [Los fundadores de la astronomía moderna]. Río de Janeiro: Contrapunto, 2008, 217p.

[795] GLEISER, M. *A simples beleza do inesperado* [La simple belleza de lo inesperado]. Río de Janeiro: Record, 2016, p. 52.

querer contrariar esta expectativa, rebelándose contra reglas bien comportadas.[796]

No hay necesidad de proseguir con la discusión, pero es interesante recordar lo que dijo Thomas Kuhn, al observar oportunamente que cuando un científico considera un "paradigma como cierto, no tiene más necesidad, en sus trabajos más importantes, de intentar construir su campo de estudios comenzando por los primeros principios y justificando el uso de cada concepto introducido".[797] Así, con la confianza de que está todo correcto y "probado", se hace ciencia sobre el paradigma en vigencia, sin preocupación alguna. Sin embargo, ya que, de acuerdo con Kuhn, la "ciencia normal se esfuerza (y debe hacerlo constantemente) para aproximar siempre más la teoría y los hechos"[798], la teoría acaba siendo avalada y cuestionada, llevando la comunidad científica a cambiar los paradigmas. ¿Qué sucede con todo que lo se erigió, sobre todo, de forma ideal, propositiva y teórica sobre tal paradigma? Vuelve al punto de partida.

Como si el cambio de paradigma en relación a la física ya fuera poco, otra gran transformación ocurrió con él: la confiabilidad de la razón quedó seriamente comprometida. Eso porque, a pesar de que, como afirman las teorías clásicas de la física, el "Universo es racional", dice Gleiser, se trata de "una 'estructura magnífica que podemos comprender sólo imperfectamente', [pues] nuestro pensamiento no puede abarcarlo en su totalidad".[799] Así, concluye el mismo científico, lo "desconocido y lo incognoscible coexisten".[800] Esto no significa despreciar la razón ni la ciencia, porque para Gleiser, "es posible aceptar el misterio y, al mismo tiempo, buscar explicaciones racionales del mundo natural"[801], siempre que se acepte el hecho de que, en las palabras del mismo científico, "lo inexplicable —que debe ser diferenciado de lo que

[796] Ibid.

[797] KUHN, T. S. *A estrutura das revoluções científicas [La estructura de las revoluciones científicas]*. São Paulo: Perspectiva, 2007, p. 40.

[798] Ibid., p. 111.

[799] GLEISER, M. *Op. Cit.*, p. 80.

[800] Ibid., p. 81.

[801] Ibid., p. 80.

todavía no ha sido explicado, el dominio de la razón y de la ciencia— es inevitable, y debe considerarse parte esencial de la teoría del conocimiento, de cómo entendemos el mundo".[802] En otras palabras, viene desde Platón la idea de que la "ciencia, la razón humana, [es] como [un] oráculo, capaz de desentrañar todos los misterios".[803] Sin embargo, como dice Gleiser, tal propuesta es simplemente inalcanzable, porque cuanto más crece, o aumenta, el conocimiento, ese proceso, en la misma medida, "*genera nuevos desconocimientos*".[804]

A pesar de que la ciencia es "una construcción intelectual bajo revisión constante, una narrativa que creamos para dar sentido a lo que vemos del mundo"[805], el hecho innegable es que la realidad es tan plural que los instrumentos creados para aprehenderla están siempre por debajo. Un ejemplo para ilustrar el punto es ofrecido por el propio Gleiser al decir que los "físicos que trabajan en teorías de campo describen el mundo combinando las matemáticas con experimentos que miden cómo las partículas de materia interactúan entre sí a través de campos de fuerza". Así, completa él, la "leccción es tan simple como abarcante: existen influencias —mayores o menores— entre todo lo que existe". Y existir de forma aislada, "sin sentir ningún tipo de influencia, es una abstracción". En términos directos, la "realidad es una tela de influencias mutuamente interdependientes, de la cual poco conocemos".[806] Por lo tanto, la idea positivista, la postura metafísica de colocarse como sujeto y ver todas las cosas como objeto, como si estuviera mirando desde "afuera", es igualmente una ilusión.

En realidad, desde cuando se percibió que solamente por un proceso artificial es que se puede equiparar el enunciado, o la proposición, a la cosa, que el racionalismo se vio en apuros. Como expresó muy bien Peter Berger, tanto en su *El dosel sagrado*[807] como, juntamente con Thomas Luckmann, en *La construcción*

[802] Ibid., p. 29.

[803] Ibid., p. 61.

[804] Ibid., p. 29.

[805] Ibid., p. 79.

[806] Ibid., p. 37.

[807] BERGER, P. L. *O dossel sagrado: elementos para uma teoría sociológica da religião* [El dosel sagrado: para una teoría sociológica de la religión]. São Paulo: Paulus, 2012, 198p.

social de la realidad[808], no existe un mundo naturalmente humano. El "mundo humano" es social y, por eso mismo, construido. Ese proceso se da en la tríada epistemológica "exteriorización-objetificación-interiorización", esto es, el hombre imagina y produce (exterioriza), nombra e instituye (objetiviza) y reproduce a través de la educación (interioriza). Y eso se da por un proceso social, construido y no ontológico y "caído del cielo". Eso en términos de alimentación, vestuario, cultura y ciencia, en fin, todo lo demás que se imagine. Es evidente que el proceso ocurre de manera más compleja que de la forma que está siendo colocada, sin embargo, lo que tiene que quedar claro es que hasta la propia razón es construida socialmente. De acuerdo con un pastor protestante, la "razón no opera en el vacío"[809], esto es, la "facultad que llamamos razón, el poder que la mente humana tiene de pensar de modo coherente y organizar los datos de la experiencia de tal manera que puedan ser comprendidos en patrones significativos", afirma Lesslie Newbigin, "está necesariamente implicada en todo conocimiento de cualquier tipo".[810]

Habiendo asentido que la ciencia y, consecuentemente, la razón no puede tener todas las respuestas y de ella venir todo el conocimiento (algo que la propia realidad se ha encargado de probar), otras formas de conocer, que no propiamente la de tipos ideales, sino una que no es exclusivamente racionalista (y que de igual forma tampoco es irracional), pues está enraizada en la experiencia, puede ser adelantada. Tal perspectiva es presentada por Alessandro Rocha en su propuesta de una "teología de la percepción de la realidad", bajo la expresión "raciovitalismo" que, por su parte, como informa el primero, es utilizada por el sociólogo francés, Michel Maffesoli al hablar sobre el innegable hecho de que la vida es responsable por moldar y constituir la razón humana, o sea, esta facultad no existe en un etéreo atemporal y de "allí" produce pensamientos puros y originales. Ya que la "existencia precede todo axioma", dice Alessandro Rocha, y "más, es en ella

---

[808] BERGER, P. L.; LUCKMANN, T. *A construção social da realidade [La construcción social de la realidad]*. Petrópolis, RJ: Voces, 2013, 239p.

[809] NEWBIGIN, Lesslie. *O evangelho em uma sociedade pluralista* [El evangelio en una sociedad pluralista]. Viçosa, MG: Ultimato, 2016, p. 22.

[810] Ibid., p. 25.

que ellos son generados, aunque después se vuelven contra ella intentando suprimir su densidad y complejidad"[811], el ser humano vive en la realidad y esta no tiene ningún compromiso con definiciones teóricas e idealizaciones racionalistas desvinculadas de la vida. La experiencia no pide licencia para suceder y ni se preocupa en ser consistente con lo que se definió, sobre todo, de forma apriorística, acerca de ella.

Es justamente por eso que, dice Alessandro Rocha, es necesario buscar una "racionalidad orgánica" que, no desvinculada de la vida, asuma la tarea y el desafío de sugerir "otras formas de percibir la realidad más allá de la simple y reduccionista racionalización objetivante de las cosas", eligiendo por eso la "experiencia", porque esta es la "forma más adecuada para darse cuenta de la realidad en un contexto posmoderno".[812] No se trata de estar de acuerdo o no con el pensamiento posmoderno, sino de entender que cada momento histórico tiene sus propias peculiaridades y características. Si los físicos hubieran insistido y obstinado en negar las nuevas percepciones que la realidad les presentaba, ciertamente habrían atascado lo poco que se conoce acerca del universo. Nos guste o no, el paradigma cambió y ellos tuvieron que reinventarse, inclinarse sobre las teorías clásicas, revisar postulados y avanzar en dirección a lo desconocido. De la misma manera, algo nuevo, una nueva forma de percepción de la realidad es reclamada en este contexto en que se descubrió que el funcionamiento del universo no se da en un *continuum*, cerrado, como si todo estuviera estático, sino justamente lo contrario. Así, en las palabras de Alessandro Rocha:

> Una racionalidad orgánica —abierta e integradora—, como expresión de una razón ampliada, debe establecer una relación consecuente en el proceso de conocimiento. Consecuente, sobre todo, porque su presupuesto es que "existe un estrecho enlace entre un concepto y la vida que lo exprime". El holismo de esta racionalidad exige una aproximación que lo tome en cuenta a lo largo de todo el desarrollo epistemológico, así como de su expresión práctica.

---

[811] ROCHA, A. R. *Razão e experiência: por uma teologia da percepção da realidade* [Razón y experiencia: por una teología de la percepción de la realidad]. Río de Janeiro: Nuevos Diálogos, 2014, p. 23, 24.

[812] Ibid., p. 33, 34.

> Está claro que la relación sujeto/objeto como propuso el *cogito* cartesiano no da cuenta de este holismo, de esta complejidad de la realidad. Es en este sentido que queremos proponer la experiencia como forma de percepción capaz de articular y comunicar un saber que tome en cuenta la entereza de la vida en el conocimiento de la realidad.[813]

La ironía es que, como se sabe, la experiencia con la realidad se encarga de cambiar y transformar la forma de conocer. Pero no para por ahí, porque el conocimiento teórico reclama que se vuelva a la experiencia para interpretarla críticamente. Es una relación dialéctica que comienza con la existencia, pasa por el sentido de misterio, nace entonces una respuesta teórico-racional (filosófica, religiosa, etc.) que, posteriormente, acaba colisionando con la experiencia. Esta instituye una manera completamente distinta de ver las cosas, llevando a las personas a cuestionar la teoría. Sin embargo aquella propia experiencia particular, con el pasar del tiempo, acaba pasando por un proceso de agotamiento, llevando a las personas a crear instrumentos teóricos que la cuestione, siguiéndose así el ciclo dialéctico. Así, aunque de entre las características principales de la modernidad y, consecuentemente, del racionalismo que van perdiendo el sentido en una postura filosófica y epistemológicamente posmoderna, estén las determinaciones que la metafísica atribuyó al hombre y al ser, esto es, en las palabras de Vattimo, "las cualificaciones de sujeto y objeto, que constituyeron el cuadro en que se consolidó la propia noción de realidad"[814] o, como afirmó Alessandro Rocha, "el cogito cartesiano", aun así, de acuerdo con este último, es necesario admitir que "todo conocimiento nace de una relación entre sujeto, que busca activamente el conocimiento, y el objeto, que debe ser conocido". En otros términos, es de la "relación recíproca de esos dos polos (el polo subjetivo, el sujeto; y el polo objetivo, el objeto) [que] surge la capacidad humana de tematizar la realidad". En otras palabras, la propia forma de investigación es, en sí misma, una experiencia. Es igualmente curioso pensar que la "experiencia", de acuerdo con Rocha, incluso siendo "una forma

---

[813] Ibid., p. 34.

[814] VATTIMO, G. *Op. Cit.*, p. 189.

de conocimiento muy primitivo, el más primitivo, o sea, original, primigenio", aun así es un medio para tematizar la realidad y, completa el mismo autor, "es por él que se inaugura el conocimiento".[815] Incluso porque, primero se tiene el acontecimiento, el fenómeno o el evento y solamente después se busca una explicación y, consecuentemente, nace una teoría. Sin embargo como se sabe, la realidad es siempre más compleja de lo que las palabras pueden expresar.

A diferencia de lo que alguien puede imaginar, la experiencia es un concepto complejo y nada simple. Eso porque, "la experiencia, como forma de conocimiento de la realidad, no está restringida a ciertas dimensiones del humano en su existencia en el mundo —interioridad y exterioridad—, pero es un ejercicio de este humano en su integridad".[816] Es necesario entender "que externo e interno compone el acto cognitivo operado en la experiencia".[817] Después de presentar las definiciones de experiencia de los autores Walter Brugger y Nicola Abbagnano, Rocha interpreta ambas y las resume en cuatro características: "1) es una alternativa al dualismo mente/cuerpo; 2) posibilita la superación de la aporía racionalismo/empirismo; 3) afirma la relacionalidad en el proceso de conocimiento; 4) parte del suelo concreto de la existencia, 'de lo que está presente', a la construcción de su epistemología".[818] En otros términos, afirma el mismo autor, la "experiencia debe ser afirmada como forma de percepción de la realidad y comprenderse como tal, asumiendo su peculiaridad —estar delante de una presencia— sin reducirse los intelectualismos y/o sensaciones".[819] Se sigue que, después de percibir la realidad y aprehender algún aspecto de esta, la experiencia necesita expresarse y esto hace de ella una epistemología. Sin embargo observa oportunamente Rocha, ella no es "cualquier epistemología, sino una epistemología de lo concreto, de lo existencialmente verdadero, de la presencia del objeto". Pero incluso su forma de expresarse no surge de conceptos abstractos o universales.

[815] Ibid., p. 39.
[816] Ibid., p. 41, 42.
[817] Ibid., p. 43.
[818] Ibid., p. 45.
[819] Ibid., p. 47.

"El lenguaje derivado de la experiencia como forma de percepción de la realidad recibe sus contornos y límites de las delimitaciones de la propia presencia".[820] Con la contribución de Lima Vaz, Alessandro Rocha presenta seis características de la experiencia como "epistemología":

> 1) La falsa oposición entre experiencia y pensamiento; 2) la experiencia como fase del pensamiento que se vuelve a la *presencia* del objeto; 3) la articulación entre experiencia y sus derivados —sentimientos, emociones y sentidos; 4) la experiencia como forma *activa* de relación entre la consciencia y el fenómeno; 5) la pluralidad de las formas de expresión —lenguaje— de la experiencia; 6) y, los modos fundamentales de presencia el desvelamiento donde el ser da a nuestro pensar —cosas, otro, yo.[821]

A fin de aclarar, definitivamente, este tipo particular de epistemología, Rocha dice que tales "características que constituyen la experiencia como forma de percepción de la realidad, debido a su carácter de concreción o focalización en una presencia (de las cosas, del otro o del yo), se convierten en una epistemología que no puede reducirse a la mera abstracción especulativa", o sea, "esa epistemología se presenta como un camino, una forma de ser en el mundo".[822] En términos directos, "Conocer, al menos en la perspectiva de la experiencia, es relacionarse con la realidad como una presencia".[823] Y es justamente por eso que, completa el mismo autor, "se nos reclama todas las dimensiones de nuestra existencia, no solamente la razón o los sentidos comprendidos en oposición".[824] Esa "relación con una presencia demanda la entereza de la existencia". En esto reside, dice Rocha, "en mayor grado la peculiaridad de la epistemología de la experiencia: la entereza del humano ante la realidad". No obstante, oportunamente él observa, "aunque nos encontremos en la lógica sujeto/objeto, nos insertamos en ella de forma distinta a aquella propuesta por

[820] Ibid., p. 50.
[821] Ibid., p. 52.
[822] Ibid.
[823] Ibid., p. 55.
[824] Ibid., p. 55, 56.

el racionalismo moderno".[825] La falsa percepción positivista de neutralidad fue reconocida y hoy ya no se sugiere más su posibilidad, a no ser por una negación abstracta y sin sentido de la vida e incluso del propio ejercicio epistemológico. En otras palabras:

> Esa cons-ciencia (ciencia derivada de la ex-peri-encia), que se funda en la relación con una presencia, realiza una forma de ser en el mundo. No siendo suficiente, por lo tanto, solamente el desarrollo de cierto instrumental de comprensión abstracta y conceptual acerca de los objetos, tal ciencia (cons-ciencia) exige un influjo de la vida sobre la realidad que se quiere conocer y, de esta realidad sobre la vida que se abre para conocerla. Esta es una forma de ser en el mundo fundado sobre el principio de la afectación, que excluye cualquier forma de exención del sujeto frente al objeto. En el proceso de conocimiento dirigido por la experiencia los dos polos —sujeto y objeto— son mutuamente afectados y el discurso derivado de tal epistemología no puede ser confundido como una mera descripción de la realidad, sino como una interpretación de ella.[826]

Este es el punto. No se puede confundir la realidad con su supuesta descripción. Primero porque es imposible que una descripción reproduzca realmente la realidad en toda su plenitud atendiendo a los mínimos detalles de su complejidad y, en segundo lugar, "no es posible más sostener una concepción de razón que afirme la identidad entre discurso y realidad", en otras palabras, "la realidad es siempre mayor que el discurso".[827] Por lo tanto, en términos epistemológicos, se vive actualmente una verdadera revolución en la forma de conocer, percibir, experienciar y discursar. Por más que se insista en una epistemología de tipo ideal, basada en la idea de "amplia coherencia", donde se elimina, en el nivel del discurso, artificialmente los inevitables conflictos y paradójicos de la realidad, el pensamiento posmoderno, coincidente con la física cuántica y con la crisis del racionalismo, reivindica otra forma de percepción y esta, como se podrá ver, es la misma que los primeros seguidores de Cristo —los judíos—, experimentaron en los principios de la era cristiana, porque de

[825] Ibid., p. 56.
[826] Ibid., p. 56, 57.
[827] Ibid., p. 22.

otra forma sería simplemente imposible que ellos cambiaran su pensamiento y práctica.

La experiencia religiosa[828] y la transformación en la forma monoteísta de creer de los judíos

Se da por sentado entre los teólogos el hecho de que Israel es monoteísta. La gran discusión se centra en la cuestión de la época en que ese monoteísmo se desarrolló, no sólo de forma práctica, sino, sobre todo, conceptualmente. A pesar de que muchos piensan que el aspecto principal de la fe israelita es estrictamente el monoteísmo, la verdad es que lo realmente específico del pueblo escogido es la forma como el monoteísmo fue presentado, mantenido y fijado. Él nace de la experiencia religiosa y recibe tratamiento adecuado en la Torá que trata de diversos asuntos. La importancia de este aspecto puede ser verificada cuando se sabe

[828] Si la experiencia ya es un concepto complejo de definir, nada inferior es la discusión que incluye la "experiencia religiosa", porque esta es todavía más complicada. En las palabras de Jörg Lauster, "el propio concepto de experiencia religiosa es bastante problemático". El "uso coloquial del término", esto es, su utilización popular, lleva a cualquiera a pensar, cuando se habla de "experiencias religiosas", afirma el mismo autor, en "asociaciones con experiencias extraordinarias como éxtasis y visiones". Sin embargo, como Lauster explica, una "reorientación teológica precisaría establecer como su objetivo mostrar que las experiencias religiosas de modo alguno pueden ser reducidas a estas experiencias extraordinarias, ya que su presencia puede ser comprobada también en la experiencia diaria de la vida. Por otro lado, el concepto ya viene condicionado por la historia de la teología, justamente por causa de su asociación con las elevaciones místicas. Con frecuencia, se ve en ellas una experiencia totalmente subjetiva de salvación, como es cultivada sobre todo en el pietismo y en los movimientos de despertar religioso. Por eso, en la teología del siglo XX, el concepto fue evitado tácitamente o criticado como inútil por las razones más diversas, tanto por la teología dialéctica como por aquellas tendencias que estaban interesadas sobre todo en un entendimiento entre el cristianismo y la cultura moderna. De forma que la propia clasificación histórico-teológica del concepto de experiencia religiosa tiene que superar una serie de reducciones considerables. Lo que obstaculiza su uso en la teología es, además, la imprecisión de contenido. No existe ninguna claridad en relación a lo que debe entenderse por experiencia religiosa. Lo que salta a la vista es el hecho de que se trata de un concepto completamente difuso" (LAUSTER, J. *Religião como interpretação da vida* [Religión como interpretación de la vida]. São Paulo: Loyola, 2009, p. 22).

que, como explica Esequias Soares, "no siempre ser monoteísta significa adorar al Dios verdadero".[829] Eso por la simple verdad de que "muchos pueblos paganos de la antigüedad fueron monoteístas porque adoraron a una sola divinidad, y sin embargo, no adoraban al Dios de Israel, el verdadero Dios, que es adorado por judíos y cristianos".[830] El filósofo Eric Voegelin dice que algunos historiadores consideran el texto de Deuteronomio 6.4, 5 "como la primera formulación de monoteísmo teórico".[831] Aldo Natale Terrin, en sentido inverso, informa que el texto de Éxodo 20.2, no puede considerarse el inicio de un "verdadero monoteísmo teórico, sino antes de un monoteísmo práctico", o sea, "no había conciliación entre el Dios de Israel y todos los otros dioses del tiempo y de las varias áreas geográficas".[832] Wolfhart Pannenberg, aclara que la fe de Israel pasó de la "monolatría" que es la "*veneración* de un sólo Dios" (aquí una forma de monoteísmo práctico), hacia el "monoteísmo", en este caso el teórico, que es la "convicción de la *existencia* solamente de este único Dios".[833]

Es interesante saber que a pesar de que "las palabras *dies, dyaus, deva, Dios, Zeus*" todas derivan de la originaria "palabra sánscrita *div*", como enseña Terrin, esta "no indica una persona, sino la luz, el brillo del día, la experiencia primordial de la vida que se abre a la luz".[834] Aunque en Occidente sea costumbre referirse al Dios revelado en la Biblia como "Dios", este no es su nombre (Ex 6.3). Evidentemente que habiendo conocido al Señor (y muchos nombres divinos del Antiguo Testamento eran derivados de experiencias con el Todopoderoso[835]), no es el

[829] SOARES, E. *Manual de apologética cristã* [Manual de apologética cristiana]. Río de Janeiro: CPAD, 2002, p. 152.

[830] Ibid.

[831] VOEGELIN, E. *Ordem e História: Israel e a Revelação* [Orden e Historia: Israel y la Revelación]. V.1. São Paulo: Loyola, 2009, p. 414, 415.

[832] TERRIN, A. N. *Introdução ao estudo comparado das religiões* [Introducción al estudio comparado de las religiones]. São Paulo: Paulinas, 2003, p. 383.

[833] PANNENBERG, W. *Teologia sistemática. V. I. [Teología sistemática. V. I]*. Santo André, SP: Academia Cristã; São Paulo: Paulus, 2009, p. 112.

[834] TERRIN, A. N. *Op. Cit.*, p. 379.

[835] METTINGER, Tryggve N. D. *O significado e a mensagem dos nomes de Deus na Bíblia [Buscando a Dios: significado y mensaje de los nombres divinos en la Biblia]*. San Andrés, SP: Academia Cristiana, 2008, 332p.

nombre el que importa y sí el modo de relacionarse con Él y las consecuencias directas de tal relación, o sea, el *modus vivendi* y el *modus operandi*. El conocido teólogo y fenomenólogo alemán, Rudolf Otto, "abre" su obra seminal, *Lo sagrado*, disertando sobre este tema:

> Para cualquier idea teísta de Dios, sobre todo la cristiana, es esencial que defina la divinidad con claridad, caracterizándola con atributos como espíritu, razón, voluntad, intención, buena voluntad, omnipotencia, unidad de la esencia, consciencia y similares, y que por lo tanto sea pensada como correspondiendo al aspecto personal-racional, como el ser humano lo percibe en sí mismo de forma limitada e inhibida. En lo divino, todos estos atributos son pensados como "absolutos", o sea, como "perfectos". Se trata, en el caso, de conceptos claros y nítidos, accesibles al pensamiento, al análisis pensante, pudiendo inclusive ser definidos. Si llamamos *racional* a un objeto que puede ser pensado con esta claridad conceptual, se debe caracterizar como racional la esencia de la divinidad descrita en esos atributos. Y la religión que los reconozca y afirme es, en este sentido, una religión racional. Solamente por medio de ellos es posible "fe" como convicción con conceptos claros, a diferencia del mero "sentir".[836]

El capítulo de la obra en mención es el primero y trata de lo "racional" y de lo "irracional". Por eso, después de hablar apropiadamente acerca de la racionalidad o de la inteligibilidad de los aspectos revelados de la divinidad, él llama la atención hacia algo no menos importante que es el aspecto "irracional", refiriéndose a aquello que trasciende la comprensión humana, pues, si la primera dimensión es importante, no menos lo es la que considera ser igualmente necesaria para "alertar contra un mal entendido que llevaría a una interpretación engañosa y unilateral, o sea, la opinión de que los atributos racionales mencionados y otros similares, a ser eventualmente añadidos, *agotarían* la esencia de la divinidad".[837] Dicha cuestión, para una "mentalidade-teológica-racionalista-moderna", es inadmisible. Aún consciente del

[836] OTTO, R. *O Sagrado [Lo sagrado]*. San Leopoldo, RS: Sinodal/Est; Petrópolis, RJ: Voces, 2007, p. 33.
[837] Ibid., p. 34.

hecho de que no es "posible definir a Dios", porque Él "va más allá de los límites que el hombre puede imaginar" siendo, por eso mismo, "incognoscible"[838], muchos creen que no hay nada acerca del Creador que no pueda entenderse.

No obstante, un mínimo de lucidez reflexiva es suficiente para comprender que Dios se reveló lo que consideró necesario, mas, con certeza, ¡no se agotó en su revelación! Por otro lado, se acepta que ninguna discusión de esta naturaleza tendría lugar si el Señor no se hubiera autorrevelado (Gn 17.1), y, exactamente por eso, "Dios es al mismo tiempo cognoscible, porque le es posible al hombre conocerlo".[839]

El mejor aspecto de concebir la divinidad por este sesgo apofático, hasta por causa de las limitaciones humanas, y aceptar que Dios no se agota en sus enunciados racionales —lo que sería un absurdo y una arrogancia sin igual— es abrirse a la posibilidad de, cada día más, poder conocerlo (cf. Job 42.3; Os 6.3). En la esfera de este mismo asunto, los conceptos de *numinoso*[840] y *mysterium tremendum*, para quedar sólo en esos dos ejemplos, trabajados por Otto, hablan, respectivamente, del encuentro con lo sagrado, como siendo algo "irracional, o sea, no puede ser explicado en conceptos, [sino] solamente podrá ser indicado por la reacción especial de sentimiento desencadenado en la psiqué".[841] Aquí se alude a *metanoia*, a la conversión. Algo interior que se manifiesta o se muestra exteriormente. Como observa Rubem Alves, así "como no es el objeto que crea la estructura sino antes la estructura que hace al objeto constituirse, la fe no es ver un objeto más, sino antes la perspectiva que coloca todos los objetos en un contexto significativo nuevo".[842] Sin embargo, si lo que caracteriza la

[838] SOARES, E. *Op. Cit.*, p. 59.

[839] Ibid.

[840] Según el propio Otto, numinoso viene "del latín omen" y, por lo tanto, "se puede formar 'ominoso', de *numen*, entonces, numinoso" (p. 38). Con este término, el teólogo alemán se refiere a una "categoría numinosa de interpretación y valoración así como a un estado psíquico numinoso que siempre ocurre cuando aquella es aplicada, o sea, donde se juzga se trata de objeto numinoso" (p. 38).

[841] Ibid., p. 44.

[842] ALVES, R. *O enigma da religião [El enigma de la religión]*. Campinas: Papirus, 2008, p. 149.

primera fase de la experiencia de conversión, dice el mismo autor, "fue la experiencia de la falta de sentido en su segundo momento ella es la redescubierta *del sentido*".[843] Por lo tanto, las "condiciones objetivas de la vida no cambiaron. Cambiaron las condiciones subjetivas".[844] Así, dice Rubem Alves, "podemos concluir que la experiencia religiosa primordial es fundamentalmente emotiva"[845] y, completa, en la "emoción se revela mi manera de ser en relación al mundo y la manera de ser del mundo en relación a mí".[846] La transformación de la consciencia y de la psiqué, como dijo Otto, y ahora también Ruben Alves, es una característica de la experiencia religiosa.

Nadie niega que, de hecho, es la experiencia del encuentro con lo sagrado que funda la religión y perpetúa la creencia. El llamado del caldeo y politeísta Abraham originó la fe en la promesa divina de que, a partir de él, sería formado un reino de sacerdotes cuya función sería representar a Dios (Gn 12.2; 18.18 cf. Ex 19.4-6). Con el pasar de los siglos, la promesa no podría subsistir sin un encapsulamiento más amplio, porque ella no nutría sólo una sola familia o incluso un clan, era una multitud que no poseía territorio y mucho menos cultura. Es necesario recordar que las personas tampoco tuvieron su experiencia religiosa, a su conversión, o su encuentro con lo sagrado. Así, para que se realizara el éxodo, fue preciso que Moisés viviera la experiencia hierofánica de la zarza (Ex 3.1—4.17), o sea, la promesa abrahámica no podría producir, sola, la osada iniciativa de un hebreo, a los 80 años de edad, desafiar al mayor monarca de la época para que libertase sus esclavos a fin de que estos fueran a sacrificar al Dios de ellos (Ex 5.1-3). Sin tomar en cuenta todos los contornos de la historia de Israel, es necesario saltar a los días de Jesucristo y entender que el Maestro vivió en un contexto del Antiguo Testamento (Mt 11.13; Lc 16.16).[847] Es a partir del Hijo de Dios que se instaurará una nueva alianza (Mt 26.26-29; Mr 14.22-25; He 12.24). Alianza

[843] Ibid., p. 150.

[844] Ibid., p. 153.

[845] Ibid., p. 162

[846] Ibid., p. 163.

[847] JEREMIAS, Joachim. *Teologia do Novo Testamento [Teología del Nuevo Testamento]*. São Paulo: Hagnos, 2008, p. 303.

esta que, inclusive, sólo vino a ser realmente reconocida y aceptada por los discípulos después de la resurrección, en la primera aparición del Maestro (Lc 24.28-49; Jn 2.22; 6.41-69). En Cristo la alianza abrahámica se cumple cabalmente: "Todas las familias de la tierra son benditas". Aún ante lo que ya fue expuesto, no es secreto decir que, después de la ascensión del Señor Jesús, tomó un buen tiempo para que sus seguidores —que eran, sobre todo, judíos— se autodefinieran y supieran el "límite" entre la práctica del evangelio y la religión judaica. Josef Schreiner afirma que "después de la decisión del concilio apostólico (Hch 15), la iglesia primitiva adquirió la certeza de que la Ley, en sus prescripciones de culto, ceremoniales y jurídicas, ya no era obligatoria". En vista de ello, el mismo autor concluye: "En todo la autoridad última es Cristo, el Señor".[848]

A pesar de que el historiador francés, especialista en el período medieval, Jacques Le Goff, afirma que en el "dominio de las creencias, casi nunca se producen revoluciones, sino evoluciones más o menos profundas, más o menos rápidas"[849], es imprescindible preguntar: ¿Cómo el Maestro[850] adquirió tal autoridad y, todavía más sorprendente, como Él se volvió objetivo de devoción, inclusive de sus primeros seguidores que eran judíos y, por lo tanto, monoteístas y adoradores exclusivistas? Esta cuestión crucial orienta la investigación del profesor de lengua, literatura y teología del Nuevo Testamento, en la Universidad de Edimburgo, Escocia, Larry Hurtado. Él menciona que la discusión en cuanto "al *por qué* y *cómo* Jesús vino a considerarse y ser tratado como mesiánico y figura divina entre los cristianos primitivos"[851],

---

[848] DAUTZENBERG, Gerhard.; SCHREINER, Josef. *Forma e exigências do Novo Testamento* [Forma y exigencias del Nuevo Testamento]. São Paulo: Hagnos, p. 35.

[849] LE GOFF, J. *O Deus da Idade Média [El Dios de la Edad Media]*. Río de Janeiro: Civilización Brasileña, 2013, p. 18.

[850] Es importante observar que el presente texto no está considerando la cuestión del punto de vista de la fe del autor que, como todos los cristianos, comparte la idea de que Jesús tenía plena autoconsciencia acerca de su divinidad y que dicha cuestión es indiscutible. El objetivo aquí es demostrar la importancia de la experiencia.

[851] HURTADO, L. W. *Senhor Jesus Cristo [Señor Jesucristo]*. San Andrés, SP: Academia Cristiana; São Paulo: Paulus, 2012, p. 27.

fue particularmente considerada por dos enfoques acerca de las cuales Hurtado tiene reservas. La primera de ellas, por ser más común y popular, inclusive por todos que profesan la fe cristiana, es resumida por él de la siguiente forma:

> Entre cristianos de orientación más ingenua (esto puede incluir también personas en otros aspectos cultas que simplemente no fueron conscientizadas sobre estas cuestiones) y entre algunos apologistas cristianos anticríticos, hay con frecuencia la visión de que Jesús era considerado divino simplemente porque era de hecho el Mesías y el divino Hijo de Dios y porque, durante su ministerio, él dejó claro a sus discípulos tanto su mesianismo como su divinidad. En tal visión, consecuentemente, no hay ningún proceso histórico a ser investigado y nada particularmente difícil de entender históricamente sobre la devoción a Cristo en el período primitivo. Las afirmaciones cristianas primitivas sobre Jesús pueden ser difíciles de aceptar para no creyentes por varias razones, pero la explicación sobre cómo y por qué los primeros cristianos promovieron visiones tan elevadas respecto a Jesús como muestran el Nuevo Testamento y otros escritos cristianos primitivos, es considerada simple: la veracidad del mesianismo y la divinidad de Jesús fue revelada por el propio Jesús, y fue así naturalmente incluida, desde el comienzo, en las creencias y en las prácticas religiosas cristianas. En efecto, de acuerdo con este punto de vista, es difícil o absolutamente inapropiado (especialmente en la visión apologista anticrítica) aplicar análisis históricos a la devoción a Cristo practicada por los primeros cristianos y buscar explicar su desarrollo. Las expresiones anticríticas de este punto de vista defienden que la validez religiosa y teológica de la devoción cristiana tradicional a Cristo sería cuestionada si fuera tratada como un fenómeno histórico.[852]

La segunda, llamada "*religionsgeschichtliche Schule* [Escuela de Historia de las Religiones]", por ser académica y desarrollarse en la esfera del estudio histórico-crítico de la Biblia afirma, de forma ingenua, que la "devoción a Cristo como una figura divina fue esencialmente un proceso simple y, en realidad, no extraordinario, de sincretismo", o sea, "la devoción a Jesús como divino resultó de la influencia de la religión 'pagana' de la era romana

[852] Ibid., p. 27, 28.

sobre cristianos 'helenistas', supuestamente más susceptibles a tales influencias que los judíos cristianos 'palestinos'".[853] Hurtado observa, irónicamente, que aunque este enfoque despreciara la "visión ingenua", acabó por hacer lo mismo al acreditar la devoción al Señor a algo simple y sin necesidad de una investigación más responsable. Lo que las dos tienen en común, es la "noción de que la validez de una práctica o creencia religiosa es cuestionada cuando puede ser demostrada [como] un fenómeno verdaderamente histórico y [...] producto de fuerzas y factores históricos"[854] posibles de ser demostrados. La idea equivocada de ambas es que "si es posible demostrar que algo surgió a través de un proceso histórico, entonces no puede ser una 'revelación' divina o tener continua validez teológica". Me alineo, sin embargo, con Hurtado en la idea de que no hay "ninguna razón obvia por la cual, en principio, revelaciones divinas no podrían venir a través de procesos enteramente históricos y envolver eventos y personas de épocas y lugares particulares, condicionadas por culturas particulares".[855] Si no fuera así, Dios no podría haberse revelado nunca, porque en cualquier período en que lo hiciera, un pueblo en particular sería objetivo de tal manifestación y precisaría tener la revelación en su propia lengua y cultura. La propia Biblia registra eso (He 1.1).

Tratándose de la devoción a Jesús, es imprescindible recordar que dos documentos, o escritos neotestamentarios, que ofrecen las primeras informaciones, las epístolas paulinas son los primeros y no los Evangelios. Aún porque, literariamente hablando ellas surgen primero que los Evangelios. Y, en los escritos paulinos, informa Hurtado, en realidad, la expresión, el "título más importante que Pablo usó en fórmulas y contextos que reflejen el culto no fue 'Hijo de Dios' (que, de hecho, ocurre sólo cuatro veces en las cartas atribuidas a Pablo y claramente no es una expresión patronada), sino *Kyrios*".[856] Además de "Hijo de Dios", en el *corpus* paulino, hay una variedad de significados, la expresión *Kyrios*, "Señor", como deja entrever 1 Corintios 12.3

[853] Ibid., p. 29.
[854] Ibid., p. 31.
[855] Ibid., p. 32.
[856] Ibid., p. 50.

("[...] nadie puede decir, 'Jesús es el Señor', a no ser por el Espíritu Santo"), es título de extrema importancia honorífica y religiosa. La TEB, en comentario al texto de Filipenses 2.11, afirma que la asunción de que "Jesucristo es el Señor", era "la confesión fundamental de la fe cristiana (Hch 2,36; Ro 10,9; 1 Co 12,3; cf. Ap 19,16)".[857] Así, "todo indica que la veneración cúltica de Jesús comenzó increíblemente pronto entre grupos compuestos y dominados por judíos cristianos con una profunda lealtad a una postura religiosa monoteísta".[858]

Hay un patrón utilizado para comprobar la devoción a Jesús y la expresión *Kyrios* es sólo uno de ellos y, como añade Hurtado, "Características clave de este patrón preceden incluso la conversión de Pablo y probablemente ayudaron a provocar sus esfuerzos previos de erradicar el movimiento cristiano judaico".[859] Lo que Hurtado está diciendo es que lo que provocó la fuerte persecución de Pablo a los seguidores de Jesús, antes de que se convirtiera, es obvio, sólo puede haber sido el culto a Cristo. A pesar de no compartir la hipótesis de que el cristianismo "comenzó como un movimiento dentro de la tradición religiosa judaica del período romano"[860], opinión esta ampliamente compartida por la mayoría de los autores académicos, es innegable que había una preocupación acerca de la relación de los seguidores de Jesús con el judaísmo del primer siglo. Las preguntas que surgían eran: "¿El individuo tenía que volverse judío para ser verdadero seguidor de Jesús? ¿La identificación con la comunidad de creyentes liberaba a la persona de todas las expectativas tradicionales de los judíos? ¿Y las Escrituras de los judíos? ¿Ellas fueron sustituidas en todo o en parte por Jesucristo?".[861] Así, a pesar de no pensar que lo que llegó a convertirse en el cristianismo hubiera sido, inicialmente, un movimiento disidente del judaísmo, la verdad es que, según Gregory Miller:

[857] *Bíblia Tradução Ecumênica* [Biblia Traducción Ecuménica]. (TEB). São Paulo: Loyola, 1994, p. 2283.

[858] HURTADO, L. W. *Op. Cit.*, p. 51.

[859] Ibid., p. 52.

[860] Ibid., p. 58.

[861] MILLER, Gregory J. Voces del pasado: Tentativas históricas para formar un pensamiento cristiano. En: PALMER, Michael D. *Panorama do pensamento cristão* [Panorama del pensamiento cristiano]. Río de Janeiro: CPAD, 2001, p. 113.

> A pesar del relajamiento de las exigencias rituales, el cristianismo primitivo continuó siendo influenciado significativamente por su origen judaico. Esto es claramente observado en la importancia de las Escrituras hebraicas (el Antiguo Testamento) en la vida de la Iglesia. Tomó un largo período de tiempo (cerca de 350 años después del nacimiento de la Iglesia) para que la colección diversificada de escritos que llamamos Nuevo Testamento fuera estandarizada y universalmente aceptada. Durante este tiempo, el Antiguo Testamento recontó la historia de la relación de Dios con la humanidad y profetizó sobre la venida de Jesús, el Mesías. En su traducción griega, llamada Septuaginta, los cristianos primitivos podían mostrar a las personas de todo el Imperio Romano que el cristianismo no era una enseñanza nueva, sino la culminación de las antiguas promesas de Dios. El cristianismo no era una mera "secta de los judíos", sino la propia realización del pacto de Dios con Abraham, Isaac y Jacob.[862]

Así, "el monoteísmo judaico tuvo un papel poderoso en el moldeo de la devoción a Cristo, particularmente en los grupos cristianos de los cuales tenemos conocimiento por el Nuevo Testamento y en los grupos posteriores que eran formativas de lo que vino a ser el cristianismo familiar, 'ortodoxo'".[863] En otras palabras, aún teniendo tales dudas, los "cristianos permanecieron firmemente comprometidos con las doctrinas judaicas del monoteísmo y de la creación, y la concomitante norma ética de no adorar otros dioses" y, a pesar de que "sus adversarios judíos consideraron el culto cristiano a Jesucristo una violación del mandamiento de no adorar otros dioses, los cristianos insistían en que fue el único verdadero Dios de Israel que fue revelado al mundo en la persona de Jesucristo".[864] De esta forma, dos grandes características, los "dos componentes clave", se destacan de esta interinfluencia del judaísmo con el cristianismo primitivo: "(1) una fuerte afirmación del monoteísmo exclusivista en la

---

[862] Ibid., p. 114.
[863] HURTADO, L. W. *Op. Cit.*, p. 58.
[864] IRVIN, Dale T.; SUNQUIST, Scott W. *História do movimento cristão mundial* [Historia del movimiento cristiano mundial]. v. I. São Paulo: Paulus, 2004, p. 173.

creencia y en la práctica, al lado de (2) una inclusión de Cristo al lado de Dios como destinatario legítimo de devoción cúltica".[865] Tal "patrón devocional 'binitario'", para utilizar los términos de Hurtado, es un tipo de "variante de monoteísmo" que sólo se desarrolló específicamente en el cristianismo, porque los judíos ortodoxos siguen siendo monoteístas sin creer en Jesús como el Mesías y, en caso de que este surja, el entendimiento que se tiene de él es que será un libertador político y no Dios igual al de Israel. Justamente por eso, es necesario reconocer que la "devoción a Cristo", dice Hurtado, "es un desarrollo fuera de lo común".[866] Sobre todo, cuando se entiende que "Jesús no se volvió para ellos un Dios adicional".[867] Así, completa el mismo autor:

> En otras palabras, la vigorosa devoción a Jesús promovida en los escritos del Nuevo Testamento y [...] perpetuada y desarrollada también en círculos cristianos del segundo siglo, no llega a ser un culto separado ofrecido a Jesús como un segundo dios nuevo. Por el contrario, existe un vínculo y una subordinación bastante consistentes de Jesús a Dios "el Padre" en esos círculos, evidente inclusive en los textos cristianos de las décadas finales del primer siglo que son normalmente considerados como reflejando una cristología más "alta", por ejemplo, el evangelio de Juan y el Apocalipsis. Por eso me referí a esta devoción a Jesús como una forma "*binitaria*" del monoteísmo: hay dos figuras distinguibles (Dios y Jesús), pero ellas son colocadas en una relación mutua que parece buscar evitar un *diteísmo* de dos dioses, y la práctica devocional muestra una preocupación similar (*p. ej*., la oración es característicamente ofrecida *a* Dios *a través/en nombre* de Jesús). A mi ver, esta devoción a Jesús llega a tratarlo como destinatario de culto en un momento sorprendentemente antiguo del primer siglo y es ciertamente una inclusión programática sin precedentes de una segunda figura en la tradición monoteísta de aquel tiempo. Mas el culto a Jesús demuestra claramente que está siendo moldeado por una preocupación reconociblemente monoteísta. Esta devoción a Jesús (de hecho, la retórica cristológica del Nuevo Testamento

---

[865] HURTADO, L. W. *Op. Cit.*, p. 84.

[866] Ibid., p. 85.

[867] Ibid., p. 86.

en general) envuelve una adaptación de las tradiciones del agente principal que demostré ser una característica del antiguo monoteísmo judaico. Jesús funciona como agente principal de Dios, las acciones reveladoras y redentoras de Jesús son consistentemente retratadas como hechas en la autoridad de Dios, como expresiones de la voluntad de Dios y como sirviendo a los propósitos y a la gloria de Dios. La integración de Jesús como destinatario de adoración cúltica al lado de Dios no tiene paralelos y señala un desarrollo importante en la creencia y en la práctica cúltica monoteístas. Pero esta forma variante del monoteísmo apareció entre círculos que insistieron en afirmar que eran fieles a la naturaleza monoteísta de la tradición judaica. Cualquier teoría de los orígenes y del desarrollo de la devoción a Jesús debe, por lo tanto, atribuir un papel significativo a esta preocupación monoteísta.[868]

Habiendo ya establecido la importancia del monoteísmo exclusivista judaico en la formación del monoteísmo del cristianismo primitivo y, de cierta forma, incluso en la devoción a Cristo, sin que tal "patrón devocional binitario" se convirtiera en un *diteísmo*, ahora es necesario preguntar lo que, de hecho, produjo tal creencia. ¿Cuál fue el acontecimiento que tuvo la capacidad de transformar tan radicalmente la postura monoteísta exclusivista de los judíos, haciendo de Jesús, un hombre que había vivido hacía poco tiempo entre ellos, objetivo de devoción y adoración cúlticas? La respuesta de Hurtado no podría ser más directa:

> Propongo que el factor más plausible para eso es el efecto de las poderosas experiencias religiosas en círculos cristianos primitivos, experiencias que tocaron a las personas y las hicieron (y también a otros participantes en esos círculos) como teniendo validez y fuerza reveladora suficiente para pedir una reconfiguración tan importante de la práctica monoteísta. No es necesario para mi teoría, sin embargo, comprobar la *validez* religiosa de estas (o de cualquier otra) experiencias. Sólo es necesario que reconozcamos dos cosas: (1) la *eficacia* demostrable de tales experiencias en la generación de innovaciones significativas en varias tradiciones religiosas; y (2) la

[868] Ibid., p. 87, 88.

probabilidad de que esta eficacia pueda ser conferida también en el caso del cristianismo primitivo.[869]

Lo que se concluye no es que las experiencias son importantes porque en el pasado su registro proporcionó la oportunidad de que los cristianos actuales tengan en sus manos la "revelación especial", mas hasta el hecho de que el propio Jesús es Dios y que hoy se le puede rendir culto es, igualmente, producto de las experiencias que los primeros seguidores de Cristo tuvieron con Él, sobre todo, después de la resurrección. Eso puede ser comprobado desde Tomás, en su reconocimiento de Jesús como "¡Señor mío y Dios mío!" (Jn 20.28), hasta Pablo que, de forma dramática, en el camino de Damasco, tuvo un encuentro con Cristo (Hch 9.1-9).

En todos los casos, la metamorfosis es drástica, porque todos tenían sus convicciones religiosas, sobre todo, los judíos, y aun así cambiaron sin titubear. Por esa radicalidad Hurtado defiende que "además de una apreciación adecuada de la importancia general de las experiencias religiosas en círculos cristianos primitivos, es preciso contar con el significado *causativo* de experiencias reveladoras en las innovaciones religiosas que acontecieron en esos círculos".[870]

Citando autores como James Dunn, Philip Almond y Carl Raschke, Hurtado dice que la importancia de tales experiencias religiosas en el cristianismo primitivo, no puede ser minimizada ni considerada a la ligera, porque las experiencias tienen la capacidad de transformar creativamente una tradición religiosa e, igualmente, proponer nuevas maneras de interpretar esta misma tradición. El resultado práctico es nada menos que una reconfiguración de las convicciones religiosas y de las creencias de la tradición.[871] Todo indica, como se puede desprender del estudio de las epístolas y de los Evangelios, que fue justamente lo que ocurrió.

---

[869] Ibid., p. 103, 104.

[870] Ibid., p. 105.

[871] Ibid., p. 106.

La experiencia del Espíritu[872] como forma de reinterpretación de la Escritura e "intelección de la fe"

A pesar de ser ampliamente sospechosa, incluso por aquellos que más deberían defenderla, la experiencia religiosa fue decisiva en la reinterpretación de los textos del Antiguo Testamento. Y si esa información parece demasiado "obvia", porque en una "concepción alegórica", dice Ulrich Körtner, "las personas o eventos relatados en el Antiguo Testamento tienen doble sentido por estar vinculados en una historia redentora a los eventos neotestamentarios", y que, continúa el mismo autor, tales eventos y personas "preparan el evento cristológico, anticipándolo al mismo tiempo como arquetipos"[873], sería oportuno preguntar lo que hizo que Pablo, por ejemplo, judío "extremadamente celoso de las tradiciones" de sus padres, cambiara de idea (Gá 1.14). No sólo eso, el apóstol de los gentiles perseguía de modo ostensivo a los seguidores del Camino por entender que ellos, por ser judíos, estaban no sólo renegando de la fe judaica, mas muy probablemente, por causa de la adoración al Señor Jesucristo, los encontraba también blasfemos (Hch 3.13-26; Fil 3.6; 1 Ti 1.13 cf. Hechos 8.1-3; 9.1-22). Lo que no puede escapar a la discusión es que Pablo, conocedor de la Ley, afirma que renunció a todo eso, o sea, cosas que cualquier judío apreciaría (Fil 3.4-7), por el "conocimiento de Jesucristo" (Fil 3.8). No sólo la expresión, sino el concepto de "conocimiento" aquí, según la TEB, se trata de un "término [que] tiene un sentido bíblico muy fuerte: no descubrimiento intelectual, sino vínculo vital íntimo".[874] Como aclara James Dunn, "mientras en el pensamiento griego el término

---

[872] Una sucinta exposición histórica acerca de la experiencia del Espíritu en los principios del cristianismo hasta el siglo XVII puede ser consultada en PELIKAN, Jaroslav. *A Tradição Cristã: Uma história do desenvolvimento da doutrina. A doutrina cristã e a cultura moderna desde 1700* [La tradición cristiana: una historia del desarrollo de la doctrina. La doctrina cristiana y la cultura moderna desde 1700]. V. 5. 1ª ed. São Paulo: Vida Nova, 2016, p. 223-33.

[873] KÖRTNER, U. H. J. *Introdução à Hermenêutica Teológica* [Introducción a la Hermenéutica Teológica]. San Leopoldo, RS: Sinodal/EST, 2009, p. 137.

[874] *Bíblia Tradução Ecumênica* [Biblia Traducción Ecuménica]. (TEB). São Paulo: Loyola, 1994, p. 2285.

denota característicamente una percepción racional, el concepto hebraico también abarca el conocimiento de relación personal".[875] Aclarando un poco más, el mismo autor todavía dice:

> Lo mismo sucede con el conocimiento de Dios. No se trata meramente de reconocimiento teórico de que el teísmo es una posición intelectual viable. Conocer a Dios es adorarlo ([Ro] 1.21). Como Pablo observó anteriormente: la sabiduría humana es inadecuada para alcanzar este conocimiento (1 Co 1.21); conocer a Dios es ser conocido por él, una relación de ida y vuelta de reconocimiento y obligación (Gá 4.9). Como en las Escrituras (hebraicas), el "conocimiento de Dios" incluye experiencia de las acciones de Dios, el conocimiento de ida y vuelta de la relación personal.[876]

Es de este tipo de conocimiento que el apóstol de los gentiles está hablando en Filipenses 3.8. Tal "conocimiento" que, como ya se ha dicho, es en última instancia una relación, remite a la conversión de Pablo, puesto que allí se inicia su encuentro con lo sagrado (Hch 9.3-9). Como se sabe, no es posible reconstituir ese evento (Hch 22.1-16; 26.9-18), sin embargo en la primera narrativa, un detalle importante es revelado por Lucas, cuando dice que "fue entonces Ananías y entró en la casa, y poniendo sobre él las manos, dijo: Hermano Saulo, el Señor Jesús, que se te apareció en el camino por donde venías, me ha enviado para que recibas la vista y seas lleno del Espíritu Santo" (Hch 9.17). Es imposible leer este texto y no acordarse de los eventos de Hechos en que la imposición de manos es acción presente en el recibimiento del don del Espíritu (Hch 8.17 cf. 19.6). Tal cuestión trae a la mesa la discusión acerca de la experiencia del Espíritu, punto decisivo y de mucho valor al pentecostalismo. Acerca de este aspecto, Dunn, que no es pentecostal, defiende la idea que el recibimiento del Espíritu como don era "común", esto es, para él equivalía al acto de creer en el mensaje del evangelio, porque la "experiencia cristiana primitiva, [era] experiencia entendida como experiencia del Espíritu".[877] Independientemente de su opinión

[875] DUNN, J. D. G. *A teologia do apóstolo Paulo* [La teología del apóstol Pablo]. São Paulo: Paulus, 2008, p. 76.
[876] Ibid., p. 76, 77.
[877] Ibid., p. 478, 487.

contraria al pentecostalismo, puesto que Dunn dice que las varias expresiones utilizadas por Pablo para referirse a la experiencia del Espíritu, indican el hecho de que el apóstol de los gentiles "podía suponer que sus imágenes encontrarían resonancia en las experiencias de sus oyentes es en sí mismo indicativo de que el habla cristiana primitiva sobre el Espíritu se refería a algo que todos habían experimentado cuando abrazaron la fe"[878], mas también, por otro lado, asume que no es posible negar el hecho de que tal lastre lingüístico no "implica que las experiencias indicadas eran claramente distintas o, en fin, fácilmente distinguibles una de las otras".[879] Así, aun reluctante, él admite que en un "extremo del espectro [de la discusión] tendríamos que registrar varios fenómenos extáticos", y ejemplifica diciendo que "el recuerdo de los inicios de los convertidos corintios —'enriquecidos en él en toda palabra y en toda ciencia... de tal manera que nada os falta en ningún don (1 Co 1.5,7)— es indicación suficiente que su espiritualidad extática (cap. 14) fue una característica desde el comienzo".[880] En otras palabras:

> Resumiendo, Pablo no se apartó de la idea del Espíritu como el Espíritu experimentado. Eso era demasiado fundamental a su espiritualidad y la de sus iglesias. La realidad existencial de "recibir el Espíritu" era demasiado central a su concepción de la transición crítica para el discipulado cristiano. Mas él era suficientemente previsor (o experimentado) para dejar de cercar la dimensión experimental con pruebas críticas e insistir en Cristo y en el carácter recordado de Cristo como norma fundamental, por la cual deberían ser evaluadas todas las pretensiones de experiencia del Espíritu.[881]

El pentecostalismo siempre trató de preservar ese discernimiento fundamentado en la Palabra (1 Jn 4.1), puesto que el engaño lleva a la comunidad de fe a la derrota. La importancia de esta cuestión puede ser sentida y vista de diversos ángulos y no es, de ningún modo, un detalle insignificante y puntual, restringido

[878] Ibid., p. 489.
[879] Ibid., p. 491.
[880] Ibid.
[881] Ibid., p. 495.

a la comunidad de fe corintia. En realidad, siguiendo la línea propuesta por Larry Hurtado, tales manifestaciones y experiencias de la espiritualidad extática mencionada por Dunn y abundantes desde el primer siglo —retomando la discusión desde el punto inicial de este último capítulo que es justamente demostrar la capacidad que la experiencia tiene de transformar la forma de creer y de pensar—, tiene tanta importancia que, como veremos, cambia no sólo la manera de creer y pensar de un individuo o de toda una comunidad, o que, dígase de paso, ya sería demasiado, sino que incluso revoluciona toda una tradición. No obstante, tal poder de transformación lleva al grupo dominante a todo tipo de reacción ante la amenaza de la "nueva doctrina" (Hch 4.18-22). Esto puede ser visto, por ejemplo, en Hechos 7, cuando Esteban narra la línea en que el judío creía en la redención de Israel, sin embargo, inserta a Jesús como el ápice del cumplimiento de todas las promesas anheladas por ellos. Rosemary Fernandes va a decir que una de las "características presentes en el catecumenado primitivo [...] es la teología narrativa", puesto que, a través de la "memoria y de la narración, presenta la revelación como proceso, como experiencia dialógica entre Dios y su pueblo, entre Jesucristo y los discípulos, entre los apóstoles y sus oyentes y nuevos adeptos".[882]

Considerando la postura del judío, sobre todo del primer siglo, Hurtado defiende que una revolución como la "devoción binitaria" no puede ser explicada sólo por factores sociales ni por aspectos religiosos previos, pero sí con experiencias de revelación[883], puesto que sólo estas pueden asegurar una transformación de la magnitud de la que ocurrió en el monoteísmo judaico-cristiano. Al lado de este tipo de experiencia de revelación, Hurtado presenta otra categoría revelacional que contribuyó para tal formación:

> Es altamente probable que expresiones inspiradas/espontáneas en la forma de oráculos proféticos así como cánticos inspirados eran otro medio importante a la innovación religiosa. Cánticos inspirados eran tal vez particularmente importantes para el surgimiento

---

[882] COSTA, Rosemary F. *Mistagogia hoje* [Mistagogia hoy]. São Paulo: Paulus, 2014, p. 154, 155.

[883] HURTADO, L. W. *Op. Cit.*, p. 109.

de ideales o afirmaciones cristológicas, como argumentó MARTIN HENGEL. Basados en lo que la mayoría de los estudiosos considera fragmentos reminiscentes de los himnos cristianos más antiguos en el Nuevo Testamento (*p. ej.*, Fil 2.6-11), parece que ellos tenían una fuerte preocupación en celebrar y alabar a Cristo. No eran productos de poetas entrenados, pero surgieron de la exaltación religiosa de los cristianos, fueron probablemente tomados como teniendo la fuerza de oráculos proféticos, y nuevamente parecen haber tenido una asociación particular con el ambiente de culto (1 Co 14.26; Col 3.16).[884]

Además de que este tipo de adoración en la iglesia del primer siglo, compuesta primordialmente de judíos, promover una identificación con los profetas del Antiguo Testamento, puesto que estos siempre fueron responsables por la revelación de la voluntad divina, la liturgia en aquel momento histórico, tanto como para el pentecostalismo, tenía una dimensión pedagógica y teológica y no simplemente emocional como acusan algunos. Su función principal era adorar a Dios y, al mismo tiempo, servir de recurso didáctico de formación de la consciencia de la comunidad. Sin embargo, ya que esta comunidad se presenta de diversas formas a lo largo de los mil años de historia y en diferentes culturas, el pentecostalismo cree que el Espíritu Santo provee, para cada lugar y tiempo, el mensaje apropiado y necesario. Pero eso no acontece, como demuestra el tercer ejercicio que, como defiende Hurtado, ciertamente proporcionó las condiciones para que, en medio de tantos "escrúpulos religiosos de la antigua tradición judaica", fuera posible que ocurriera la innovación revolucionaria más "notable en los círculos cristianos más antiguos", o sea, "incluir a Cristo al lado de Dios como destinatario de devoción cúltica"[885]. Se trata de lo que el autor llama "exégesis carismática". Tal ejercicio interpretativo "de los textos bíblicos (del Antiguo Testamento) era todavía otro medio importante para nuevas reflexiones".[886] Y eso ocurre porque, al releer el Antiguo Testamento bajo una nueva perspectiva, teniendo el evangelio y

[884] Ibid., p. 114.
[885] Ibid., p. 113.
[886] Ibid., p. 114.

al mismo Jesucristo como claves hermenéuticas, se vuelve inevitable no llegar a nuevas conclusiones. En este caso, de acuerdo con la reflexión de Rosemary Fernandes, es posible considerar la "teología narrativa [...] mistagógica, porque apunta hacia el camino, hacia el movimiento del éxodo del corazón, de la entrega procesal de sí al proyecto de Dios".[887] Tal "viaje" sólo puede ser hecho por quien realmente pasó por la experiencia del encuentro con el Nazareno y entendió la propuesta del Reino anunciada en el Evangelio. Hurtado afirma que el:

> Nuevo Testamento preserva el resultado de estas experiencias en una apropiación a veces sorprendente de pasajes bíblicos para expresar la devoción a Cristo. Por ejemplo, la alusión altamente notable de Isaías 45.23 en Filipenses 2.10-11 muestra una referencia a Cristo como *Kyrios* así como Dios en un pasaje que tal vez sea el más estridentemente monoteísta del Antiguo Testamento. La interpretación cristológica de Isaías 6.1 en Juan 12.41 es otro caso notable. Referencias en el Nuevo Testamento a experiencias de reflexiones inspiradas acerca de textos bíblicos (*p.ej.*, 2 Co 3.12-16; Lc 24.27, 31-32, 44-47) y fenómenos comparativos en la historia de las religiones deberían llevarnos a considerar seriamente experiencias de interpretaciones inspiradas de textos bíblicos como ocasiones clave para los desarrollos cristológicos. Tales experiencias eran probables en el contexto del culto colectivo que incluía oraciones y expectativas por revelaciones divinas y otros fenómenos que levantaban cuestiones y hacían que creyentes devotos escudriñaran sus Escrituras por nuevas reflexiones y respuestas.[888]

¿Quién podrá negar que gran parte del Nuevo Testamento fue producido bajo esa condición e influencia? Eso era obligatorio, puesto que todo lo que había sido enseñado a los judíos a lo largo de siglos, fue puesto a prueba y se reveló equivocado. Así, además de lo que hay —textualmente— a ojos vistos demostrando que fue justamente de esta forma que el material neotestamentario vino a la luz, no se puede negar que ciertamente debe haber habido un lapso considerable entre la relectura de los textos del Antiguo Testamento (a partir de las experiencias

[887] COSTA, Rosemary F. *Op. Cit.*, p. 155.
[888] HURTADO, L. W. *Op. Cit.*, p. 114, 115.

de revelación y extáticas, además de la exégesis carismática) y la producción del material neotestamentario, o sea, las experiencias religiosas aseguraron la aceptación cúltica en aquel tiempo, mientras la experiencia del Espíritu motivó la reflexión que precedió a la "intelección de la fe", ofreciendo las condiciones para que ese misterio fuera asegurado a las demás generaciones. Justamente debido a que ello nace el Nuevo Testamento. Como defiende Rosemary Fernandes, la "experiencia cristiana de Dios es inseparable de las fuentes de la Revelación bíblica, incluyendo los orígenes de la tradición cristiana", incluso porque, la "Escritura, que nace como fruto de la experiencia religiosa de un pueblo y que en su estructura actual se presenta como recordatorio de esta experiencia, se ofrece como una palabra válida para todos los tiempos y para todos los hombres".[889] Por lo tanto, si no fuera la experiencia religiosa, generando la conversión de los judíos al Evangelio de Jesucristo, y la experiencia del Espíritu llevando estos mismos judíos a cuestionar sus tradiciones y hacer relecturas del Antiguo Testamento a través de una "exégesis carismática", no habría las primeras reflexiones de fe y ni el Nuevo Testamento a partir del cual hoy se hace teología, se predica y se mantiene la tradición cristiana en sus diversas expresiones. Retornar a la fuente primaria —las Escrituras— teniendo en vista preservar el misterio que nutre la fe cristiana es imprescindible, pero es igualmente necesario reconocer la importancia de la experiencia del Espíritu que, juntamente con otros factores, hizo posible la construcción de tal fuente. En otros términos:

> En los orígenes del Nuevo Testamento, de hecho, hay un encuentro de Jesús con sus discípulos, los cuales, en este encuentro, "perturbador y envolvente", tuvieron una experiencia de salvación, que después interpretaron y establecieron por escrito. También la interpretación forma parte de la experiencia, por cuanto toda experiencia contiene elementos interpretativos, es un percibir interpretando. El Nuevo Testamento es, definitivamente, la rendición de cuentas de una experiencia de salvación interpretada: la experiencia viene en un mensaje, y el mensaje se transmite generando

[889] COSTA, Rosemary F. *Mistagogia hoje* [Mistagogia hoy]. São Paulo: Paulus, 2014, p. 56.

> en el oyente una experiencia de vida. El mensaje remite a una experiencia, como origen, y, como resultado, a una experiencia activa. La revelación divina no es, en su origen, una doctrina, y sí la libre iniciativa de Dios que se comunica manifestándose en hechos, que determinan una experiencia de salvación, la cual es interpretada y establecida en un mensaje escrito. El mensaje contiene una doctrina, pero no es la doctrina el elemento principal, y sí la experiencia. La doctrina es como un reordenar, sobre el plano de la reflexión y de la profundización, aquel contenido de experiencias que está en los orígenes, y sirve a la transmisión y a la activación de tal experiencia de salvación. Y, por lo tanto, nosotros nos insertamos en la viva tradición cristiana haciendo experiencia: "Definitivamente, se trata, de cualquier forma, de una historia cristiana de experiencia que continúa".[890]

Aquí, una vez más se está ante la cuestión de cómo conciliar la doctrina con la realidad. En primer lugar, es necesario admitir que siendo la Palabra de Dios la fuente de preservación del misterio, su lectura y estudio, son obligatorios. Sin embargo la "interpretación de la Escritura, además de ser inevitablemente plural, nunca será incondicional, ya que su *locus* es la iglesia o sus confesiones como comunidades interpretativas".[891] Sin embargo surge un impasse, porque "en la perspectiva evangélica no puede haber privilegio interpretativo por parte de la iglesia o del magisterio en el sentido de controlar o domesticar la pluralidad del proceso interpretativo, lo cual, por principio, no puede ser concluido".[892] Y más, dice Körtner, de acuerdo con "la tradición de la Reforma, la iglesia —aquí en el significado concreto de comunidad de culto— no es sujeto, sino objeto de la interpretación".[893] En una palabra, según el mismo autor, la "comprensión evangélica de la iglesia como criatura del evangelio manifiesta la experiencia en la cual

[890] GIBELLINI, Rosino. *Breve história da teologia do século XX [Breve historia de la teología del siglo XX]*. Aparecida, SP: Santuario, 2010, p. 195, 196. La última frase de la cita tiene la siguiente referencia en nota: E. Schillebeeckx, *Esperanza umana y fede in Gesù Cristo. En breve bilancio* (1979), Queriniana, Brescia, 1985, p. 21.
[891] KÖRTNER, U. H. J. *Op. Cit.*, p. 125, 126.
[892] Ibid., p. 126.
[893] Ibid., p. 126, 127.

el ser humano, en su esfuerzo de interpretar la Escritura, se ve tomado por la experiencia pneumatológica de ser, inversamente, interpretado por el texto de la Escritura". En este caso, la propuesta sería transferir la "doctrina clásica de la inspiración", dice Körtner, "del acto de la producción hacia el acto de la lectura", así, "el 'lector implícito' de los textos bíblicos es un lector que, en el acto de la lectura, es inspirado por el Espíritu de Dios y alcanza una nueva comprensión de sí mismo".[894] En este sentido, el catolicismo difiere abismalmente del protestantismo, porque no sugiere la hipótesis de cualquier lectura fuera de la tradición. Esto por una razón muy simple —la Escritura sólo puede ser interpretada a través de una exégesis científica. Y como sólo el magisterio domina tales herramientas y técnicas, el pueblo queda alejado del conocimiento y, consecuentemente del encuentro con la fuente del misterio que nutre el alma de lo que cree. Desde el punto de vista de la "comprensión evangélica, al contrario, el hecho de que la Biblia sea leída en la iglesia indica la necesidad de diferenciar entre la palabra de Dios y toda interpretación humana de la misma". Procediendo de esta forma, "el asentimiento con los textos bíblicos no puede ser declarado como premisa de la interpretación de la Escritura, pero este es alcanzado en cada acto de la lectura como superación del 'pecado en la comprensión' anterior".[895] La pregunta es: ¿Se mantiene el protestantismo así? La respuesta es un retumbante "no". La unilateralidad interpretativa de que se acusaba al catolicismo, se reveló igualmente virulenta y arrogante en el protestantismo. Se cristalizaron interpretaciones, se crearon dogmas y también fueron elegidos intérpretes oficiales que son los únicos competentes para hacer la exégesis de los textos. Sin embargo, el problema mayor se manifiesta cuando ocurre, así como cuando los sacerdotes, jefes, ancianos y doctores de la Ley, que mandaron arrestar a Pedro y Juan, descubren que ambos son personas simples y sin instrucción (Hch 4.1-22). Pedro que antes había negado a su Maestro delante de una criada de conocer al Señor los desafía sin miedo, porque está "lleno del Espíritu Santo". Aquí reside la diferencia. Esa posibilidad provoca escalofríos en personas que se creen en el derecho de controlar a los otros.

[894] Ibid., p. 127.

[895] Ibid.

No desconozco, por ejemplo, la cuestión revelada por la lingüística moderna de que la atribución de sentidos, o significados, diferentes a un texto que flagrantemente no tiene este propósito es un equívoco, pues, según aclara Körtner, no se puede confundir "el sentido y el significado de un texto con el uso que se hace de él".[896] Sin embargo, la rigidez de los métodos históricos, tanto los críticos (al modo liberal) como los gramaticales (al modo fundamentalista), acabaron "impidiendo aquella experiencia que debería justamente ser la meta de toda lectura bíblica, cual sea, la de propiciar una nueva 'experiencia con la experiencia'".[897] Tal postura estaría llevando a una búsqueda de la interpretación alegórica que, según los reformados, es la única forma utilizada por los pentecostales para interpretar la Biblia. Por eso, Körtner cuestiona si es posible "justificar, desde el punto de vista exegético, la legitimidad objetiva de la tradición exegética alegórica y su doctrina de múltiples sentidos de la Escritura". Además de y si, es posible, saber "donde la exégesis espiritual tal vez rebasa el límite de la espiritualidad genuina, esto es, una lectura que nada lee *a partir* de los textos de la Biblia, sino sólo *introduce* en ellos un significado, reduciendo los propios textos a no más que una percha u ornamento para estados de consciencia religiosa".[898] Sin embargo no se trata, equivocadamente, de alegorización, sino de leer la Biblia de forma que se ve en el texto. Muchas veces el texto, en sí, esto es, su modalidad, el género literario, en varias ocasiones no es necesariamente lo narrativo, que es la forma que el pueblo pentecostal lee la Biblia, sino que se trata de una forma de lectura que tiene la impresionante capacidad de crear una identificación del lector con el texto bíblico. Tal forma de leer no fue enseñada al creyente más simple, pero se desarrolló prácticamente de manera intuitiva mientras que el pentecostal lee la Biblia sin la dependencia racionalista que pretende explicar todo sin dejar espacio para creer en lo inexplicable, en el misterio, en lo inefable. El hecho es que, desde el punto de vista de la religión oficial de Israel, en todas sus expresiones (oficiosas y oficial), la lectura que Jesucristo, sus apóstoles y la iglesia del primer siglo

[896] KÖRTNER, U. H. J. *Op. Cit.*, p. 141.

[897] Ibid., p. 134.

[898] Ibid., p. 136.

hicieron del Antiguo Testamento no sólo era equivocada, sino blasfema y, por lo tanto, merecedora del más severo castigo. Si bien entiende la preocupación del autor, a fin de que ningún grupo asalte nuevamente la Biblia para sí como si fuera portador de la única interpretación correcta, este es un riesgo inevitable de correr y viene desde la Reforma. Claro que, como todos saben, después tal punto fue revisado por entender los "peligros" y también para garantizar a los que ahora lideraban aquello de que se reclamaba anteriormente.

Finalizando, el único punto que es necesario ser destacado como fundamental en este proceso de formación del Nuevo Testamento, desarrollo de la religión cristiana, su teología y dogmas, son las experiencias humana, religiosa y del Espíritu. Tales experiencias deben ser encaradas como formas legítimas de conocimiento y también, en sus vertientes revelacional, religiosa y del Espíritu, vistas como decisivas en la transformación de la forma de creer, pensar y percibir la realidad e incluso modificar los propios conceptos teológicos y doctrinales (Hch 10.9-48). Esto no es sólo una posibilidad, sino algo realista y que debe ser aceptado como formas de revelación divina. Es evidente que se puede contestar tal propuesta con el argumento de que en el período del primer siglo, en que el *Canon* todavía no estaba cerrado, tales experiencias fueron necesarias y, por lo tanto, son legítimas e irrefutables. Sin embargo la experiencia del Espíritu vista en círculos continuistas, los testimonios y los diversos relatos provenientes de musulmanes que se han convertido sin mediación alguna, o cualquier tipo de evangelización, indican que la experiencia, en todas las tres formas, continúa como una de las principales maneras —sobre todo popular— de conocimiento de Dios y, a diferencia de lo que se intenta con la pretensión de absolutismo de la teología, la forma de creer y, consecuentemente, de pensar, no se subordina a las teorizaciones por más elaboradas que sean. La realidad se impone, a pesar de lo que teóricamente se dice acerca de ella.

Para no concluir

Me gusta la sencillez pentecostal que afirma que estamos viviendo el "capítulo 29" de Hechos. La historia de la Iglesia no terminó, pues Cristo no ha regresado para que su pueblo esté eternamente con Él. Me apena y me alegra el hecho de que hoy la religión cristiana reconoce la importancia del pentecostalismo como una de sus principales expresiones. De "movimiento sin teología", comenzamos a producir teología de calidad a través de un contingente de maestros y doctores que salen todos los años de las grandes universidades del país. Son la gran cantidad de las obras sobre pentecostalismo, sobre todo con sesgo sociológico, pero ahora llegó el momento de que los pentecostales reflexionemos acerca de nuestra práxis, pensando la experiencia del Espíritu y escribiendo nuestra propia teología.

El camino es largo y hay mucho por hacer, pero las señales son buenas, teniendo uno u otro foco de resistencia, que no es más que una secuela de lo que ya fue un gran incendio en que se quemaba la teología, y no una regimentación para impedir la enseñanza teológica. La prueba de que estamos haciendo progreso es que hoy ya tenemos una facultad de teología oficial de la denominación y una gran parte de sus ex alumnos ya son maestros y doctores, siendo algunos hasta profesores en grandes instituciones fuera de Brasil. Como somos millones, es natural que en medio de toda esta transformación, surjan divergencias por causa de algunos excesos, sino también por la falta de entendimiento de la necesidad de que eso se realice ahora. Ambas situaciones pueden evitarse al entender que no hay cómo prescindir de la teología y que esta no puede ser hecha desvinculada de la comunidad de fe. Es necesario entender que estamos al servicio de Dios, para servir a su pueblo, sin que lo dominemos o menospreciemos a los que nos precedieron y, dentro de sus posibilidades, nos trajeron hasta aquí. No estamos *por* el pueblo ni *para* el pueblo, somos igualmente pueblo y tenemos los mismos anhelos y expectativas de nuestros hermanos.

Incluso no teniendo tantos datos concretos a la mano, sé de la existencia de facultades de teología, ya reconocidas por el Ministerio de la Educación, mantenidas por iglesias locales y que cuentan con la simpatía de la comunidad. Son avances que señalan el nuevo tiempo. Si Harvey Cox, Jean Delumeau, Roger Haight, Alister McGrath y otros tuvieran razón y realmente estamos en la "Era del Espíritu", le toca al pentecostalismo una gran responsabilidad consignada en la formación de personas relevantes, que entiendan la dimensión diaconal de la Iglesia, esto es, su tarea que consiste en sólo servir, sin que dicha postura sea una "estrategia evangelística", sino algo orgánico y consciente. La sociedad no reclama la creación de más denominaciones, quiere que las que ya están muestren su importancia, demuestren que son imprescindibles y, por consecuencia, respeten al ser humano. Eso no significa que nuestro discurso será "políticamente correcto" o sin expresión, pero tampoco nos toca *tomar partido*, literalmente, en cuestiones que no son territorio de la iglesia y sí del Estado. Cuando eso acontece, generalmente dejamos de atender el papel de la Iglesia y nos volvemos alguna cosa diferente del cuerpo de Cristo.

Nunca hubo, y nunca habrá, un período favorable para servir a Dios, seguir a Jesús y ser movido por el Espíritu Santo. No hubo en los días del Maestro, ni en los de la Iglesia del primer siglo, ni en la larga Edad Media, ni en la modernidad y, si acaso hubo la instauración de una posmodernidad, como período histórico, tampoco será diferente. Ningún período histórico es moralmente bueno ni completamente degenerado, ahora los que abrazaron el evangelio de Jesucristo deben, en todo tiempo, ser como Él fue. Me arriesgo a decir que muchos problemas serán enfrentados entre nosotros mismos, los cristianos, porque toda vez que los que estaban marginados encuentran un medio de expresarse, quien dominó el discurso la vida entera acaba resistiendo. En los días de Jesús había una teología acerca del Mesías (Jn 12.34).

Desde el punto de vista histórico, era muy anterior al mensaje del Señor, no obstante, esa teología mantenía a las personas como ciegas e imposibilitadas de ver la verdad que, dicho sea de paso, no era propiedad de nadie, pero sí del propio Jesús (Jn 14.6; Mt 15.1-14; Lc 11.52). Conclusión: la referida teología no era cierta por ser antigua, tener tradición, y mucho menos el Maestro estaba equivocado, por ser hijo de personas humildes de Belén y haber crecido en Nazaret. Lo que había, y todavía hay, era preconcepto en relación a la posición social del Señor en la estratificada sociedad de entonces (Mt 13.54-58).

Siendo Él el camino, la verdad y la vida, no había más cómo monopolizar el acceso a Dios. El pentecostalismo es temido justamente por este hecho. No hay como cercenar la actuación del Espíritu, ni tampoco alguien que el Espíritu capacita para servir en determinada área. El Maestro ya derribó barreras etnocéntricas, deshizo lugares sagrados —contrariando frontalmente Deuteronomio 12.2-7—, y transformó el mundo en el escenario donde ocurre un "culto permanente", porque la forma como vivimos, y nos relacionamos, glorifica, o no, al Padre (Jn 4.1-42; 13.35; Ro 12.1). Seamos menos polemistas y "apologéticos" y más teólogos en plena diaconía. El mundo reclama ejemplo y no discurso, práctica y no "filosofía marciana" que no tiene aplicabilidad alguna en la realidad cruel.

Pentecostales, sigamos haciendo historia, en la dependencia de Dios, en la "Era del Espíritu", anunciando el mensaje de Hechos 28.31, esto es, "predicando el Reino de Dios y enseñando acerca del Señor Jesucristo, abiertamente y sin impedimento".

Referencias

ABBAGNANO, Nicola. *Dicionário de Filosofia [Diccionario de Filosofía]*. 4ª ed. São Paulo: Martins Fontes, 2000.

ALENCAR, Gedeon Freire de. *Matriz pentecostal brasileira: Assembleias de Deus 1911-2011* [Matriz Pentecostal Brasileña: Asambleas de Dios 1911-2011]. 1ª ed. Río de Janeiro: nuevos Diálogos, 2013.

ALMEIDA, Custodio; OLIVEIRA, Manfredo. (Orgs.). *O Deus dos filósofos modernos* [El Dios de los filósofos modernos]. 1ª ed. Petrópolis: Voces, 2002.

ÁLVAREZ, Vera Cíntia. *Diversidade cultural e livre-comércio: antagonismo ou oportunidade? [Diversidad cultural y libre comercio: ¿antagonismo u oportunidad?]*. 1ª ed. Brasília: UNESCO, IRBr, 2008.

ALVES, Rubem. *Dogmatismo & tolerância [Dogmatismo y Tolerancia]*. São Paulo: Loyola, 2004.

____________. *O enigma da religião [El enigma de la religión]*. 7ª ed. Campinas: Papirus, 2008.

ANDRADE, Claudionor Corrêa de. *Dicionário teológico [Diccionario Teológico]*. 7ª ed. Río de Janeiro: CPAD, 1998.

ANDRADE, Paulo Fernando Carnero de; BINGEMER, Maria Clara (Orgs.). *Secularização: novos desafios* [*Secularización: nuevos desafíos*]. Río de Janeiro: Editora PUC-Rio, 2012.

ANTONIAZZI, Alberto. *Et. al. Nem Anjos nem Demônios: Interpretações Sociológicas do Pentecostalismo* [Ni ángeles ni demonios: Interpretaciones sociológicas del pentecostalismo]. 1ª ed. Petrópolis: Voces, 1994.

ARAUJO, Isael de. *Dicionário do movimento pentecostal* [Diccionario del movimiento Pentecostal]. 1ª ed. Río de Janeiro: CPAD, 2007.

________________. *Frida Vingren: uma biografia da mulher de Deus, esposa de Gunnar Vingren, pioneiro das Assembleias de Deus no Brasil* [Frida Vingren: una biografia de la mujer de Dios, esposa de Gunnar Vingren, pionero de las Asambleas de Dios en Brasil. 1ª ed. Río de Janeiro: CPAD, 2014.

ARMSTRONG, Karen. *Em nome de Deus: o fundamentalismo no judaísmo, no cristianismo e no islamismo* [En nombre de Dios: el fundamentalismo en el judaísmo, en el cristianismo y en el islamismo]. 1ª ed. São Paulo: Compañía de las Letras, 2009.

AYRES, Antonio Tadeu. *Reflexos da globalização sobre a igreja* [Reflejos de la globalización en la Iglesia]. 1ª ed. Río de Janeiro: CPAD, 2001.

BARBAGLIO, Giuseppe. *As Cartas de Paulo (I)* [Las Cartas de Pablo (I)]. 1ª ed. São Paulo: Loyola, 1989.

BASTOS, Levy; MOLTMANN, Jürgen. *O futuro da criação* [El futuro de la creación]. 1ª ed. Río de Janeiro: Mauad X; Instituto Mysterium, 2011.

BENTHO, Esdras Costa. *Hermenêutica fácil e descomplicada* [Hermenéutica fácil y sin complicaciones]. 1ª ed. Río de Janeiro: CPAD, 2002.

BERGER, Peter. *O dossel sagrado: elementos para uma teoría sociológica da religião* [El dosel sagrado: para una teoría sociológica de la religión]. 1ª ed. São Paulo: Paulus, 2012.

BERTRAND, Joseph. *Os fundadores da astronomía moderna* [Los fundadores de la astronomía moderna]. Copérnico, Tycho Brahe, Kepler, Galileo, Newton. 1ª ed. Río de Janeiro: Contraponto, 2008.

Bíblia Tradução Ecumênica [Biblia Traducción Ecuménica]. (TEB). São Paulo: Loyola, 1994.

BINGEMER, Maria Clara. *O mistério e o mundo: paixão por Deus em tempos de descrença* [El misterio y el mundo: pasión por Dios en tiempos de incredulidad]. 1ª ed. Río de Janeiro: Rocco, 2013.

BOFF, Clodovis. *Uma igreja para o novo milenio* [Una iglesia para el nuevo milenio]. 5ª ed. São Paulo: Paulus, 2003.

BORING, M. Eugene. *Introdução ao Novo Testamento: história, literatura e teologia* [Introducción al Nuevo Testamento: historia, literatura y teología]. V. II. San Andrés: Academia Cristã; São Paulo: Paulus, 2015.

BRANT, R. L. *Falar em línguas, o maior dom?: pentecostais, falta-nos algo?* [Hablar en lenguas, ¿el mayor don?; pentecostales, ¿nos falta algo?]. 1ª ed. Río de Janeiro: CPAD, 2005.

BRUNER, Frederick Dale. *Teologia do Espírito Santo* [Teología del Espíritu Santo]. 3ª ed. São Paulo: Cultura Cristiana, 2012.

BULTMANN, Rudolf. *Crer e compreender: ensaios selecionados [Creer y comprender: ensayos seleccionados].* San Leopoldo: Sinodal, 2001.

CAMPOS, Bernardo. *Da Reforma Protestante à Pentecostalidade da Igreja: debate sobre o Pentecostalismo na América Latina [De la Reforma Protestante a la Pentecostalidad de la Iglesia: debate sobre el Pentecostalismo en América Latina].* 2ª ed. San Leopoldo: Sinodal, 2002.

CARVALHO, Guillermo Vilela Ribeiro de; CUNHA, Mauricio José de la Silva; LEITE, Cláudio Antonio Cardoso. (Orgs.). *Cosmovisão cristã e transformação: espiritualidade, razão e ordem social* [Cosmovisión cristiana y transformación: espiritualidad, razón y orden social]. 1ª ed. Viçosa: Ultimato, 2006.

CARVALHO, César Moisés. *Uma pedagogia para a educação cristã: noções básicas da ciência da educação* a pessoas não especializadas [Una pedagogía de la educación cristiana: nociones básicas de la ciencia de la educación a personas no especializadas]. 1ª ed. Río de Janeiro: CPAD, 2016.

CAVALCANTI, Robinson. Artículo: *Pseudo-pentecostales: ni evangélicos, ni protestantes.* Ultimato. Año XLI, n°314, *Ultimato,* Viçosa: septiembre-octubre de 2008.

COLSON, Charles; PEARCEY, Nancy. *E agora, como viveremos? [Y ahora... ¿cómo viviremos?].* 2ª ed. Río de Janeiro: CPAD, 2000.

_____________. *O cristão na cultura de hoje: desenvolvendo uma visão de mundo autenticamente cristã* [El cristiano en la cultura de hoy: desarrollando una visión de mundo auténticamente cristiana]. 1ª ed. Río de Janeiro: CPAD, 2006.

COMTE-SPONVILLE, André. *O espírito do ateísmo [El alma del ateísmo].* São Paulo: Martins Fontes, 2007.

CONDE, Emilio. *Nos domínios da fé* [En los dominios de la fe]. 1ª ed. Río de Janeiro: CPAD, 1962.

_____________. *Estudos da Palavra* [Estudios de la Palabra]. 2ª ed. Río de Janeiro: CPAD, 1979.

_____________. *Igrejas sem brilho* [Iglesias sin brillo]. 3ª ed. Río de Janeiro: CPAD, 1985.

COSTA, Rosemary Fernandes da. *Mistagogia hoje. O resgate da experiência mistagógica dos primeiros séculos da Igreja para a evangelização e catequese atuais* [Mistagógica hoy. El rescate de la experiencia mistagógica de los primeros siglos de la Iglesia a la evangelización y catequesis actuales]. 1ª ed. São Paulo: Paulus, 2014.

COX, Harvey. *O futuro da fé [El futuro de la fe]*. 1ª ed. São Paulo: Paulus, 2015.

__________. *A cidade secular: a secularização e a urbanização na perspectiva teológica* [La Ciudad Secular: la secularización y la urbanización en la perspectiva teológica]. 1ª ed. San Andrés: Academia Cristiana, 2015.

DANIEL, Silas. *A Sedução das Novas Teologias: o perigo por trás de modismos como Igreja Emergente, Teologia Narrativa, Teísmo Aberto, Teologia Quântica, Ortodoxia Generosa e Evangelho Auto-Ajuda* [La seducción de las nuevas teologías: el peligro detrás de modas como Iglesia Emergente, Teología Narrativa, Teísmo Abierto, Teología Quántica, Ortodoxia Generosa y Evangelio de la Autoayuda]. 1ª ed. Río de Janeiro: CPAD, 2007.

DAUTZENBERG, G.; SCHREINER, J. *Forma e exigências do Novo Testamento* [Forma y Exigencias del Nuevo Testamento]. 1ª ed. São Paulo: Hagnos, 2008.

DELUMEAU, Jean. *As razões de minha fé* [Las razones de mi fe]. 1ª ed. São Paulo: Loyola, 1991.

______________. À Espera Da Aurora. Um Cristianismo Para O Amanhã [El cristianismo del futuro]. 1ª ed. São Paulo: Loyola, 2007.

DOOYEWEERD, Herman. *No crepúsculo do pensamento ocidental: estudos sobre a pretensa autonomia do pensamento filosófico* [En el crepúsculo del pensamiento occidental: estudios sobre la pretendida autonomía del pensamiento filosófico]. 1ª ed. São Paulo: Hagnos, 2010.

D'SOUZA, Dinesh. *A verdade sobre o cristianismo [Lo grandioso del cristianismo]*. 1ª ed. Río de Janeiro: Thomas Nelson Brasil, 2008.

DUNN, James D. G. *A teologia do apóstolo Paulo* [La teología del apóstol Pablo]. 2ª ed. São Paulo: Paulus, 2008.

EDWARDS, Jonathan. *A genuína experiência espiritual* [La genuina experiencia espiritual]. 1ª ed. São Paulo: PES, 1993.

EICHER, Peter (Ed.). *Dicionário de Conceitos Fundamentais de Teologia [Diccionario de conceptos teológicos]*. 2ª ed. São Paulo: Paulus, 2005.

Enciclopédia Mirador Internacional [Enciclopedia Mirador Internacional]. s/ed. São Paulo: Encyclopaedia Britannica del Brasil Publicaciones Ltda.

ENGELMANN, Jaqueline; PECORARO, Rossano (Orgs.). *Filosofia contemporânea: niilismo, política, estética* [Filosofía contemporánea: nihilismo, política, estética]. 1ª ed. Río de Janeiro: PUC-Rio; São Paulo: Loyola, 2008.

FABRIS, Rinaldo. *Os Atos dos Apóstolos* [Los Hechos de los apóstoles]. 1ª ed. São Paulo: Loyola, 1991.

FEE, Gordon D. *Pablo, el Espíritu y el Pueblo de Dios.* 1ª ed. Miami: Editorial Vida, 2007.

FERREIRA, Franklin; MYATT, Alan. *Teología Sistemática: uma análise histórica, bíblica y apologética para o contexto atual* [Teología Sistemática: un análisis histórico, bíblico y apologético para el contexto actual]. 1ª ed. São Paulo: Vida Nova, 2007.

FINNEY, Charles. *Teologia sistemática [Teología sistemática].* 1ª ed. Río de Janeiro: CPAD, 2001.

FORTE, Bruno. *A teologia como companhia, memória e profecia: introdução ao sentido e ao método da teologia como história [La teología como compañía, memoria y profecía. Introducción al sentido y al método de la teología como historia].* 1ª ed. São Paulo: Paulinas, 1991.

__________. *Teologia em diálogo: para quem quer e para quem não quer saber nada disso* [Teología en diálogo: para cualquiera y para quien no quiere saber nada de ello]. 1ª ed. São Paulo: Loyola, 2002.

__________. *Nos caminhos do Uno: metafísica e teologia* [En los caminos del Uno: metafísica y teología]. 1ª ed. São Paulo: Paulinas, 2005.

FRAAS, Hans-Jürgen. *A religiosidade humana: compêndio de psicologia da religião* [La religiosidad humana: compendio de psicología de la religión]. 1ª ed. San Leopoldo: Sinodal, 1997.

FREIRE, Paulo. *Pedagogía de la autonomía: saberes necesarios a la práctica educativa [Pedagogía de la autonomía: saberes necesarios para la práctica educativa].* 22ª ed. Río de Janeiro: Paz y Terra, 2002.

GALILEI, Galileo. *Ciência e fé* [Ciencia y fe]. 2ª ed. São Paulo: Unesp, 2009.

GIBELLINI, Rosino. *Breve história da teologia do século XX [Breve historia de la teología del siglo XX].* 1ª ed. Aparecida: Santuario, 2010.

GIRARD, René; VATTIMO, Gianni. *Cristianismo e Relativismo: verdade ou fé frágil?* [Cristianismo y relativismo: ¿verdad o fe frágil?]. 1ª ed. Aparecida: Editora Santuario, 2010.

GLEISER, Marcelo. *A ilha do conhecimento: os limites da ciência e a busca por sentido* [La isla del conocimiento: los límites de la ciencia y la búsqueda de sentido]. 1ª ed. Río de Janeiro: Record, 2014.

_______________. *A simples beleza do inesperado* [La simple belleza de lo inesperado¨]. 1ª ed. Río de Janeiro: Record, 2016.

GODAWA, Brian. *Cinema e Fé Cristã: vendo filmes com sabedoria e discernimento* [Cinema y fe cristiana: viendo filmes con sabiduría y discernimiento]. Viçosa: Ultimato, 2004.

GOERGEN, Pedro. *Pósmodernidade e educação* [Posmodernidad y educación]. 2ª ed. Campinas: Autores Asociados, 2005.

GONÇALVES, Paulo Sérgio Lopes; TRASFERETTI, José (Orgs.) *Teologia na pós-modernidade: abordagens epistemológica, sistemática e teórico-prática* [Teología en la posmodernidad: enfoques epistemológico, sistemático y teórico-práctico]. 1ª ed. São Paulo: Paulinas, 2003.

GONZALEZ, Justo. *Uma história do pensamento cristão: de Agostinho às vésperas da Reforma [Historia del pensamiento cristiano: Desde San Agustín hasta la Reforma Protestante].* V. 2. 1ª ed. São Paulo: Cultura Cristiana, 2007.

_______________. *Breve dicionário de teologia* [Breve Diccionario de teología]. 1ª ed. São Paulo: Hagnos, 2009.

GOUVÊA, Ricardo Quadros. *A piedade pervertida: um manifesto anti-fundamentalista em nome de uma teologia de transformação* [La piedad pervertida: un manifiesto antifundamentalista en nombre de una teología de transformación]. São Paulo: Grapho, 2006.

GRENZ, Stanley J.; OLSON, Roger E. *A teologia do século 20: Deus e o mundo numa era de transição* [La teología del siglo XX: Dios y el mundo en una era de transición]. 1ª ed. São Paulo: Cultura Cristiana, 2003.

_______________.; MILLER, Ed. L. *Teologias contemporâneas* [Teologías contemporáneas]. 1ª ed. São Paulo: Vida Nova, 2011.

HAIGHT, Roger. *A comunidade cristã na história: eclesiologia comparada* [La comunidad cristiana en la historia: eclesiología comparada]. V. 2. 1ª ed. São Paulo: Paulinas, 2012.

HARRIS, Sam. *A morte da fé: religião, terror e o futuro da razão [La fin de la fe: religión, terror y el futuro de la razón]*. 1ª ed. São Paulo: Companhia de las Letras, 2009.

HAUBECK, Wilfrid y SIEBENTHAL, Heinrich Von. *Nova chave linguística do Novo Testamento Grego: Mateus a Apocalipse* [Nueva clave lingüística del Nuevo Testamento Griego: Mateo a Apocalipsis]. 1ª ed. São Paulo: Targumí y Hagnos, 2009.

HAWKING, Stephen. *O Universo numa Casca de Noz [El universo en una cáscara de nuez]*. 4ª ed. São Paulo: ARX, 2001.

HESCHEL, Abraham Joshua. *Deus em busca do homem* [Dios en busca del hombre]. 1ª ed. São Paulo: ARX, 2006.

HODGE, Charles. *Teologia sistemática [Teología Sistemática]*. 1ª ed. São Paulo: Hagnos, 2001.

HILDEBRANDT, Wilf. *Teologia do Espírito de Deus no Antigo Testamento* [Teología del Espíritu de Dios en el Antiguo Testamento]. San Andrés: Academia Cristiana, 2004.

HORTON, Stanley M.; MENZIES, Williams. W. *Doutrinas bíblicas: os fundamentos da nossa fé [Doctrinas Bíblicas: Una perspectiva pentecostal]*. 5ª ed. Río de Janeiro: CPAD, 1996.

________________. (Ed.). *Teologia sistemática: uma perspectiva pentecostal [Teología Sistemática: una perspectiva pentecostal]*. 4ª ed. Río de Janeiro: CPAD, 1997.

________________. *O avivamento pentecostal: as origens e o futuro do maior movimento espiritual dos tempos modernos* [El avivamiento pentecostal: los orígenes y el futuro del mayor movimiento espiritual de los tiempos modernos]. 1ª ed. Río de Janeiro: CPAD, 1997.

HURTADO, Larry W. *Senhor Jesus Cristo. Devoção* a Jesus no Cristianismo Primitivo [*Señor Jesucristo. La devoción a Jesús en el cristianismo primitivo]*. 1ª ed. San Andrés: Academia Cristã; São Paulo: Paulus, 2012.

IRVIN, Dale T.; SUNQUIST, Scott W. *História do movimento cristão mundial. Vol. I: Do cristianismo primitivo a 1453* [Historia del movimiento cristiano mundial. Vol. I: Del cristianismo primitivo a 1453]. 1ª ed. São Paulo: Paulus, 2004.

JEREMIAS, Joachim. *Teologia do Novo Testamento [Teología del Nuevo Testamento]*. 1ª ed. São Paulo: Hagnos, 2008.

KIDNER, Derek. *Gênesis: introdução e comentário* [Génesis: introducción y comentario]. 1ª ed. São Paulo: Vida nueva y Mundo Cristiano, 1979.

KÖRTNER, Ulrich H. J. *Introdução à Hermenêutica Teológica* [Introducción a la Hermenéutica Teológica]. San Leopoldo: Sinodal/EST, 2009.

KUHN, Thomas S. *A estrutura das revoluções científicas [La estructura de las revoluciones científicas]*. 9ª ed. São Paulo: Perspectiva, 2007.

KUYPER, Abraham. *Calvinismo*. 1ª ed. São Paulo: Cultura Cristiana, 2003.

LADRIÈRE, Jean. *A fé cristã e o destino da razão* [La fe cristiana y el destino de la razón]. 1ª ed. San Leopoldo: Unisinos, 2007.

LATOURETTE, Kenneth Scott. *Uma história do cristianismo: volume: I até 1500 a.D. [Historia del cristianismo. Volumen: I hasta 1500 a. D.]*. 1ª ed. São Paulo: Hagnos, 2006.

LAUSTER, Jörg. *Religião como interpretação da vida* [Religión como interpretación de la vida]. 1ª ed. São Paulo: Loyola, 2009.

LEEUW, J. J. van der. *A dramática história da fé cristã: desde seu início até a morte de Santo Agostinho [La dramática historia de la fe cristiana: desde sus comienzos hasta la muerte de San Agustín]*. 1ª ed. São Paulo: Pensamiento, 1987.

LE GOFF, Jacques. *O Deus da Idade Média [El Dios de la Edad Media]*. 3ª ed. Río de Janeiro: Civilización Brasileña, 2013.

LIBANIO, João Batista. Diferentes paradigmas en la historia de la teología. En: *et. al. Teologia e novos paradigmas [Teología y nuevos paradigmas]*. 1ª ed. São Paulo: Loyola, 1996.

________________. *Qual o futuro do cristianismo? [¿Cuál es el futuro del cristianismo?]*. 1ª ed. São Paulo: Paulus, 2006.

LYOTARD, Jean-Franzois. *A condição pós-moderna [La condición postmoderna]*. 12ª ed. Río de Janeiro: José Olympio, 2009.

MAGALHÃES, Antonio. *Uma igreja com teologia* [Una iglesia con teología]. 1ª ed. São Paulo: fuente Editorial, 2006.

MARSILI, S. La eucaristía en la fe de la Iglesia Primitiva. En: *et. al. A Eucaristia: teologia e história da celebração* [La Eucaristía: teología e historia de la celebración]. 1ª ed. São Paulo: Paulinas, 1986.

MCARTHUR, John. *Pense Biblicamente: recuperando a Visão Cristã de Mundo [Piense conforme a la Biblia:* Cómo recuperar el punto de vista cristiano]. 1ª ed. São Paulo: Hagnos, 2005.

MCGRATH, Alister E. *Fundamentos do diálogo entre a ciência e a religião* [Fundamentos del diálogo entre ciencia y religión]. 1ª ed. São Paulo: Loyola, 2005.

_______________. *Origens intelectuais da Reforma* [Orígenes intelectuales de la Reforma]. 1ª ed. São Paulo: Cultura Cristiana, 2007.

_______________. *Teologia histórica: uma introdução à história do pensamento cristão* [Teología histórica: una introducción a la historia del pensamiento cristiano]. 1ª ed. São Paulo: Cultura Cristiana, 2007.

_______________; MCGRATH, Joanna. *O delírio de Dawkins: uma resposta ao fundamentalismo ateísta de Richard Dawkins* [El delirio de Dawkins: una respuesta al fundamentalismo ateo de Richard Dawkins]. 1ª ed. São Paulo: Mundo Cristiano, 2007.

_______________. *Apologética cristã no século XXI: ciência e arte com integridade* [Apologética cristiana en el siglo XXI. Ciencia y arte con integridad]. 1ª ed. São Paulo: Vida, 2008.

_______________. *Como lidar com a dúvida: sobre Deus e sobre você mesmo* [Cómo lidiar con la duda: sobre Dios y sobre usted mismo]. 1ª ed. Viçosa: Ultimato, 2008.

_______________. *A Revolução Protestante: uma provocante história do protestantismo contada desde o século 16 até os dias de hoje* [La Revolución Protestante: una provocativa historia del protestantismo contada desde el siglo XVI hasta los días de hoy]. 1ª ed. Brasília: Palabra, 2012.

_______________. *Apologética pura e simples: como levar os que buscam e os que duvidam a encontrar a fé* [Apologética pura y simple: cómo llevar a los que buscan y a los que dudan a encontrar la fe]. 1ª ed. São Paulo: Vida Nova, 2013.

_______________. *O pensamento da Reforma: ideias que influenciaram o mundo e continuam a moldar a sociedade* [El pensamiento de la Reforma: ideas que influenciaron el mundo y continúan moldeando la sociedad]. 1ª ed. São Paulo: Cultura Cristiana, 2014.

_______________. *A gênese da doutrina: fundamentos da crítica doutrinária* [La génesis de la doctrina: fundamentos de la crítica doctrinal]. 1ª ed. São Paulo: Vida Nova, 2015.

________________. *Surpreendido pelo sentido: ciência, fé e como conseguimos que as coisas façam sentido* [Sorprendido por el sentido: ciencia, fe y cómo conseguimos que las cosas tengan sentido]. 1ª ed. São Paulo: Hagnos, 2015.

MENDOZA-ÁLVAREZ, Carlos. *O Deus escondido da pós-modernidade: desejo, memória e imaginação escatológica. Ensaio de teologia fundamental pós-moderna [El Dios escondido de la posmodernidad: deseo, memoria e imaginación escatológica. Ensayo de teología fundamental posmoderna].* 1ª ed. São Paulo: es Realizaciones, 2011.

MENZIES, Robert P. *Pentecostes: essa história é a nossa história [Pentecostés: esta historia es nuestra historia].* 1ª ed. Río de Janeiro: CPAD, 2016.

MOHLER JR., R. Albert. *Ateísmo remix: um confronto aos novos ateístas* [Ateísmo remix: una confrontación a los nuevos ateos]. 1ª ed. San José de los Campos: Fiel, 2009.

MOLTMANN, Jürgen. *O Espírito da Vida: uma pneumatologia integral [El espíritu de la vida: una pneumatología integral].* 2ª ed. Petrópolis: Voces, 2010.

MONDIN, Battista. *Os grandes teólogos do século vinte* [Los Grandes Teólogos del siglo XX]. 1ª ed. São Paulo: Teológica, 2003.

MONTERO, Santiago. *Deusas e adivinhas: mulher e adivinhação na Roma Antiga [Diosas y adivinas: mujer y adivinación en la Roma Antigua].* 1ª ed. São Paulo: Musa, 1999.

MORIN, Edgar. *Para sair do século XX [Para salir del siglo XX].* 1ª ed. Río de Janeiro, nueva Frontera, 1986.

NAÑEZ, Rick. *Pentecostal de coração e mente: um chamado ao dom divino do intelecto [*¿Evangelio completo *en mentes incompletas?: Un desafío a usar el don del intelecto].* 1ª ed. São Paulo: Vida, 2007.

NEMO, Philippe. *O que é o Ocidente? [*¿Qué es *Occidente?].* 1ª ed. São Paulo: Martins Fontes, 2005.

NETO, Francisco Solano Portela. Evaluando las manifestaciones sobrenaturales. En: *et.al. Fé cristã e misticismo: uma avaliação bíblica de tendências doutrinárias atuais* [Fe cristiana y misticismo: una evaluación bíblica de tendencias doctrinales actuales]. 1ª ed. São Paulo: Cultura Cristiana, 2000.

NEWBIGIN, Lesslie. *O evangelho em uma sociedade pluralista* [El evangelio en una sociedad pluralista]. 1ª ed. Viçosa: Ultimato, 2016.

NEWTON, Isaac. *Principia. Princípios Matemáticos de Filosofia Natural. Livros II e III. O Sistema do Mundo [Principios Matemáticos de la filosofía natural. Libros II y III. El Sistema del mundo]*. 1ª ed. São Paulo: Unesp, 2008.

NICODEMUS, Augustus, *Cheios do Espírito* [Llenos del Espíritu]. 1ª ed. São Paulo: Vida, 2007.

____________________. *O Pentecostes e o crescimento da igreja: a extraordinária ação do Espírito Santo em Atos 2* [El Pentecostés y el crecimiento de la iglesia: la extraordinaria acción del Espíritu Santo en Hechos 2]. 1ª ed. São Paulo: Vida Nova, 2017.

NOLL, Mark A. *Momentos decisivos na história do cristianismo* [Momentos decisivos en la historia del cristianismo]. 1ª ed. São Paulo: Cultura Cristiana, 2000.

OTTO, Rudolf. *O Sagrado [Lo sagrado]*. 1ª ed. San Leopoldo: Sinodal/EST; Petrópolis: Voces, 2007.

PALMA, Anthony D. *O batismo no Espírito Santo e com fogo* [El bautismo en el Espíritu Santo y fuego]. 1ª ed. Río de Janeiro: CPAD, 2002.

PALMER, Michael D. (Ed.). *Panorama do pensamento cristão* [Panorama del pensamiento cristiano]. 1ª ed. Río de Janeiro: CPAD, 2001.

PANNENBERG, Wolfhart. *Teologia sistemática. V. I. [Teología Sistemática. V. I]*. 1ª ed. San Andrés: Academia Cristiana; São Paulo: Paulus, 2009.

PASCAL, Blaise. *Mente em chamas: fé para o cético e indiferente [Una mente encendida: fe para el escéptico e indiferente]*. Resumido y editado por James Houston. 1ª ed. Brasília: Palabra, 2007.

PASOS, Juan Décio. (Org.). *Movimentos do Espírito: matrizes, afinidades e territórios pentecostais* [Movimientos del Espíritu: matrices, afinidades y territorios pentecostales]. 1ª ed. São Paulo: Paulinas, 2005.

____________________. *Pentecostais: origens e começo* [Pentecostales: orígenes y comienzo]. 1ª ed. São Paulo: Paulinas, 2005.

____________________. Cambio social y estudio de la religión: el caso del pentecostalismo en el contexto urbano. En: SOTER, Sociedad de Teología y Ciencias de la Religión (Organización). *Religião e transformação social no Brasil hoje* [Religión y transformación social en Brasil hoy]. 1ª ed. São Paulo: Paulinas, 2007.

PEARLMAN, Myer. *Através da Bíblia: livro por livro [A través de la Biblia: libro por libro].* 2ª ed. 14.imp. São Paulo: Vida, 1991.

PERROT, Charles; SOULETIE, Jean-Louis; THÉVENOT, Xavier. *Os milagres* [Los milagros]. 1ª ed. São Paulo: Loyola, 2009.

PLANCK, Max. *Autobiografia científica e outros ensaios [Autobiografía científica y* últimos escritos]. 1ª ed. Río de Janeiro: Contraponto, 2012.

PRIGOGINE, Ilya. *O fim das certezas: tempo, caos e as leis da natureza [El fin de las certidumbres].* 2ª ed. São Paulo: Unesp, 2011.

PRITCHARD, James B. *Ancient Near Eastern Texts Relating to the Old Testament* [Textos del Antiguo Oriente relacionados al Antiguo Testamento]. Princeton: Princeton University Press, 1950.

RATZINGER, Joseph. *Fé, verdade, tolerância: o cristianismo e as grandes religiões do mundo [Fe, verdad y tolerancia: el cristianismo y las religiones del mundo].* São Paulo: Instituto Brasileño de Filosofía y Ciencia "Raimundo Lúlio" (Ramon Llull), 2007.

RICOEUR, Paul. *A hermenêutica bíblica* [La hermenéutica bíblica]. 1ª ed. São Paulo: Loyola, 2006.

ROCHA, Alessandro Rodrigues. *Razão e experiência: por uma teologia da percepção da realidade* [Razón y experiencia: por una teología de la percepción de la realidad]. 1ª ed. Río de Janeiro: nuevos Diálogos, 2014.

ROLDÁN, Alberto Fernando. *Para que serve a teologia? M*étodo, história, *pós-modernidade [*¿Para qué sirve la teología?*].* 2ª ed. Londrina: Descoberta, 2004.

ROMERO, Paulo. *Decepcionados com a graça* [Decepcionados de la gracia]. 1ª ed. São Paulo: Mundo Cristiano, 2005.

RORTY, Richard. *Uma ética laica* [Una ética laica]. São Paulo: Martins Fontes, 2010.

ROVATTI, Pier Aldo; VATTIMO, Gianni (Eds.). *El pensamiento d*ébil. 5ª ed. Madrid: Catedra, 2006.

RÜSEN, Jörn. *História viva. Teoria da história III: formas e funções do conhecimento histórico.* [Historia viva. Teoría de la historia III: formas y funciones del conocimiento histórico]. 1ª ed. Brasília: UNB, 2007.

SALLES, Walter Ferreira. Antropología, lugar de toda teología. En: HIGUET, Etienne A. *et ál. Teologia e modernidade* [Teología y modernidad]. São Paulo: fuente Editorial, 2005.

SANTOS, Milton. *Testamento intelectual.* 1ª ed. São Paulo: Unesp, 2004.

SCHAEFFER, Francis. *A morte da razão [Huyendo de la razón].* 8ª ed. São Paulo: ABU; San José de los Campos: Fiel, 2001.

________________. *O Deus que intervém* [El Dios que interviene]. São Paulo: Cultura Cristiana, 2002.

________________. *Como viveremos?: uma análise das características principais de nossa época em busca de soluções para os problemas desta virada de milenio* [¿Cómo viviremos?: un análisis de las características principales de nuestra época en busca de soluciones para los problemas de este cambio de milenio]. 1ª ed. São Paulo: Cultura Cristiana, 2003.

________________. *A arte e a Bíblia [Arte y Biblia].* 1ª ed. Viçosa: Ultimato, 2010.

SCHELKLE, Karl Hermann. *Teologia do Novo Testamento: Deus estava em Cristo [Teología del Nuevo Testamento. Dios estaba en Cristo].* V.3. 1ª ed. São Paulo: Loyola, 1977.

SCHILLEBEECKX, Edward. *História humana: revelação de Deus* [Historia humana: revelación de Dios]. 2ª ed. São Paulo: Paulus, 2003.

SCHULER, Fernando; SILVA, Juremir Machado (Orgs.). *Metamorfoses da cultura contemporânea* [Metamorfosis de la cultura contemporánea]. 1ª ed. Porto Alegre: Sulina, 2006.

SICRE, José Luíz. *Profetismo em Israel: o profeta, os profetas, a mensagem [Profetismo en Israel: el profeta, los profetas, el mensaje].* 3ª ed. Petrópolis: Voces, 2008.

SOARES, Esequias . *Manual de apologética cristã* [Manual de apologética cristiana]. 1ª ed. Río de Janeiro: CPAD, 2002.

____________________. *O ministério profético na Bíblia: a voz de Deus na Terra* [El ministerio profético en la Biblia: la voz de Dios en la Tierra]. 1ª ed. Río de Janeiro: CPAD, 2010.

SIMIAN-YOFRE, Horácio (Org.). *Metodologia do Antigo Testamento [Metodología del Antiguo Testamento].* 1ª ed. São Paulo: Loyola, 2000.

SOUSA, Jadiel Martins. *Charles Finney e a secularização da Igreja* [Charles Finney y la secularización de la Iglesia]. 1ª ed. São Paulo: Edições Parakletos, 2002.

STEVEN, R. Paul. *Os Outros Seis Dias* [Los otros seis días]. 1ª ed. Viçosa: Ultimato; Niterói: Textus, 2005.

STOTT, John R. W. *Cristianismo equilibrado* [Cristianismo equilibrado]. 1ª ed. Río de Janeiro: CPAD, 1982.

______________. *Entenda a Bíblia [Cómo comprender la biblia].* 1ª ed. São Paulo: Mundo Cristiano, 2005.

SYNAN, Vinson (Org.). *O século do Espírito Santo: 100 anos do avivamento pentecostal e carismático [El siglo del Espíritu Santo: cien* años de *renuevo pentecostal y carismático].* 1ª ed. São Paulo: Vida, 2009.

TERRA, Juan Evangelista Martins. *O Deus dos indo-europeus: Zeus e a proto-religião dos indo-europeus* [El Dios de los indo-europeos. Zeus y la proto-religión de los indo-europeos]. 2ª ed. São Paulo: Loyola, 2001.

THEISSEN, Gerd. *O movimento de Jesus: história social de uma revolução de valores [El movimiento de Jesús: historia social de una revolución de los valores].* 1ª ed. São Paulo: 2008.

TERRIN, Aldo Natale. *Introdução ao estudo comparado das religiões* [Introducción al estudio comparado de las religiones]. 1ª ed. São Paulo: Paulinas, 2003.

TILLICH, Paul. *Teologia Sistemática [Teología Sistemática].* 5ª ed. San Leopoldo: Sinodal, 2005.

VATTIMO, Gianni. *A sociedade transparente [La sociedad transparente].* Lisboa: Relógio D'Água, 1992.

______________. *A tentação do realismo* [La tentación del realismo]. 1ª ed. Río de Janeiro: Lacerda; Instituto Italiano de Cultura, 2001.

______________. *O fim da modernidade: niilismo e hermenêutica na cultura pós-moderna [El fin de la modernidad: nihilismo y hermenéutica en la cultura posmoderna].* 2ª ed. São Paulo: Martins Fontes, 2007.

VEITH, JR., Gene Edward. *Tempos pós-modernos: uma avaliação cristã do pensamento e da cultura de nossa época [Tiempos Posmodernos: Cómo entender el pensamiento y la cultura actual].* 1ª ed. São Paulo: Cultura Cristiana, 1999.

VIGIL, José Maria (Org.). *Por uma teologia planetária [Hacia una teología planetaria]*. 1ª ed. São Paulo: Paulinas, 2011.

VIRKLEY, Henry. *Hermenêutica avançada [Hermenéutica]*. São Paulo: Vida, 2007.

VOEGELIN, Eric. *Ordem e História: Israel e a Revelação* [Orden e Historia: Israel y la Revelación]. V. 1. 1ª ed. São Paulo: Loyola, 2009.

______________. *História das ideias políticas. Vol. IV: Renascença e Reforma.* [Historia de las ideas políticas. Vol. IV: Renacimiento y Reforma]. 1ª ed. São Paulo: es Realizaciones, 2014.

WILBERFORCE, Willian. *Cristianismo verdadeiro: discernindo a fé verdadeira da falsa* [Cristianismo verdadero: discerniendo la fe verdadera de la falsa]. 1ª ed. Brasília: Palabra, 2006.

WRIGHT, N. T. *Simplesmente cristão: por que o cristianismo faz sentido [Simplemente cristiano: el por qué tiene sentido el cristianismo]*. 1ª ed. Viçosa: Ultimato, 2008.

______________. *Surpreendido pelas Escrituras: questões atuais desafiadoras* [Sorprendido por las Escrituras: cuestiones actuales desafiantes]. 1ª ed. Viçosa: Ultimato, 2015.

ZABALA, Santiago. *O futuro da religião: solidariedade, caridade e ironia [El futuro de la religión: solidaridad, caridad, ironía]*. 1ª ed. Río de Janeiro: Relume Dumará, 2006.

ZACHARIAS, Ravi. *Quem é Jesus? Contrapondo sua verdade à falsa espiritualidade dos dias atuais* [¿Quién es Jesús? Contraponiendo su verdad a la falsa espiritualidad de los días actuales]. 1ª ed. Río de Janeiro: CPAD, 2013.

ŽIŽEK, Slavoj. *O absoluto frágil, ou Por que vale a pena lutar pelo legado cristão? [El frágil absoluto, o ¿Por qué merece la pena luchar por el legado cristiano?]*. 1ª ed. São Paulo: Boitempo, 2015.